他销售希望

戴尔·卡内基和他的成功学

[美] 史蒂文·瓦特 Steven Watt ◎著
孙静 ◎译

华夏出版社
HUAXIA PUBLISHING HOUSE

图书在版编目（CIP）数据

他销售希望：戴尔·卡内基和他的成功学/(美)瓦特著；孙静译. —北京：华夏出版社，2014.4
书名原文：Self-Help Messiah: Dale Carnegie and Success in Modern America
ISBN 978-7-5080-7978-3

Ⅰ.①他… Ⅱ.①瓦… ②孙… Ⅲ.①卡内基，D.(1888~1955)—传记 Ⅳ.①K837.125.4

中国版本图书馆 CIP 数据核字(2014)第 022829 号

Self-Help Messiah: Dale Carnegie and Success in Modern America
Copyright © 2013 Steven Watts
Rights arranged by Peony Literary Agency

版权所有 翻版必究
北京市版权局著作权合同登记号：图字 01-2013-3523 号

他销售希望：戴尔·卡内基和他的成功学

著　　者	（美）瓦特
译　　者	孙静
责任编辑	赵楠
出版发行	华夏出版社
经　　销	新华书店
印　　刷	三河市兴达印务有限公司
装　　订	三河市兴达印务有限公司
版　　次	2014 年 4 月北京第 1 版　　2014 年 4 月北京第 1 次印刷
开　　本	720×1030　1/16 开
印　　张	20.5
字　　数	386 千字
定　　价	45.00 元

华夏出版社　地址：北京市东直门外香河园北里 4 号　邮编：100028
　　　　　　网址：www.hxph.com.cn　电话：（010）64663331（转）
若发现本版图书有印装质量问题，请与我社营销中心联系调换。

序：现代美国的自我成功学

1936年1月一个寒冷的晚上，纽约城中的宾夕法尼亚酒店人头攒动。三千民众将宽敞的舞厅及周围的阳台围得水泄不通，还有数百人挤在外面的走道上，冻得瑟瑟发抖。连酒店的工作人员都快没有立足之地了，他们好不容易关上大门，内心希望此种场景不要引来消防人员。这些人都是冲着《纽约太阳报》中一系列的整版广告而来，因为该广告作出如下承诺："增加你的收入"、"学会有效表达"以及"为管理做好准备"。

然而，他们既不是来自于工人阶级，也不是在大萧条的苦难时期挣扎于生存线上的绝望的失业者。他们来自一个更加富裕的阶层，虽然富裕却同样对失败心存焦虑——其中有企业家、商人、商店老板、中层管理人员、白领人士以及专业人群。观众认真倾听了一个小时后，15个人登上舞台并站在唯一的麦克风前，发表了长达三分钟的感言。发言者称，学会人际交往的原则帮他们迈向了成功。这些人中有药剂师、连锁店经理、保险业人士、卡车销售员、牙医、建筑师、律师、银行家等各行各业的人士。他们一致认为学会与人交往曾极大地促进了事业的发展，并改变了自己的命运。

这些人现身说法之后，一位个子不高且身形消瘦的男人走上舞台。他戴着钢框眼镜，真诚而舒缓的语调中流露出轻微的中西部鼻音。这就是戴尔·卡耐基，广受赞誉的自我成功学课程创始人。首先他承认自己被观众们的热情深深地打动了，紧接着他又说："我知道你们为什么来这儿。你们来这儿，并不是因为你们对我个人感兴趣；你在这里，是因为你更在乎你自己，并想为自己的问题找到解决方案。"他向大家保证，每位听众都能学会提升生活质量的技巧。每个人都能学会如何成为一位好的听众，让人们立刻喜欢上你，采取一种热情的态度，处理棘手的个人问题，并赢得他人的理解。每个人都能获得成功。最后，他总结道，每个参加过卡耐基课程的学生都"开始产生自信。归根结底，他们能做到，你们同样一定能做到！"观众激动地站起来，掌声如雷。好多人都冲向房间后面的桌子，报名参加课程。在随后的几年中，超过八百万人将会学习"卡耐基有效表达与人际关系课程"。[1]

一年后，一个更轰动的事件促使戴尔·卡耐基闻名全美。1937年1月，《人性的弱点》（*How To Win Friends and Influence People*）出版，该书涵盖卡耐基课程的教学内容，并迅速跃居畅销书榜首。当年，此书便重印了17版，仅三个月内便卖出了25万本。同年3月，编辑利昂·希姆金用不可置信的语气给卡耐基写了一封信。他感慨道："若是一年前，一个朋友跟我说他的书卖出了25万本书，我肯定会建议他去离他最近的精神医院看看医生，或者去找罗伯特·雷普利（美国卡通作家，信不信由你博物馆的创办者）看看卡通片。"随后几年中，《人性的弱点》不断重印，并在几十年内畅销全球，最终创下超过3000万的全球销量。它成为美国历史上最畅销的非虚构类图书，甚至现在依然保持着每年六位数的销售神话，总排名仅次于《圣经》及本杰明·斯波克博士的著作《婴幼儿护理实践指南》。[2]

《人性的弱点》传达了一个广大读者都无法抗拒的理念，即在现代社会中取得成功的秘诀是：培养有魅力的个性，提升自信，完善人际交往的技巧，让人们喜欢你，并从心理学角度确定并满足别人的需要。卡耐基坚信生活的成功——有更好的工作，赚更多的钱，获得同事的尊重——简而言之，就是要改变你的个性。他用热情感染着大家，并许诺这本书会帮每个人"摆脱思维惯性，产生新思想，打开新视野，实现新抱负……赢得他人的理解。扩大你的影响，提升你的声誉，促进你的工作技能。获得新客户……处理投诉，避免争执，让你的人际交往顺畅而愉快……让你轻松地将心理学原则应用到日常生活的人际交往中"[3]。

通过这种方式，戴尔·卡耐基成为美国现代历史上最受欢迎且最具影响力的人之一。他倡导完善积极的个性、自信、人际关系以及内心的幸福，这些理念在社会中产生了广泛而深远的影响，吸引了数百万的追随者，并使他成为塑造现代价值观的巅峰人物。他的影响持久恒远。《生活杂志》将卡内基列为"20世纪最具影响力的美国人"之一。一份国会图书馆调查报告将《人性的弱点》列为美国历史上最具影响力图书排行榜第七名。1985年，通俗历史杂志《美国传统》评出十本在"文化、社会及家庭方面"塑造美国人性格的书籍。理所当然，其中包括一些大部头名著，如马克·吐温的《哈克贝利·费恩历险记》，亨利·戴维·梭罗的《瓦尔登湖》，托斯丹·凡勃伦的《有闲阶级论》，威·爱·伯·杜波依斯的《黑人的灵魂》，以及欧内斯特·海明威的《太阳照常升起》。与这些书籍齐名的，还有卡耐基的著作《人性的弱点》。[4]

为什么卡耐基会迅速声名鹊起？为什么成千上万的普通人要跟卡耐基学习通过完善个性、发展人际关系进而走向成功呢？为什么他能成为现代美国文化中的重要人物？部分缘于20世纪上半叶美国生活的重大转型，这是卡耐基工作并书写的伟大时代。当时，美国正经历着剧变，由农业主导国家转型为城市社会，并伴随着种族多样化、机构官僚化等其他社会问题。从19世纪80年代到20世纪20年代，青年卡耐基成长为成年人，此时美国已经进入大规模工业时代，移民人数激增，边境闭塞，现代消费经济快速增长。在19世纪，一种稀缺经济主导着繁荣的市场交换。与之形成鲜明对照的是，20世纪早期出现了一个物质富足的新世界，消费品的购买与积累能力成为衡量成功与否的新尺度。

然而，1880年到1920年间的社会转型导致了美国文化价值观的危机，这是卡耐基获得成功的更重要的原因。在19世纪维多利亚时期，严肃的道德规则及刻意的自我克制是当时的主流价值信条，它们不仅决定了个人的道德观，而且还约束了公共行为。但进入20世纪，该传统土崩瓦解了。人们越来越追求物质消费和休闲娱乐，造成新的自我实现取代了自我克制，并具有越来越多的拥簇者。克制"性格"的陈旧想法逐渐退去，与此同时，生机勃勃的"个性"成为个人主义的新符码。在自我实现取代自我控制，并成为美国人的情感纽带的时代，一种健康的、吸引人的、有魅力的个人形象（与此相对的是旧式传统所强调的内在道德律令）是迈向成功的至关重要的因素。此外，个性的崛起还源于新的科层机构和大型公司。在这些机构中，成千上万的员工之间存在着千丝万缕的合作关系，白领工人的数量也在持续增长。

与之相应，美国人以前的寻求成功的观念就变得陈旧且不合时宜了。以前，重要人物引领着雄心勃勃的美国人，如果你想要拥有富裕体面的生活，就得在节俭、勤劳、克己及道德高尚的基础上，形成一种值得信赖的性格。这就像本杰明·富兰克林在《富兰克林自传》中所阐述的那样，他的论文集还收录了《通向财富之路》一文。同时，霍雷肖·阿尔杰在《卖火柴的小男孩马克》和《勇气与运气》等小说中也传达了类似观点。然而，那些谨慎的品质似乎不再有效，支配世界的是新秩序，即物质财富及个人成功、科层制度与休闲时光、大都市与日益扩大的市场。

卡耐基横空出世。到了20世纪30年代，他开始构建一种充满活力的规则体系，以帮助人们在充满挫败感的新世界中寻求成功。他最畅销的著作《人性的弱点》用一种循循善诱的方式，结合趣闻轶事，阐述了上述规则，堪称现代美国的成功指南。卡耐基说道，一个人应该"抛弃旧式信条，即辛苦劳作是开启梦想之门的魔法钥匙"。他一再强调，在这个复杂的都市科层制社会中，与人沟通的能力才是获得事业成功、社会地位及个人财富的法宝。在科层制社会中，现代的成功取决于与他人相处融洽、合作顺畅，并巧妙地使用策略成为团队的领导。卡耐基的建议涉及以下方面："让别人觉得自己很重要"，"不要批评别人"，"创建融洽的氛围，避免口舌之争"，"真诚地表扬他人，不吝啬自己的赞美"，"让他人觉得这主意是他的"及"让别人喜欢你"。不久，美国迎来第二次世界大战之后巨大的物质繁荣，此时卡耐基出版了第二部畅销作品《人性的优点》（*How to Stop Worrying and Start Living*），该书介绍了一系列的技巧，来解决由舒适的消费生活而引发的情感压力与焦虑。这些建议没有秉承吃苦耐劳的个人主义和勇往直前的道德信条，而是基于人际关系及个性魅力的原则，并在现代人中引起了共鸣。

然而，卡耐基也借他山之石，其广受欢迎的成功学更多来自对心理学观点和技巧的巧妙改写。此外，这种借鉴也体现了一次重要的文化转向。正如一些批评家和历史学家察觉的那样——最为著名的观点来自于菲利普·雷夫在《治疗的胜利》中提及的——在现代社会的诸种压力下，社区纽带及宗教信仰逐渐消逝，一种"心理人"应运而生。这种主要的性格类型沉浸在自我意识、个人成长、自尊及对内心情感无尽的探索中。心理人抛弃了道德律令，选择了心理治疗。在20世纪早期，这种新的治愈性情感席卷全美，并对教育、抚养后代、政治活动、家庭生活、宗教和其他现代生活领域产生了强大的影响。

卡耐基常常将自己称之为"实践心理学"专家，关注心理健康及自信，并成为大力推广这种新理念的第一人。他因此成为该领域首位伟大的大众作家。广受欢迎的卡耐基课程试图根除"自卑情结"，并宣扬此课程基于现代心理学的重大发现。《人性的弱点》告诉读者，与人交往时，"我们面对的并非是逻辑层面上的人，而是具有情感的人"。该书引用了威廉·詹姆斯、阿尔弗雷德·阿德勒和西格蒙德·弗洛伊德的心理学观点，许诺"积极思考"和"最简单的心理学技巧——赞美"的艺术将为其拥护者创造"一种新的生活方式"。

从成功观念、魅力个性和自我实现、积极的思考、人际关系、治疗等文化元素中，卡耐基最终创立了自己最伟大的思想体系：发起了一个充满正能量的自助运动，并在根本上塑造了现代美国价值观。他的巨大成功也催生了许多受欢迎的自我成功学精神导师，其中包括诺曼·文森特·皮尔、乔伊斯·布拉泽斯博士、韦恩·德莱尔博士、托尼·罗宾斯、罗伯特·舒尔、玛丽安·威廉姆森、斯科特·派克、狄巴克·乔布拉、史蒂芬·柯维、奥普拉·温弗瑞等很多人。在接下来的几十年中，这些人遍布全美，传播这样一种理念，即治疗性心理调节及完善个性能带来事业成功、物质富裕以及情感上的自我满足。《人性的弱点》体现了卡耐基的基本理念，如果你能学会在日常工作和社会交往中如何与别人相处，那么你将不仅拥有"更多的收入和休闲时间，最为重要的是，你的事业会更成功，家庭会更幸福"，这一理念成了美国现代成功学的基石。

尽管卡耐基的治疗性自助成功学与20世纪变幻莫测的历史环境有着紧密联系，但这也不能完全解释卡耐基广受欢迎的原因。《人性的弱点》与《人性的优点》中的观点并非像魔法一般，经过某种文化炼金术就突然出现了。卡耐基也没有构建自己的理论体系，进而得出新结论。与之不同的是，他在现代社会中发展了具有革命性的成功学观点，部分原因在于这位独特的天才接受了颇具争议的新观念，并用一种通俗的形式解读这些游弋在更大文化语境中的观念。然而，卡耐基的观点有一个更直接的来源：自己的体验，也是构成其传奇一生的个人经历。卡耐基堪比霍雷肖·阿尔杰小说中的主人公，拥有从草根到英雄一般白手起家的神奇经历。

卡耐基出生在美国的穷乡僻壤中，家境贫苦，宗教氛围浓厚，生活中提倡克制节欲，政治上奉行平民主义，那里的生活显得与时代格格不入，处于现代社会的边缘。卡耐基为了寻找成功的机会而逃离了这样的生活。之后，他接连换了好几份工作，想找到一个职业，以便能适应20世纪早期那生动多变的社会氛围。在那个时代，由于交通工具的变革，他曾尝试做一名汽车销售员；由于个人形象及形象的作用在文化中日益凸显，他做过戏剧演员及小报记者；他还当过成人教育教师，为迷失在陌生人社会中的人们提供实践指导；当休闲及名人成为新的文化潮流时，他做过娱乐经理；他做过侨居国外的作家，为了创作出带有异域色彩的小说而出国寻找灵感；随着20世纪20年代经济的扩张及繁荣，他做过商业顾问。卡耐基作出的种种尝试——从在篝火帐篷集会上发表反对"邪恶的朗姆酒"的兄弟会演讲，到在第一次世界大战后宣传"沙漠枭雄"；从指导牢骚满腹的白领职员发表公共演讲，到加入美国"迷惘的一代"作家行列，侨居国外；从发表成功企业家的杂志小品文，到给美国公司巨头提供咨询——都表现了这个变化、机会及错位共存的时代以及美国当时的社会环境，并为卡耐基的成功学提供了基本素材。

卡耐基的人格不仅与自己从事过的诸多工作有关，还受到《人性的弱点》中提及的新型社会思潮的影响。卡耐基接受新教的自我约束传统，对其进行了现代的解构式解读，该传统可以追溯到清教徒，主张个人要不断地自我反思，用道德标准来衡量自己的价值观和行为。成年后，他保留着一份名为"我曾做过的蠢事"的文件，里面记录了很多他曾做过并发誓要加以改正的错事。

但是，卡耐基没有像新教徒一样关心道德或精神的过失，而是关注给他人带来伤害的社交失当行为——如忘记别人的名字，随口作出负面的评价，让朋友感到不舒服，一味争论而不会使用委婉的建议，轻视别人的想法，发表过于绝对的言论从而激怒别人。卡耐基不再强调塑造个人内在的道德性格，而是关注别人对自己形成何种印象——在日记中，他将其称之为"我应面对的最大问题：管理戴尔·卡耐基"。这不仅是他个人生活的核心问题，同时也是美国现代自我成功文化的首要问题：展示积极的个人形象及具有正能量的个性。

因此，戴尔·卡耐基的故事实质上反映了时代巨变中的美国。在20世纪早期，他重新定义了"美国梦"，并开辟了一条实现美国梦的崭新道路。作为一位白手起家的人，他堪比富兰克林和阿尔杰，在追求自我实现的社会中成为现代成功学的奠基人。他打破了自给自足的经济观、严肃自控的道德观以及自我否定等传统观念，鼓励人们追求物质财富、人际关系及自我成功。他是现代首位普及个性崇拜的人，并将心理学观点及治愈型的自我完善引入现代生活中。作为自我成功学之父，他发起了推崇个性重塑的大型运动，这一潮流席卷了整个20世纪现代生活，并重塑了我们的基本价值观。

卡耐基神话并非始于现代美国生活，而是另有源头。在19世纪晚期，闭塞落后的密苏里州西北部农村——事实上，堪称未开化地区——远远不像热闹的城市，后者此时正要开始取代19世纪的田园社会。就在这里，一个贫苦但虔诚的农场主迎来了第二个儿子，为在恶劣环境中生存而苦苦挣扎。该男孩从父母和周围的环境中继承了一系列的价值观，这些传统日后影响了他的一生。其中有些观念将成为激发一种深刻思想的灵感之泉。但是，其他观念将引发一场饱含激情的革命，并引领男孩走上一条崭新的道路。

目 录

序 现代美国的自我成功学 / 1

I 从性格到个性 / 1

1 贫穷与虔诚 / 3
2 反叛与复原 / 15
3 销售产品，销售你自己 / 26
4 往东走，年轻人 / 39
5 教学与写作 / 52
6 精神力量与积极思考 / 67
7 自我放逐与"迷惘的一代" / 83
8 商业与自我管理 / 101

II 赢得朋友和影响他人 / 121

9 做你不敢做的事 / 123
10 诸位，等不及要自我提升了吧？ / 141
11 我们在和感情生物打交道 / 156
12 你做的每件事都源于内心的渴望 / 174
13 让你赢得不负众望的好口碑 / 189
14 找到你喜欢的工作 / 209
15 他拥有全世界 / 225
16 消除忧虑可长寿 / 242
17 热情是最受人欢迎的品质 / 258

后记：戴尔·卡内基留下的自助成功学遗产 / 276
注释 / 285

I

从性格到个性

1 贫穷与虔诚

在《人性的弱点》（1936）中，戴尔·卡耐基将一位美国 20 世纪早期的商界要人奉若神明，他就是查尔斯·施瓦布。卡耐基写道：在安德鲁·卡内基的巨型钢铁公司成为美国业界的领头羊之前，施瓦布是该公司最出色的经理人，同时也可能是美国首位"获得百万年薪的人，折合日薪约 3000 美元"。为何他的薪酬如此优厚？是因为他比其他人更了解钢铁生产吗？卡耐基认为答案并不在此，因为施瓦布曾跟他说过，在卡内基钢铁公司，很多员工都比自己更了解钢铁制造。然而，施瓦布深信"自己能获得如此高薪，很大程度上是因为他具有良好的与人沟通的能力"。这位富有的经理人进一步详细解释道："自己的微笑价值百万美元。"用卡耐基的话说，施瓦布具有"使别人喜欢自己的个性、魅力及能力，这几乎是他取得辉煌成就的所有原因"。然而，百万美元的年薪在卡耐基心中留下了深刻的烙印，这是个人价值及成就得到最终肯定的表现。[1]

在卡耐基的第二本颇具影响力的书《人性的优点》（1948）中，他提出了自己珍视的另一个原则：有了对崇高价值的需求，才能实现内心的平静。然而，他认真解释说，自己并不是要回归传统的基督教，而是主张"一种新的宗教概念。我对划分各种宗教派别信条丝毫不感兴趣。我更关注宗教为我的生活带来何种影响"，它创造了"对生活的新激情，让我们的生活变得更广阔、更富裕、更令人满意"。卡耐基指出在其工作之余，他经常走进教堂——无关宗派——而后陷入安静的沉思和祈祷中。用他自己的话说："这么做能帮我缓解紧张，放松身心，明确态度，并帮我重新审视自己的价值观。"[2]

卡耐基对经济富足和精神幸福的积极认可——实际上，这也是其现代成功学的两个方面——直接源于他的童年生活。在孩童时期，他像父亲一样饱受贫苦的折磨。他的父亲是个非常贫困的农民，辛勤劳作，苦苦挣扎，却无法维持家计。他的母亲是个虔诚而活跃的《福音书》世俗布道者，卡耐基从她身上学会了福音派的新教主义和自省。宗教上的虔诚与贫困的经济状况并存，勤劳工作却摆脱不了生活的困境，自我约束却没能实现个人的成功，这些充满张力的因素交织在一起，让卡耐基在含混与不确定中度过了童年。一方面，他在之后的生活中歌颂欢乐的田园生活，在那儿的草地、树林和小溪中，他能"闻到果园里盛开的苹果树所散发的花香,还能听到棕色打谷机如歌声一般的旋律"。虔诚的母亲给他朗读《圣经》上的故事,并为了家中的食物和住所而日日祈祷,感谢上帝。父亲则为人慷慨,即便是在自己也不宽裕的情况下,还要在圣诞节去当地的小镇,给"那些贫苦家庭的孩子们送去鞋子和御寒的衣服"。另一方面,他痛苦地回忆了残酷的童年生活,他们在小农场中苦苦挣扎才能有活下去的希望。他写道:"我的父母每天要辛苦劳作16个小时,然而我们却一直负债累累,不断受到天灾的打击。记忆中印象最深的事情之一,就是当洪水暴发时,我眼睁睁地看着河水咆哮着冲过我们的玉米和干草地,把一切都毁了。大概每七年中就有六年要遭受洪灾。年复一年,农场的猪死于霍乱,我们只能把尸体烧掉。至今我闭上眼睛就能闻到死猪燃烧时散发的刺鼻臭味……十年艰难又劳累的生活过后,我们不仅家徒四壁,而且还债台高筑。我们把农场抵押了……无论怎么努力,只是一味赔钱。"[3]

可以预见,卡耐基的童年沉浸在贫穷与虔敬所形成的矛盾之中,心中也因此产生了质疑和焦虑。之后他也承认:"那些日子,我忧心忡忡。"他对父母饱含感情,尊重传统美德——勤劳、家庭团结、追求精神的满足、面对坎坷永不言弃等,自己因此树立了基本的道德观,塑造了自己的感情世界,从而影响了整个生活。同时,令这个敏感的男孩感到费解的是,为什么他们的努力和积极的价值观似乎只会带来失败?这在他幼小心灵中产生了痛苦和矛盾,也成为影响卡耐基生活的最为重要的因素之一。这种矛盾为他日后提供了工作的动力及情感的源泉,逐渐形成了自己毕生的事业:在现代美国重塑成功的意义,并开拓了一条通往成功的新路径。

19世纪末,詹姆斯·卡耐基和阿曼达·哈比森由于当地农村的传统风俗而相识。他们都居住在马里维尔附近一个叫林奇的农场中,这里位于密苏里州西北角,靠近与艾奥瓦州的交界处。詹姆斯是个雇佣工人;阿曼达是学校的老师,同时也做些缝缝补补的家务工作来换取食宿。刚到这里的时候,林奇太太告诉未来的哈比森太太,说有个长相不错、工作努力的年轻人帮林奇先生干农场的活儿,她还建议阿曼达"主动追求这个小伙子"。林奇太太一语成谶。不久,两个年轻人就相互倾心并陷入了热恋。[4]

詹姆斯·威廉·卡耐基有六个妹妹和三个弟弟。他出生于1852年2月,在印第安纳州的农村长大。他跟大多数成长在19世纪的农场男孩一样,只接受了基础教育。詹姆斯的儿子后来发现,父亲只上了五六年学,掌握了基本的朗读、写作和算术技能,却"对狄更斯或莎士比亚闻所未闻"。可是,詹姆斯干活却非常卖力,秉承典型的小户农民的生存之道——挤牛奶、喂猪、种玉米、收割麦子和燕麦、打谷子、砍柴、修篱笆等繁多的日常活计。农村生活很适合他。在19世纪70年代中期,詹姆斯离开了印第安纳州,前往位于蒙大拿州猎人谷的一个锯木厂工作。该厂属于蒙大拿比弗黑德公司,詹姆斯将木材顺着山坡"蜿蜒地运下来",还照看煤窑。几年后,他接受了父亲的建议,回到中西部,管理密苏里州西北部的农场。这儿的生活成本比印第安纳州低得多,因此,小伙子决定留下来。[5]

阿曼达·伊丽莎白·哈比森是个土生土长的密苏里人。她于1858年2月出生在密苏里州北部地区,在家里八个孩子中最为年长。1861年,伴随着内战的爆发,父亲亚伯拉罕带着家人迁居到密西西比河对面,也就是伊利诺伊州的亨德森县。在战乱中,他并没有应征入伍,而是花钱雇人替他去参军。直到1870年左右,全家才搬回密苏里州西北部。作为一个年轻人,阿曼达不仅信守着虔诚的宗教信条,还热爱教育,这两者伴随了她的一生。大约1880年,她接受了一份在马里维尔附近的工作,到一个小乡村校舍做了一名教师。在那儿,阿曼达邂逅了一个年轻人,并将成为他的妻子。[6]

阿曼达到林奇的农场不久,便开始和詹姆斯·卡耐基约会,但这段交往(依然是基于当地传统的风俗)并非出于激情,更多的是生活需要。二人开始计划结婚,但阿曼达在得到父亲的意见之前不敢作出决定。父亲跟他的大女儿说:"卡耐基是个不错的小伙子。他为人可靠,干活儿努力,不喝酒,不赌博,不抽烟,不吸毒。我相信他是个好丈夫。他是我认识的所有男人中最棒的一个。"几十年后,戴尔用了更为形象的方式描述了这件事。他说父母的交往虽然跟"罗密欧与朱丽叶那轰轰烈烈的爱情相去甚远,但却坚不可摧、相敬如宾、互相扶持,是基督式的结合"。1882年1月1日,这对情侣举行了结婚仪式,事实证明这是段美满的婚姻。戴尔说:"在我的记忆中,他们从来没有吵过架,也从未说过一句伤害对方的话。"[7]

1886年11月,年轻的夫妻俩迎来了第一个孩子,取名为克利夫顿。此时,他们居住在一个小农场里,靠近哈莫奈切齐村的十字路口,位于马里维尔西北十英里处,距离艾奥瓦州边界只有七英里。两年后的1888年11月24日,戴尔·布雷肯里奇·卡耐基出生了。迄今为止最猛烈的暴风雪袭来,此时阿曼达跑到邻居家求助,邻居冲上马背,冒着大雪从密苏里州帕内尔村接来了最近的医生。后来卡耐基开玩笑说:"我已经急不可耐了,所以我比医生来得还早。"[8]

在很大程度上，戴尔在穷乡僻壤中度过了恬静的青少年时光。刚能走路的时候，他就喜欢跑到室外，享受平时生活中的美丽大自然。19世纪90年代，当他的父亲试图扩大农场时，这种享受得到了更大程度的满足。卡耐基后来回忆道："我五岁时，父亲买了一个我这辈子见过的最漂亮的农场。"房子和谷仓坐落在高山上，美丽而平坦的土地顺坡而下，一条小溪缓缓地蜿蜒而过。让卡耐基印象最深刻的是"美丽动人的日落在天空中洒下华丽的色彩，如同特纳的画一般令人陶醉"。他在第102河捕鱼、游泳，度过了无数美好的时光。在摩门教徒从伊利诺伊州诺伍前往犹他州大盐湖的长途跋涉中，这条河是他们经过的第102条河，因此它被称为第102河。卡耐基和附近农场的孩子费尽力气才入读文法学校，但他却很享受和大家一起在库尔特森林野餐的日子。当地的小块土地中种满了大而多汁的西瓜，戴尔对其情有独钟。采摘后，他把西瓜先放到水箱中冷却，而后在夏日夜晚大快朵颐。就算天气变冷，大自然依然对这个敏感的男孩充满了吸引力。他跑到白雪皑皑的"仙境"中，在那里随处可见兔子的足迹和野生鸟类。卡耐基后来回忆道："当父亲穿上毛毡靴子和橡胶套鞋，开始到牲口棚喂牲口的时候，简直就是'克里尔和艾夫斯'中场景的鲜活再现。"[9]

蹒跚学步时期的戴尔·卡耐基手持短柄小斧头，旁边是哥哥克利夫顿

男孩的童年沉浸在一种温情而安全的家庭氛围中。戴尔钦佩父亲的工作能力，几年后他评价说："如果父亲要修建栅栏，那它永远都不会坏掉。我一直认为他是世界上最会打桩建栅栏的人，就好像栅栏里都是疯狂的公牛似的。"

然而他却与母亲有着更为深笃的感情。他曾说："我在各方面更多地受到母亲的影响。我拥有世上最有爱心的母亲……如果妈妈不是阿曼达·伊丽莎白·哈比森，我将无法想象自己的生活会是什么样子。"她给儿子最大的影响是在教育方面。在戴尔看来，她是"我所见过的最棒的老师"，经常给卡耐基大声地朗读他最喜欢的书：《汤姆叔叔的小屋》、《鲁滨逊漂流记》、《海角乐园》、《戴维家的王子》、《戴维——十字架的道路》、《黑骏马》，以及戒酒小说《酒吧间的十个晚上》。她还为教堂集会训练戴尔背诵宗教书籍的"片段"。他后来回忆道："当我第一次站在前台上露面，在观众前走过通道时,母亲说:'那是我的儿子,我的宝贝儿子。'"但之后他说道:"我忘词了,于是对母亲说:'天哪,这儿真热。'"过了一会儿,这位年轻人做了平生首次公开讲演,由于母亲虔诚的宗教信仰,他将题目定为《酒馆,通往地狱的场所》。[10]

戴尔还从母亲那里继承了对生活的热爱,这对他日后的生活产生了巨大影响。他认为母亲是"家里的火花塞",觉得他"不知是刻意学习还是耳濡目染了母亲的充沛精力及对生活的热忱……她用诚挚面对一切。她常常一边唱歌一边工作"。通过很多类似的事,阿曼达传递给儿子一种感觉,即生活如机遇,要积极地争取,要用行动去塑造。在面对这个世界时,她表现出的坚定信念——后来戴尔称阿曼达所具有的"勇气堪比17头孟加拉虎"——和持之以恒为儿子树立了一个"光辉的榜样"。[11]

然而,另一个因素破坏了戴尔·卡耐基的童年。19世纪晚期,密苏里的农村生活相当艰难,常常面临着脆弱、苦难与危险。那时,他的外婆年过90岁,和他们一起住了几年。她常常给戴尔讲述边疆发生的恐怖故事,例如,印第安人曾绑架了她的兄弟,并强迫他跟他们生活了14年。各种疾病常常在当地扩散,威胁着人们的生存,抵抗力低的孩子们往往因为感染病菌而丧命。例如,米金高家与卡耐基家隔路相望,他家一个女儿因天花而丧命,令人惊恐的细节深深地印在卡耐基的记忆中。他记得"她的尸体散发着恶臭,有两个人捂紧鼻子,冲进卧室,抓住床单的四个角儿,然后把尸体扔到一个简陋的木头棺材里。夜里,尸体被埋在了附近果园的苹果树下。因为

孩童时期的戴尔(前)、克利夫顿与父母詹姆斯及阿曼达的合影

我就住在路对面,所以能听到土块掉落在棺材上时发出的响声"。一连几天,戴尔的母亲都非常担心,因为儿子在疾病袭来的前一天还曾到米金高家里玩儿。在这个边疆地带,暴力事件也时常发生。几十年来,在卡耐基的记忆中,谋杀、强奸以及残暴的家族积怨层出不穷。[12]

农场的生活根本谈不上舒适,这让戴尔学会了残酷的生存之道。从很小开始,他就学会把粪便从牲口棚、牛圈和鸡窝里弄出来,帮着挤牛奶,把柴劈了再堆成一堆。他觉得农场的工作又脏又累,马耕地时后面扬起的灰尘一直萦绕

在他的脑海中。当然，这儿没有活水，同其他农民一样，卡耐基家也没有室内厕所。后来，戴尔清楚地记得生平第一次使用抽水马桶的经历，那是在马里维尔的一个十货店。他回忆道："声音很大，店里的人都能听到。对我来说，这响声就像镇子里的水塔倒塌了一般。我走出商店，脸色由于尴尬而变得通红。"柴炉是卡耐基家的农舍里仅有的取暖设备，在冰冷的卧室中，戴尔蜷缩在被窝里熬过了许多寒冬的夜晚。[13]

大自然的力量不仅带给年少的卡耐基对美的追求与欣赏，而且还引发了阵阵恐慌。春夏两季，暴雨夹杂着疾风雷电从西部横扫而来，狂猛的闪电照亮了天边。卡耐基一家会从房子里跑出来，冲向防暴风雨的地下室，那儿储存的食物能让他们躲过灾难。一次，暴风雨过后，戴尔找不到他的小狗提比了。最后，他看到小狗躺在门廊附近，没有一丝气息——它不幸被闪电击中了。他祈求虔诚的母亲向上帝祷告，祈求小狗能死而复生，但母亲却委婉地回答说，全能的上帝不会让死去的小狗活过来。心碎的孩子说道："但与很多人相比，提比算是好很多了。"他后来回忆："这是我年少时遭遇到的最悲惨的事。"[14]

冬天的温度骤然下跌，寒冷的天气令人深感痛苦。一大早，卡耐基从冰冷的农舍中出发，得在刺骨的寒冷中甚至厚厚的积雪中走上一英里，才能到达学校。他说："直到14岁，我才有了自己的橡胶套鞋。在漫长而寒冷的冬天，我的脚总是又湿又冷。"当然，在这个季节，冰冷的气温使得农场的工作变得更加艰难。举个例子说，詹姆斯·卡耐基养着杜洛克猪，母猪经常在二月份产崽，这时的温度常常徘徊在零度左右。为了避免猪崽被冻死，卡耐基先生会把它们带到房子里，放到厨房炉子后面的一个篮子中，盖上粗麻布袋子。戴尔的工作就是照料这些小猪。在睡觉前，他会把装着小猪的篮子提到牲口棚进行照料。"然后，我爬上床，把闹钟设定成3点；时间一到我就爬出被窝，瑟瑟发抖着将小猪带出去，让它们吃上一顿热腾腾的饭，然后带回来，把闹钟设定成6点，再起床学习……那时，我觉得这是一件相当艰苦的差事"。[15]

19世纪90年代中期，上学后的戴尔，他睁大了眼睛，对世界充满了好奇心

童年发生的种种意外彰显出农村生活的危险。有一次，在寒冷的冬天，年幼的卡耐基爬上一匹马。当他在马鞍上摇摆的时候，马突然脱缰

了。他向后摔了下去，一只脚卡在马镫中，在冰冷的泥土中被马快速拖行了很长一段距离后才把脚抽出来。这段遭遇给他留下了瘀青和轻微眩晕的后遗症。另外一次他就没那么幸运了。1899年圣诞节后的一天，他和自己的堂兄弟跑到一个废弃木屋中的阁楼玩耍，这儿位于自家门前那条路的尽头。他左手的食指戴着一枚戒指——是祖传的戒指——父亲送给他的。在堂兄弟的催促下，他站在阁楼的窗台上往地面跳了下来，与此同时戒指挂到了一块木头的钉子，他曾用手抓着这块木头。卡耐基的手指被撕裂了。受到惊吓的孩子鲜血淋漓地跑到房子里，大声喊着救命。母亲包裹好残留的部分，同时父亲急忙套上马车，一起迅速赶往马里维尔。50年后他还记得："马每走一步，我都祈祷着，呻吟着，尖叫着，花了一个小时才到达小镇。我被送到马里维尔的纳什医生诊所。当他取下包裹着血淋淋的伤口的手帕时，有些已经粘在骨头上取不下来了。那种疼痛太恐怖了。"医生先让卡耐基服用了麻醉剂，然后清理了伤口，并做了整齐的截肢。在之后的生活中，卡耐基将自己的左手藏起来，用右手表现肢体语言。[16]

但另一个原因造成了这个密苏里农家男孩内心中最深刻、最难以忍受的痛苦：家庭的贫困。像很多19世纪晚期的小农场主一样，詹姆斯·卡耐基不仅不能赢利，而且还负债累累，不管多么辛苦地工作，也不能改变这种状况。洪水时不时地冲垮地里的庄稼，饲养的猪也病死了，就算遇到好收成，农产品也赚不了多少钱。一次，他曾尝试养牛，但卖牛的钱还不够牛饲料的花费。还有一次，他买了一群未驯养的小骡子，然后训练它们干农活儿，但却再次发现卖骡子的收入不够养骡子的费用。詹姆斯郁闷地抱怨道："要是买骡子的时候自己就拿枪把这些畜生打死，如今的经济状况就会好很多。"[17]

为了在逆境中生存，全家人尽最大努力自给自足，或以物易物。卡耐基家自己种水果和蔬菜，自己熏火腿和培根。他们用黄油和鸡蛋去科克杂货店交换咖啡、糖和盐，跟当地的修鞋匠交换鞋子。但这只能勉强维持生活。霍默·克洛伊是卡耐基儿时的邻居，也是他终身的朋友，他曾回忆过一个尴尬的场面，证实了卡耐基家生活举步维艰。克洛伊写道："第一次见到他们是在一个周日的上午，我见他们全家驾着车到镇子里去。拉车的牲口一边是匹马，另一边却是一头骡子。"这种尴尬的场面向所有人显示出"这个家庭有多穷"。[18]

聪明而敏感的戴尔无法面对生活的贫困及其带来的微妙的耻辱感。卡耐基家的男孩们几乎一无所有。阿曼达给孩子们做衣服的布都是从当地商店里换来的，孩子们不得不穿着带破洞的鞋，裤子后面还缝着补丁。当然，玩具和奖励就更不用想了。有时候父亲从镇子回到家,却连一块糖都没给戴尔捎回来,孩子就会大哭不止,詹姆斯也会因此而伤心。有一次圣诞节,父母送给他一个还不到一英尺高的小行李箱,里面还有一个小托盘,戴尔把它当作自己最值钱的东西,将之视若珍宝。那次因为戴尔受伤坐马车去马里维尔,父亲为了安慰他给了他一枚10分硬币,让他买点自己喜欢的东西。但这种奢侈的情况极少,物质的需要和情感的创伤一直都显而易见。这位年轻人承认:"我为我们的贫穷而感到羞耻。"[19]

最终,卡耐基家的生活日渐艰难。20世纪初,令人心碎的失败又持续了几年后,詹姆斯无法负担高额的债务,被迫卖掉了农场,当初买它的时候,詹姆斯还对其寄予厚望。家里的债还清后,只剩下了几件家具、一辆马车和几匹马。就连一向坚强的母亲都承受不了打击而倒下了,一边抱着两个儿子,一边哭着说:"在这个世界上,我们只有你们两个了。"家里租下了马里维尔地区的另外一个农场,试着从头再来。但儿子描述道:"父亲受到失败的打击而郁郁寡欢。"这次失败在戴尔幼小的心灵中烙下了深深的烙印。[20]

危机带给父母不同的影响。詹姆斯·卡耐基转向了政治,参加了平民主义运动。19世纪80年代到90年代期间,很多小农场主为了生活苦苦挣扎,他们认为美国镀金时代的经济政治权利体系——特别是银行、铁路系统和共和党为维护制造商而实行的保护性关税和金本位制度——应该为这些经济问题负责。他们进行了反抗。19世纪90年代初,他们成立了"人民党",支持威廉·詹宁斯·布赖恩作为民粹主义在民主党内的代表。民粹主义者要求获得赔偿,这些损失缘于自由铸造银币、政府监管铁路和金融机构以及市场中的集体经济政策。1896年,当布赖恩与共和党的威廉·麦金莱竞选总统时,詹姆斯变成了布赖恩的热情拥护者。他找来一个木箱盖儿,在上面写上"布赖恩和民粹主义",然后把它钉在路边的树上。选举当晚,詹姆斯和孩子们围在当地杂货店的电话旁,却听到令人伤心的消息,布赖恩的选举失败了。老卡耐基失望之极,把牌子翻过来,写上"麦金莱意味着饿肚子,出售农场",然后又把它钉回树上。[21]

最终詹姆斯·卡耐基陷入了绝望。面对着庞大的债务,他毫无希望,变得更消极。他经常暗示或者威胁要自残,说自己可能跑到农场里的大橡树那儿去上吊。每次只要詹姆斯去牲口棚喂牲口晚回去一会儿,阿曼达就会担心"自己会发现丈夫的尸体在绳子上摇摆着"。詹姆斯也向儿子坦白过,马里维尔的一家银行曾威胁要强行收回他们的农场。在回家途中,他把马车停在第102河的桥上,下了马车,"向下看着河水,站了很长时间,犹豫着是不是应该跳下去,那样就解脱了"。[22]

面对家中崩溃的经济状况,阿曼达·卡耐基则表现不同。她一直都笃定地信仰着宗教,此时变得更加虔诚。她禁止家里人跳舞及打牌,把自己的家变成了一个信仰的城堡,一个严密的道德堡垒。她要求家人经常为了上帝的爱与保护而祈祷,并在每晚儿子们睡觉前为他们大声朗读《圣经》中的章节。她非常注重朗读和教育,订购了一套价格便宜的宗教书籍《穆迪宗教图书馆》,作者是著名的福音传教士德怀特·L. 穆迪,并让丈夫和孩子们认真研习。其中她最喜欢的是一本反对舞蹈的册子,名字叫《从舞厅到地狱》,戴尔以一种错位的热情读这本书——他后来说书中"穿短裙的女孩下地狱的照片"以一种非宗教的方式影响了自己。阿曼达还严格执行纪律。她赞同《圣经》中"孩子不打不成器"的说法,纵使自己再难受,每次儿子们犯了错也会挨一顿打。但坚定的道德观没有让阿曼达变得尖酸刻薄,而是培养了一种阳光积极的生活态度。正如戴尔详细讲述的那样:"不管是洪水,还是负债,抑或是灾难,都没有浇灭她那开朗的、感染人的胜者精神。"[23]

阿曼达的宗教热情还促使她广泛地参与了马里维尔附近社区的宗教事务。她在很多乡村教堂里弹风琴,而且一生都致力于在主日学校的教学活动。更重要的是,她成了一名经验丰富的非专业牧师,用家里一个朋友的话说,她"能登上讲台,讲得跟任何一个男人一样好。而且事实如此。有时她来到我们这儿的卫理公会教堂,登上利特尔神父的讲坛传经布道,可以媲美利特尔神父……她唤起了大家的激情和信心"。随着阿曼达声名鹊起,她被邀请到附近的艾奥瓦州和内布拉斯加州为人证婚。有一次,朋友们为她筹集了足够的路费,送她去伊利诺伊州参加复兴运动集会。她尤其支持戒酒运动和主张根除罪恶的朗姆酒的改革运动——卡莉·那什挥着斧子把酒馆砸了,因此成为一位著名的英雄人物——用其中一个旁观者的话说,卡耐基夫人对当地的酒馆抨击得"异常猛烈"。[24]

年轻的戴尔·卡耐基从父母的奋斗中受到了积极影响:深深地尊敬他们的无私。他说即使在他们最穷的时候,父母每年也会想尽办法凑点钱寄到基督之家去,这是附近一家位于艾奥瓦州康瑟尔布拉夫斯的孤儿院。之后,每当已经成功的戴尔在圣诞节给父母寄去支票,让他们买点平时买不起的东西时,却总是得知父母拿出一部分钱买了杂货或煤送给当地的贫苦家庭,他只能无奈地摇摇头。这个美德对他造成了持久的影响。成名后,他在纽约发表了一次演讲,讲述了父母无私的性格。他声音哽咽，眼泪顺着脸颊流了下来。恢复平静后，他说："父母留给我的既不是金钱，也不是遗产，但他们给了我更宝贵的东西——坚持信仰以及笃定的性格。"[25]

因此，由于戴尔·卡耐基在美国19世纪的传统文化中潜移默化地长大成人，他也具有强烈的宗教道德观。最终他将摒弃很多新教神学的观念——他开玩笑说"从小到大自己相信只有卫理公会教徒才能最终升入天堂"——但会保留对精神慰藉的渴望。他指出："母亲曾想让我献身于教会，我曾认真地考虑过去国外做传教士。"当儿子对宗教活动不感兴趣的时候，他将这种说教的冲动转化为另外一种形式。在他手中，改善人际关系并取得成功成为一种世俗的救赎。如同他在《人性的弱点》中纵情书写的那样，使用他的诸多技巧将建立一种具有推动作用的、宗教式的体验："我已经目睹这些原则发挥了作用，确实让很多生活发生了革命性的转变。"[26]

在青年时期，戴尔·卡耐基还养成了良好的口语表达及辩论能力。他的母亲是位老师，所说的话非常具有感染力。他承认"我天生就是个辩论家。长时间以来，我热衷与人激辩。在家、在学校，甚至在操场，我都会跟别人争辩。我有这种典型的心态'我是密苏里人，请你报上名来'"。他与母亲血脉相连，由于"她一直让我在主日学校以及教会活动中公开发言"，因此他从母亲那儿继承了公开演讲的出色能力。他将这些表达能力视为"伪装后的福音"，并认为这种能力会引发他未来对辩论的兴趣，并依靠公共演说成就自己的事业。[27]

年轻的卡耐基向人们展示了其个性中的巨大魅力，这也是他从阿曼达那儿继承来的。作为一个男孩，他因为做错事被逮到好几次，当母亲准备惩罚他的时候，却由于他的巧言善辩而蒙混过关。他说："我问她，在挨打前，我是不是不能吃块饼干或在沙发上休息一会儿。她拿我没有办法，忍不住哈哈大笑，而我就这样幸免于难了。"他一直无忧无虑又爱搞恶作剧，有一次在小型的乡村学校引发了一场闹剧。他杀死了一只兔子，剥了皮，把它肢解了，然后偷偷把肉放在一只水桶里，用盖子封好后，放在学校的热炉上。等老师和同学们察觉到一股奇怪的味道，已经晚了。一大股热气像开水一样把盖子顶开，煮开的兔子肉屑喷到了房顶上。虽然老师认为这不是件好玩儿的事，但是其他同学却觉得很好笑。他评论说："学习应该让人感觉有意思，起码那天下午是这样的。"[28]

年轻的卡耐基也对耻辱异常敏感。他小时候首次去上学，非常不愿意使用室外的公厕，因为大点儿的孩子会站在他周围嘲笑他。因此，在绝望中，当他想小便时，他会跑到校舍一边很远的地方，躺在地上。他如此描述："一小股水流马上就开始从身体下流到泥土里。有些大点儿的孩子发现后，他们都开始大呼小叫，指着我，喊我的名字。我从未被如此羞辱过，还留下了耻辱的眼泪。"同学们还曾取笑过卡耐基的大耳朵——多年后，他还记得那位带头欺负自己的学长，名字叫作山姆·怀特——让他感觉无比难堪。当然，家庭的贫困是长期以来的痛苦之源，他越发能察觉出乡下出身和粗鲁的行为所带来的自卑感。例如，大约13岁的时候，他在田地里干活儿时，发现了一个漂亮姑娘坐着轻便马车走过来，便决定想弄歪自己的帽子，以引起她的注意。然而，当姑娘靠近时，他慌了神，没有碰到帽檐，反而把帽子打翻在地上了。女孩大声地嘲笑着他，坐着马车走了，留下他一个人陷入尴尬中。[29]

引人深思的是，作为一个后来在20世纪的都市中创立成功学的人来讲，年轻的卡耐基与19世纪那种通过体力劳动获取成功的信条分道扬镳。他大方地承认："作为一个年轻人，我痛恨一切和工作有丁点儿关系的事。我讨厌把奶油搅拌到黄油里，也不喜欢打扫鸡窝，清除杂草以及挤牛奶；除此以外，我最讨厌劈柴，而且讨厌到一定程度，以至于家里从不存着预先劈好的木柴。"詹姆斯不断地教育自己的小儿子要记住努力工作的重要性，并以身作则，但是戴尔却对此完全不感兴趣。[30]

慢慢地，戴尔·卡耐基发觉了乡下生活的局限性，这对他的未来意义重大。他时不时地去趟马里维尔，这让他悲喜参半。他把这个小镇当作一座喧嚣的大城市，诸如丹尼尔·艾弗索尔这样的人给他留下了深刻印象，这个人是当地干货店的老板，具有很大的影响力和非常好的个性。当年少的卡耐基透过窗子盯着林维尔旅店内部时，他看到城里穿着讲究的有钱人和顾客们坐在豪华的椅子上，抽着大雪茄，从此他把这里看作是精致优雅的代名词。1899年，他在就读的学校里第一次看到了电影，这是一部西部片，两个牛仔随着呼啸的火车纵马疾驰，情节起伏跌宕，这个男孩感觉无比激动。密苏里农村之外更大的世界再次触动了他。[31]

有个人在很大程度上影响了戴尔·卡耐基的世界观。1901年冬，尼古拉斯·M. 索德开始任教于戴尔就读的学校，并寄住在卡耐基家。他首次引起关注是由于为学生导演了一部名为《伊莫金，女巫的秘密》的四幕剧。戴尔扮演名叫斯努克斯的报童，演出非常精彩，整部剧也获得了巨大成功。索德因此变得"神气"，他租了密苏里州帕内尔附近的一个娱乐中心，举办了几次收费演出。初登舞台让小卡耐基"感觉到出现在大众面前所带来的兴奋",这种情感对他日后的事业产生了很大影响。在家里,索德与卡耐基也保持着重要的私人关系。老师有一台打字机和算术计算机,这都是卡耐基从未见过的东西,索德曾与这位聪明的学生进行长时间的讨论,期间使用了诸如"直觉"、"心理学"等复杂词汇。学生大开眼界,将老师视为通往更大世界的一扇门,多年后仍将索德称为"第一个启迪自己的人"。[32]

最终,戴尔·卡耐基的儿时经验为其带来一个问题,这将成为他日后工作中的核心问题:在美国,成功是什么?如何才能取得成功?家中屡次遭受的失败给戴尔造成了很大的心理阴影,他决定要摆脱贫困的农村生活,"居住在大城市,一周七天都穿着白衬衫"。同时,他尝试在坚守美德与追求物质之间找到平衡。他觉得只有一个人拥有最大的农场及最多的财富,他才是最成功的。但他后来注意到有个富裕的农民邻居不仅贪婪,而且没完没了地驱使农场的工人卖命干活儿。卡耐基描述道:"这个可怜的魔鬼已经被盲目又狂热的欲望吞没了,只想着赚钱,再赚钱,赚更多的钱!如果他存够了100万美元,他还会渴望更多。"许多这样的普通农民都对这种价值观非常不屑。[33]

虽然年纪还小,但卡耐基认真地观察着人性,他认为人们获取意义和成就感的源泉是事物,而不是财富。在县城的集市和牲口展览上,父亲饲养的杜洛克猪和白脸牛多次赢得蓝丝带奖。詹姆斯把这些丝带缝在一块白色平纹布上,每次有人来家里做客时,他都会骄傲地展示这些奖品。小卡耐基得出一个重要的结论:每个人都寻求一种荣誉感,都希望由于自己的成就、价值或魅力而获得认同,无论它们多么微不足道。他牢牢记住了这一点。[34]

在虔诚与贫穷、美德与挫折、辛苦劳作与蒙受羞辱中,戴尔·卡耐基在青年时迎来了一个转折点。1904年春,戴尔16岁,全家离开马里维尔附近的农场,将行李打包托运,然后坐火车前往东南方向约170英里的密苏里州沃伦斯堡镇。那里的田地比密苏里西北好不到哪儿去,但父母有个更大的目标。他们想让两个儿子上大学,这儿附近有一个州立师范学校。这位来自社会边缘的贫苦乡下男孩首次切身体验到一个更大的世界,这样的世界以前只在他的脑海中出现过,这将是他迈向成功之路的第一步。[35]

2　反叛与复原

《人性的弱点》的诸多成功学准则中，接受新思想及选用新的生活方式位列前茅，得到戴尔·卡耐基的极大重视。他经常说要抛弃陈旧低效的世界观，采纳一种能获得成功的新思维模式。卡耐基强调，要想从此书中有所收获，"必须"有"深刻而强烈的学习欲望，还要有主动提高与人交往能力的决心"。他强调读者需谨记"未来存在着多种发展的可能性"，并提醒道"你们正在尝试培养新习惯，一种新的生活方式"。然而，卡耐基承认，由于人们内心不易妥协，因此采纳新观点是非常困难的。卡耐基写道："我们中的大多数人面临着歧视与偏见，深受已有观念所害。多数人不愿意改变自己对宗教、发型、共产主义或是对克拉克·盖博的看法。"[1]

接受新观念取决于自己和他人都能产生足够的自信心和自尊心。人人都渴望得到荣誉感，卡耐基将其视为人性的基本需要。他指出："你想得到周围人的赞同，对自己真实价值的认同，渴望在自己的小圈子中感受到自己是重要的。"因此，敏感或精明的追求成功的人必须要充满信心地面对世界，还要立志"让别人感受到他们的重要性，并且是发自真心的"。你必须一直告诉自己要"发自肺腑地称赞他人，并且不要吝啬赞美之言"。归根结底，卡耐基评论说："我们滋养了孩子、朋友及员工的身体，然而我们却很少滋养他们的自尊心。"[2]

这不仅意味着我们要重新思考对世界的看法，还要关注从作者青少年时期的艰难生活中萌生的坚定自尊。16岁时，戴尔刚进入密苏里州一所规模很小的大学，就马上遭受了严重的社交危机。受到学术研究的启发，他开始质疑童年时期学到的宗教信条。与自己同学相比，身上破旧的衣服显示出家庭的贫苦，他为此感到羞耻，饱受心理上"自卑情结"的折磨与打击。这些问题促使他对伴随自己成长的诸多传统产生了抵触，并与家人，特别是与母亲，处于紧张与矛盾中。然而通过公共演讲，小卡耐基的烦恼马上得到纾解，找回了强烈的自尊心。他发现自己拥有一种表达及说服他人的才能，他在这所大学的集体活动中获得了成功，成为校园中最受人尊敬的学生之一。此外，不断提高的公共演讲能力——它强调交流、对话体、将个性表达置于传统做作的演讲术之上——为其日后的事业打下了基础。小卡耐基摆脱了禁锢在身上的19世纪文化传统的枷锁，拥有了一种实现自我价值的新观念，又向着成功迈出了重要的一步，重塑自己的世界观为日后说服他人这样做奠定了基础。

1904年，卡耐基一家搬到沃伦斯堡，他们发现这个镇子中等规模，大约5000人安居在欧扎克山脉西北边起伏的山坡上，向西就是一望无际的堪萨斯州大平原。作为约翰逊县的行政辖区，它坐落在密苏里州中西部，西南65英里处就是堪萨斯市。它建于19世纪30年代，而后在1864年取得经济上的巨大发展，当时密苏里太平洋铁路公司在那儿建立了一个火车站，到了世纪之交，它已经成为一个繁荣的典型中西部小镇。这儿建有七座不同教派的新教教堂，一座带谷仓的面粉厂，一座铸造厂，一座小型毛纺厂，三家宾馆，几家银行，图书馆，两家报社以及各种商店。[3]

卡耐基一家搬到这里最重要的原因是为了上大学。沃伦斯堡的中央密苏里州立师范学校建于1871年——为了建立由文法学校和初级中学构成的公共教育系统，密苏里州设立了两家培养教师的学校，该校即其中之一——并繁荣于70年代末期。学生无须缴纳学费，毕业后需要在密苏里州担任教师，以此作为回报。1904年秋，该校拥有约800名学生及40名教师，几座带有维多利亚晚期"伦巴底—威尼斯"风格的大型砂石建筑伫立在紧凑的校园中。大池塘和开放的运动场为学校增色不少，平添了运动的气息。[4]

沃伦斯堡的中央密苏里州立师范学校旨在通过培养公立学校的合格教师，促进密苏里州"公民的教育水平"。它面向全州招收学生，特别是位于中部农业地区的乡村及距离西部相对较近的堪萨斯市。在20世纪的前几年，这所学校是该地区最正规的学校的典范，新生和二年级学生所学的课程分别对应现在的11年级和12年级水平，三年级和四年级学习现代大学前两年的课程。卡耐基等学习初级课程的学生毕业时会获得校务委员会证书，更高年级的学生毕业时将会获得教育学学士学位。一般来说，学生会按照惯例学习科学、修辞、数学、心理学、历史、文学等课程。前两年的科学学习结束后，后两年会开设更高级的选修课以及更频繁的教学实践课。州立师范学校一直致力于"在全州各处推行公共福利"，从而给未来的教师提供全面教育，并将他们分配到全州各学校。[5]

1904年春，詹姆斯和阿曼达在距沃伦斯堡南部三英里处安顿下来。他们经营着一座小农场，里面有一栋传统的双层隔板房，一座牲口棚和几处分散的屋棚。詹姆斯像以前一样，在这片土地上继续辛苦劳作，竭力维持生活。他混合种植庄稼，饲养家畜；同时阿曼达负责家务，并参与当地教堂的活动。然而，夫妻两人从马里维尔搬到这里，是为了让两个儿子接受教育，也是为了让克利夫顿和戴尔入读大学。大儿子对此兴致不大，但小儿子却非常高兴能进入大学校园。这极大地拓展了他的眼界，并满足了他对新生活的渴望，在封闭的童年里，他只能从母亲的书籍和与索德先生的对话中粗浅地感受这种生活。大学科学、历史和文学将他带入了知识的海洋，比小时候仅有一间屋子的校舍和乡村小教堂中主日学校的课程要强多了。大学课程改变了他的生活，用他自己的话说："让我大开眼界。"[6]

然而与此同时，大学生活对这个农场男孩也是严峻的考验。每天的例行公事就是遭受羞辱，它缘于自己家里的老问题：贫穷。只有几个学生不能支付沃伦斯堡学校低廉的食宿费用，卡耐基就是其中一个。每天早晨，他不得不骑马上学。新的问题出现了——上课时马要怎么办？怎么喂马呢？戴尔从大学附近的一个牲口棚主人那儿找到间空马厩，每周父亲会给儿子送来大量粮食和干草，用来喂马。下午放学后，他就能骑马回家了。回到农场，小卡耐基套上工作服挤牛奶、劈柴、喂猪，然后在一盏煤油灯下学习到深夜。同学们很快得知了卡耐基骑马上学以及干农活的事，高年级同学的嘲笑更是让他无比尴尬。多年后他回忆道，他那时开始将自己视为社会边缘人，并萌生出"一种自卑情结"。[7]

有件事加重了男孩的焦虑。卡耐基承认："最让我感到耻辱的是自己的衣服。我长得很快，我拿到衣服的时候，它们太大了——几个月后才穿着合适，最后衣服又太小了。"他的衣服不仅尺寸不合适，而且还很破旧——自家缝制，布料陈旧，因为经过长时间多次洗涤也褪色了，有时甚至还有补丁。对于一个试图融入大学生活的乡下年轻人来说，这种境况在他心中撕开了一个新的伤口。他变得非常在意自己的衣服，每次在同学面前走到黑板做练习成了一种心理伤害。一次，他忍不住跟母亲说："我没办法思考手头的问题，只会想着一个事实，那就是自己的衣服不合身，同学们在背后嘲笑我。"听到这些，阿曼达流下了眼泪。她哭着说："哦，戴尔，我多想能让你穿着更好的衣服啊，但是我们买不起。"同样，这种悲伤让儿子充满了自责："虽然我不是故意的，但是自己多么残忍啊！"[8]

开始关注女生也让卡耐基的内心对其边缘身份更加敏感。熟悉了师范学校的生活后，他开始留心班上漂亮、聪慧的女同学，还邀请其中的几个人跟他约会，但挫败接连到来。他伤心地说："我记得一个名叫佩茜·瑟博的女生，我邀请她一起坐马车，但被她拒绝了。还有几个别的女孩也拒绝了我。"这些挫折不仅增加了他的自卑感，而且当他试图与女同学聊天时，还让他更加语塞，很快焦虑变得更加严重。后来，他解释说："我担心没人愿意嫁给我，担心婚后跟自己老婆无话可说。我能想象我们将在一个乡下教堂举行婚礼，然后坐着顶上装饰着穗子的四轮马车回农场去。但在回农场的路上，我能说得出话来吗？怎么办？怎么办？每当我走在耕犁后面，我都会花很长时间思考这个重大问题。"对于一个受到少年烦恼困扰的男孩来说，爱情上遭受的打击让生活更加暗淡无光。[9]

当社交压力影响了自信时，卡耐基遭受了同样程度的精神苦恼，动摇了自己赖以成长的基础。随着州立师范学校的课程逐渐进阶，他也面临着宗教信仰危机。这些课程质疑从小伴随他成长的传统新教教义，他开始用一种批判的眼光重新审视母亲的宗教信仰。后来，卡耐基描绘了童年熟悉的世界观如何土崩瓦解：

> 我学了生物、科学、哲学和比较宗教学。我读了关于圣经由来的书籍。我开始质疑其中的很多观点。我开始怀疑那时的乡村牧师教授的狭隘信条。我心烦意乱……我不知道应该相信什么。我在生活中看不到希望。我不再祈祷。我变成一个不可知论者。我相信所有的生活都没有计划，没有目标。我相信人类没有任何神圣的使命，只有几万千年前漫步在地球上的恐龙才是真实的。我感到有一天人类会毁灭——就像恐龙一样……我讥笑那种仁慈的上帝按照他自己的样子创造人类的说法。[10]

离开大学时，卡耐基变得对传统宗教如此叛逆，以至于他开始对母亲公开表达自己的看法。例如，当阿曼达反对剧院的时候，他就嘲讽地回答："我打赌莎士比亚的戏剧和廖·华莱士的《宾虚》比你提到的福音传教士散播了更多的福音，并感动了更多的人。"当阿曼达指责跳舞是通往地狱之路时，如今儿子几乎不掩饰自己的轻蔑，他说："如果因为我跳过舞或去过剧院，他们想让我在死后远离任何一个地方，坦白地说我想要躲开他们，因为跟持有那种观点的人在一起，我没办法舒心适意。在我的天堂中，他们不做那样的事儿。"如今小卡耐基坚持认为教堂落后于当前时代一个世纪，它的狭隘教义不仅排斥年轻人，而且"如此荒唐，任何有思想的人都不会赞同"。他愤怒地表示："我们多次听到那些上帝制定的法则，其实都是由无知的老古董制定的，然后再假借上帝的名义而已。"[11]

小卡耐基在社会边缘摇摆，在思想的质疑中挣扎，渴望寻求一种出路。他迫切希望能以某种方式摆脱贫困的烙印，并将头脑中的混乱转化成积极的行动。这种不确定让他苦恼不已，他寻求一种能战胜自己自卑情结的方法，进而取得成功。用他自己的话说："我下意识地四处寻找对生活的补偿，这要么缘于不合尺寸的衣服，要么缘于女孩们拒绝了我的约会邀请，要么缘于我天生是农民。我注定要一举成名。"更重要的是，他还从自己的同学中寻找自尊：去证明"我像他们一样优秀"。[12]

令人惊喜的是，他也得到了一点儿振奋的力量。两位到沃伦斯堡州立师范学校参观的演讲家触动了这位年轻人的心弦，他试着找到自己在这个世界中要走的路，同时也找寻自我。一天晚上，他到大学里听一位肖托夸文化讲习会成员的演讲——卡耐基赞许地如此描述他："坐火车，住宾馆，穿白领衬衫。"——演讲中涉及一个小男孩，他为了支付学校的费用去做看门人，因为自己穿着破旧而感到羞耻，而且还没有足够的钱跟女孩子进行正式的约会。他将这些令人不快的场景描述了15分钟后，说道："那个男孩今晚就站在你们面前！"不一会儿，卡耐基听到另一个由芝加哥—奥尔顿铁路公司副总裁所做的演讲，讲述他从一个卑微的火车维修工奋斗成功的故事。他为外面世界中如神话一般的唾手可得的机遇着迷了，卡耐基曾一度相信"想要成功，你得是个富二代，穷小子没有什么成功的机会"。但现在，他从两位演讲者那儿获得了极大的勇气和希望。他解释道："第一，我觉得如果他能摆脱贫穷，并把演讲当作一个职业，那么我也能做到。第二，他让我相信早期的贫穷不会阻挡一个坚定的人取得成功。"[13]

卡耐基被一个更光明的前途所鼓舞，他顿悟了。当然，学校中很多受欢迎的学生都是足球、棒球及篮球运动员，这个农场男孩承认自己在运动方面既没有后天技巧，也没有天赋。但后来他注意到了其他方面：

> 我环顾周围并发现，那些辩论和演讲比赛的冠军是大学中的精英领导者。在聚光灯下，他们面对成千名观众起立，作演讲。人人都认识他们！他们大名鼎鼎！当他们走在校园里，人们都指着他们议论。我说："也许我能做到。"因为母亲曾带我到主日学校参加过类似的活动，我也曾发表过公开演讲，也曾参与过业余（戏剧的）表演。我发现自己能站着演讲，至少比一般人多了一点儿活力和热情。

从此，卡耐基勇往直前，充分利用童年时的成功经验——他的口头表达能力——并将其视为自己的核心竞争力。公共演讲成为他获取尊重与成功的手段。[14]

在通过演讲术寻求成功的过程中，卡耐基面对着巨大的困难。虽然每年都有几个竞争激烈的校级演讲比赛——一个辩论赛，一个朗诵比赛和一个校公共演讲比赛——但光进入比赛就不是一件容易的事。在这个时代，学校兄弟会刚刚出现，"文学社团"决定着州立师范学院的社交网络。其中六家得到校方的承认：男生社团有"雅典人社"、"培根社"和"欧文社"，女生社团有"坎贝尔社"，"奥斯本社"，"伯利克里时代"。每个社团由各系管理，由"口语表达部"主任进行指导，拥有社团自己的大厅，开展一系列的常规活动，包括阅读、演讲、辩论和合唱。每年，文学社团还会组织演讲、辩论和演说等各种校级比赛。想要赢得校级奖励，首先得从这六个社团中脱颖而出，对于卡耐基这样一个没受过专业训练的、毫无经验的学生来说，困难重重。[15]

卡耐基曾加入"欧文文学社"，该社以19世纪早期广受欢迎的荷兰裔美国作家华盛顿·欧文的名字命名。欧文社注重深厚的友谊和令人瞩目的成就，曾被载入名为《演说家》的州立师范学校年鉴中："欧文！提供了多少对力量、勇气、坚持、耐心和忍耐力的建议啊！"在校的前两年，他以欧文社成员的身份参加了公共演讲竞赛，希望能够获得参与校赛的资格。然而，他却遭遇了滑铁卢。除了社交上的失败，这些打击让他异常受挫，并因此变得更加闷闷不乐。1906年，卡耐基遭遇了致命打击。多年后他回忆道："我被彻底击败了，被彻底打倒了，沮丧至极，以至于我真想过要自杀。听起来很蠢么？当你十七八岁并遭受着自卑情结的折磨时，你就理解我的心情了。"[16]

州立师范学校以演讲术闻名，这也是压力的另外一个原因。这些未来的老师们高度重视演讲的措辞，很多学生都为了功成名就而加入竞争，报名参赛。有人说沃伦斯堡"比全国任何一个城镇都要重视演讲术"，每年，获胜者"不仅被人群举过肩膀，还有以其名义燃放的焰火活动"。实际上，美国19世纪一位最著名的演讲家的故事也曾在小镇中流传。1896年，律师乔治·维斯特——十年后，他将代表密苏里州赢得美国参议院选举——代表客户起诉附近的一名养羊农民，指控后者射杀了客户一条名叫老鼓的宝贝猎狗。在总结陈词中，维斯特发表了精彩的演说"向狗致敬"，让陪审团热泪盈眶，从而赢了官司。其中，最为著名的话"人类最亲密的朋友"，火速成为流行词汇。此次演讲很快就见诸各大报刊，因为全美学生开始在各种演讲比赛中背诵它而成为美国演讲的典范。这次演讲当然印刻在卡耐基的脑海中——30年后，他在自己广受欢迎的报纸专栏中刊登了演讲全文，并号召读者"将其从报纸上剪下来，贴在自己的资料簿中"。[17]

最终，卡耐基通过艰苦卓绝的努力，开始在州立师范学校的公共演讲比赛中跃居前列。用他自己的话说，他觉得"母亲一直给自己树立了光辉的榜样"，并以此作为激励而坚持不懈。他背诵了很多著名的演讲词——不仅有"向狗致敬"，还有理查德·哈丁·戴维斯的"萨帕塔的男孩演说家"和林肯的"葛底斯堡演说"——一有时间就感情充沛地练习。骑马往返于学校的时候，他就为森林和草原进行演讲；在家中农场挤牛奶的时候，他也在练习演讲；晚上忙完杂活儿后，他爬上干草垛，面对着已经在棚中休息的好奇的牲口，发表激昂的演说。这位演讲新人还评判来师范学校访问的演说家。他注意到一位阿拉斯加州的演讲人"没有用观众熟悉的话进行演讲"，观众经常走掉。这位访客描述阿拉斯加时，说它占地50万平方英里，拥有6.5万人，普通观众对此毫无感觉。卡耐基总结了一个更好的表述方式，即阿拉斯加有佛蒙特州、新罕布什尔州、缅因州、马萨诸塞州、罗得岛州、康涅狄格州、纽约州、新泽西州、宾夕法尼亚州、马里兰州、北卡罗来纳州、南卡罗来纳州、佐治亚州、佛罗里达州、密西西比州和田纳西州全部加起来那么大，而人口却只有密苏里州的圣约瑟夫那么多。他推测观众会马上了解这种对比并印象深刻。[18]

卡耐基的坚持很快就得到了回报。在一次针对竞争对手的固定演说中，观众开始注意到这位长相粗犷、穿着破旧的农场男孩"能带着比别人更多的激情和感伤去背诵"。令人兴奋的是，他最终赢得了欧文文学社内的冠军，然后进入了校赛。1907年，他在学校的"朗诵大赛"中获胜，内容是在观众面前背诵一篇文学著作，然后进行阐释。一年后，他又赢得了"辩论大赛"。除了重拾自信之外，很多同学由于看到卡耐基的成功，开始向他请教。大学的最后一年中，卡耐基在辩论赛中获胜，同时自己培训过的两个学生还包揽了公共演说竞赛和朗诵大赛的冠军。这些荣誉为卡耐基的经历平添了浓墨重彩，通过自己创作演讲词并在乡村教堂和当地的社会集会中演讲，他扩大了自己的活动领域。带着一种新的自信，他说道："出现在观众面前时，我会无比激动，从那时起，我决定要以此作为自己的谋生手段。"[19]

卡耐基成为出色的公共演说家后，他的社交生活也发生了改变。不久以前，这个局促不安又衣衫破旧的乡巴佬还面对着周遭的傲慢与嘲笑，如今他却成为校园中鼎鼎有名的大人物。1907年,同学们选举他做二年级副主席,他因为以下这段顺口溜而载入年鉴:"我们的副主席,卡耐基,注定要赢得荣誉。他能言善辩,并让我们所有人都对此深信不疑。"他赢得尊重的另外一个表现是,原来同学们嘲笑他的激情,可如今这只是一个偶尔偏激的性格特点。[20]

接下来的一年,因为欧文社把卡耐基树立为社团榜样,他因此赢得了更多的赞扬。他们在学校出版物中骄傲地写道:"卡耐基先生自进入这个社团后,开始为荣誉而奋斗——不仅是为了自己,更为了这个社团——虽然他仍是个新生,但却已经在去年的朗诵大赛和今年的辩论赛中摘取桂冠。"在1908年的《演说家》中,他被称为班级"新秀"之一:"戴尔·卡耐基——辩论赛冠军。"他还是同学开玩笑的对象。在《演说家》一篇题为《我们好奇》的文章中,人们思考着"为了给社团赢得假期,戴尔·卡耐基的下一个计划将是什么?"它提名卡耐基为"最活跃的调查委员会"搞笑的成员之一,并在"永远的伙伴……戴尔·卡耐基和'自我主义'"那部分中,拿他的自信开玩笑。然而最具预言性的评论来自低年级学生对其性格的描述:"戴尔·卡耐基……不鸣则已,一鸣惊人。"他在多年后的采访中承认,可能最让自己满意的评论是"女孩们开始议论纷纷,抱怨那个名叫卡耐基的优秀男生具有如此多的才华"。[21]

他的成功不仅于此。戴尔·卡耐基成为沃伦斯堡州立师范学校的演讲明星,这主要源于他个人的情感需要和想要成功的决心,它还引发了更广范围的共鸣。实际上,他个人的胜利反映了美国公共教育一个重要的发展趋势。与其他方面的发展相应,它加剧了维多利亚时代的传统文化的崩塌。

历史学家丹尼尔·布尔斯廷指出,在世纪之交,美国公共演说依然由19世纪早期官方的演讲标准所主导。例如,广受欢迎的《麦加菲读本》首次出版于19世纪30年代,影响了几代人的教育,为男孩和女孩们提供了正确的阅读方法,即"阅读是一种修辞训练"。它在以下方面确立了口语演讲的规则,即"发音清晰与否、语调变化、重音、强调、变调以及诗意的停顿"。掌握这些正式演讲的规则,决定了一二年级的学生是否能够升入高年级,同时大学则重视修辞、发声法和修辞术,将其视为必修科目,并借鉴西塞罗和贺拉斯的传统方法培养演讲能力。正如布尔斯廷所说的那样,"空洞而伟大演说"传统在重要的公共话语领域岌岌可危。[22]

可是,年轻的戴尔·卡耐基正好在这个动荡的时刻进入大学,此时,演说传统正摇摇欲坠。新世纪早期的教育强调改进传统教学方法,同时演讲实践也变得日益重要。维多利亚时期的形式主义批评家正开始用新型的"公共演说"来取代旧式的"演讲术",因此在以后几十年中开启的革命将建立一种对话的基调,一种面向观众的轻松氛围,这种开放又坦率的演讲,是有效沟通的关键。最终,卡耐基将成为这个运动的主要推动者,但是在他的大学时代,即20世纪早期,他进入角斗场时适逢第一阶段发生转变并走向末路的时期。虽然学生们依然要学习很多关于仪态、呼吸、变音等传统规则,但是传授"表达"和辩论的老师也会引进新内容,以摆脱一些旧式的束缚和规则。有位欧洲表演老师的追随者们引领了这次改良运动。[23]

"德尔萨特系统"以法国声乐及戏剧表演理论家弗朗索瓦·德尔萨特的名字命名,它是美国19世纪晚期一种演讲训练所使用的进步的方法。最初,德尔萨特推出了一种复杂的宇宙伪哲学,该学说强调在表达思想和心灵中人类最深处的冲动时,声音和运动相互交缠。但是在诸如斯蒂尔·麦凯等美国翻译者的拥护下,该方法演变成为一种身体训练体系,其中仪态、手势和情感成为人类"表达"的通道。到了19世纪八九十年代,德尔萨特主义者的重大影响已经扩展到表演、舞蹈以及演讲术上,后者对小卡耐基更为重要。麦凯的"和谐体操"实践,也将身体练习视作一种重要的教育学策略,它不仅旨在放松身体,而且还将人们的精神力量集中在发声、仪态以及有效表达上。在有些人手里,德尔萨特的方法高度再现了贵族姿态、舞台造型以及程式化的动作,变成了对维多利亚晚期贵族习气的戏仿。但是对于多数德尔萨特主义者来说,这种方法表现了一种维多利亚时期的克制与形式主义的改变。新体系提倡释放潜能,提倡几个新规则:将声音和身体从束缚性的习惯中解放出来,并使之与更深刻的"思想原因"发生共鸣;训练声音和身体,使其能适应思想的自然表达;鼓励自由地表达个人主义;使用声音和身体进行"自然的"演说,这意味着通过学习技巧而培养"对话式的"语调。[24]

因此,德尔萨特的系统扮演了桥梁的作用,联结着19世纪维多利亚时期高雅的形式主义与20世纪现代植根于社会中的现实主义。正是如此,它反映了美国文化更大范围上的转型。在这个巨变的时代,很多领域——教育、法律、哲学、历史学习、政治意识形态——都发生了类似的转变,改变了形式的分类、抽象的原则、道德律令以及不变的静态思想体系。一种新的情感强调我们需要面对社会现实,在真实世界中检验思想的效力,并接受这样一种观念,即真理并非固定地存在于思想之中,二者只是存在着偶然的联系。从"法律现实主义"到"进步的教育",到哲学"实用主义",再到"发展的历史",

几乎每个文化领域都呈现出这种新的工具主义色彩。演讲术教学可以应用到更大的范围。德尔萨特主义者反映了一种正在形成中的反形式主义的后维多利亚式情感，这种情感不再强调技术性的展示，而是支持一种身心合一的心理学方法。[25]

1904 年，与其他多所教育机构的情形一样，德尔萨特的影响在沃伦斯堡州立师范学校显而易见。该校"戏剧表现及演讲艺术"教授弗雷德里克·阿伯特身先士卒。他身材不高，头发又密又硬，为人活跃，善于鼓舞学生。他师从 F. 汤森德·索斯维克，后者供职于纽约演讲学校。20 世纪 90 年代，阿伯特花了大部分时间在美国和加拿大的学校巡回演讲，而后转到教育学，在接下来的几年中担任教职。1905 年，他来到密苏里的州立师范学校，并很快对年轻的卡耐基产生了巨大的影响，后者成长为一名公共演说家。[26]

阿伯特使用索斯维克的著作作为教科书，名为《演讲与行动》。实际上，几年前阿伯特曾为导师的书写过推介广告，称其"与'新式演讲'一致"，并声称："在我教授自己学生的时候，它产生了令人满意的效果。"从索斯维克的书中，卡耐基学会了鄙夷维多利亚时期对情感的过度装饰，赞扬"以对话式演讲为基础。如果表达方式是自由的，那么真正的感情会自然流露出来"。他学会过分强调技巧会"丧失自然性，而它比优雅或技巧上的完美更有价值"。他了解到放慢语速的重要性，因为如果"我们能认真做到这一点，我们不需要喊叫或控制声音，只需要使用日常生活中交谈的语调，还完全不用费什么劲儿"。最后，他学着将口语与内心的情感联系起来，以便"真正想你所说，说你所想。这是自然演讲的秘密"。[27]

卡耐基成为阿伯特和索斯维克的"新式演说法"的追随者。他保留了传统形式主义的肢体语言，但以更自然的谈话式演讲为目标，同时为了增加情感的趣味性，他在演讲中加入情感因素，特别是激情。他将自己视为公共演讲革命的一部分，反对 19 世纪"口若悬河的演讲"，寻求"轻松、自然，打破保护自己的外壳，说话和行动时像个普通人一样"。卡耐基还受到了母亲的影响。在童年时期，她鼓励卡耐基使用一种更自然的方式在宗教集会上进行"片段"演讲。当其他男孩在演讲时使用了花哨的肢体语言时，阿曼达"会训斥这些愚蠢的把戏。诗歌表演要具有适当的音乐美，演讲则要将思想表达得清晰动人，还要避免使用夸张的手势"。[28]

当卡耐基完成大学课程，进入到更广阔的世界中时，他完全反对形式主义的修辞和演讲。到了 1912 年，他已经是一位初级演讲指导老师，传统生硬的修辞术的一丁点儿痕迹也会激起他的愤怒。例如，他催促母亲改变为一位年轻女性制订的演讲课计划，他警告道："你在小镇里找到的那些演讲老师最会误人子弟了。别让她学会太多垃圾而毁了她。"还有一次，他强调没什么比误导性的演讲课更糟糕了，并声称"一个差老师，就像一个糟糕的医生，会让你深受其害"。[29]

最终，卡耐基支持现代公共演讲，它实用性强，并强调个人主义和沟通，这让他重新思考自己在大学期间所学到的东西。他多年后写道，回想自己的大学生活，他脑海中就记得一句话。历史老师曾跟他说："卡耐基，你将会忘掉在这儿学到的几乎所有东西。不过，你也应该忘掉它，因为这些东西几乎都不重要。最重要的是当你学习这些内容的时候，你把自己塑造成为什么样的人。"这成为卡耐基实用主义的核心观点，即大学学习——他将其称之为一个"中世纪"体系，用毫无用处的事来填满学生的头脑——应该更强调大学时期的个人发展。公共演说为卡耐基提供了一个机会，也培养了与人交往时要具备的信心和沟通技巧，对他来说，这些"在工作和生活中学到的比在大学学到的一切知识都更具有实用价值"。[30]

由此，戴尔·卡耐基的大学生活使他完成了生活中的关键转变。在社会交往方面，大学生活让一位拼命逃离农村贫苦命运的人成为人们关注的焦点，同时还让他看到了未来成功的曙光。在知识学习方面，它使卡耐基相信父母狭隘的宗教世界观落后于20世纪初期充满变化的现代世界。从文化的方面看，它让卡耐基抛弃了19世纪维多利亚式文化中的道德束缚和文雅的形式主义。总之，大学让这个贫穷的农场小子的自尊发生了质的飞跃，预示着新世界的开启以及自己可以融入新世界。他因为公共演说的成功而受到鼓舞，并带着自立谋生的迫切愿望，感觉到成功就在眼前。他对自己的能力非常自信，同时不能容忍继续过以前的生活，甚至已经为更大的变化做好了准备。

1908年，机会来了，当时一名同学跟卡耐基谈起一个赚钱的机会，它似乎是为卡耐基的演讲能力量身打造的。他抓住了机会，摆脱了之前家庭为自己带来的束缚，破茧而出。他决定要勇往直前，搬到了几百英里以外的地方，他的内心甚至向前走得更远。

3 销售产品，销售你自己

在《人性的弱点》中，戴尔·卡耐基常常沉浸在销售的世界中。他指出："如今，成千上万的推销员虽然埋头苦干，但疲惫，气馁，收入不高。为什么？因为他们总是仅仅考虑自己想要的，而不了解他们的销售对象。"但是书中的指导原则可以改善这种情况。他表示："数不清的推销员采纳了这些建议后，收入得到大幅度的提高。很多人都设立了新账户——之前他们苦苦哀求也得不到的账户。人们总因为他们取得的新成就而感到诧异。那就像魔法一样。"第一步是要明白在现代美国，发现他人的欲望至关重要。每个人都有自己的问题，如果"一个推销员能表明他的服务或商品能帮我们解决自己的问题，那他根本不需要卖给我们什么。我们会主动购买的"。但是经验丰富的销售员也知道人们的欲望是可以被生产和刺激的。卡耐基说，他最喜欢的一句格言是："唤起他人心中一种迫切的需要，能做到这点的人就拥有全世界。"[1]

第二步同样重要。卡耐基敏锐地观察到，成功的销售人员在推销产品时，也推销自己。《人性的弱点》最重要的部分就是强调"让人们喜欢你的六种方法"，包括"如何让人们一直喜欢你"的相关内容。作者为提升销售水平而提出了一些建议，如在一个潜在购买者那里马上赢得一个肯定答复，因为它会把"心理的变化过程……向积极的方向引导"，并使他更有可能购买你的产品。卡耐基甚至还列出了一封稳妥有效的信，它可以提升销售额。开始，信中说明："你是否介意帮我解决点小麻烦？"接着询问顾客该产品具有哪些优点，是否需要提供附加服务，然后如此结尾："如果你能这么做，我对此将非常感激，并感谢您能善意地为我提供相关信息。"卡耐基的补充内容用括号括起来："在最后一段，注意（这封信）如何低语着'我'，呼喊着'你'。"这些技巧不仅旨在让他人感到自己是重要的，而且还使推销员向客户传达一种积极的、不可抗拒的自我形象。[2]

在更大的意义上，卡耐基使用惯常的聪慧，紧紧抓住了历史现实的关键问题：美国20世纪早期拥有一种新的经济，其中消费者的财富是时代潮流，在商品流动的过程中，销售扮演着润滑剂的角色。但是他还明白向消费者出售商品，与情感上的自我实现及难以抗拒的个性有关系。和这本畅销书中的其他部分一样，卡耐基的规划与其说是对现代生活进行系统分析的结果，毋宁说因为他自己过往的经历。当大学生活就要结束时，这个年轻人厌倦了贫困，迫切地要到处与人分享诱人的成功，因此一头扎进了销售艺术的世界。事实证明，这种努力令人沮丧，但是它带来了想法和技巧，这些内容成为著名的卡耐基成功学的主要部分。他多年后会说，推销自己是在富足的现代美国中实现成功与发展的关键。

1908年春，戴尔·卡耐基为改变做好了准备。由于自己的宗教背景和社交中的自卑情绪，他在大学中面临严重的自信危机，因此他将公共演说看作通向卓越的手段，并将自己塑造成为辩论及演讲冠军。他期望能完成学业，毕业，然后成为一名教师，长期的目标——在后来某个不甚清晰的时刻制定的——是成为一名肖托夸文化讲习会的演讲家。但贫困的阴影依然笼罩着年轻的卡耐基，从童年起，贫穷就伴随着他的家庭。他没有钱，没有财产，父母正与贫困做着艰难地斗争，在距离学校的镇子几英里的农场中苦苦挣扎。

因此当一名同学在闲聊中提起一个赚钱的机会时，卡耐基接受了。欧文文学社的成员弗兰克·赛尔斯提到自己去年花了大部分时间推销国际函授学校的课程，该校位于科罗拉多州丹佛市。公司待遇优厚，为销售人员每天提供两美元食宿补贴，只要他们卖出课程，就会拿到佣金。一个新老师每月的总收入仅有60美元，仅仅相当于函授学校的食宿费用。当卡耐基得知此事时，他迅速权衡了利弊，随后果断地换了工作。[3]

他带着激情和几分稚气，用非正式的方式申请了这份工作。他并没有意识到通过信件找工作是个糟糕的方法，而是匆匆写了一封信——随信附上一封没有认真准备的简历——寄往丹佛的国际函授学校，寻求一份销售工作。公司决定雇用这个毫无经验的新手。很快，卡耐基才得知经理没有介意自己的无理行为，因为他相信一个几次公共演讲大赛的冠军有成为优秀销售的资质。卡耐基兴高采烈地完成了春季学期的课程，获得了校务委员会证书，如此一来他就是"初级课程"的毕业生了，并且有了教师资格，在他19岁的时候准备第一次离开家去工作。1908年5月23日，当他登上前往丹佛的火车时，全家人都到沃伦斯堡火车站来送别。母亲一边擦着眼泪，一边目送小儿子踏上崭新的征程。她似乎能感到儿子日后所说的结局，即"从此成为离巢的小鸟，在广阔的世界中振翅高飞"。[4]

卡耐基前往丹佛的旅途，几乎是乡下小子闯荡大城市这种老掉牙故事的翻版。他带上自己的每一分钱——大概20美元——放在阿曼达为其缝制的一个小布包里，用一根线挂在脖子上，藏在衬衫里面，他说，"这样城里的骗子就不会抢我的钱了。"经过一天半的火车旅程，他在丹佛火车站下车，在一家旅馆找到一间便宜的房间。第一个晚上他彻夜未眠，"我对迄今见过的最大城市肃然起敬……害怕得不敢关灯。"大约午夜时分，很大的敲门声响了起来，卡耐基以为自己面临着先劫后杀的命运，他大声喊道："你要干吗？"守夜人喊着回答道："把灯关掉！"这位懊恼的年轻人承认："我可能是史上闯荡丹佛的最青涩的农村小孩儿了。"[5]

卡耐基以一种获得成功的决心面对世界。在这个时期的照片中，我们可以看到一个身材中等的年轻人，整齐地穿着黑西装和高领笔挺的衬衫，戴着领结。中等长度的头发被分在两边，拨到后边，有时候梳着小背头，这种发型能突显出他的聪慧、鹰钩鼻以及大耳朵。他头部歪向右边，有点前倾，用认真、迫切，甚至有点疑问的眼神注视着世界。年轻的卡耐基试图营造一种世界英雄式的庄重气质。然而同时，过分自信暴露了他伪装出来的虚张声势。对于这个具有说话天赋的演讲家男孩来说，认真的外表下流露出一丝不安全感。

在很多方面，年轻的卡耐基与国际函授学校合作得非常愉快。他迫切地想摆脱贫困的家庭，想在工作上有所成就，这与公司的使命非常契合。国际函授学校在1891年成立于宾夕法尼亚的斯克兰顿。公司将客户定位在寻求白领工作的工人阶级，提供多种实用性课程，如会计、机械制图、理发、香薰、药剂师、房地产销售、记账、速记、测量、水暖工程、建筑合同、照明设备管理、煤气工程和多种其他课程。该课程对那些经济不太宽裕的客户更具有吸引力，因为他们入学时可以选择分期付款，用几个月的时间支付学费。1905年，国际函授学校的广告中有个引人注目的问题："你在桌子的哪一边？在桌子前面的那个人用双手工作，通过体力劳动赚钱；在桌子后面的那个人用头脑工作，通过知识赚钱……"[6]

学生们会以信件的方式收到国际函授学校发出的一系列"课程指导与试卷"，准确地提供他们所需要的信息。每个单元都带有考试，学生答完试卷后，将其寄回公司。

众多评卷人列成五排，坐在桌子前批改试卷。然后，高级指导教师和校长们会再次评阅试卷。学生按照各自的进度完成由低到高各等级的学习，一直到完成整个课程。20世纪早期，每年有大约10万名新生注册了300多个国际函授学校课程，分校多达31家，遍及丹佛等全美多个城市。出于对实用性教育的渴望，并想要获得更高的薪水，大批本地白人产业工人和体力劳动者及少数职员、基层办公室员工蜂拥而至，来到国际函授学校，将其视为自我完善的一个机会。[7]

带着标志性的激情，卡耐基奔向自己位于内布拉斯加州西北的销售区域，迫切地想要成功卖出课程，并实现人生道路上的提升。他以阿莱恩斯的小镇为基地，在附近的地区到处寻找客户。但年轻人很快发现，这里的人并不富裕，不可能购买家庭函授课程。用他自己的话说："这里是干燥、炎热、荒凉的乡村，时时听到野马嘶鸣。很多地区都非常穷，以至于住在这儿的农民只能在干燥的沙土地上勉强活着。"但是卡耐基没有轻易放弃。他在零售商店中穿梭，试着卖给职员和收银员零售管理的课程。他看到工人在村里为谷仓涂油漆，就试着卖给他们商业标识油漆课程。他深入工厂车间，想卖给机械工工程师课程。他说："我拼命努力工作。想成功的愿望迫切得有些可悲。"然而，尽管努力工作，他还是很难卖出课程。沮丧随之而来。卡耐基承认："我是个失败者。我拜访过的农民们担心的不是教

1910年，卡耐基从大学毕业，就职于大平原地区的一家公司，担任旅行推销员

育，而是干旱。与其让这些人购买我的课程，还不如让他们从十层楼上跳下来——如果他们能找到一栋十层高的楼的话。"[8]

几个月后，卡耐基慢慢缴械投降，变得绝望。每天晚上，他拖着疲惫的身体回到旅馆的房间，销售记录一片空白，卡耐基变得灰心沮丧，自己的事业还没来得及有什么进展就要彻底崩塌了。他说："我尽了最大努力，但是随之而来的总是失败和沮丧，这可是我的第一份工作呀！我想过要放弃，回到农场中，享受父母温情的陪伴，但是那么做的话我会感到羞耻。"这种情况变得更糟糕。又一次两手空空地返回了租住的房间后，他倒在床上，为自己暗淡的前途啜泣不已。就在不久前，他对未来的期望似乎还颇为乐观，如今却在嘲笑自己的自负。[9]

这些折磨还不够，卡耐基还遭遇了另一困境。当他在密苏里州立师范学校临近毕业时，生物学教授本杰明·L. 西维尔设法说服卡耐基参与金矿开发，并承诺投资少回报大。因此卡耐基和父母——他们对这位教授的判断力和人品深信不疑——想方设法凑齐了100美元进行投资。但是金矿并没有成功，卡耐基收到的家书中充满了愤怒的质疑，询问他们的钱去了哪里："你有关于金矿的消息吗？我想似乎我们有权了解现在的情况……要是你有了金矿的任何消息，赶紧告诉我们。"詹姆斯·卡耐基最终联系上了西维尔，后者已经从沃伦斯堡搬到了密苏里另外一家小型的大学担任老师。在回信中，教授坚持生意失

败不是自己的错。他说金矿公司是合法的，他能推断到的唯一一个生意失败的原因是"一些鬼鬼祟祟且可耻的本地人想要为了找到采矿的工作，肯定污染了我们的矿物样本"。他愤怒地说："在这种情况下，我也是才清醒过来。"戴尔·卡耐基无法平静，在西维尔的来信上愤怒地写道："我不想要那些毫无价值的石头了。我想从他那里拿回钞票。"这件事提醒了卡耐基，只想赚钱可能会有很大风险。卡耐基自责道："当我得知那些辛苦赚钱的人听信了油嘴滑舌的骗子，没有询问银行家的建议就拿出了毕生的积蓄，我总是会无比心痛。"这些教训让卡耐基学到关于信任和市场风险的难忘一课。[10]

随后卡耐基发现了快速解决问题的方法。在自己的区域内跑业务时，他在内布拉斯加州斯克茨布拉夫的一个宾馆中遇到了一位资深销售人员，而后两人开始聊天。很快这位沮丧的年轻人开始大吐失败的苦水，倾诉自己销售函授课程的故事，为自己的前途而忧虑。听完他的故事，用卡耐基自己的话说，这位前辈"给了我一些建议，事实证明这些建议让我实现了人生的另一个转折"。这位销售员任职于美国全国饼干公司，说话直截了当。他告诉年轻人："孩子，你找的工作不对。在内布拉斯加的沙丘地带，想要把教育课程卖给农民、杂货商、种土豆的人以及牧场工人，难比登天。你应该去卖些像肉或罐头食品这样的生活必需品。你干吗不找个正规的工作？我想如果你能卖点大家都需要的东西，那么像你这样精力充沛而又充满激情的小伙子肯定能成功。"这种直率的评价激励了卡耐基，同时充满鼓励的话语让他重拾自信。卡耐基决定要卖一些更实用的东西，并开始计划着到内布拉斯加州奥马哈去闯荡，到蓬勃发展的肉食品加工产业去寻找一份更可靠、更赚钱的工作。[11]

虽然卡耐基在国际函授学校的工作算是一个短暂的失败，但是却给他带来了重要而持久的影响。例如，他吸取了国际函授学校的使命，即"为实用的人提供职业教育，为技术工人提供实用的教育"。这种实用哲学并非旨在灌输抽象的观念，也不是为了在某种更广泛的意义上完善学生的思想，而是用公司的口号来帮助学生"将学到的知识应用在实践中"。此外，卡耐基借鉴了国际函授学校对个人的社会提升进行阳光销售的做法，这反映在阿尔杰式的小册子中，这本册子会寄到对课程广告进行反馈或是注册任何课程的学生手中。它名为《1001个成功的故事》，里面充满对一些成功学生的褒奖，他们完成函授课程后跻身美国白领工人阶层。离开国际函授学校时，卡耐基似乎还看到过一本源自公司"激励促进部"的期刊。期刊名为《抱负：一本激发自我成功的灵感期刊》。当我们深入探寻卡耐基的世界观时，国际函授学校实用主义的成功和灵感帮卡耐基奠定了其公共演讲课程的基础，后来他的成功案例收入了热卖的畅销书《人性的弱点》中。[12]

卡耐基迫切想找到一份更稳定、收入更高的销售工作，计划应聘奥马哈三大肉加工公司之一：阿莫尔，斯威夫特或卡德西。他去了内布拉斯加州西北部一家当地的畜牧场，找到一个牲口贩子，后者准备将两货车的野马运到城里去，并需要人在路上照料马匹。酬劳是免费的火车票。卡耐基接受了工作，完成了任务，几天后来到了奥马哈市。他意识到自己不是很了解找工作的程序，于是随便找了个当地的五金公司进行面试，算是积累了点儿经验。经过这次演习，他去了斯威夫特和卡德西公司，但是两家公司都拒绝雇他做销售。然而，在阿莫尔肉加工公司，他遇到了更富同情心的销售经理鲁弗思·E. 哈里斯。当哈里斯得知应聘者在大学期间是个有名的公共演说家的时候，他也给卡耐基提供了销售工作，用卡耐基的话说，因为"他相信一个在大学期间比别人都会讲话的人，可能会成为一名好销售"。[13]

阿莫尔肉加工公司在1867年由菲利普·D. 阿莫尔和几个兄弟创建于芝加哥，19世纪晚期，其规模不断扩大，并成为肉加工产业的巨头。该公司不仅生产新鲜的罐装肉，而且还使用冷藏车运输生肉，并用肉类副产品制造明胶、猪油、纽扣、肥皂和肥料等其他产品。在19世纪80年代，阿莫尔肉加工公司在全美范围内开设了多个分厂，作为分销中心以协助销售、存储和运送等业务。1897年，它利用奥马哈当地已经建立起来的牲畜饲养优势，在当地建立了大型肉加工车间，从大平原收购牲畜。到了1908年秋，也是卡耐基进入公司的时候，阿莫尔在奥马哈的分公司已经跃升为美国最大的肉加工公司之一。[14]

除去日常开销，卡耐基每周的工资是17.30美元，销售区域是位于达科他的荒原，恢复了自信的卡耐基再次开始了销售的旅程。阿莫尔肉加工公司的产品正好是卡耐基的销售导师所建议的那种——牛肉、猪肉、猪油和香皂，都是零售商店和批发商一直需要的主要产品。这位年轻的推销员对新工作充满热情，但是他的父母却对此满怀质疑。詹姆斯每个月能从农场中挣到30美元就算是非常走运了，因此当得知儿子的周薪时，他不敢相信地对阿曼达说，公司不可能支付那么高的薪水。但事实证明，儿子平时日常生活费用可以报销，而且能将大部分收入寄回家帮他们支付抵押款，父母非常高兴。然而，对于卡耐基来说，对成功的渴望与其说是来自善心，毋宁说是来自个人。他下狠心要从悲惨的国际函授学校的销售失败中再次站起来。他说："我强烈地渴望做好这份工作，我不会让任何事阻挡我。"[15]

实际上，当卡耐基成为阿莫尔肉加工公司的一名员工时，他也被抛入了美国经济快速扩张的洪流中。从 1890 年到 1920 年，人们目睹了一次经济的重大转型：从以小企业生产为导向的体系转变为以大型科层制公司的消费导向体系。20 世纪早期，经济发展越来越与大公司息息相关，这些公司建立并散播了一种日益膨胀的生活消费品的丰饶图景：成衣、罐装食品、冰箱、吸尘器、洗衣机、电动缝纫机、照相机、录音机、玩具和游戏机等大量其他产品。随着这些产品大量从全国的工厂中涌出，百货商店、连锁商店以及邮购商店纷纷出现，成为消费者购买产品的消费渠道。也许汽车最能反映这种大众消费的新型经济，尤其是亨利·福特于 1908 年引进的 T 型车。很多公司也纷纷效仿：胜家牌家用缝纫机公司、柯达、国家收款机公司、可口可乐、箭牌口香糖、美国烟草、亨氏公司、家乐氏公司以及阿莫尔肉加工公司。这些大公司将业务拓展到了美国内陆地区，为那些急切的中产阶级消费者提供了大量产品。[16]

在消费经济的爆炸性增长中，有两个因素至关重要。首先，广告开始向现代模式发展。鉴于 19 世纪的早期广告注重产品的使用价值——它的强度、质量、耐用性、有用性——然而到了 1900 年，商品推广遵循了情感象征层面的实用主义。现代广告不断地鼓吹这样一种理念，即商品能带来个人的提升、内心的满足和精神上的幸福。它形成了一种商业治疗，对自我实现作出许诺：游戏与乐趣的幻想、浪漫的邂逅、展示社会阶层的提升、进步与教养的象征。连衣裙和运动上衣、除臭剂和洗发水、香烟和高尔夫俱乐部、吸尘器和冰箱以及汽车和台球桌的广告将产品的魅力从满足实际需求转移到了实现个人愿望上。它们承诺给我们一种更好的生活。[17]

其次，销售成为一种主要的销售活动，负责将消费品从制造商那里通过零售商出售给大批的普通中产阶级和工人阶级人士，他们迫切地想要享受物质丰裕的成果。在 19 世纪，单个的销售人士如同不法商贩、"沿街叫卖者"和"旅行推销员"一样，将有限的商品推销给村镇商店或农场中的一小群购买者。但是在 20 世纪初，大型制造公司开始组织几十名甚至上百名销售人员，并建立复杂的系统，设定路线，选择消费群体，用书面的单据和报告跟踪记录销售活动。这个学科的顶尖历史学家沃尔特·A. 弗里德曼曾观察到："现代推销术产生于（20）世纪之交的十年中。正如现代销售的先驱者所预见到的，美国如今包含了销售'版图'。人们不再是钢铁工人、银行家或家庭主妇，而是'潜在购买者'。"心理学家、经济学家和新兴的市场专家研究并提炼销售中的科层制理性。这种活动催生出一些贸易期刊——如《推销术》、《推销员》

和《推销术：通往销售的成功》——讨论此领域的新问题和发展趋势。推销术的专业化是合作性消费经济在更广范围内扩张的内在要求。正如弗里德曼总结的那样："如果没有公司外部销售团队的'有形的握手'，内部管理的'有形之手'……在很多产业中都无法获得成功。"[18]

戴尔·卡耐基带着坚定的诉求出发，销售阿莫尔肉加工公司的产品，并成为20世纪早期销售的巨大革命的一分子。他发现出差期间的生活充满挑战。在南达科他州，他很快发现大平原北部的天气甚至能摧垮最坚强的旅行推销员。冬天的岁月苦不堪言，寒风刺骨。从12月到次年2月，他所写的家书中满是对艰苦生活的描述："今天我被大雪困住了，可能明天还是这样。""上周六我去打狼了，不得不在齐膝深的雪里艰难跋涉。"1909年1月，他因为咆哮的暴风雪而在南达科他州的皮尔滞留了好几天。他读完了所有能读到的书籍和杂志，快要疯掉了。最后他决定冒着猛烈的暴风雪走路去火车站，试图摆脱困境。店员警告他不要出去，指出外面只有零下17度，"伸手不见五指，可能偏离人行道而迷路，开始原地转圈，最后冻死"。然而，卡耐基还是冒险出门了，并自食其果：耳朵上的微血管被冻坏了。40多年后，他说道："直到今天，我白天走在街上时，都要用手捂住耳朵，而其他人却感觉不到一丁点儿不适。"[19]

夏季的天气则处于另一个极端，大部分时间烈日炎炎又无比干燥。1909年8月，他写信给母亲："最近这里骄阳似火——树荫下气温达到了105度。（让任何人）来达科他住一年，他会发牢骚说原来密苏里还是很舒服的。"但是卡耐基没有让天气拖自己的后腿。他说："我那时雄心勃勃。当温度在盛夏攀升至100度以上，或是在严冬降至冰点以下，那个地区的有些推销员不愿意出门。如果有达成销售的可能性或是要赶着坐火车去下一个城镇，再极端的天气也无法阻挡我。"[20]

卡耐基还发现在这个广阔的区域中，当他努力前往偏远地区时，交通也是个问题。每天只有一趟夜间行驶的载客火车经过。但是"肉店和杂货店晚上并不营业，所以那趟火车对我没什么用处"。他解释道："因此我得坐在（白天的）载货火车的最后一节车厢。当火车装卸货物或换车厢时，我不得不跑着到镇子里的肉店，向他们推销新鲜的牛肉和猪肉，或是跑到杂货店，向他们推销罐装肉、奶酪和猪油。"他只能大致估计要装卸多少货物，进而推算火车会停多久。因此当他冲回火车站的时候，随着火车开出车站并迅速地加快速度，他常常发现自己在最后的车厢中打转。后来他评论说："奇妙的是我从未被甩下火车，碾成肉酱。"[21]

很快，卡耐基意识到西部旅行推销员的生活常常孤独、不规律，寂寞萦绕，工作日漫长，住宿简陋，并且饥一顿饱一顿。在一个偏远的镇子中，他被迫跟另外一个人共住一个房间，房东在两人中间用线拉起了一块床单。他描述道："没有任何隐私，每次我一动，床单另一面的人就能看见我映在床单上的大影子。"他还饱受黏膜炎的折磨，这是脑黏膜的一种慢性炎症，后来他切除了扁桃体后才彻底康复。但是卡耐基决心要克服所有的困难。他写道："我如此迫切地想要成功，以至于过长的工作时间、不舒服的床和饿肚子对我来说算不了什么。我不介意……这与除草和剪灌木那样在农场中累死人的活儿相比，简直是小菜一碟。"他一般不会向孤独屈服，但1910年7月那次却不同。他承认："当我坐着等火车时，我会写信给自己最后能想到的曾经的或以后的最好的朋友——我的母亲。"[22]

随着卡耐基在这片荒原中的零售商店中开拓出一个销售网后，他就能在南达科他州的皮尔设立一个运营基地。他会前往雷德菲尔德、菲利普、休伦、华尔和沃尔西等小镇，但是大部分周末会回到皮尔，他在这里能与一些新朋友一起参加社交活动，他们中的大多数都参加第一浸信会教堂的活动。大学毕业后，卡耐基就对传统的新教信条心存质疑，他去教堂不是为了宗教的熏陶，更多是为了应付母亲对自己心灵现状的询问。他在一封家书中疲惫地安慰母亲："我会试着在工作中经常问问'耶稣想让我做什么'。""读你的来信让我想要努力做得更好。"他补充道："我一直去主日学校，没想过要逃避。"之后，他又说："别读太多《圣经》。"在家书中，他充满激情地描述了由"年轻女孩子及绅士们的主日学校课程"发起的各种集会和郊游。在一位年轻女士家中的集会上，他介绍了自己如何"穿上白衬衫和白马甲，打扮得比以往六个月都要精神"。很显然，卡耐基去教堂不是出于宗教的信仰，而是把它当作一种社会交往活动。[23]

在阿莫尔肉加工公司的前几周紧巴巴的日子过后，卡耐基建立了与批发商的联系，履行着坚定的工作准则，并有了一个舒心的朋友圈。他的销售事业开始日益兴隆。家书中全都是努力工作以及在工作日结束时感到"精疲力竭"的话。但信中也总提到让他骄傲的良好销售业绩。1909年夏，他告诉阿曼达："在上个月的猪油单项销售中，我在112名推销员中排名第六位。"1910年2月初，他说自己在所有产品的总销售量和销售额方面位居公司第十位，几周后跃居第三。到了1910年夏，卡耐基告诉家人："我这周多了点儿销售好运，我相信自己会拿到销售冠军。"[24]

虽然卡耐基的成功一部分可以归功于工作努力和优质的产品，然而它还缘于对销售技巧的学习。当卡耐基到处奔波着去见商店店主和老板时，他了解到为了卖出商品而建立并维持人脉的重要性。成功的因素包括受欢迎的个性，轻松地与人会面交谈，用故事和奇闻来吸引注意力，以及为自己的产品传递一种具有感染力的热情。借助于自己的公共演讲经验以及自然的热情，卡耐基熟练地使用着上述技巧。他感觉到销售的艺术在于满足人们的愿望，20世纪早期很多心理学家（和广告人）都开始探讨这个话题。如同多年后一个旁观者指出的那样，卡耐基的畅销书《人性的弱点》"吸收了作者在阿莫尔肉加工公司做推销员时的工作经验"。微笑，对他人表现出兴趣，避免争执，记住别人的名字，鼓励他人聊聊自己，做一个好的听者，多说鼓励和赞扬的话，形象的阐释你的观点，并让别人感到自己是重要的——20世纪早期，这些技巧都在南达科他州那些偏远小镇和喧闹的商店中经过了锤炼。[25]

卡耐基销售事业的成功带来了经济上的安全感和情感上的成熟。就这些而言，他有很多需要恶补的地方。随着自己在阿莫尔肉加工公司销售业绩的提高，他开始把一些数额较大的薪水支票带回家，但是由于他之前一直一贫如洗，因此对个人理财基本一无所知。1909年8月，他向父母提出了一个难为情的问题：

> 这个问题我不好意思问别人，所以我想问问你们。我把最近三个月的薪水支票存到皮尔的国家商业银行了，我还把每个月10美元的补贴也存在那儿了……我的问题是，当我把钱存在那儿，我怎么知道还能再取出来？他们给了我一张收据，要是他们反悔说什么也不欠我的，那我就无计可施了。我不需要完全听他们的，是不是？请回复这个问题。

这位毫无经验的年轻人，虽然已经21岁了，但是还不知道怎么在银行取钱。[26]

然而，过了几个月，卡耐基就体验到金融商业知识的轰炸。他在南达科他州和密苏里州都开设了银行账户，将上百美元存进去，同时也学会了处理阿莫尔肉加工公司的销售单据和业绩报告单。到了1910年初，他给父母寄去了370美元的支票，用以帮助农场的运营，并告诉他们自己把另外的200美元存到了国民银行的账户了。给人更多启发的是，他让父亲"签个字据，说明这570美元不用支付利息，同时保证用420美元支付不动产的转让契约或是类似的花销"。他

35

解释了原因:"以商道处理生意没有什么坏处。从我为批发商行工作时,我就学会了这一点。"至此,一个新的戴尔·卡耐基诞生了——一个饱经历练、具有商业头脑并老练世故的人,一个充满自信地甩掉原来家中贫困负担的人。[27]

随着销售事业的成功和收入的增加,卡耐基越来越对推销肉类感到厌倦。他的心思没有完全放在这里。多年来,他一直是个不得志的人,渴望多点儿跟演讲更相关的工作,他还是一位富有经验的公共演说家,盼着能得到公众的认同。在家书中,他经常说"赚了钱"后,就想"马上回到学校"去。他常常参加肖托夸文化讲习所的聚会,他在那儿能"听到一些有意思的事儿"或精彩的演讲,例如,一位皮尔浸礼会牧师环游世界后,"有天晚上还在夏威夷群岛进行了演讲"。只要有机会,他就会自己做公共演讲。1910 年 2 月,他给父母寄去一份在皮尔浸礼会教堂的活动上表演的内容副本,他当时背诵了一首自己写的小诗,名字叫"主日学校男孩"。在信的结尾,他骄傲地表示:"主日学校的校长和班级负责人都马上走过来,想得到那首诗并将其印刷出来……其他人说这是最好的一个节目。"他还开玩笑地说:"你们都没有想到我是个诗人吧?"同一年,过了不久,卡耐基参加了教堂义演,朗诵了一首自己的诗,并且还表演了莎士比亚戏剧《皆大欢喜》中的一幕。[28]

事实上,正如卡耐基后来承认的那样,在整个有限的销售生涯中,"我依然对公共演讲和戏剧表演感兴趣"。当他乘坐的货运火车停留的时间比预想的时间长时,用自己的话说,他常常大声练习"大学期间不断练习的莎士比亚式演说词"。一次,这种公共演讲的爱好还引发了一个滑稽的小插曲,差点让他陷入大麻烦中。卡耐基在南达科他州的雷德菲尔德,火车意外地晚点了。因此,为了消磨时间,他晃进了火车站,排练《麦克白》中的一幕:"我面前的是一把匕首吗?刀柄是对着我的手吗?来吧,让我握住你。我摸不到你,可依然能看见你。致命的幻象啊,难道你只可远观不能碰触吗?还是你只是一把虚拟的匕首,是个想象之物,来自充满压抑的头脑中呢?"表演这一幕时,他声音洪亮而有力,踱来踱去,并用夸张、戏剧性的肢体语言强调台词。突然,一辆警车停在这儿,跳下来四名警官,询问他在干什么,为什么要恐吓那些妇女。卡耐基说自己根本不懂他们在说什么。原来雷德菲尔德有一座疯人院,火车站附近的房子里住着几个女人,她们报警说有位逃跑的疯子在那儿大喊大叫,自己嘴里瞎念叨着。当年轻人为自己的行为作出解释时,警察不相信他。他们要求卡耐基出示身份证件,用他自己的话说,警察认为"我丧失了理智"。他只好把阿莫尔肉加工公司的订单册和银行信用证拿出来给他们看,警察才肯罢休。卡耐基总结道:"他们警告我要小心点儿,然后释放了我,此时我依然感到很困惑,还能察觉到背后警察怀疑的目光。"[29]

到了1910年秋,卡耐基的销售技巧为其赢得了令人瞩目的成功。他自己评价说,他在阿莫尔肉加工公司的前两年中"自信大增,因为原本这个区域在南奥马哈的29个区域中排名第25位,而我将销售额提升到第一名。"公司的销售经理鲁弗思·哈里斯对他颇为赞赏,并推荐卡耐基做奥马哈地区销售办公室的经理。但是年轻人却没有接受。他对肉类销售越发厌倦,到了1910年秋末,他筹划着一个野心勃勃的计划。卡耐基存够了钱,要重新回到自己最感兴趣的职业——公共演讲,因此他决定辞职前往波士顿。用他的话说,他将在那儿"入读一所口语表达学校,学习表演诗歌,以便能参加肖托夸文化巡回讲习活动,并通过表演自己写的诗歌和故事来赚钱"。[30]

此时,卡耐基遭遇了一次偶然的邂逅。当他坐着货运火车从布兰特赶往皮尔时,他认识了坐在自己旁边的拉塞尔牧师,后者是个来自新教圣公会教堂的演讲家,并准备去作演讲。两个人聊天的时候,卡耐基跟他说起几周后准备前往波士顿入读一所口语表达学校。但是拉塞尔却给了他另外一个建议。根据卡耐基的实际情况,长者认为"如果我能进入纽约的美国戏剧艺术学院的话,就能接受更好的训练。该校是美国最著名的戏剧训练学校。他说我不仅能学到在波士顿所能学到的所有东西,而且还能学习舞台表演。我决定去纽约"。用卡耐基自己的话说,这个决定意义重大,"改变了自己的生活轨迹"。[31]

当他告诉父母自己的计划时,他们,特别是母亲,感到非常震惊。卡耐基不仅放弃了一份待遇优厚的工作,而且还要进入舞台表演这样一个在宗教上不太光彩的领域。阿曼达坦率地告诉小儿子,"表演工作是有罪的",并祈祷上帝能为他指引正确的方向。但是卡耐基巧妙地耍了个花招来赢得母亲的首肯。他写信给阿曼达:"我要说我会为这个决定进行祷告,也希望你能这么做。如果不是为了自己好,我是不想去的。我确定自己愿意遵从上帝的一切指示。这比卖肉不知道高尚多少倍。"他说自己能更努力地接受表演训练,并且"我可能会在学院中受益匪浅"。然而,经过几周的争论后,年轻人打出了王牌:自己的幸福。在给阿曼达的信中,他写道:"我讨厌违背你的意愿选择自己的职业,但是在选妻子或工作的时候,鞋合不合脚自己知道。因此,1月份我会去美国戏剧艺术学院。"母亲只能向上帝祷告说"儿子的愿望能顺利实现,并非自己本意",之后同意了他的决定。[32]

1910年11月,在辞去阿莫尔肉加工公司的工作以后,卡耐基回家与父母共度圣诞。元旦过后,他参加了父母 29 周年结婚纪念,然后在一月份的第一周就起程坐火车前往纽约市了。虽然阿曼达接受了孩子的决定,但是却感觉到这无法挽回,并为此心烦意乱。卡耐基说:"母亲与我吻别时,眼泪顺着脸颊流了下来。她啜泣着,啜泣着,说道:'哦,戴尔,我可能再也见不到你了。'"但是年轻人作出了承诺。他已经存了一笔数目可观的钱——足够支付美国戏剧艺术学院的 400 美元学费了,剩下的钱省着点儿花,也能维持一年——他相信未来是光明的。因此在接下来的几天里,他坐火车从堪萨斯市赶往纽约,因为"买不起奢侈的普尔曼式卧铺,只能坐硬座"。[33] 1911 年 1 月 10 日午夜,卡耐基到达了纽约市佩恩火车站。这样的一幕在美国追求成功的悠久传统中屡见不鲜。1723 年,本杰明·富兰克林来到市场街码头,走向费城。他肮脏邋遢,衣着破烂,用仅有的一点儿钱买了"三个大而蓬松的面包卷",两个胳膊下各夹着一个,把剩下的那个狼吞虎咽地吃光了。在征服了这座主要的美国殖民地城市之后,他将成为美国个人社会地位的改变及成功的化身。在 19 世纪中叶,霍雷肖·阿尔杰小说中充满了年轻人为取得成功到大城市闯荡的例子。在《穿破衣服的迪克》(1867)中,主人公理查德·亨特为一个刚到纽约的乡巴佬提供咨询服务,后者穿着一身不合身的西装,脸上带着迷茫的表情,已经被一个骗子骗走了 50 美元。阿尔杰的《勇气与运气》(1890)讲述了卢克·拉金的冒险,这位善良的年轻人经过奋斗,获取了一份令人尊敬的华尔街金融工作。[34]

如今,这位来自密苏里农村的年轻人在 20 世纪初复制了这种传奇性的场景。当他在午夜走下火车时,身上穿着廉价、又皱又脏的西装,头上戴着圆顶礼帽。他拖着两个便宜的箱子,里面装满了行李,"当搬运工想要帮他提包的时候,他感到非常惊讶"。他走出车站,走在灯光照耀下的街道上,倍感震撼。他写道:"我以前从没见过能与纽约媲美的城市。穿梭的人群和宾夕法尼亚车站的喧嚣让我大吃一惊。那晚,我穿过火车站,走在大街上,为这灯光、声音和人群激动不已。我那时完全是一个农村来的土包子,对曼哈顿的繁华心存敬畏。"[35]

戴尔·卡耐基为了戏剧事业而放弃了销售工作。生活重心的转移让人喜忧参半,但是它比看起来的要更加充满希望。实际上,如同后来证明的那样,他会创造出一个具有影响力的独特事业,这将把他的销售技巧和个人表达天赋融合在一起。后来,卡耐基获得了重大的文化影响力,其著作也重新树立了现代美国的自我典范。然而,1911 年卡耐基抵达纽约这座喧嚣的大都市,仅仅是他那漫长曲折的征程的开始。

4　往东走，年轻人

　　戴尔·卡耐基比大多数人都明白，自我展示已经成为现代社会中取得成功的关键因素。在注重个人形象的氛围下，能向他人展示出有魅力的形象就意味着成功与发展，否则就意味着停滞与失败。完善个人的形象并努力展现出自信、热情、魅力、积极、激情和迷人，既需要努力，又需要技巧。谁又能比演员更好地诠释这些特点呢？这种技能的本质依赖于利用自我的可塑性，并将其塑造成为任何一个角色所需要的那样。因此，《人性的弱点》经常聚焦演员和表演者也就不令人意外了。

　　卡耐基建议人们应该用表演技巧来给他人留下特殊的印象。当然，影响他人需要一种令人舒畅的态度，这样才能建立一种积极愉快的氛围，但是要是你不想微笑或不高兴时怎么办？卡耐基主张进行角色扮演："表演出你似乎很开心的样子，这样会容易让你真正开心起来。"获得成功需要唤起他人对你的产品或想法的迫切渴望，但是要是你的产品一点儿也不让人感兴趣或是你的构想太没有创意了怎么办？卡耐基说："这是一个编剧的时代，仅仅陈述事实是不够的。事实要表达得生动、有趣并激动人心。你得使用戏剧的表演技巧。电影就是这么做的，广播也是如此。如果你想获得注意，你就得这么做。"[1]

　　卡耐基所主张的演员与观众之间的互动为现代美国更广泛的人际关系树立了典范。追求成功的人如同表演者，试图使用与表演相同的方式去逗乐客户或搭档，给他们留下深刻的形象或者启发他们。卡耐基指出当时最著名的魔术师霍华德·瑟斯顿将自己的成功归功于能表现个性以及对观众的爱。他每次登台都要一再重复："我爱我的观众。我爱我的观众。"卡耐基相信现代商业已经变成这样一种表演的舞台了。他甚至推荐了《商业中的表演技巧》（1936），描述公司如何使用表演技巧完成销售任务的多种方式。实际上，演员和观众的互动已经深深地渗透到现代观念中了，用威廉·莎士比亚的名句来说："人生就是一个舞台，所有人都只是演员……每个人在他的时代中同时扮演了很多角色。"卡耐基认为人际关系中表演性的活力对现代成功至关重要，他建议读者做"一个好的倾听者"，并"让别人感觉到自己是重要的"。他具有说服力地评价道："当很多人打电话叫医生时，仅仅是因为他们需要一个听众。"[2]

　　在某种程度上，卡耐基对表演和观众的兴趣引发了一次重要的历史发展：

20世纪初一种更广泛的娱乐休闲文化产生了。从1890年到1910年，随着维多利亚式文化的逐渐消失，一种高雅向上的旧式娱乐传统让位于新的感受力，即富有生机活力、不羁放纵、玩世不恭并鼓舞人心。这种突变引发了一种商业化娱乐大众文化——通俗戏剧、广播、游乐园、运动会、夜总会和电影。到了20世纪30年代，娱乐文化已无所不在，卡耐基曾对通俗文化的形成非常敏感，将这种文化的影响写进了《人性的弱点》中。[3]

卡耐基强调舞台及表演的活力，也主要源于自己早期的生活。作为一位年仅22岁的小伙子，他背离了中西部农村虔诚的维多利亚式家庭。即使事实证明他已是辽阔的大平原上一名王牌推销员，他也没有在一个新型消费社会中只顾着赚钱。他离开了中西部的穷乡僻壤，离开了大平原，来到东部，来到历史性转型的中心地带，这种改变通过塑造一种都市的、商业的、娱乐的价值观重塑了美国社会。带着要表达自己和娱乐他人的决心，他入读了表演学校。

1911年1月，戴尔·卡耐基怀揣着兴奋首次到达纽约市，很快就遭遇到痛苦的文化震荡。在美国大都市明亮的灯光中，他走出佩恩火车站，心中无比激动，但是当他寻找住所的时候，这种感觉很快就消失了。火车站信息咨询台的工作人员告诉他哪里才能找到便宜的旅馆，但是年轻人根本没有准备住宿的花销。他到的第一家旅店每晚收费1.5美元，这个数字让卡耐基目瞪口呆。在南达科他州，住在最好的宾馆仅需50美分，但是当他说起这个数字的时候，旅馆伙计只是笑了几声。最后，一位好心人给他推荐了米尔斯宾馆，最终这位脏兮兮的年轻人找到了50美分的住所——一间塞满了双层床的房子。[4]

这种令人沮丧的折磨一直延续到次日清晨，卡耐基费尽力气寻找一顿便宜的早餐。他找了很久，最终发现了一家便宜的小餐馆，吃了碗玉米粥和一个鸡蛋，喝了一杯差劲的咖啡，一共花了15美分。都市生活一开始就让卡耐基吃惊，给这个年轻人泼了一盆冷水。他说："在纽约，我能看到花钱如流水，因此我就得更加节俭。如果我破产了，没人可以帮我。父亲不能给我寄钱。他一无所有。"[5]

但是卡耐基坚持不懈，雄心勃勃，决定要在艺术学院取得成功。因此，1911年1月11日，在吃完心酸的早餐后，他来到了美国戏剧艺术学院，它坐落在连接着西56街与西57街的第七大道上，位于卡内基大楼（以工业巨头安德鲁·卡内基的名字命名）内。他被人领着去见学校的校长富兰克林·H.萨金特，进行面试。按照卡耐基自己的描述，他们交谈了几分钟，然后校长给这位入学申请者出了一道特殊的难题来测验他的勇气："模仿一把椅子。"卡耐基显然充满自信地做到了,因为他当场就被录取了(25年后,作为世界闻名的作家,他为一名来自《周六晚间邮报》的记者再次表演模仿椅子,这位女记者评价说这"看起来非常神奇")。然而,这个年轻人随后就因为缺少经验而犯了错。当然,他自己和父母都未曾使用过分期付款,所以他一次性交清了400美元的学费,稍后才发现大多数学生都是分期缴纳学费的。因此卡耐基用很少的钱开始了演员的生涯,口袋里只剩了100美元,作为接下来一年的生活费。[6]

他选择了一流的学校。美国戏剧艺术学院是全国顶尖的表演学校,1885年由斯蒂尔·麦凯创办,他秉承了德尔萨特的理念,后者曾树立了现代公共演讲的典范,卡耐基在大学时也有所涉猎。几年后,麦凯追随者之一富兰克林·H. 萨金特接管了学校,并在前期的几十年里担任校长的职务。

学院提供标准严格地专业训练,培养了活跃在20世纪美国舞台及银幕上的著名演员,其中包括威廉·鲍威尔、安妮·班克罗夫特、斯宾塞·屈塞、罗莎琳·拉塞尔、杰森·罗巴兹、格蕾丝·凯利、休姆·克罗宁、劳伦·白考尔、柯克·道格拉斯、科林·杜赫斯特和罗伯特·雷德福。[7]

因此,在卡耐基看来,自己被学院以这种古怪方式录取,并非仅像他轻描淡写的那样,更像是一种成就,他甚至可能已经意识到成功了。实际上,这所学校并非依据五分钟的谈话来决定是否录取学生,而是在通知学生注册前还要严格地筛选。每个申请人都要参加一个入学测试,回答包括个人背景(籍贯、教育经历、从事过的职业、年龄和健康状况)和个人追求(目标、抱负、性格、表演经历)

戴尔·卡耐基一心想要获得成功,因此对自己要求极高,他曾在纽约做过演员、推销员、教师和记者

等问题。学院教师认真对待这些考试,以衡量学生的能力。他们还让申请人背诵或朗读他们熟悉的戏剧片段,然后进行即兴表演,主要是阐释新脚本。萨金特在1911年写道,有抱负的学生们"根据表演能力通过了考核,筛选出具有表演天分的人;不合格的学生会被郑重地劝退,而合格的学生则要为演员生涯做好认真准备"。[8]

卡耐基刚进入学院时,赶上了一门修改于19世纪90年代的课程,它反映了萨金特要将演员训练专业化的决心。每学年分为两个长达六个月的学期。当年夏天，卡耐基完成了第一个学期，涉及演员技巧方面的基本学习，如为舞台表演训练身体语言及声音，他还学习了实用的舞台技巧。（第二学期学习注重高水平的课堂学习和剧本写作实践，但是卡耐基没有注册第二个学期。）他接受了广泛的训练，包括声音清晰度、肢体语言、即兴演讲、戏剧朗读、化妆、跳舞及剑术，这些都是被看作有助于培养优雅仪态的内容。他还选修了学院著名的"生活研究"课程，学生要在纽约市的大街上徘徊，为了进行自然、真实的舞台再现而观察各种人的仪态、动作、语言风格、口音和情感表达。[9]

换句话说，学院将职业训练作为其教育目标。这所现代学校没有遵循旧式表演学校的教学方法——萨金特指责这种方式是随意的、"中世纪的"——它尝试系统地开发未来演员身上的表演才华。如同一个旁观者说的那样，学校教育学生表演是"对'整个'人的表现——想象、思想、感觉和技巧的结合"在一次公告中，萨金特将学校严密的教学体系描述为"浓缩的体验，训练有素的师资和明确的艺术纲领。这样的训练应该用一年的时间完成，还需要几年的基础表演实践"。[10]

随着公共演说教学的进行，学院的课程发生了更大的文化改革。作为创始人及德尔萨特在美国的主要代表人物，斯蒂尔·麦凯将那位法国导师的思想贯穿在学校的各种活动中。与德尔萨特对演讲术的变革类似，这种表演方法也抛弃了那种文雅节制、做作端庄的维多利亚旧传统。在表演中，麦凯寻求一种"运动的科学"，这并不依赖于陈旧的维多利亚式方法，即程式化的动作以及夸张的仪态。反之，德尔萨特式的演员试着通过肢体语言表现思想、情绪和感情，并探索着"在表演时能更真诚、更自然"。麦凯的准则将"使演员更生活化，将消除一种姿态和做作"，这在19世纪维多利亚时代的舞台上随处可见。[11]

麦凯的继承人富兰克林·萨金特进一步深化了这种现代模式。他反对机械性地传达情感，强调"只有通过内心情感才能完成生活化的表演创作"，从而为创作引人入胜的、真实的舞台形象打下基础。演员必须能自由控制内心的情绪来源，学院的刊物《年度纵览》将其称为"个性本身的力量——更内在、更深刻的天性"。卡耐基入学那年，萨金特在《纽约戏剧镜报》的文章中，声称只有通过"完善个性……和个人的性格力量"，演员才能到达力量与信仰的新高度。一位此时参观学院的记者发现这个核心动力贯穿在学校的各种工作中。他说学校很少告诉学生怎么去做，而是鼓励他们要独立思考。在这个学校，"个性被看作是神圣的东西……一切阻碍都被清除，并且个性首次能够被自由地表达出来"。[12]

因此,当年轻的卡耐基开始学习课程时,他就读了一所充满活力与创新的学校,该校促使美国表演领域发生了改变。事实证明,他在这里喜忧参半。卡耐基住在西40街的一栋肮脏而狭窄的公寓中,每天早晨走路去卡内基大楼,同行的还有很多有才华、有抱负、有追求的演员。爱德华·G. 罗宾逊后来成为未来20年中舞台和银幕上的超级巨星,他比卡耐基早一年入读此校。卡耐基的同学包括不久就成为著名制片人的格思立·麦克科林迪克,还有霍华德·林赛——后来成为著名的剧作家,作品有《与父亲的生活》、为其赢得普利策奖的《国家联盟》以及《音乐之声》等很多电影和戏剧的剧本。有时候,高强度的训练生活将这个年轻人湮没。他在四月初写信给父母,说自己面对着沮丧:"我发现自己对表演的了解日益减少。"他对以表演为生感到非常焦虑,并承认:"这个工作充其量只是一种赌博。"[13]

卡耐基充满热情地遵循着学院的教学计划。例如,"生活研究"课程为这个成长于中西部农村的年轻人开启了一个全新的体验领域。四月份,他往家里写信时说:"刚刚完成了一次生活研究,去东部贫民区观察了犹太人和意大利人,然后去了波威里街和唐人街。那儿充满了吵闹声、喧哗声和叫卖声。那儿确实是个人物研究的好地方。"这种观察让他开始探索人们的外形特点与内在品质之间的关联。他说:"注意不同人的走路方式,然后观察他们是懒惰、自私,还是雄心勃勃。开始注意人们面部的线条……试着模仿他们的声音。你看到的每个人都是一本书,'人们能够读到有意思的内容'。"[14]

卡耐基后期的学习更为有趣,他赞同学院将自我表达视为表演技巧的钥匙。初来校园时,这位新人制订了一个愚蠢的计划,想研究当代著名演员,模仿他们最有效的技巧,然后让自己"吸收众家之长"。然而,他逐渐发现仅仅借鉴他人的经验不能符合学院训练演员的基本要求:唤起你自己的情感,并找到自己的声音。可是他浪费了几周的时间去模仿别人,之后"我才渐渐发现我得做我自己,而且我不可能成为任何人"。[15]

实际上,卡耐基在美国戏剧艺术学院的时光从两个方面深刻地影响了他的世界观。第一,学院的教学方法是在学生发现自己内心情感的时候,逐渐引导学生——萨金特宣称有经验的教师"只会鼓励支持或劝阻学生的倾向……给学生最好的教学"……这后来成为卡耐基公共演讲和人际关系课程的基本原则。学院还强调实用性的指导,这种教学方法坚持将理论转化为实践。第二,学校强调表达个性特质以及内心情感,这极大地影响了卡耐基对于形象和个性的观念，此乃《人性的弱点》中的核心主题。显然，这种理念在他人面前有意识地塑造了个人形象，它契合了卡耐基放弃传统维多利亚式的"性格"标准，即严格的道德价值和文雅、端庄的礼仪。卡耐基赞同一种现代的、可塑性强的"个性"，人们可以随心所欲地摘下或戴上活泼、迷人的社交面具。[16]

就其长期影响来说，卡耐基的表演学习只持续了很短的一段时间。在美国戏剧艺术学院接受了六个月的训练后，他在一部名为《马戏团的波利》的巡回演出中获得了一个角色，开始了演艺生涯。在1911年8月初，他成为这个27人演出团的成员之一，并将随团进行42周的巡演。对于一个满怀创造激情和抱负的年轻人，这意味着梦想实现了。

从某种程度上来说，卡耐基参与这次演出颇具有讽刺的意味。他接受了反维多利亚传统的表演训练，但是他的首秀却完全与之相反。《马戏团的波利》是一部传统音乐剧，充满了19世纪戏剧中的道德辞藻、老掉牙的人物以及感伤的氛围。卡耐基称它是"一部纯洁而有道德意义的戏剧"来安慰忧心忡忡的母亲。这部戏剧的作者是玛格丽特·梅奥，1907年在百老汇的演出获得了巨大成功，主演是梅布尔·托利弗和马尔科姆·威廉姆斯。故事讲述了一位美丽的马戏团骑师波利由于摔下马而陷入昏迷中，她被送到约翰·道格拉斯牧师家休养。浪漫的爱情萌芽，但是波利却因为害怕他们的关系会束缚约翰的性格及他在所居小镇中的社会地位而逃走了。然而，约翰却尾随着她，并目睹了波利在马戏团表演中再次经历了一次致命的意外事故，二人因此而复合，随后步入婚姻的殿堂。《马戏团的波利》的引人之处不仅在于对禁忌之爱的暧昧描绘，而且还在于其中壮观的马戏场景，充满了高空秋千演员、驯兽师、杂技演员、小丑和一大群表演者。[17]

1911年夏季末，卡耐基随着马戏团离开了纽约城，并于8月17日在纽约的埃尔迈拉首次登台。他在剧中扮演一个配角。他饰演哈特利医生，一位小镇中穿着长礼服的内科医生，波利首次摔下马呕吐后，他被叫来为波利检查身体。由于配角时常用来做临时演员，所以卡耐基还扮演马戏团演员——穿着带有银色亮片的红色紧身衣——在最后一幕，波利再次受伤并与道格拉斯重聚的高潮部分，卡耐基帮忙把昏迷的波利抬出剧院。他有时还要担任舞台助理经理的职务。从事这些各种各样的工作，他每周才挣25美元，还要用微薄的收入支付食宿费用。[18]

对于这位年轻人来说，巡演生活是一次历险。他很享受朋友之间的情谊和崭新的体验，但公司在全国各地巡回演出时，他却不得不节衣缩食，与别人一起同住在二等房间中。他常常与霍华德·林赛住在一起,后者一直在培养自己的剧本创作能力,每天都在阴暗的小房间中写一大段脚本。在林赛的记忆中,卡耐基是个爱说话又富有魅力的年轻人,举手投足间常常流露出热情。林赛说:"戴尔很会说话。我不会说他有什么聊天的天赋,他没有。他都是作演讲。在餐桌前,他拿着刀叉手舞足蹈。我记得曾因为这个责备他,可是他用手势完成演讲后才放下餐具。"[19]

在旅途中,卡耐基会写很多信告诉父母自己的去向。他跟随剧团从纽约到达了东部的新泽西州,往南到了西弗吉尼亚,还到过中西部的堪萨斯市、威奇托和俄克拉荷马市。他们从一个剧院到另一个剧院,狂欢作乐帮他们度过了漫长的火车旅行中的单调时光。例如,1911年元旦午夜2点,一群男同事把卡耐基叫醒,一边起着哄一边抬着他在火车里走,此时他身上只有睡衣和睡帽。他写道:"后来他们抬着我,把我扔到公司一位老女人的床铺上,又把我抬出来,扒光了我的衣服,把我放在一个男人的床上。男孩们难免淘气,不足为怪。"[20]

但当卡耐基全身心地投入到表演事业时,他却对收入并不满意。在他的演艺生涯中,他还兼职做推销员。他销售领带,随身带着装满样品的大包,用业余时间说服当地的男装经销商订购自己的产品。按照林赛的说法,"他的收入没有达到自己的预期"。有段时间,卡耐基还拎着几个旅行箱,把雨篷卖给两家公司。工作非常艰难。[21]

后来,《马戏团的波利》巡演结束后,由于他没有找到其他角色,卡耐基短暂的演员生涯结束了。然而,在那之前,这位年轻的演员就对职业表演生涯失去了兴趣。在旅途中,他认识了几位年长的演员,得知他们多年来的坚持只换来不稳定的收入和社会地位。卡耐基写道:"我记得剧组一位花白头发的男演员得有七十多岁了。他的家人住在康涅狄格州的新伦敦,可他一辈子都在美国各地演出一晚,或者一周,与家人见面的时间一年才不过五六周。"因此当《马戏团的波利》巡演结束时,卡耐基在纽约市待了几周,漫不经心地查看着演出信息,到制作人的办公室拜访,想再找一份演员的工作。但是他已经对未来作出了决定:"对我来说,演员生涯似乎完全不适合我,所以我改行了。"[22]

卡耐基将注意力转向其他行业,本能地想起了利润丰厚的肉加工产业,一年前他刚从这个行业离开。他去了新泽西州的帕特森,到阿莫尔肉加工公司办公室寻求一份销售工作,同时也联系了卡德西当地的批发商店。他结识了比奇纳特包装公司的经理,并与其共进晚餐。基于卡耐基在销售领域的辉煌业绩,他得到了该公司的肯定答复，这让他重拾信心，并缓解了演员梦破灭所带来的沮丧。1912 年 3 月，他写信告诉父母："我不急着找工作……我想自己能很轻松地找到一份工作。离开阿莫尔肉加工公司的时候，我从未想过还会提及自己的销售业绩。你们看我很快就要用到它了。"[23]

所以，辞职与懊恼、自我辩解和乐观主义尴尬地交织在一起，卡耐基换了工作，回到销售行业中。但是他没有进入肉加工行业，而是选择到一个刺激而崭新的领域去闯荡，这个领域改变了 20 世纪美国的日常生活。

放弃演员工作后，卡耐基回到纽约市，想找一份销售工作。在世纪之交，一群群年轻人从农村涌入城市，他从中看到了大把的商机。这些人着迷美国快速蔓延的城市中心地区的喧嚣，迫切地想要适应充满活力和变化的社会经济新环境。几个重要的变革发生了，工业生产急速扩张和消费市场快速增长引发了经济的爆炸式增长，同时来自欧洲南部和东部的大规模移民造成了人口剧增。此外，大型科层体系的形成——商业公司、公共教育系统、进步时代的国家监管——重塑了美国公共生活结构。[24]

也许最令人瞩目的是，20 世纪初，以汽油为动力的交通工具开始改变美国人的生活。1908 年，亨利·福特将价格实惠的 T 型车大规模生产带入了人们的生活，作为收入中等的普通人就能买得起的汽车，在接下来的 10 年中，它席卷全美。在福特的带领下，其他汽车生产商开始在美国各地纷纷出现，他们的设备逐渐取代了马匹和蒸汽机。汽车引发了广泛的影响，不仅改变了交通方式，而且还改变了居住方式、钢铁及石油产业，促进了住宿及加油站等新兴服务行业、信用体系和道路建设等方面的发展。有人曾如此评价汽车造成的影响："汽车的使用"不仅拓展了成千上万中产阶级和工人阶级的生活体验，而且还塑造了美国 20 世纪社会经济生活的主流。[25]

因此，卡耐基决定冒险进入汽车行业。接下来的几年中，他从事了三份与汽车销售相关的不同工作。首先，从《马戏团的波利》巡回演出返回纽约后不久，他与人合伙推销汽车。1912 年 5 月，一个名叫帕马利的熟人建议二人合作，他提供资金，卡耐基负责销售和宣传。帕马利收购了几辆二手汽车和卡车，认为通过转售这些汽车能获取可观的利润。卡耐基同意了，两人设立了一个小公司，里面只有一张桌子和一个文件柜，还雇了一名秘书来处理日常事务。他们将公司命名为梅里登汽车公司。[26]

这位年轻人对公司的前景充满信心。他喜欢自己做老板，投入到推销梅里登公司汽车的工作中。他写道："本周已经在推广业务方面努力工作了三天半。我找到了几个有购车意向的客户，用不了多久我可能就会成功地卖出几辆车。我从没想过如此进入到一个新行业，并一开始就赚钱。"[27]

但是，卡耐基发现卖汽车是件苦差事。一部分原因在于卡耐基不喜欢机械，他抱怨道："我不知道汽车的工作原理，我也不想了解。"此外，他发现仅从赚钱的角度出发，无法保持销售的热情，就像他在阿莫尔肉加工公司后期，他真正的兴趣并不在这里。他说："卖卡车没什么不对，特别是你想要赚钱的话。我想去演讲或写书，与让自己的生活更有趣、更有意义相比，我对纯粹赚钱并不太热衷。"1913年初期，他卖了一辆二手车，并承诺第二天会把车给买家送过去。然而，随后他发现汽车被置于寒冷的室外，因为发动机中的水已结冰而不能启动了。卡耐基同意负责修车，但是"这个人害怕了，在我找到他之前，他又买了另外一辆车，我也因此丢了这一单生意。这些就是二手车买卖的麻烦"。[28]

1913年2月，卡耐基退出梅里登汽车公司，找到了汽车业内的第二份工作，任职于国际汽车公司，距离原来的公司几个街区远。他负责二手车的销售管理，卡耐基对这个已经处于快速发展中的业务信心满满。他写信对父母说："每次通过纽约办事处卖出一辆车，我都能拿到回扣。如果我觉得有必要，我会在报纸上登广告，公司付广告费。当我到处参加聚会选汽车时，他们还为我报销一切交通费用，他们说过一阵子会为我安排一辆专车，供我带客户看车时使用。"[29]

卡耐基陶醉在这些福利中，看到未来前途一片大好。他说："我身在一个朝阳产业，做着世上最舒心的工作。我自己当老板，可以随心所欲地做任何事，随时可以去公园散步或者干点别的什么。我是自己的老板，不向他们领薪水，我只需要达成目标，我有自信可以做到这一点。"年轻人确信自己能靠佣金生活，他觉得第一年可以赚1800美元；不久后，每年就能拿到3000美元到4000美元。在开始的几周间，他卖了两辆车，这似乎让他变得更加自信。后来事情就开始变得糟糕了。一个月后，卡耐基一辆车也没有卖出去，于是被国际汽车公司放弃了。经理把他叫到办公室，告诉他公司作出决定要撤销所有的二手车业务。年轻人的自尊心由于这唐突的解雇通知受到了伤害，变得对整件事异常敏感。他愤愤不平地对家人说："关于我离开任职的国际汽车公司一事，我衷心地希望能让我消除你们所有人心里的误解。我没有被解雇。没有人接替我的职位，他们仅是把二手车业务取消了而已。"[30]

卡耐基很快从失败中爬起来，两周后在帕卡德汽车公司找到了一份销售的工作。整个过程的开始并不顺利。销售经理为其开出 1500 美元的年薪,但是卡耐基要求更高的报酬。当经理拒绝了这个要求时,申请人勉强地同意了。但是他并没有想长久地做下去,他告诉家人:"我开始会好好为他们工作,等拿到好的业绩,如果他们不给我加薪的话,我也能轻而易举地再找一份工作。"[31]

当卡耐基在汽车行业辛苦工作并追求成功时,他在活跃的社交生活中得到了更大的满足。自从初次到达这座大都市,这位善于交际的年轻人就主动参加了各种活动。他还变得非常讨女人喜欢。在美国戏剧艺术学院学习生活研究课程时,他曾"和几位女星一起去过几次"曼哈顿东区。他的信件中记录了很多过去和现在他与女性的感情纠葛。在给皮尔浸礼会教堂的年轻人的信中,他提及了一位前女友:"我真心地爱着埃菲,就像我真心地爱着别人一样……我再也不能像爱她一样爱别人了。"在寄给母亲的信中,他讨论了母亲"担心的那个南达科他州已婚女人。我一个月也不会想起她一次……现在说到那个犹太人,我不是告诉过你我已经放弃她了吗?"他还常常提起自己的各个约会对象:"一个娇小的爱尔兰女孩",一个"法国女孩";他还跟一位年轻的女士一起看戏,之后去了她家里,并"见到几个讨人喜欢的女性"。他时不时离开纽约去赴城外之约,例如,有一次他"跋涉了 40 英里去见个当老师的女孩,她的家人和善而传统"。[32]

1913 年的一个周末充满了浪漫的氛围。"周六,我那来自新泽西市的朋友斯图尔特小姐前来拜访,突然出现在我居住的一楼房间窗外。她进来聊了一会儿。我吻了她,然后送她回了家"。卡耐基添油加醋地说道:"后来我另一个朋友,一个美丽而娇小的加拿大女孩过来与我一起在钢琴前唱歌……唱完后,我吻了她的脸颊,然后送她回家了。晚上,我跟另一个女孩出去约会……我那晚也吻了她。所以你看,目前我身边不缺女孩子。"[33]

有时候,卡耐基忘情地投入到与女孩子的恋情中。在刚来到纽约的前两年,他花了很多时间陪博茨福德小姐看话剧、跳舞、听演讲。他还与班哈特小姐维持了短暂的恋爱关系,一起阅读戏剧和喜剧。他一度承认:"母亲,目前关于女孩,我会说我一直都是个傻瓜,我结婚的事,一直想并盼着不要让你们所有人失望。但是你也不能说这是因为我一直瞻前顾后。"[34]

卡耐基还参与了很多教堂活动。他听过著名福音传教士比利·山德的布道,并经常去住所附近的浸礼会教堂参加主日学校活动,还去基督教青年会拜访听客座牧师讲道。但是显然,他参加这些活动更多是为了社交,而不是出于虔诚。他喜欢浸礼会教堂的主日学校舞会,并且责备母亲:"这些偏远地带的牧师说了长篇大论,老调重弹,指责跳舞、看戏是虚伪的,他们前脚说完,后脚马上就会有很多类似的人们去附和。"他带博茨福德小姐参加教堂活动,她以"圣经访客"的身份谈论了《旧约》的特点,他还带她参加晚间布道,那儿的传教士们讲述了自己神奇的经历。[35]

虽有丰富多彩的活动,卡耐基还是要与父母保持联系及参与家庭事务,并因此饱受煎熬。他常常将父母的贝尔顿农场——他们从沃伦斯堡搬到了这个位于堪萨斯市南部的小镇——作为工作联系地址,并严肃地警告说:"我不想你们拆看任何一封寄给我的信。一封也不行。我的信是个人隐私。"一旦能够有剩余的钱,他就继续给父母寄去,告诉他们这辈子都不用归还本金和利息。他还傲慢地告诉阿曼达和詹姆斯,要对现在的生活感到满足。他说,虽然别人的财富让他感到挫败,但是适度的生活却拥有很多长处。儿子说道:"全世界的人都在追求幸福,一位智者曾经说过,'欲望最少的人是最幸福的'。"[36]

但是由于对外面的世界不了解,卡耐基自己的幸福却崩塌了。他表现出勇敢的一面,特别是对自己的父母,自信地谈论汽车销售界,并声称成功就在前方不远处。他这样理解:"到了我这个年龄,问题不在于你今年能挣多少钱,而在于从现在起的10年中,你是不是选择了挣钱的工作。换句话说,你是否选对了行业。我相信我的选择是正确的。"即使是面对国际汽车公司的挫折时,他坚称事情"会向好的方面发展"。[37]

豪言壮语后潜藏着严峻的处境,正向年轻人靠近。到了1913年,卡耐基的个人状况是工作不理想、情感遭受挫折以及财政困难。他搬到了位于西56街一所肮脏的出租房中,住在其中的一个小房间里。原来做销售时剩下了许多领结,如今都挂在墙上的挂钩上,每天早晨穿衣服上班时,他会摘下一个领结,很多虫子从上面掉下来,到处乱飞。随着存款的减少,他在廉价脏乱的餐馆吃饭,沉思着自己看不起的日常琐碎工作,每晚拖着疲惫的身体回家,还要承受严重的紧张性头疼。卡耐基陷入了绝望,用他的话说:"每天充满着失望、担忧、痛苦和叛逆。我那时叛逆是因为大学时候为之努力的梦想到头来变成了噩梦。这就是生活吗?这就是我迫切渴望的重大历险吗?"[38]

当卡耐基在帕卡德的努力付诸流水的时候,他的困境到达了顶点。他说:"让人们卖掉马匹去花重金买昂贵的汽车,这是个经济的革命。说服一个人这么做是一件世上最困难的销售工作。"事实证明,这个年轻人不能完成工作,随着销售业绩暴跌,他陷入了绝望之中。他脱口喊道:"我该怎么办?我的未来在哪里?"[39]

1913年10月，面对暗淡的前景，戴尔·卡耐基最后辞掉了帕卡德的工作。他辩解着说自己的兴趣不在这儿，并写道："就算我依靠推销成为百万富翁，我也不会幸福。"他厌倦了推销自己不喜欢的东西，想要寻求一种大学期间梦想的朗读、写作和演讲的生活。事实上，在发生帕卡德的困境之前，这位年轻人就开始在此领域寻求机会了。[40]

1913年初，卡耐基联系了纽约市的教育委员会，说服他们让他做几次有偿的春季晚间演讲。然后他做了两次题为《牛仔及乡村的消逝》的演讲，每次收费10美元。卡耐基在夏季再次做了一次牛仔主题的演说，这次一个助理校长也来听了。他对此印象深刻，让这位年轻的演讲家几个月后联系他，做几次关于《雄辩的美国人》的演讲。[41]

卡耐基备受鼓励，向不同的机构寄出传单，宣传他准备的各种演讲和戏剧朗读。一个名为皇家奥秘的兄弟会组织成为卡耐基的固定客户。他为他们做了题为《自我表达艺术的发展》的演讲，大受好评，并因此不久又去做了题为《帕特里克·亨利——演说家》的演讲。后来，梅森家族雇他在当地一个家族宴会上朗读亨利·沃兹华斯·朗费罗的长诗《西西里岛的国王罗伯特》。他说："我做了，并且我认为自己朗读得非常好。当然，我被邀请与这些要人共进晚餐，朗读的酬劳是5美元。"纽约电话公司邀请卡耐基做一次关于演说历史的演讲。这些小成就激发了他的灵感，他结识了一位女性朋友，即斯图尔特小姐，与其结成了愉快的伙伴关系。他们向附近城镇的牧师和镇长们散发通告，得到了几单朗读和娱乐节目的生意。[42]

当卡耐基尝试依靠自己的创作才能养活自己的时候，他向纽约市的几所大学提交了工作申请。他想到哥伦比亚大学和纽约大学有为成人设置的夜校继续教育课程。这位有抱负的教师草拟了几门销售与广告课程的大纲——当然，具有讽刺意味的是，这些基于卡耐基最近的失败经历——然后将其上交给学校官员。但是，用他后来冷冰冰的话说："这些大学决定，不用我帮忙，他们也能做得很好。"[43]

因此，他转变方向，想做一名学生，试试自己的运气，希望"能唤醒我自己的能力，并再次感受到大学的氛围。"出于对大学成绩的担心，他联系了密苏里州立师范学校，得到保证说由于他在纽约完成了必修的课程，因此沃伦斯堡学校将为其授予普通大学学位，而不是1908年他领取的校务委员会证书。由此，卡耐基进入了哥伦比亚大学，注册了英语写作、短篇小说写作和戏剧写作等方面的课程。同时，他还注册了纽约大学夜校，学习杂志写作。[44]

卡耐基还尝试成为一名作家。他首次想要成为纽约一家报纸的戏剧评论员，但是当他联系《戏剧之镜》和《戏剧新闻》的编辑时，这个梦想夭折了。他悲伤地说："很快，我发现要么得在城外的某家报纸上成名，要么得有很硬的关系，在一位戏剧评论家死后才能到这个职位。"一个编辑直率地告诉卡耐基："你的机会微乎其微。"后来，他有了另外一个计划，他将其透露给儿时的朋友霍默·克洛伊，后者已经是纽约著名的小说家和记者了。在晚餐时，卡耐基表达了想要"为杂志写点儿东西的愿望，并且如果我能成功，我将用自己所有的时间来做这件事"。这个计划当然需要更多的时间和努力，才能开花结果。[45]

因此，卡耐基从中西部农村到纽约的戏剧性旅程似乎要失败了，无论是在创作中还是在销售上都收效甚微。就算是马不停蹄地奔波，这位雄心勃勃的年轻人也仅能靠偶尔的公共演讲赚得微薄的收入，勉强糊口。他的住所肮脏不堪，不见阳光。在这种窘迫的处境中，卡耐基写了一封信将自己的情况告诉自己的哥哥克利夫顿，后者接连换了好几份工作，先后做过土地投机商、律师学徒和爵士乐队鼓手，并因此面临着工作危机。弟弟哭着写信给哥哥："这辈子，你只有找到一份持久的工作，才能挣到更多的钱。这些工作开始都看起来跟金矿一样美好，但是你看大部分工作如今变成什么样了……现在我将此事跟你开诚布公地谈，因为是时候你要做个男人了，不要再异想天开了。"年轻的卡耐基的信件好像正好是写给自己的。[46]

即便如此，卡耐基依然决心要追求成功。"坚持寻求伟大的事业以及追求成功的抱负和热情支撑着这个年轻人，并成为他一生中个人力量的源泉"。他对父母开玩笑说："我认为上帝唯一赋予我的一点能力就是说话的才能。我相当确定教点书和销售会是我此生的工作，如果我尝试其他别的工作，那可能是在这里演讲并写点东西。"[47]

实际上，卡耐基最终的成功蓝图将完全建立在这些才能之上——教书、销售、讲演和写作。几乎是偶然地，更光明的前途首次开始闪现于1912年秋季，他经过努力，情况开始好转，赚了一些外快。他踏上了通往成功的道路。

5　教学与写作

在这本里程碑式著作的开始，戴尔·卡耐基阐释了书中的两个关键因素。第一，他相信自己的教学经历会帮助自己找到"与人友好相处的艺术"准则。过去20年间，成千上万的学生参加了戴尔·卡耐基有效表达及人际关系课程，该课程堪称"成年人的人际关系实验室"，他曾认真研究过课程的效果。最初，课程的设计初衷是为了帮助人们进行清晰的表达，当大家出现在公众面前时能够泰然自若，但是它涵盖的内容慢慢地广泛起来，帮助人们与人相处并影响他人。因此，卡耐基认识到仅凭知识是无法在现代世界中取得发展的——它还需要人际交往技能。例如，在指导了几个工程师团体后，显然最成功的工程师们通常不是那些具备最多技术知识的人，而是那些"能表达自己的想法、承担领导职责并激发人们的热情"的人。这一理念一直备受卡耐基的重视。[1]

第二，卡耐基强调写作过程本身促使其思想体系得以成形。在题为《这本书如何写成及写作原因》的序言中，他告诉读者："多年来，我自己一直在找一本人际关系方面的实用工作指南。因为没有这种类型的书，所以我尝试着为自己的教学活动写了一本，就是这本书。"作为一名作家，他努力地使用一种活泼的方式来传达有用的信息，避免了每年出版的成千上万本书中的问题："大多数书都乏味至极。"他试着使用清晰而生动的方式来解释那些久经实践考验并看起来"如魔法一样有效的"的原则。他告诉读者，自己写作面临的最严峻的考验是实用性。他说："如果当你读完本书前三章后，发现你没有在解决生活的实际问题上有一丁点儿的收获，那么我就会将此书看作一个彻底失败的作品。因为'教育的伟大目标不是知识，而是实践'，赫伯特·斯宾塞如是说。这本书就是讲实践的。"[2]

卡耐基强调教育和写作的重要性，这一点不仅明显地体现在《人性的弱点》中，而且也扎根在他的个人生活中。20世纪初，当他放弃表演和后来的汽车销售后，他改变了方向，为教育和写作而努力。最初，他兼职做成人教育课程教师，这一工作很快变得大有裨益。过了一阵子，他开始为杂志写东西，尝试迎合大众的口味，这一努力促进了他第一本著作的出版。在这两个领域，他开始发展出几个相关的主题——完善自我、培养信心、积极思考、人际关系——它们很快就形成了体系。教育和写作让这位年轻人又往前迈出了重要的一步，让他更接近美国现代成功导师的终极角色。

在后来的岁月中，当戴尔·卡耐基成为闻名世界的作家和演讲家后，他喜欢讲述自己如何放弃销售并开始教人演讲的故事。他描述了1912年自己体验到的一次顿悟，当时他还是一个在纽约艰难奋斗的小伙子。当他纠结着未来要从事什么职业时，他面临着"无路可退的局面——很多年轻人开始工作都会面临这样的抉择时刻。因此'我打定主意……我要去夜校给成年人教书赚钱。然后我就可以随心所欲地读书、准备演讲、写小说和故事了'"。他声称，这个戏剧性的决定扎根于自己的大学生活，那时他曾梦想着要做惊天动地的大事。他曾对自己说："你要花时间读书，你要花时间写书。"现在梦想实现的时刻到来了，"这是我生活的转折点！我不想赚钱，我想要生活"。[3]

卡耐基的故事与传统的神话类似——开始，巨大的危机出现，英勇的主人公面临着被摧毁的威胁，然后他将危机解除，并鼓舞了身边的普通人。但是与大多数神话相比，故事存在着部分的真实。故事的材料是真实的，但是戏剧效果被夸大了。实际上，1912年卡耐基成为一名公共演说教师的过程，是个更不起眼、更缓慢、更不确定的过程。之所以他能坚持下来，是因为这不像他从事的其他职业，这份工作凝结了他多种多样的激情与才华。教学提供了一种方式，既能让他将自己重视的实用价值传达给人们，还能让他取得个人的成功。

1912年秋，卡耐基开始了自己的教师生涯。哥伦比亚大学和纽约大学拒绝了他做夜间继续教育课程老师的申请后，他将求职要求降低。纽约市有几家基督教青年会，晚上开设了多种课程以及系列讲座，卡耐基联系了这几家机构，想要开设一门公共演说课程。他们都拒绝了卡耐基。最后，他前往第125街，询问了纽约规模最小的基督青年会。负责人梅纳德·克莱门斯对此毫无兴趣，指出之前开设的公共演说课程缺少吸引力，都以失败告终。但是卡耐基恳求他给自己一个机会。克莱门斯同意考虑一下，一周后将这位年轻的申请人请到一个社交聚会，让他准备一个演讲或是一段表演来供人们消遣。因此，卡耐基表演了当时流行的詹姆斯·惠特孔·莱里所写的诗《齐膝深的六月》和一首搞笑的歌曲《快跑，拿破仑，快下雨了》，后者出自于1907年的一场演出，两个节目都使用了钢琴伴奏。观众对此反响热烈，因此克莱门斯让卡耐基给基督教青年会的年轻人们做一次晚间讲座，他们基本上很少有娱乐活动。这次讲座也收效甚佳。[4]

目睹了卡耐基的热情及才华后，克莱门斯突发善心，同意让他做个实习教师。这位年轻人要求学校每晚支付他2美元的酬劳，但是克莱门斯并没有对具体数额作出保证，而是说基督教青年会最多能支付收益的 80%。后来，卡耐基开玩笑说，克莱门斯心存怀疑，认为卡耐基"根本挣不到钱"。这种怀疑似乎是有道理的，因为只有六个人注册了课程，但是乐观的教师相信课程的成功会吸引更多的学生。此外，他显然没有将其视为一个最终的职业选择，而是将其看作一个赚钱的项目，以此来支撑自己其他的爱好。他说："我想自己可能每周靠它赚 25 美元——有这些就够了。如果可以的话，我就可以自由地阅读和写作了。"[5]

也许，与卡耐基其他的工作相比，做成人教育的教师更有意义，因为这与卡耐基的生活、学习和天分有关。在州立师范学校，他的天赋首次在公共演讲方面大放异彩，如今他自问："我为什么不利用我最擅长的技能去教别人公共演讲呢？"他脑子里一直有个想法。他写道："当我回忆过往，评价自己的大学学习时，我发现公共演讲训练和经历对自己的工作和生活最实用，我学到的任何其他东西全加起来也不及这个实用。为什么？因为它让我战胜了羞涩，让我获得了自信，并且让我有了与人交往的勇气和能力。"[6]

开始教学生涯的戴尔·卡耐基已经焕然一新，不再是那个不久前来纽约城闯荡的毛头小子了。在某些方面，他保留了自己以前的很多品质：带有感染力的激情让他将积极乐观变成一种生活态度，健谈的性格让他用滔滔不绝的话语去解决难题，要赢得他人喜爱的欲望促使他为了别人而学习表演，天生的聪慧为他营造出一种才气，还有一种真诚的情感让他流露出对他人的关心。与此同时，这个来自中西部的年轻人在潜移默化中变得坚强了。工作上的失意接连而来，形成了他性格中的一些消极因素——强烈的不安全感，激励他人时的玩世不恭，一种受到世俗生活束缚的感觉，并意识到他的梦想经常在现实中枯萎。

卡耐基的复杂个性在其成年后的照片中可见一斑。到了 1912 年，照片中的卡耐基已经不再是青少年了，而是一个男人，既因为他已经进入二十五六岁，也因为他经历了太多的生活坎坷。充满孩子气的故作勇敢、狂妄和玩世不恭的姿态、认定自己会成功的傲慢气质统统都消失了。如今，卡耐基变得认真老练，整洁地穿着浅色裤子和深色外套，戴着领结和口袋巾。头发修剪得更短，整齐地分在两边，薄嘴唇，大耳朵，他透过金丝边眼镜注视着这个世界，脸上带着冷静、沉思和精于算计的表情，他看起来既坚定又有些警惕。

在很大程度上，基督教青年会为卡耐基开始教学生涯提供了很好的机遇。该协会于 1844 年创建于伦敦，起初是针对工业革命发展期间涌入大城市找工作的单身男青年提供宗教奖学金和指导。既面向工厂工人，也面向那些参加商业课程的人，保护他们免受"城市罪恶和道德沦丧"的影响。

这个组织在全球范围发展，并于1851年出现在美国北部的很多城市中。基督教青年会与新教福音派教堂联系紧密，到了世纪之交，它的影响力扩大到娱乐、运动、社交和教育方面，提供精神救赎、道德提升和性格培养的服务。由于倡导节俭、正直、节制、勤劳和仁慈等新教美德，生意人开始赞颂这些"男人工厂"，为基督教青年会捐款修建大楼，并为男青年举办活动、提供住宿。由于基督教青年会的宗教情怀、道德职责以及实用性的拓展，它为来自中西部的卡耐基提供了一个完美的舞台，而后者有着虔诚的宗教背景以及自我完善的渴望。[7]

卡耐基在基督教青年会教授的夜间课程马上就有了其教学方法的反馈。在20世纪初期不断扩张的商业世界中，大多数学生都处于中下阶层。他们不想成为演说家，只想追求事业的进步。卡耐基很快发现，关于控制呼吸、站姿、手势和声音的设计等技巧"并不是学生——想要获得成功的普通年轻人、职员、推销员和机械工人——真正想要和需要的。鼓起双颊背诵'桥上的霍拉肖'，不管表现得多精彩，也不会帮到一个卖保险的人"。这些工人听众不想做演讲，只想用引人入胜的方式与同事和客户交谈。卡耐基开玩笑地说，他早期教授的学生"主要是商人和职员，他们想要能在商业会议上站起来说几句话，而不会因为害怕而晕倒……或

在首个教学区外，衣着得体的卡耐基与几位基督教青年会的领导合影

是能拜访作风强硬的客户，不再需要为了酝酿运气而徘徊在附近的街区"。这位老师几年前还在因为自己的自卑情结而在大学中备感沮丧，如今马上就能理解学生的需求。[8]

首次与学生的接触让卡耐基大开眼界。第一次课安排在1912年10月22日，上课地点是位于第125大街上基督教青年会楼上的教室，一开始，他采用了传统的授课方式。借助自己的大学经验，他开始做一个准备好的讲座，内容涉及公共演讲的历史和基本原则。然而，刚把这些主题详细讲解了一会儿，他就发现学生们都坐不住了，看起来焦躁不安，十分无聊。卡耐基害怕了，用他自己的话说，发现"他们用分期付款的方式交学费——如果收效甚微，他们就不再交钱了——既然我的收入并非薪水，而是来自总收益的分成，如果想赚钱的话，那么我必须得实际点"。所以出于这个想法，也受到绝望的刺激，他

停止了演讲，让一个学生起立，做一次简短的即兴讲话。当慌乱的学生问他自己该讲点什么的时候，卡耐基告诉他可以谈谈他自己、他的背景和生活。这名学生讲了几分钟后，老师走到教室中间，让每个学生都做了类似的讲话。出乎意料的是，虽然每个人都说得不多，但随着练习的深入，他们的讲话逐渐变得更自然了。卡耐基写道："我不清楚自己在做什么。我偶然发现了克服恐惧的最好方法。"让学生参与——让他们谈论自己或是感兴趣的东西——理所当然地成为卡耐基最主要的教学方法。[9]

接下来的课堂活动催生了其他的教学原则。卡耐基想让学生说说能让自己抓狂的事情，这种技巧迅速营造了这样一种场景，"基督教青年会的男生们一个接一个地跳着脚，用越来越大的声音发泄着隐藏在自己内心的愤怒，很快另一个人的咆哮又会把前一个人的压下去"。还有一次，有一名退役海军军官在上节课中言语啰唆、口舌笨拙，这次卡耐基想了个好办法，让另一个学生做一个批评美国政府的演讲，后者是个"格林威治村街头演讲激进分子"。愤怒的海军军官跳起来，带着爱国热情来捍卫自己的祖国，他的讲话"比很多专业演讲家更热情、更激动、更真诚。他不仅仅是优秀——而是棒极了！"在另一次课上，有个学生说服其他同学相信如果将壁炉灰撒到草坪上，就会长出"青草"——他们一致相信了这个异想天开的说法，因为"这个学生对此非常肯定，非常富有激情"——这让老师深信巨大的影响力来自演讲者的"真诚信仰"。所有这些趣事促使卡耐基将"情感"和"激情"视作成功进行公开演讲的钥匙。[10]

投入到这种体验的大熔炉之中，聪明的卡耐基很快开始为自己的教学草草赶制新教案。他总结了学生面临的最大问题是不敢站在众人面前，害怕被孤立以及怯于讲话，因此他开始要求每个学生在每堂课上做简短的发言，来克服这些问题。正因为如此，他还认为大班教学是达不到相同效果的。他说："纽约有家基督教青年会开设的课程不仅没有让学生受益，反而害了他们。一个班级有500个人，教师会同时把10名到15名同学叫上讲台。他会找本书让这些学生朗读，做整齐划一的动作。这种教学丧失了个性、愚蠢、过于商业化，糟糕得让人无法原谅。"此外，卡耐基开始将真诚、情感及激情视作想要成功进行公开演讲的个人因素。他发现，这种方法收效甚佳。他说："我很快发现只要我教过他们，他们会自己练习10遍。"在后来的岁月中，他承认自己的方法经历了"反复检验，修改了一些错误，并赢得了学生的良好反响。我一直在学习并发现了一种成功的教学方法，甚至在我教授这种方法时还在对其进行完善"。[11]

卡耐基的创新方法开始有了回报，随着课程的成功，他的收入状况也越来越好。学生注册人数稳步而缓慢地增长，他在1913年2月开设了新课程，学生注册人数是原来的三倍，达到18人，同时位于第125大街的基督教青年会也同意赞助一个20人的辩论班。此外，布鲁克林的基督教青年会找到卡耐基，同意让他教授1913年春季的另一个公共演讲课程，这个班里已经有25个人提前注册了。随着业务的扩展，卡耐基的收入稳步增长。他在第125大街上12节课的收入是59美元，在布鲁克林上12节课的收入是99美元，同时他希望"辩论班的净收入是每晚7美元到9美元"。到了1913年5月中旬，这位年轻的老师希望在同年秋季每晚进账12美元。[12]

第二年秋季，卡耐基的教学工作有了更大的发展。经人联系，他在纽瓦克和巴尔的摩开设了课程，并乘火车前去授课。到了1914年末，他还在费城及威尔明顿的基督教青年学院讲课，每月收入在500美元以上，还在卡内基大楼中租了一间办公室。别的机会也随之而来。由于卡耐基的大名口口相传，也得益于一些宣传广告，个人和组织也开始和卡耐基约谈一些私人演讲课。例如，卡耐基曾应邀到坦慕尼大厅提供公共演讲指导，那时臭名昭著的民主党还在支配着纽约市的政治。这种联系让他无法平静。他心存戒备地告诉父母："如果训练坦慕尼大厅的发言人能让我挣一点儿钱，我觉得没什么理由拒绝他们。此外，这也是提高声誉的好办法。布赖恩首次竞选总统的时候，他也要跟坦慕尼合作，因为他得取得他们的支持，等羽翼丰满才能与之抗争。"[13]

到了1914年，卡耐基迎来了一种新的社会环境，其公共演讲的基本理念得到认同，并被视为个人表达中一种塑造自信的形式。他在基督教青年会为白领工人开设了课程，他们虚心地就座，但是却迫切渴望能够在大公司中有所发展。他们认为有效沟通及娴熟的人际交往会促使他们更快地迈向成功。卡耐基也体会到了这一点，开始调整教学方法以满足这种需求。强调真诚、热情、个人表达和自信地与他人交往成为卡耐基公共演讲教学的基础。这些普通的听众带着极大的热情学习，因为他们面临着新的需求，即在消费社会中从事推销工作，在美国20世纪初的科层制公司中游刃有余，在其名作《人性的弱点》出版25年前，卡耐基就已经开始制定这本书中的核心原则了。

另一工作进一步推进了这种源自于基督教青年会教学实践的新方法。同一时期，卡耐基迫切想要唤起自己的创造性，于是开始为杂志写作。接下来几年，他发表了大量文章，开始思考现代美国社会中的成功人士是如何达成自己目标的。他有意地迎合通俗观众，却在无意中吸收了很多自己没有发现的东西。

在1913年给母亲的一封信中，戴尔·卡耐基写道："我寄给你一份10月18日出版的《莱斯利周刊》。你会在里面看到我的文章《战争》。"这种漫不经心的语气下显然隐藏了这位雄心勃勃的作者看到作品首次发表后的激动。简短的反战社论文章反映出他的人民主义、福音教派的成长背景，同时还夹杂着布赖恩式的对武装暴力冲突的怀疑。他说："在拿撒勒，一个木匠放下锯，为人类的手足情谊而祈祷。"接着，文章出现了对战争受害者的血淋淋的再现——毁掉的房屋、"哭泣的单身母亲"、"丧夫的孩子们"、"病人、残疾人、尸体"。这种生硬的散文带有丰富的辞藻、多愁善感的语言和情绪的流露，与维多利亚传统类似。例如，卡耐基在其极富感情的结尾中说道："当人类超越宗教信条、种族和国家，当我们不是一个国家的公民，而是世界公民时，地球上的军队将成为守护和平的国际战士，鹰也将被和平鸽所取代。"[14]

但是，卡耐基的这篇文章得以发表才是最为重要的。通过这次经历，他进入了新闻业。流行期刊《莱斯利周刊》创建于1855年，到了世纪之交，该杂志的时事评论和大量插图为其赢得了6.5名读者。卡耐基非常高兴自己的文章能被这么多的读者看到。带着招牌式的激情，这位中西部年轻人预见到未来能取得写作上的成功，但是曾经的经历教会他要克制。他告诉自己的家人："我不想不择手段地出售自己写的所有文章。我一定会训练自己做到这一点，就像我为了将来能做一名律师而付出的努力一样。"[15]

文章首次发表后，卡耐基在1914年到1918年间又发表了11篇杂志文章。此时，卡耐基处于新闻业发生变革的洪流中。1900年前后，美国人生活的发展——城市迅速扩张、白领工人不断增加、膨胀的商业化娱乐的诉求——引发了杂志市场的重大变革。一些诸如《大西洋月刊》、《斯克里布纳月刊》、《哈珀月刊》和《世纪月刊》等老式而高雅的期刊以其文学价值、道德提升和哲学反思迎合了维多利亚时期体面读者的趣味。与此同时，从20世纪90年代开始，一种新型杂志突然出现在美国人生活中，如《麦克卢尔月刊》、《时尚》、《妇女家庭杂志》、《世界画报》、《新视线》、《美国人杂志》、《环球生活》及《周六晚间邮报》等。这些杂志体现了一种与众不同的特点，价格低廉，发行量大，按照成本价发行，并通过广告业务赢利，其丰富、大量的信息成为读者与新的消费社会之间的桥梁。这些杂志采取满足大众趣味的战略，里面的故事及文章都是解密内部消息，描写大胆的个性，实时报道美国"真实生活"故事，采取真实的个人叙述方式，精彩的文章中穿插着生动的照片或插图。他们还热衷于详细设计在美国20世纪早期多变的环境中达到自我完善的范例。这些流行杂志催生了一个巨大的读者群，他们并不是上个时代那些传统而"优雅"的读者，而是建立起新的社会秩序的新型白领工人、经理人和行政人员。在他们那里，卡耐基发现了自己工作的理想通道。[16]

在杂志写作中，卡耐基会主要考虑以下几个问题：几乎所有文章都要讲述名人的故事，描写他们如何克服重重困难而获得成功、荣誉和名声的。《战斗在南极冰雪中》刊登在1915年9月的《世界画报》上，讲述了一个关于道格拉斯·莫森博士的惊心动魄的故事。他在与欧内斯特·沙克尔顿爵士前往南极探险的过程中意外地被困在那里，但他为了生存而战，并"征服了饥饿和死亡"。《世界知名流浪汉》发表在1914年10月的《美国人杂志》上，讲述了利昂·雷·利文斯顿独一无二且多姿多彩的生活。之所以能够出名，是因为他是个环游世界的流浪汉，并成为西奥多·罗斯福、杰克·伦敦及托马斯·爱迪生的朋友。类似文章的主人公还有萨拉·J. 阿特伍德，这位命运悲惨的单亲妈妈创建了全美规模最大的求职机构之一。此外，还有当时最为成功的集资人C. S. 沃德，他通过真诚的呼吁以及事无巨细的组织，为慈善项目筹集的善款达到了史上的天文数字。[17]

1915年12月，卡耐基为《世界画报》写了一篇趣文，题为《狙击未来》。文章详细描写了一种技术发明，并认为这种发明能够解决一个主要的社会问题——年轻人很难找到适合自己的职业。作者认为在现代美国中，有好多人找不到与自己能力相匹配的工作，还有好多人选择工作的时候不够慎重。一开始，他就拿自己之前的经历现身说法：一个不喜欢自己工作的汽车销售在工作时简直度日如年，"就像给马戴的颈圈不合适导致它的肩膀红肿一样"。可是如今一种新机器——它由两个分别装有水银和氯化钠溶液的杯子组成，人们可以把两只手上的两个手指分别放到两个杯子中；然后通上轻微的电流，并测量电阻的变化——会帮忙改善这种情况。它的原理是人身体的电阻会随着轻微的情绪变化而改变，因此当屏幕上显示出图像时，结果会反映在带有从兴奋到沮丧标识的测量仪上。卡耐基相信，通过测量人们的心理和生理变化，这个奇妙的装置会为困惑的年轻人提供"科学的职业指导"。[18]

在其他的杂志文章中，卡耐基探索了一些在现代商品化娱乐业及商业领域成功的新机遇。他在1916年指出，电影这种新兴产业造福了电影剧本作家，他们争先恐后地把"电影业唾手可得的钱"收入囊中。同样，剧院的逐步普及也为剧作家提供了大好机会，他们带来了"灵感与汗水"、原创的想法与努力的工作。与之类似，商业也让那些具有创造性思维的人受益匪浅。卡耐基在一篇文章中赞扬了一位成功的银行家，他调查分析了这位银行家的"大量创意，正因为这是他持续不断做的事"，巨大的成就也就随之而来。他改革定期存款的利息，推行友好的服务，并在银行每周选一天晚间营业。经过这些努力，他成为该领域的顶尖人物，就像很多在大型复杂的科层制机构任职的成功人士一样，他们即将主宰金融业、制造业和贸易领域。[19]

卡耐基明确地表示，在白领世界中，赚钱多寡是评判一个人是否优秀的标准。为创造性的工作提供高薪或优厚的待遇就是对成功人士的褒奖，他有好几篇文章的题目都能说明这一点：《给剧作家的丰厚奖品》、《我怎么做才能赚取高薪》以及《靠写电影剧本赚钱》。卡耐基指出成功的剧作家赚的钱常常"比那些住在宾夕法尼亚大街的富人还要多"，那些忙碌的电影编剧们"简直就像在钱堆里打滚儿一样"。有个商人曾告诉卡耐基："我的第一份工作是在家乡小镇的银行里做杂工，每月挣15美元，如今我已经是一个大公司的总裁，年薪达到6万美元了，这种飞跃可见一斑。"[20]

在仔细分析了当时的社会经济发展后，卡耐基尝试找出成功人士们的个性特征。他认为激情、自信和友好是最为关键的因素。例如，筹款大师C. S. 沃德寻找带有热心、激情和自信的人管理地方筹款委员会，"那些人专注于大金额筹款，并且已经忘了'失败'二字"。但是，卡耐基还观察到成功人士的另一个显著特点：能与他人顺畅而热情地交流。例如，萨拉·阿特伍德不仅为重要的项目雇用了成百上千名员工，而且还经常跟员工们一起出差，同吃同住，甚至开了一个小商店方便员工购买日常用品；她记住了很多员工的名字，并"随时给予他们最热情的问候"。他们崇拜她。有个杰出的银行家说过，当他的工作表现给上级留下深刻印象时，只需采取一种新的态度——与客户积极沟通，这样才能够实现事业的飞跃。他告诉卡耐基："我相信善于交际和谦恭有礼是宝贵的商业资产。用一个微笑，我就能得知客户的兴趣，并努力让他在我们银行里心情舒畅。"[21]

同时，年轻的卡耐基提出了一个棘手的问题，在以后的生活中这个问题一直困扰着他的思想和工作：那些满怀着抱负去追求成功的人如何在他人与自己的利益之间取得平衡？卡耐基笔下那些成功人士经常表现出一种令人钦佩而又传统的大公无私。C. S. 沃德宣称："如果我意识到自己只是在筹钱，那么我会马上辞掉这份工作；更吸引我的是帮助别人。"另一方面，卡耐基指出，自我关怀似乎通常是激励人们采取行动的关键动力,就像商人们做广告时承诺的那样。卡耐基写道:"我们能想象到的最吸引观众的手段,如果可行的话,将是在橱窗上摆出每个充满渴望的客户的照片。当涉及实质问题时,除了自己,我们不会对任何事感兴趣。"实际上,这位年轻的杂志撰稿人认为,之所以广告和宣传已经是现代生活中不可或缺的部分,完全是因为它们没有将人理解为道德个体,而是受到强大的情感需要和无意识欲望支配的生物。例如,百货商店经理使用鲜艳的色彩、生动的描绘去吸引客户的注意力。卡耐基总结说,广告行业是"未开采的宝藏"。[22]

在面对大众读者的写作中,卡耐基形成了一种早期写作风格,让人屏息静气,穿插奇闻趣事,并带有人文关怀。这种风格是他之后成名的原因。一名剧作家曾对业余作家这样评论:他们"有好想法,但是他们不知道怎么去表述;他们长篇大论,转着圈子,搞得一团糟,不知从哪儿开始却结束了,就会啰唆"。这似乎对卡耐基产生了影响,他有意识地选取了普通水平的大众读者作为写作对象,采用一种轻快的散文体,栩栩如生的个性描写、人文主义视角和自信的结尾让文章更加生动。卡耐基的散文特点是自信但不自省,只注重激发读者情感,而不进行分析说理,因此能吸引并保持读者的兴趣。他描写阿特伍德夫人时,说她雇用的员工之多"可以推倒内华达山脉,或是再修一条巴拿马运河了"。讲到最近身体抱恙的拉塞尔·康维尔牧师,卡耐基说他"就要虚弱得像炼钢旺季时的匹兹堡钢铁厂一样"。当成功的商人推行了一个成功的宣传活动时,卡耐基写道:"那种广告效果出乎所有人的意料!报纸刊登了相关社论,当地福音传教士请名人来证明一个人有可能那么接近地狱;数以百计的人以前连一美元都不攒,如今却在银行开了户。"后来,他继续完善着这种富有活力的口语化散文,它也成为卡耐基广受欢迎的秘密武器。[23]

1910年到1920年间,卡耐基发表了最后一篇杂志文章,此时他的新闻写作生涯达到了巅峰。1918年11月,他在《美国人杂志》发表了《一年花掉1万美元,我战胜了恐惧》,讲述一位匿名的商人克服了恐惧并跻身行业顶峰的故事。文章详细描述了学习在公共场合讲话对于他获得成功有多么重要。它的主题——让个人走向成功的方法——反映出即将主宰作者世界观的更大关注点。[24]

故事采用了即将成为卡耐基个人特色的文体,主人公抱怨自己感到尴尬、孤单和精神焦虑,他丧失了生活的激情,并把自己囚禁在毫无希望的工作中。后来有一天,他和新娘无聊地坐在阴暗的公寓中,突然新娘开口了,她说:

"你注意过这儿住的大部分人都是失败者吗?因为他们失败了,所以住在这儿。同时也因为他们住在这儿,他们一直是失败的。我们搬出去寻找成功的机会吧!"这些话震撼了他,同时他也发现自己"不是一个(营销自己的)好的广告人",他决定要改变自己的生活。夫妻两人挂起拿破仑、亚伯拉罕·林肯、丹尼尔·韦伯斯特、亨利·克雷和威廉·格莱斯顿的画像,为自己树立自信的榜样。这个男人报读了夜校课程,妻子利用晚上的时间大声朗读一些"励志书籍"片段,如詹姆斯·艾伦的《人生的思考》。当妻子委婉地指出他讲得不好、不能打动听众时,他报名参加了基督教青年会的公共演讲课程。很快他的工作有了起色,因为他在公司里能把政策问题讲得引人入胜,并用自己的"热情"和"带有人情味的故事"吸引大家的注意力。很快,他被任命为圣路易斯分公司的经理,一年后被派往纽约负责管理公司最大的部门。最后,一个著名的工业巨头高薪聘请他做其中一个公司的副总裁。如今,这对幸福的夫妻住在位于中央公园西区的豪宅中,他认为妻子"消除了我的恐惧,并用信心激励了我"。[25]

很显然,这个有关成功的"真实故事"是个略作包装的寓言,旨在强调卡耐基自己的公共演讲课程的重要性。他全身心地投入到自我提升课程中,没有花什么时间宣传这篇文章。他在手稿上加上注释,指出戴尔·卡耐基是公共演讲课程的老师,并且在末尾做了补充说明:"你所在的城市的基督教青年会开设了闻名全国的卡耐基公共演讲课程——也是你刚读到的文章中主人公学习的课程。随时欢迎你到附近的基督教青年会体验该课程,你有一次免费试听的机会。"[26]

因此,在1915年左右,卡耐基在教学和写作中审视了现代美国文化以及获得成功的秘诀。他感到如今要获得发展并不是靠心甘情愿的体力劳动、谨慎的自我约束以及节俭,而是要凭借另外一些品质——人际关系、广告宣传、自我提升和热情,他给父母的信中也是这么说的。1913年春,卡耐基的父亲卖掉了10英亩土地,获得了一笔可观的收入,之前这块土地在他手里囤积了好几年。之后,卡耐基在信中说:"现在你知道钱是怎么赚的了吧,并不是靠辛劳的工作。"[27]

卡耐基的教学和新闻写作很快让他萌发了一个更宏大的写作计划,这将占用相当多的时间。1912年,他刚开始开设基督教青年会课程,第二年他开始为杂志写文章,他尝试着用一种新的方式将写作热情与教授公共演讲的兴趣二者结合起来。于是,他的第一本书诞生了。

1915年，卡耐基与人（合作者为J. 贝尔格·艾森维恩，一位著名的指导型作家）合著了《演讲的艺术》。它面向更多渴望自我完善的读者观众，类似于他在基督教青年会开设的课程和为杂志写的文章。此书由马萨诸塞州斯普林菲尔德的家庭函授学校出版，内容根据该学校的成年教育课程而设计，浓缩了许多卡耐基正在发展的理念，讲述如何在现代美国中迈向成功。[28]

卡耐基是如何与家庭函授学校取得联系的呢？这一点不得而知——也许可能通过他早期与国际函授学校的联系方式，也有可能是因为他后来在基督教青年会教授夜间课程从而使其名声越来越大——但是毋庸置疑的是，这家在成人教育领域的著名机构与卡耐基的合作是对其专业知识的一种肯定。家庭函授学校创建于1897年。到了1910年，它已成为美国规模最大的远程教育机构。开始的前12年，有5万名学生注册该校，它开设了超过100门课程，共分为5个院系——大学及预科、农业、商业、师范和行政事务——同时邀请了来自阿默斯特大学、哈佛大学、布朗大学、哈特福德神学院、康奈尔大学、达特茅斯大学院、韦斯利恩大学和纽约大学等著名大学的教授任教。通常，家庭函授学校的每门课程收费20美元，包括40周的课程，每节课都要做报告或测试，导师进行打分、评价并反馈给学生。显然，这家学校面向那些雄心勃勃的学生，他们没上过大学，但如今却想通过教育改变自己的命运。[29]

与卡耐基合作的那位作者在家庭函授学校课程中扮演着重要的角色。作为一个土生土长的费城人，约瑟夫·贝尔格·艾森维恩拥有大学学历，不仅为基督教青年会工作，同时也是宾夕法尼亚军事学院的英语教授。后来，他转战到新闻业，成为《书虫杂志》的经理，在1904年到1914年间担任久负盛誉的文学期刊《利平科特杂志》的编辑，1915年成为《作家月刊》的编辑。但是，后来他逐渐专注于成人教育，出版了几本关于为通俗观众演讲、短篇小说写作以及电影剧本创作方面的书籍。作为家庭函授学校的文学课程负责人，他教授一门短篇小说写作课程，承诺为有潜力的学生提供机会"从平庸中脱颖而出，去做世界的推动者，去赢得新的社会地位"。具有想象力和怀抱远大志向的人们可以学习写"故事，自己的个性将在虚拟的世界中得到实现"。因此，他自然而然地成为卡耐基的搭档。[30]

卡耐基和艾森维恩合著的《演讲的艺术》既是家庭函授学校的教科书，又是那些雄心勃勃的演讲者们的个人指导书籍。全书共31章，其中艾森维恩主笔演讲技巧部分，探讨"通过改变音高达到效果"、"充分准备让演讲变得流畅"、"声音"、"通过说服他人制造影响"等内容。卡耐基则避开了关于技巧的建议，重点强调心理准备和酝酿情感——"感情和激情"、"感染力"、"手势语的真相"、"思想和储备力量"以及"正确的思想和个性"。卡耐基认为渴望成功的公共演讲人应该培养一种态度和特质，从而建立一种积极、坚定及精力充沛的人格形象。他坚称，当读者要到公众面前演讲时，不管是工作会议还是社交场合，抑或是正式的工作聚会，这些特质会让演讲人的表现得以改善。这位年轻作者在《演讲的艺术》中谈及了以下几个具体原则。

首先，卡耐基强调展现自信的重要性。正如自己在基督教青年会课程中了解到的那样，他的学生面对的最大问题是不敢站在他人面前并进行条理分明的演讲。因此在此书中，他激励演讲人"去除恐惧心态，树立自信的态度"。自信源于关注"精神能量"以及显得自信而有权威性："记住获取自信的唯一方法就是——拥有自信。"意志和决心是不可或缺的。卡耐基写道："永远要相信自己的意志是绝对有效的。想要有意志力的方法就是拥有意志力——一旦你首次受到诱惑而做了一个有价值的决定，你将会并能会对此深信不疑——以此为开始不懈努力，你输不起。"[31]

他主张控制思想是建立自信的最好办法。卡耐基引用了《圣经箴言》——你心里觉得自己是什么样，你就是什么样——反复强调一个真正的演讲人应该用自己的精神力量来塑造现实。在讨论某个问题时，他写道："一个人所有的悲喜、成败和优劣在很大程度都是自己思想的直接反映……我们通过选择思想来选择自己的性格。思想之车催促我们踏上命运之旅。"他讲述了自己班上一名学生的故事，后者经历了几次演讲失败后，宣称："我不会气馁的！"甚至更加努力以提高自己的演讲水平。卡耐基总结道："世上没有什么东西能够打败一个具有这样心态的人。"[32]

第二，卡耐基认为公共演讲人应该用激情来建立与观众的重要联系。他坚持"真诚是口才的唯一灵魂"，鼓励读者专心对待听众，选择能够传递自己信念的合适语言。在一篇富有激情的文章中，卡耐基以自己的表演经历为例，说道："让别人对自己的演讲产生兴趣的唯一方法是：你必须真的融入自己所扮演的角色中，融入你所为之辩护的理由和你为之争辩的事例中——融合到你被其包围，被其吸引，被它完全拥有。演讲中的真实感受不是可有可无的东西，而是演讲本身的精髓所在。"除了观众，现代社会也需要激情。他声称："有效的演讲必须要反映时代。这不是个温情脉脉的时代……这是个夹板铁锤的世纪，是个陆地快车横冲直撞地穿过城市和山中隧道的世纪，如果你想打动一个普通观众，你必须要将这种精神逐渐注入演讲中去。"[33]

第三，卡耐基坚持认为有效的演讲需要演讲人体现出内心的力量。他必须意识到"真正的能量之源就在自己内心之中"，与此相应地，聚集、强化和调整自己的精神资源以达到与观众的真正交流。他认为："如果你言语中的思想是热情的、新鲜的、自然流露的，是你自己的一部分，你的话会具有生机和活力。"对卡耐基来说，"一个人的内心是最重要的因素。他必须要唤起别人的激情。观众甚至是演讲者本人，都要为此添砖加瓦——如果缺少热情，那么你的演讲将毫无意义。如果你的演讲缺少激情，那么就意味着失败"。[34]

第四，卡耐基指出引人入胜的演讲者必须要把握好自信的限度，避免显得自负、自大从而让观众反感。他引用伏尔泰的话——"我们必须要隐藏对自己的爱"——并提出了这句格言："自我保护是生活的首要法则，但是自我克制是成就伟大的首要法则，也是艺术的首要法则。"一位精明的演说者通过吸引人们的注意力和表达自己的观点来说服听众。卡耐基声称："成功的抗辩人必须将自己的主张转变为对听众有益的话语。人都是自私的，他们只对自己有好处的东西感兴趣。将你个人感兴趣的东西从演讲中删除，保留对大众普遍有好处的东西。"卡耐基对这种有效利用他人利益的概念非常着迷。他写道："如果一个健谈的人一直独占发言机会，那么人们会认为他很无趣，因为他夺走了他人自我表达的机会。而一个认真倾听的普通演讲人可能被大家看作是善于聊天的对象，因为他给了别人自我表达的机会，从而取悦了他们。在你的谈话中要彻底摧毁'我'这个词。"[35]

最后，卡耐基鼓励读者去理解，人们的心理构造是理解他们的关键因素。他相信人们本质上是情感的存在，声称"公共演说家能够唤起人们的行动，很大程度上完全取决于他能否触动他人的情感……有生命力的演讲是受到情感因素影响的"。与传统的思维方式不同，现代研究已表明人们很少依赖理性和逻辑，而是更多受到自己并不清晰的感情冲动的驱使：一种对权威的"天生尊重"，精神层面上"沿着阻力最小的方向前进"的趋势，受到"我们生活环境"塑造的情感反映。因此，卡耐基认为演讲者应该向现代广告人一样思考，他们创建了宣传口号，这些口号传播信心，并信赖建议的力量。这如同一家大型百货商店花"大价钱设计了一句广告语：'大家都去大型商店。'这让每个人都想要去他们那里"。[36]

在《演讲的艺术》中，卡耐基给出的最重要的建议在《正确的思想和个性》一章中。他开门见山，指出"演讲人最宝贵的东西是个性——它难以说明，无法估计，决定了我们的一切，并使我们与众不同；它是自我的一种独特力量，对我们接触到的人们发挥微妙的作用。正是个性让我们渴望更美好的东西"。这又一次背离了维多利亚式的"性格"标准——一套内心的道德准则，让人们不断地追求美德——支持了更现代的信条。他写道："让个性不再仅仅是一种道德说教。"现代生活中的成就"与整个人有关系——想象力、控制情绪的能力、思考能力以及——可能是最重要的——意志力和将意愿转化为有效行动的能力。"[37]

换句话说，对卡耐基来讲，"个性"意味着自我表达，而不是自我否定。它展现内心情感和想象，表现精神力量和欲望，并揭示一系列有魅力及权威性的形象，这将诱使观众接受你的话。他还鼓励雄心勃勃的读者们关注自己的想法和意志力，同时记住一个目标。他说："你必须要战斗，仿佛生命在于胜利。千真万确，你的个性可能真的悬而未决。"[38]

因此在1915年左右——通过新的教学方法、为杂志写作以及第一本书的出版——戴尔·卡耐基为后来的工作奠定了基础，他将闻名世界，并成为现代美国成功的典范。在基督教青年会，他首次进入了公司中新白领的世界，会议、团队合作和人际关系构成了一个科层制迷宫。他们如饥似渴地盼望着那些帮他们穿越迷宫的指导和建议。在流行杂志上，卡耐基体验着一种新型的都市文化，在商业化的休闲时间里，观众热衷于关注有名人士、励志故事和娱乐消遣。在此书中，他将公共演讲与个性及现代成功的发展联系起来。这种关注将伴随他的后半生。

6　精神力量与积极思考

《人性的弱点》中有一个题为《这本书的 12 个作用》的列表——它位于第一页，甚至被放在书名页之前——它保证此书会"让你在日常交际中轻而易举地使用心理学原理"。在几页后的序言中，著名电台主持人洛威尔·托马斯将此书的作者称为"应用心理学"大师。在序言中，戴尔·卡耐基说自己为了写这本书"阅读了大量心理学巨著"。他引用了著名心理学家威廉·詹姆斯的话，说我们中的大多数只开发了自己一小部分的"精神资源"，并宣称"此书的唯一目的是帮你发现、发展并利用这些潜在的、闲置的资产"。[1]

这种对心理学的强调贯穿于整本书中。卡耐基经常引用詹姆斯、西格蒙德·弗洛伊德、阿尔弗莱德·阿德勒等理论家以及哈利·奥维斯特里特、亨利·林克等心理学作家的话。他探讨了精神影响对人际关系发挥的作用，认为人们忽视了心理动机在人际交往中的重要地位。他认为，就算受过最高等教育的人经常"阅读维吉尔的作品，掌握了算术的奥秘，但也无法了解自己的思想是如何发挥作用的"。然而，卡耐基将其最大的热情聚焦在一种当时流行的心理学思想上，它在 20 世纪早期席卷了美国文化："新思维运动"，或者说是积极的思考。该学派主张，依靠肯定思维，心灵可以使物质世界中的事情朝着好的方向发展。卡耐基引用了新思维运动中一位颇具影响力的人物的话——"在你的头脑中描绘一种干练的、认真的、有用的人吧，同时也是你最想变成的那种人，这种头脑中时时存在的想法会把你变成那种人。"[2]

卡耐基对心理学的关注——他在这本畅销书中处处强调这个关键因素——源于何处呢？它始于 1915 年左右，作为一位雄心勃勃的讲师及作家，他开始进行一个脑力劳动者的自我完善项目，这促使他开始接触由弗洛伊德、詹姆斯等人掀起的现代思想革命。因为他准备为日益扩大的基督教青年会课程编写一本教材，所以他沉浸在通俗心理学中，特别是新思想。此书强调了人类行为中的精神动力、情感需要和无意识欲望。这种思维方式将会贯穿在他以后的生活中，并会在很多方面影响卡耐基著作中所谈论的现代美国成功学。

戴尔·卡耐基曾回忆道，在自己青少年时期，他同母亲兴奋地谈起"即将发生巨大而持久变革的新世纪"。然而，在他看来，母亲低估了 20 世纪早期这场影响广泛的变革，它改变了美国人的生活环境。他写道："与母亲能够想象到的状况相比，它更加惊人。汽车改变了我们的交通习惯；我们打发闲暇时光的方式也发生了巨大的变化——收音机、电影、电视机、电灯、电报和飞机——这些发明和改变注定会对我们的文明产生深刻的影响，并持续影响着后代子孙。"[3]

对卡耐基来说，也许最为惊人的现代性因素是20世纪早期的知识运动，它是对理解人性和人类行为的一种革新。当然，这就是心理学，卡耐基在1915年左右开始对其着迷。这种着迷有着更大的原因。用他自己的话说，卡耐基迫切地想要在社会中取得成功，在到达纽约市后就开始了自己的学习和自我完善计划。他养成了记笔记的习惯，裤子后的口袋中总是装着一个小笔记本。每当他看到有意思的事情，或者对某一重要话题萌发了有意义的想法，或是偶然发现了一个好故事或一种生动的描述，他都会将其记在笔记本上。他使用一种归档系统整理自己读过的文章。他用大张的黄色马尼拉纸信封做文件袋，里面装满了剪报、杂志摘录和个人笔记。[4]

与此同时，卡耐基开始了自己的阅读计划。一名年长的著名公共演说家与卡耐基成了朋友，他催促卡耐基认真阅读历史、文学、科学和哲学方面的书，从而打造自己的知识"储备库"，这以后会使他提升自己的个人"魅力"。年轻人没有透露这个人的身份，只是将其称为"全美最著名的演说家"、"受人尊敬"、"头发花白"，是个为拉迪亚德·吉卜林、演员理查德·曼斯菲尔和艾达·塔贝尔等著名人士治疗的精神病医师。卡耐基的这位匿名导师很有可能是奥里森·斯威特·马登，一位自我提升领域的著名演说家及作家，他最为符合卡耐基的描述，并在卡耐基公共演说著作中扮演着重要的角色，卡耐基经常引用他的话，字里行间充满着赞美之词。[5]

导师是谁并不重要，由于立志建立自己的"精神储备库"，卡耐基在1910年到1920年间开始了广泛的阅读。用他自己的话说，卡耐基进入了"令人愉快的书海"。他养成了每周一、二、五晚上读书的习惯，丰富着自己的知识宝库，并开始领会"受教育的人与无学识的人之间的区别：前者具有丰富知识储备，而后者的知识与经历则局限在自己狭小的范围内"。在阅读历史、哲学、自然科学、技术发明以及后来最感兴趣的生物学书籍的过程中，卡耐基接触到了各个学科的大量知识。但更为重要的是，他经常把这些知识转化成自己的话。他热衷于做摘要和总结——好朋友霍默·克罗伊曾说过，卡耐基"想要总结一切东西：书籍、演讲、新闻、在职。他是个总结狂人"——并因此通读了纽厄尔·德怀特·希利斯的著作《一生中不可不读的名著》和约翰·

克拉克·里德帕思所著的《世界史》。他还成为肖托夸阅读课程的拥护者，这是一门家庭自学课程，他曾在基督教青年会的课堂上大力推荐过此课程。[6]

这位年轻人的广泛阅读还让其接触到了当代流行的思想，了解了当代社会的政治事件，涉及西奥多·罗斯福、伍德罗·威尔逊、约翰·D. 洛克菲勒和安德鲁·卡内基。更为重要的是，卡耐基被美国20世纪早期重要的文化运动所吸引：新思维运动，或者叫"积极思考"运动。它形成于19世纪晚期，并在20世纪早期产生影响，出现了大批拥护者。该自由运动旨在通过精神力量获得"健康、财富和心灵的平静"，这成为内心幸福和物质富足的关键。重要的支持者包括自学成才的心灵治愈创始人菲尼亚斯·P. 昆比，畅销书《追求无限》的作者兼神秘的形而上学学者拉尔夫·沃尔多·特莱茵，安妮·佩森·考尔等心灵治愈的支持者以及基督教科学派的创始人玛丽·贝克·艾迪。新思维运动倡导者认为，潜在的精神力量能被恢复和调动起来，从而促进焕发精神活力、创造成功与财富。总之，这些积极思考的人强调人类心灵中的激励性、恢复性和生产性的力量。作为一种折中主义，有些人利用了一种宗教式的"心灵治愈"冲动，与此同时，还有些人则使用了传统爱默生式的超验主义中的"超越灵魂"及直觉概念，将其视作通向真实之窗。很多人应用了心理学原理，并在探索心灵动力和能力方面使用这种新的科学。[7]

新思维运动融合了各种宗教、科学及哲学的影响，有几个主要的观点在美国20世纪早期的文化领域中扩散开来。该运动的倡导者认为，人类思想是宇宙中最为主要的动力因素，改善人类缺陷和混乱的方法存在于心灵和精神领域，罪恶并不是世界的永恒现实，而仅是善的暂时性缺失。其中，卡耐基最为重视的是，他们坚称那些能够调动自身精神动力的人们可以获得健康和物质富足。到最后，新思维运动的支持者强调个人魅力、积极思考和个性发展对壮志勃勃的人非常重要。随着该运动的影响在20世纪早期不断扩大，它吸引了很多拥护者，其中包括著名哲学家和心理学家威廉·詹姆斯。到了1908年，《好管家》等流行杂志还专门为女性开辟了常规专栏，名为"如何通过思想变得更美丽"。[8]

虽然卡耐基从来没有归附于任何一个新思维流派，但他却清晰地表现出与该运动的密切联系。当然，这种联系有些偶然——他并未装作一位知识分子，专注于持久而严格的批判思维——他只是朦胧地意识到新思维运动更广泛的影响。但是卡耐基著作中大量的参考文献和引文揭示出他对该运动的主要人物、文本和思想颇为关注，并深受启发。他强调，要为公共演讲人提供实用的指导——提高自信心，克服恐惧，激发热情，散播真诚——并提供一系列建议，帮助人们达成这些目标，最为重要的是：集中并激发内心的精神力量。

卡耐基在 1910 年到 1920 年间写道，虽然一个人忽略精神发展会造成停滞不前，但是"只要此人的心灵一旦察觉到自己缺少思考的力量，情况就会有所好转"。卡耐基推荐了几本关于"思维管理"的书籍，并颇为赞同地引用了一位心理学家的话，强调激发精神力量的重要性："就像凸透镜能聚集阳光一样，知觉的和思想的精神能量及其活动也发挥着作用，被聚集起来。因此，事物被照亮、加热并燃烧起来。"有一次，卡耐基曾大胆地说："演讲的成败将在很大程度上受到思维和精神态度的影响。"[9]

卡耐基对心理学和新思维运动的热情一部分是源于知识的学习，另一部分还来自自己成人教育事业的日益成功。到了 1916 年，他收入稳定，并搬离了早期纽约城中那爬满蟑螂的公寓。如今，学生们争先恐后地报名参加他在基督教青年会开设的课程，他的收入也水涨船高。卡耐基可以住在曼哈顿舒适的公寓中，并在卡内基大楼的 824 工作室为自己租了一间办公室。一名记者写道，年轻的卡耐基"过得不错"。他在基督教青年会开设的课程蓬勃发展，他在"全市租赁授课大厅，每个晚上鼓励雄心勃勃的年轻人勇敢开口，去战斗，重拳出击，并行动起来"。[10]

卡耐基此时的一个学生描绘了自己在课堂结识的这位自信又具有启发性的老师。弗兰克·贝特格尔曾是一名职业棒球运动员，他是圣路易斯红雀队的三垒手，1911 年因为胳膊重伤而永远地结束了自己的运动生涯。回到故乡费城后，他试着做过收债人，后来还做过人寿保险推销员，但是他害羞的个性阻碍了事业的发展，并因此陷入困境之中。用贝特格尔自己的话说，他开始发现每当自己必须"与陌生人交谈时会产生羞怯和恐惧"。当听闻卡耐基在亚奇街基督教青年会授课，并成功地帮助人们解决了类似的问题时，他于 1917 年注册了该课程。当他遇到导师的那一刻，便马上被推上讲台进行简短的讲话，解释自己为什么来这儿上课。这位惊慌失措的前棒球运动员通过了严峻的考验，开始着手培养自己的自信心，可惜进展非常缓慢。后来在某个晚上，卡耐基打断了贝特格尔无精打采的演讲，坚持让他"在讲话中加入一些生气和活力"。用贝特格尔的话说，后来老师"为全班的同学做了一次激动人心的讲话，强调激情的力量。当他讲到激动之处，还往墙上扔了一把椅子，砸断了一条椅子腿"。这位深受感染的推销员回家后总结道，自己需要在销售中投入的热情要与在棒球中投入的一样多，并最终在工作中取得了巨大成功。贝特格尔后来写道，那晚在卡耐基的启发下所做的决定"是自己生活的转折点"。[11]

卡耐基教学的成功让其公共演讲课程扩展到全国。1917年，他为"卡耐基公共演讲课程"制作了广告宣传册，其中列出了来自纽约、费城、巴尔的摩、纽瓦克和斯克兰顿等地的商人的证明。他开始培训教师，并将自己的方法编撰成为一系列的指南、课程和小册子。卡耐基在1920年之前将这些材料收集整理，出版了《公共演讲：美国基督教青年会学校标准课程》（1920）。该系列丛书包括4本"书"和16节"课程"，完整介绍了卡耐基的教学技巧，并总结了他正在发展中的个人成功及人际关系哲学。[12]

此书大量借鉴了他与人合著的《演讲的艺术》（1915），并宣传了他自己在教学实践中采用的课堂技巧——激励学生去战胜恐惧，进行常规演讲练习，激发热情，鼓励自然的演讲，力争培养自信和自我表达。这些能力成为他那后维多利亚式授课方法的标志。[13]

最为惊人的是，《公共演讲：美国基督教青年会学校标准课程》一书多次强调了积极思考。卡耐基说："每个人内心都有一种自己从未意识到的潜在力量。"他认为演讲是"照进心灵宝藏的光线，向他人揭示出埋在那里的财富"。卡耐基再次重申了威廉·詹姆斯的主张，"普通人只是开发了自己十分之一的精神力量"，声称自己做老师的最大收获是"深刻地认识到自己的进步，揭示出内在的力量并使其发挥作用"。他强调解放被压制的精神力量会塑造强大的个人意志力。他写道："坚持这种意志，你便会拥有炮弹一般真实的能力。你看不见它，无法用手触摸它，不能描述它。但它将让你攻无不克、战无不胜。"[14]

卡耐基在书中引用了大量新思维运动中代表性人物的话。他特别关注四个人，他们致力传播以下理念，即精神能力和积极思考能带来幸福和物质上的成功。第一位是拉塞尔·康维尔牧师，他是美国历史上最伟大的成功学化身之一。1843年，他出生在马萨诸塞州农村的一个中等收入家庭，参加过内战，后来环游世界并在年轻时从事过很多职业：律师、记者以及后来的浸礼会牧师。19世纪80年代，他成为费城格雷斯浸礼会教堂的负责人，教众的人数很快以惊人的速度超过了4000人。作为一个精力旺盛的人，康维尔还在费城创建了天普大学及三家医院。然而，他成名的原因是其名为《钻石之地》的演讲，写于19世纪70年代，后来在全国各地讲演超过6000次。他将在此演讲中赚到的大部分钱捐给穷人，资助他们上大学。演讲时，他挥洒自如，显示出演员的模仿与表演才华。这个传奇性的演讲传达了两个核心观点。首先，康维尔宣布机遇遍布在美国社会中，尤其是在自己身边的环境中，密切关注并创造人们的需求将会带来"钻石之地"。其次，他认为旧式的宗教美德观念与贫困相关，并宣称："我认为你应该变得富有，成为富人是你的责任。金钱就是力量，你应该抱有适度的雄心壮志来挣钱。你理应如此，因为你可以用钱做更多的好事，巧妇难为无米之炊。"[15]

1910年到1920年间，康维尔开始重视卡耐基等新思维运动拥护者所提倡的理念：个人思想和"意志"在获取财富的过程中发挥了关键作用。1916年，在发表于《美国人杂志》上的文章中，康维尔强调"意志力是你最大的财富"，并引用了《圣经箴言》中的一句话，"你觉得自己是什么样，你就是什么样"。在第二年发行的一本小册子中，康维尔将此理念又向前推进了一步。他宣称，获取成功的"首要条件"是"充分重视每个人拥有的潜在的或未使用的力量"。卡耐基充满钦佩地赞扬了康维尔的话，认为"如果一个人言语背后有热情的、新鲜的、自然流露的思想，那么你的话将会具有生机和活力"。他还将《钻石之地》一文作为"特别演讲"收录到《公共演讲：美国基督教青年会学校标准课程》中。[16]

第二位新思维运动英雄是阿尔伯特·哈伯德，他同样激发了卡耐基的灵感。1856年，他出生在伊利诺伊州布卢明顿附近一个农民家庭中，第一份工作就成功地获得了某肥皂公司经理一职。然而，不安于现状的性格促使他在19世纪90年代辞职。他支持威廉·莫里斯和工艺运动，并创建了《菲士利人》杂志。该杂志打破陈规，主张文学创新、政治改革和复兴工艺传统。哈伯德自称为"儒商"，他身兼作家、编辑和出版商数职，并创作了大量关于成功和幸福的书籍和文章。《致加西亚的信》让他闻名全美，这本书赞颂了美国与西班牙战争时期的个人主动性，严厉批判了普通美国人"不能或不愿意集中精力做一件事"。哈伯德认为这造成了一种氛围，其中"唾手可得的援助、愚蠢且心不在焉的、懒散且漠不关心的、无法全身心投入的工作似乎居于主导位置"。他坚称，成功人士是那些决心"忠诚于某一使命、迅速行动并精神专注的人：要做好手头的事（或任务）"。对于哈伯德来说，"文明就是对这类人漫长而焦急地寻求过程"。[17]

像康维尔一样，哈伯德在20世纪早期培养出一种新思维式的敏感。在《爱情、生活与工作》（1906）和《商业》（1913）等书籍中，他强调，雄心勃勃的人想要获得成功，就需要提升自己的精神力量。他说："成功源于精神态度，正确的精神态度将会让你做任何事都获得成功。那些大师是具有勤于动脑、精神专注及自信等品质的人，而且将这些品质变成了自己的生活习惯。"卡耐基成为哈伯德的虔诚信徒。他将1915年出版的《致加西亚的信》称为"出类拔萃的小册子"，尤其赞同哈伯德培养"正确的精神态度"的观点。他经常引用这句话："尝试确定你想要做什么，坚定这个信念，然后抛弃一切干扰，你就会直奔目标……脑子里想着你想要从事的宏伟使命，随着时间的流逝，你会发现自己不经意地抓住了实现梦想的机会。"[18]

詹姆斯·艾伦是名古怪的英语作家及形而上学学者，他是对卡耐基产生影响的第三位新思维运动人士。他出生于1864年，父亲移民到美国后就被谋杀了，艾伦成了孤儿。辍学后，他成为一名职员来养家糊口，1902年以前在几家英国工厂当工人。他对宗教和哲学非常感兴趣，开始为杂志《新时代先驱》写作，并最终辞职，创建了自己的杂志《新纪元》。同时在接下来的九年中，艾伦开始创作一系列发人深省并具有启发性的短篇文章，讲述个人成功和幸福的主题，一直持续到1912年去世。他纤瘦虚弱，留着黑色长发，总是穿着黑天鹅绒质地的套装。这位智者以其大量赞美精神力量的著作，在新思维圈子中吸引了大批的拥护者。

艾伦最著名的书是《人生的思考》，反映了他的信仰，即精神力量能够同时改变内心世界和外在环境。他说，人的精神世界就像一个花园，"人可以照管自己的心灵花园，去除错误的、无用的、不纯洁的思想，并培养正确的、有用的、纯洁的思想花果"。这比抽象的"善"更使人受益。他声称："外部环境的塑造取决于内在思想的改变。让一个人快速地转变自己的想法，由此引发的物质生活条件的巨变会让他大为震惊。"想要成功的人需要将塑造自己的精神作为起点。艾伦认为："一个人的成败直接源于自己的思想。只有通过提升思想，一个人才能崛起、去征服，并有所收获。反之，他只会继续身处凄惨和悲戚的处境。"[19]

在这位英国人的启发下，卡耐基试着发掘艾伦的神秘生活，甚至还询问了《商业哲学家：一本通过倡导成功原则的杂志》的编辑，后者出版了艾伦的一些著作。卡耐基认为艾伦的小册子"给当时很多人的生活造成了深远的影响"，并将其作为"特别演讲"收录到《公共演讲：美国基督教青年会学校标准课程》一书中。[20]

1910年到1920年间，带给卡耐基最大影响的是新思维运动的拥护者奥里森·斯威特·马登。马登的个人经历几乎是美国人白手起家的完美典范。他于1850年出生在新罕布什尔州的农村，七岁成为孤儿，后来流浪在几家育婴堂中，在那儿遭受了苛刻的虐待，并成了一名超负荷工作的"雇工"。他偶然间在一个阁楼中发现了通俗读物《靠自己成功》，受到此书作者苏格兰人塞缪尔·斯迈尔斯的启发，马登完成了小学、中学、安多弗神学院和波士顿大学的课程，还获得了哈佛大学医学院的医学博士学位以及波士顿大学法学院的法学学士学位。19世纪八九十年代，他对商业产生了兴趣，创办了几家宾馆和度假村，后来在1894年的大萧条中遭受了沉重的打击。

马登很快重新开始，在波士顿出版了《奋力向前》（1894），这部畅销书第一年就卖出了12版。孜孜不倦的作者于1897年创办了《成功》杂志（之后一直担任此杂志的编辑），定期为伊丽莎白·陶恩的新思维运动杂志《鹦鹉螺》投稿，直到1924年去世，他著有65本关于成功、意志力和积极思考的书籍。起初，马登认为成功的秘诀是维多利亚式的努力工作和自我克制，并在《性格：世界上最伟大的东西》（1899）等书中说明了这一点。然而，到了20世纪初期，他转而拥护个性及其特质——个人的魅力、受欢迎的程度、感召力和魄力——并在《出色的个性》（1921）等著作中阐明了这一观点。这种转变还表现在1894年和1911年两个版本的《奋力向前》中：前者以"性格就是力量"等为章节名称，而后者增补了"个性决定成败"等章节。[21]

20世纪早期，马登成为新思维运动的拥护者。在《直面美国成功人士，或成功理念及如何获得成功》（1903）、《信念力》（1909）、《正确思考的奇迹》（1910）等书中，他赞颂了精神的力量。马登激励雄心勃勃的读者关注"个人的性格，即我们称之为个性且每个人都拥有的东西。正是因此，一个人才会与众不同"。他提出以下观点："身体只是思想的外化，是习惯性的精神状态的外在体现；身体的状态随着思想的改变而变化，我们的健康与疾病、欢乐与悲伤、是否受欢迎都源于我们在多大程度上控制了自己的思考过程。"他总结说："一直持有满怀希望的积极态度，并真正期盼事情最终会有好转，相信我们终将成功，坚信我们总会幸福，没有更好的习惯比这种态度能为生活带来更大的价值了。"[22]

卡耐基经常提及马登为自己的思想带来的深刻影响。在他的书房中，有一本写满了注解的1911年版《奋力向前》，他借鉴了此书的文体：传奇式的插图、充满人文关怀的故事以及生动的写作风格。他还采纳了其中很多重要观点：热情、个性魅力、令人愉快、克服恐惧。卡耐基将马登称为"播撒更美好福音的传教士"，并向学生推荐马登的著作，在自己的公共演讲中经常大段引用马登的话。他反复引用马登的格言，强调成功人士需要公共演说的技巧：

"有很多人都将其成功和地位归功于自己良好的表达能力。""当一个人尽最大努力面对观众演讲时,其他任何东西都不能迅速而有效地唤起内心的情感。公共演讲实践是用逻辑和有说服力的方式整合一个人的能量,要集中个人所拥有的全部力量,要唤醒、调动起自己的一切能力。"卡耐基甚至将马登一篇关于公共演讲的论文收录到《公共演讲:美国基督教青年会学校标准课程》一书中。[23]

卡耐基接受了新思维运动的观念,这最终促使他在更大范围上去探索美国20世纪早期的精神领域。如同很多人所说的那样,精神力量的观点与心理学的迅速发展有着紧密的关系。按照一位历史学家的说法,"通过精神力量获取成功的意识形态与当代(20世纪)心理疗法的普及有着密切的关系"。到了20世纪初期,很多心理学家开始更深入地探究人类精神的复杂性,发现了理性思考背后潜藏着精神力量,这种力量塑造了我们对周围世界的感知,并影响着我们的行动。这些力量能够由弱变强,能够从飞散状态集结,能由分散变为集中,并能治愈痛苦。美国很多心理疗法流派的发展得益于以下人士:精神病学家詹姆斯·杰克逊·帕特南、变态心理学家莫顿·普林斯、精神病理学家G. 斯坦利·霍尔、研究"完整个性"的医生理查德·卡伯特、折中主义的潜意识探索者威廉·詹姆斯及弗洛伊德学派精神分析学家A. A. 布里尔等。以上这些人提倡一种更宽泛的理念,即治疗策略能帮助精神提升能力、解决问题,并因此改善个人的生活质量。[24]

卡耐基受到鼓舞,开始研究心理学,这逐渐影响了他的认知、分析和思想。在《演讲的艺术》(1915)中,他经常引用心理学家的观点,并简短地介绍了他们的思想。沃尔特·迪尔·斯考特是著名商业广告心理学家,后来成为美国心理学会的会长。卡耐基引用他的话来说明消除恐惧的必要性:"与内心的能力相比,商业的成败更多源于内心的态度。"他引用《初级心理学》一书的作者丹尼尔·帕特南的话来说明集中精力是产生"最强大的精神动力的首要条件"。卡耐基引用杰拉尔德·斯坦利·李的畅销书《人群:民主的运动影像》,来探索"人群心理学",并借鉴了书中的观点,即商人已超越传教士,成为影响当今时代的人,因为"他们更接近人性,并迫切需要了解人性,他们更加刻苦地钻研触动人群想象的艺术"。卡耐基用《正确的思考和个性》一章来为此书结尾,标题来自斯坦顿·戴维斯·柯克汉姆的著作《自我成功哲学:实用心理学在日常生活中的应用》。它充满诗意地表达了成功引发的内心满足感:"现在你成了大师……你要放下锯子和刨子,迎接自己在这个世界上的重生。"[25]

在《公共演讲：美国基督教青年会学校标准课程》（1920）一书中，卡耐基甚至更依赖心理学观点及其阐释。他讨论了"手势心理学"、"格斗心理学"、"商业心理学"和"人群暗示心理学"。在"建议的力量"一章中，他探讨了实用心理学日益扩大的影响，主张关注并利用人们的非理性判断因素。卡耐基声称："纯粹理性行为就像早餐前的浪漫想法一样少见。我们很多行为都是听取建议的后果。"他解释说，这个过程要么与微妙变化的主张相关，要么与某种观点的暗示相关，之后"它们被嵌入我们的潜意识思想中，并控制我们的行为"。卡耐基说，有经验的推销员和令人印象深刻的广告在很大程度上依赖建议，它还塑造了"公共演说家最强大的力量。这是一种在日常生活中与人交往时可以使用的巨大能量"。[26]

卡耐基常常在书中提及一些心理学专家。菲利克斯·阿诺德是《注意力和兴趣：关于心理学和教育学的研究》一书的作者，他受关注的思想在于，人们会在30分钟后忘掉一半自己所听到的内容，9小时后会忘掉三分之二，一周后会忘掉四分之三。卡耐基引用了著名心理学家G. 斯坦利·霍尔的观点，后者在1909年发表了几次演讲，将弗洛伊德引入美国。霍尔是"服装心理学"的权威，其研究表明，有魅力的衣着和得体的配饰能增强自信并获得他人的尊重。卡耐基认为，建议的力量受到越来越多心理学家的肯定，如沃尔特·迪尔·斯考特提出，个人"是理性的，但是在更大程度上是容易受他人影响的"。福布斯·林赛著有《销售心理学：心理学原理在销售过程中的实际应用》一书，他提出了相似的观点，即"建议是我们思考过程中最为强大的力量，并因此对我们的行为发挥了巨大影响"。[27]

卡耐基曾提到两位更能表明20世纪初期心理学与新思维运动之间关系的人。首先，他借鉴了著名学者威廉·詹姆斯的观点，詹姆斯是一名心理学家和哲学家，在19世纪末、20世纪初深入研究了人类的意识。与很多严肃的思想家不同，詹姆斯将新思维运动视为一种理解人类行为的合法途径。在其名著《宗教经验种种》一书中，他将此运动视作一种准宗教运动，该运动倡导"一种救赎一切的力量，它有着健康的精神态度"，该运动还展现出"潜意识生活所发挥的前所未有的巨大作用"，并满足了"大多数人的精神需求"。詹姆斯认为，我们必须要认真对待这个运动，因为"心理疗法为我们中的某些人带来安详、平静和幸福，并像科学一样预防了某些疾病"。在另一篇著名文章《人类的力量》中，詹姆斯认为新思维运动已开始揭示并利用"积攒的能量储备，唤醒这些能量的并非是"人类通常意义上的满足感，即满足于"继续浑浑噩噩地生活在周围的环境中"。[28]

卡耐基推崇詹姆斯，将其称为"伟大的心理学家"。在《公共演讲：美国基督教青年会学校标准课程》及另外几本著作中，他颇为赞同地引用了詹姆斯的观点，即普通个人仅使用了自己一小部分"潜在的精神力量"。他还引用并误读了詹姆斯最著名的一个词组："信仰的意志"。詹姆斯曾用其描述现代社会中追求宗教信仰的种种努力，并为这种行为提供了一种实用主义哲学基础，但卡耐基却将这句话误解为"普通人喜欢听到他们深信不疑的东西"。这成为卡耐基思想的基础，即演讲人需要判断观众的心理，并迎合"他们的趣味、经历和信仰"。因此，在卡耐基眼中，威廉·詹姆斯是精神力量和心理完善的倡导者。[29]

卡耐基还对记者 H. 爱丁顿·布鲁斯大为推崇，也许此人比任何人都了解新思维运动和心理学的兴起过程。他是以马利运动的宣传人员，该运动是 20 世纪早期融合宗教和心理学的一个改革运动。布鲁斯成为美国联合报业集团的心理咨询师。他还写了很多书，包括《个性之谜》(1908)、《科学的心理治疗》(1911)、《如何有效地控制紧张》(1919) 等，并试图将心理学包装成为一种精神力量。他还经常为《阿普尔顿》、《好管家》及《美国人杂志》等流行杂志写稿。布鲁斯认为，新的"精神病理学"先驱为心理治疗师和信仰治愈师的工作奠定了真正的科学基础。他在文章《心灵大师》中表示，皮埃尔·詹尼特、鲍利斯·斯蒂、莫顿·普林斯和西格蒙德·弗洛伊德等心理学家向世界表明，"当人类的心灵受到科学的引导时，它的能量可以对攻克许多广泛流行的疑难杂症发挥难以置信的效用"。[30]

在卡耐基的阅读过程中，布鲁斯是一位从心理学角度研究激情力量的权威。他引用了这位记者的观点："激情让思考的力量翻倍，而且确实如此……具有激情的人总是会对那些与之接触的人产生巨大的影响。"布鲁斯认为激情会帮助人们掌控一切，"不仅让你钱包鼓起来，而且还让你的外表光彩照人"。这一观点让卡耐基深信不疑，积极思考的姿态能帮助雄心勃勃的人获得成功，同时还让卡耐基的演讲课程与更大规模的新思维运动联系得更紧密。[31]

1910 年到 1920 年间，卡耐基借鉴了新思维运动的主要观点——精神力量、积极思考、心理改善——将其写作及教学的目标推进到更高层次。他的公共演讲逐渐涉及更宏大的话题：如何在美国社会中取得成功。他一直相信，公共演说技巧将会提升自信及个人声望。现在，他开始用这些技巧来实现更大的目标，即提升社会地位和获得物质财富。他写道："每次你演讲的时候，你都是在为最终的成功做准备。"卡耐基展望着一种成功观，预见到其最初阶段的模糊蓝图，这种成功观念根植于积极思考和心理学、推销术和人际关系、有魅力的个人形象和精神力量之中。这种现代方法激励人们去积极应对20世纪早期生机勃勃的美国社会。他在1920年说道："选择一个有力的话题，能够让人们热血沸腾并跃跃欲试的内容。我们是美国人，雷泰格姆音乐是我们的民族之乐，棒球和足球是我们的国家运动；我们对槌球游戏不怎么感兴趣。它用一种北方式的莽撞限制了我们。"卡耐基甚至还预见到了自己的未来。他写道："只有那些能告诉我们如何赚到更多的钱、如何延长寿命、如何更健康、更幸福的人，才是关心听众的人。如果你了解人们想要什么，并能告诉他们只要遵循你的建议便可以实现愿望，那么成功就属于你了。"[32]

随着卡耐基在1915年后的不断进步，他在教学和写作方面的成就为其赢得了广泛的社会声誉。同时，卡耐基也摆脱了刚到纽约时的艰辛与贫困，物质生活有了强有力的保障，开始过得更加舒适。有一首诗表达出卡耐基的愉快心情——名为《战无不胜》，由威廉·欧内斯特·亨里所做——卡耐基将其收入《公共演讲：美国基督教青年会学校标准课程》一书中。这首赞歌向个人"无法征服的灵魂"致敬，对卡耐基的"生活起到了决定性的影响"，他还将此诗牢记心中，并在很多场合背诵过此诗。诗的最后一节有个激动人心的结尾：

> 不管我将穿过的那扇门有多么狭窄，
> 不管我将面临什么样的惩罚；
> 我是自己命运的主宰，
> 我是自己灵魂的统帅。[33]

戴尔·卡耐基这位公共演讲老师、新思维运动的信徒以及成功学的作家，在1915年后出乎意料地陷入了困境。世界大战的爆发打乱了他的职业规划，之后更严重的个人困境打破了生活的平静，影响了他的职业声誉。最终，这些因素迫使他放弃了写作和教学，事实上卡耐基得被迫离开美国一段时间。从长远上看，这次困境帮助卡耐基巩固了自己的世界观，并促进了事业的形成。然而，从短期上看，它使其蒸蒸日上的事业陷入了混乱之中。

1917年4月2日，伍德罗·威尔逊总统来到议会，要求向德意志帝国及其盟国宣战。1914年起，武装冲突就席卷了欧洲，当然作为德国的同盟国，奥匈帝国和土耳其也卷入了与英、法、俄的战争。美国由于捍卫海上自由权，与德国形成的紧张对峙在几年间不断升级，因此，威尔逊政府最终决定参战。议会在4月6日以压倒性的票数同意宣战，总统迅速调动全国的经济及军事资源。其中一个关键举措就是国会于1917年5月通过的《选征兵役草案》，并在几个月后开始实行。在"一战"期间，大约300万名美国年轻人应征入伍。戴尔·卡耐基也在此列。

根据官方记录，他于1917年6月5日做了兵役注册，登记的地址是位于布鲁克林的一栋公寓楼，注明手指受过伤以及没有得到父母的"全力支持"，以此作为免除或减缓兵役的理由。但到了夏天，美国陆军仍然将这位年轻的教师应招入伍，将卡耐基和其他来自美国东北部的士兵们一起派往位于长岛亚普汉克附近的阿普顿基地。该基地以内战时的埃默里·阿普顿将军的名字命名，建于战争爆发时的第一个夏天，被计划用来容纳并训练4万名士兵。9月，他们乘火车到达这里。到了12月，设备就配备齐全了。受训者领取了武器和制服，分到了铺位，同时军事指挥官——有些是英国或法国军队的军官——无休止地培训他们基本的军事策略及战壕、坦克及毒气战的相关要点。步枪射击、手榴弹和机枪射击同近身搏斗同样受到重视，后者经常由职业拳击手教授。军队中著名的第77师就是在阿普顿的基地组建的，并因1918年8月在阿贡森林的顽强战斗而闻名。其中一名上兵欧文·伯林军士后来根据自己在长岛的军旅生涯创作了百老汇音乐剧《欢呼吧，亚普汉克》，里面包括他最为著名的一首歌，名为《哦，早晨我多么不想起床啊》。[34]

由于少了一根手指，卡耐基不用参加搏斗训练，被派往阿普顿基地的办公室工作。他被授予军士军衔——毫无疑问是因为他接受过大学教育——成为军队少校的助理，并负责传达命令以及接电话等办公室日常工作。按照长官的要求，他需要完成任何任务，不管该任务有多么特殊。卡耐基说道："我刚买了一辆雪佛兰牌汽车，他命我每周末开车送他往返于阿普顿基地和纽约市之间。我自然是愿意这么做，因为这意味着每个周末我都可以远离死气沉沉的军营生活了。"这位少将在入伍前是名律师，充满猜疑地守护着自己的地位。卡耐基写道："每天早晨，他的桌子上总是放着一份《纽约时报》。有一次，我坐了几个小时，无所事事，于是壮着胆子打开了当天的报纸。他非常生气，因为一个卑微的军士胆敢偷窥自己价值三美分的报纸。"[35]

在阿普顿基地服役期间，有两件小事给卡耐基留下了深刻的印象，让他思索公共演讲。一天，他参加一个"黑人文盲部队"集会，他们将要被派往欧洲前线。一位英国主教用激烈的演讲表明了这些人参加战斗的原因，演讲人用大段的篇幅强调"国际友谊"和"塞尔维亚的生存权利"。所有士兵用空洞的目光注视着他。这位年轻的军士说道："半数黑人怎么就不明白塞尔维亚既不是一个城镇，也不是一种疾病呢。就演讲效果而言，他好像传达了有关星云假说的信息一样。"还有一次在纽约市过周末的时候，他听闻一位议员被人从剧院的舞台上赶了下来，当人们想要观看娱乐节目的时候，他却选择代表美国政府向民众说明战备情况。絮叨了20分钟后，他被不时响起的嘘声、口哨声和喊叫声赶下了台，"在羞辱中消失了"。这件事给人的教训显而易见：演讲人需要吸引观众的注意力，并使用最适合观众的方式和语言。[36]

但在大部分时间里，这位年轻的教师兼作家发现阿普顿基地的生活非常无聊。1918年夏季，他尝试申请了一个政府自由贷款项目的竞选活动，但失败了，因此只能继续从事着无聊的办公室工作。直到11月国家签订停战协议，他才获得假期回家探望父母，然后奉命归队。最后，在1919年1月末，卡耐基接到了军队发放的复员通知。他写信给母亲："谢天谢地，我于周六上午8点47分离开了部队。我当然为此感到高兴。能重获自由是件让人开心的事。"[37]

回到普通生活中，卡耐基立刻迅速启动了在基督教青年会开设的课程。他在纽约市恢复上课，又去费城做了类似的工作，同时还为扶轮国际社分社以及广告人俱乐部开设了新的指导课程。几个月内，他重整旗鼓，进展飞速。1919年5月11日，他写信给家人，信纸的抬头带有令人印象深刻的纹章装饰，赫然印着："卡耐基公共演讲课程。戴尔·卡耐基——作家及负责人。为基督教青年会学校、扶轮国际社纽约分社、广告俱乐部、美国金融研究所、费城工程师俱乐部及商业组织提供咨询指导。第八期。"[38]

卡耐基复课一事甚至比之前更强烈地表现出公共演讲能力将带来社会地位和收入的提升。这位教师让人们在结业典礼上现身说法，有的推销员说："这个训练让我的年薪增加了3000美元。"抑或是房地产经纪人："接受训练后，每年的佣金增加了4000美元。"学生被这些事例所征服，教学计划上写的话也一语成谶："具有说服力的谈话会挣到真金白银。"卡耐基还巧妙地强调了训练中的新思维的内容。他说，每个学生将掌握增强"意志力、精神注意力、自信和说服性语调"，这些品质恰恰将会为一个人带来"与其能力相应的声誉和力量"。[39]

但是，卡耐基对重振旗鼓的公共演讲教育事业的热情出现了变化。离开部队的几个月后,他卷入了一家著名演讲教育学术期刊的丑闻中,他被控在一本基督教青年会的宣传册子中存在欺诈行为。因此带来的打击让他震惊不已。

问题源于卡耐基的文章《一年花掉10000美元,我战胜了恐惧》,这个参加过公共演讲培训的匿名商人的故事将卡内基推至事业顶峰。从军队退伍后,卡耐基将文章修改为一本小册子,并将其寄到学术期刊《演讲教育季刊》的编辑那里。他催促杂志刊登这篇文章,并说明他很高兴已经得到了《美国人杂志》的转载许可。[40]

实际上,卡耐基的修改稿对原来《美国人杂志》上刊登的文章进行了几处增补。大部分修改都是无足轻重的,仅仅是添加了细节,或是对原有观点的打磨,但是有两处改动出了问题。第一,它指出了那位激励了主人公的演讲教师的名字——戴尔·卡耐基,增加了基督教青年会对其课程效果的赞许之词:"有超过4000名学生参加了各种课程,越来越多参加过公共演讲课程的人已证实自己从中获益匪浅,得到的收获比原来任何参加过的课程加起来都要多。"第二,修改版本增加了一部分,提醒读者,他们所在的城市都开设了"闻名全国的卡耐基公共演讲课程",并邀请读者试听。此外,卡耐基还为《演讲教育季刊》寄去了第二个小册子,名为《如何宣传基督教青年会的公共演讲课程》,文章如下:

> 你应该分发大量标题为《一年花掉10000美元,我战胜了恐惧》的小册子……这是某位学生的传记式文章,他参加过基督教青年会公共演讲课程,受益匪浅。它采用了流行杂志的文体,读起来很有意思。文章中讲述了一个充满人情味的故事,它将会吸引那些对教育工作最不感兴趣的人去阅读它。这是为该基督教课程写作的最好的营销软文。我愿意寄给你一些复印件。希望你能将他们分发给每个想要了解课程或参加公开课的人……你能通过以下方式获取这些复印件:每100份收费1.5美元,每千张收费10美元。[41]

麻烦随之而来。受到卡耐基自我推销的狂轰滥炸之后,这家古板的学术杂志《演讲教育季刊》决定调查此人极其文章的出处。一个严重的问题浮出水面。来自威斯康星大学的J. M. 奥尼尔教授发现了另一篇名为《一个价值10000美元的恐惧的真实故事》的文章发表于1919年3月。与卡耐基对质后,奥尼尔认为,这位年轻的教师已承认该文章并非讲述个人真实的故事,而是

"许多学生的共同经历组成的故事"。奥尼尔认为虽然卡耐基承认了欺诈,但仍催促《演讲教育季刊》出版此文,并"说这是个真实的故事,因为他来源一群人真实的经历"。调查最终得出了一个令人愤慨的结论:"显然《演讲教育季刊》的编辑将自愿刊印此文,告诉读者这是个真实的故事,使其了解整件事的真相,这个解决方案并不让人感到高兴或骄傲。"[42]

此事绝非个案。大约与此同时,卡耐基在《公共演讲:美国基督教青年会学校标准课程》中刊登了一篇题为《我自己的故事,我希望指引那些喜欢思考的人》的长文。说得好听点,这篇鼓舞人心的故事有点夸张。他开始就指出在工作的大部分时间里,自己一直处于精神蛰伏的状态,这种情况一直持续到公司为其创建了新的部门。卡耐基接着说道,当陷入深深的沮丧中时,他升职并接管了这个部门,他决定改变自己的态度,变得"开朗、热情、乐观"。他强迫自己每天都心情愉快,阅读鼓舞人心的历史著作,集中意志,取得成功。他发现了公共演讲的优点,并用其增强自信。然后,按照卡耐基的话说:"我们公司的总经理在缅因州打猎捕鹿时,被误杀了。我便得到了他的职位"。仅仅两年后,他的成功使其在一家更大的五金及汽车零件制造公司担任领导职务。卡耐基说,这份颇具声望、待遇优厚的工作为自己带来更多的"闲暇时间,可以继续坚持自己的爱好——公共演讲"。虽然其中有些细节与卡耐基的经验相符,但是在这个真实的故事中,公司的职位以及所取得的成就完全是捏造的。[43]

卡耐基与《演讲教育季刊》错综复杂的纠葛和自己书中经过加工润色的真实故事,都显示出卡耐基不计后果的性格。在他人生的这个阶段,这两件事表明他愿意使用自吹自擂的策略来获得成功。这位年轻的退伍士兵尽全力想让自己的事业回到正轨,热情冲昏了他的头脑,激情压倒了判断力,从而占了上风。当这家著名学术期刊的演讲教师们公开谴责卡耐基的时候,他一定尴尬无比。无论是在公开场合还是在私下,卡耐基从未参加过这场论战。但事实是,他再也没有犯过同样的错误,这表明他吸取了教训。

从另外一个意义上说,卡耐基在"一战"后面临的困境帮助我们了解了他几年后意外出走的原因。战时的插曲阻碍了事业的发展,他在演讲教学圈子中的声誉也受到那场纷争的影响,因此卡耐基极易受到独特又诱人的新项目的诱惑,并靠其走出阴霾。不管是从职业的还是地理的角度,它都将把卡耐基送上神奇的冒险之旅,将他带往远方。

7 自我放逐与"迷惘的一代"

  重塑自我的理念几乎贯穿了整部《人性的弱点》。在开篇词中，戴尔·卡耐基坚持认为，读者需要改变他们处理问题和与人相处的方法，打破行动和思想的常规模式，以全新的形象面对世界，这样才能去影响他人并取得成功。他用自己的经历现身说法。正如卡耐基学到的那样，多变的生活环境常常令传统价值和信仰变得过时。他承认："我几乎不再相信任何自己 20 年前信奉的东西了——除了乘法口诀。读爱因斯坦时，我甚至都开始质疑他。以前深信不疑的东西，我现在都不敢确定了。"然而卡耐基接着说，尽管生活不断变化，几乎所有人依然保持着安逸的习惯和"极具局限性的生活"。[1]

  但是，鼓起勇气走出生活的绝境并作出个人的改变，将会让自己受益匪浅。卡耐基列举了自己一个学生的例子，他是一位经验丰富的艺术商人，能流利地使用好几种语言，并拥有两所外国语大学的学位，当此人陷入困境时，他被迫面对自己思维混乱和缺乏效率的问题。他"意识到了自己的问题，感到非常震惊；而当他发现眼前又开启了一个更富足的新世界时，又备受鼓舞，激动得好几天都无法入眠"。因此他决定通过学习使用诸多人际交往的技巧来改变自己的生活，给工作注入活力。当然，卡耐基相信自己书中的观点将会成为改变的催化剂——"它听起来难以置信，但我已察觉到有些观点确实给人们的生活带来了革命性的变化"——但最终，个人的改变必须要发自人们的内心。他说道："你认识愿意作出改变、调整和改善的人吗？好的！不错。我举双手赞同这些人。但是，为什么不先改变自己呢……19 世纪诗人罗伯特·布朗宁曾说过，当一个人开始与自己战斗时，他就会有所成就。"[2]

  卡耐基的第二本主要著作《人性的优点》拓展了原来的主题。他认为，满足传统要求也许更稳妥，但却通常扼杀了生活中其他的可能性。他问道："那种我们要活得舒适安逸、毫无苦难、轻松舒适的想法是怎么产生的呢？它们是否让人变得善良或幸福了呢？"他举了一个女士的例子，当她发现自己总喜欢满足他人的期许而忽略自己的需求时，她的生活发生了 360 度的改变。她承认："刹那间，我认识到，我身处困境的原因是因为自己总想削足适履。"卡耐基总结说，关键是找到自我，而不仅仅是模仿他人。他表示："你与我才华不同，所以不要浪费时间去担忧，因为我们是与众不同的，你在世界上是独

一无二的。以前没有跟你一模一样的人，之后也不会有。"³

卡耐基特别关注改变，其深层原因在于他20世纪20年代的经历，那时他几乎放弃了一切熟悉的生活。这个年轻人远离了中西部新教主义传统、纽约蒸蒸日上的公共演讲课程、甚至自己的祖国。他首次离开美国，开始了自己的商业娱乐事业。后来，虽然新工作的经济回报低于他的预期，但他接触到了不同的文化，并开阔了眼界，这成为他生命中最为重要的一笔财富。实际上，这次出国冒险将会触发一次更大的困境，因为卡耐基出人意料地娶了一位欧洲女子，写了小说，并受到来自美国的尖刻批判。就很多方面而言，他的生活将不再平静。

1917年早春，在纽约卡内基大楼里的戴尔·卡耐基办公室中，电话铃声响起。他拿起电话，里面有个声音说："我是洛威尔·托马斯，我想去拜访您。"后来，这位游历四方的托马斯成了普林斯顿大学英语系的访问教授，受到内政大臣富兰克林·K.莱茵的邀请，前往华盛顿特区的史密森学会做一个关于阿拉斯加的演讲，这是政府由于欧洲战争而开展的国内旅游推广计划的一部分。他接受了邀请，但是想找一位公共演讲指导者来帮自己润色发言内容。他曾对卡耐基颇为成功的课程有所耳闻，所以托马斯联系了这位年轻的导师，并说服他来帮忙。二人见了几次面，共同合作修改演讲稿。几周后，托马斯根据修改稿做了演讲，取得了巨大成功，这促使托马斯的事业更上一层楼。⁴

托马斯非常感激卡耐基的专业指导和建议，并给后者写了一封充满认可的信，称这位纽约导师是"当代美国最出色的公共讲演教师之一"。他说自己在普林斯顿的课堂上使用了卡耐基的一些教学材料，并获得了很大的成功。他继续说："我知道很多学生在卡耐基的指导下，增强了自信、完善了个性，赚钱的能力也得到了提高。对所有人来说，花几千美元去学习他的课程都是物有所值的，他们会从卡耐基的建议与批评中受益匪浅。"卡耐基将这封信刊登在几个东部城市的基督教青年会课程广告上。⁵

二人之间的友谊由此开始，并持续了一生。他们都将闻名世界，卡耐基成为教师、演讲家、电台主持及咨询作家，而托马斯则成了一位旅游作家、媒体名人和探险家。在后来的40年中，他们保持着深厚的友谊，卡耐基经常到纽约北部的农场拜访托马斯，后者也曾为卡耐基的几本著作写了充满赞美之词的序言。卡耐基将畅销书《人性的优点》献给了"一位从不需要读这本书的人——洛威尔·托马斯"；同时，托马斯的著作《生命的庆典》的礼品版上印着："致戴尔，世界上生命庆典的最高权威！"

1919年，随着第一次世界大战的爆发，两位雄心勃勃的年轻人都被卷入了战争之中。托马斯奔赴欧洲，成为一名战地记者，准备为美国报纸进行一系列的综合报道。他不仅写了几篇新闻稿，而且还雇了一名叫哈利·查兹的摄影师做摄像工作。托马斯最初关注法国和意大利，后来将注意力转到中东。在中东，英国的埃德蒙·艾伦比将军刚对盟军下达占领耶路撒冷的命令。托马斯先赶到埃及，然后飞往巴基斯坦报道盟军占领杰里科，最后到达耶路撒冷，1918年2月，经人介绍，他在那里认识了 T. E. 劳伦斯少校。这位离经叛道的英国军官曾与阿拉伯人共同战斗，反抗奥斯曼帝国。他为托马斯着迷，几周后这位记者就获得许可，与劳伦斯一起留在阿拉伯半岛。之后，他花了几个月的时间与这些反传统的英国士兵一起，并在返回欧洲前用摄像机记录下战争的场景，拍摄了大量照片。[6]

停战协议签订后，托马斯回到美国，并依靠传奇性的战争经历赢利。他利用数百张照片和数千英尺的电影胶片，在纽约城的一家电影院做了次图文并茂的演讲，题为《和艾伦比在巴基斯坦，与劳伦斯在阿拉伯半岛》。托马斯先对演出做一个介绍，而后退居幕后做一名隐形的叙述者；与此同时，三台投影机放映出大量彩色的幻灯片、胶片，并表现出灯光效果。虽然托马斯的演讲非常成功，但是它却制作粗糙，并不专业，图片质量参差不齐。因为他经常即兴加入一些内容，所以解说也无法一直与观众从屏幕上看到的内容协调一致。尽管如此，一位名为珀西·伯顿的英国经理计划将该演出移到位于考文特花园的伦敦皇家大剧院中。[7]

托马斯意识到演出内容需要"重新编写"，于是再次向卡耐基寻求帮助。他还为这位公共演说顾问提供了巡演商务经理一职，工作报酬丰厚。年轻的老师同意帮忙，并参加了几次托马斯的演出，"直到自己后来熟悉了他的电影和相关素材"。前往英国的计划很快确定下来，因为伦敦的演出很快就要开始了。[8]

托马斯、卡耐基和摄影师哈利·查兹乘坐一艘名为洛林号的法国船前往欧洲。他们向东穿过大西洋，三人狂热地忙碌着，通常每天工作12小时，修改演出脚本。托马斯说："从早晨到深夜，我和戴尔、查兹围着投影机和脚本，承受着巨大压力，因为此时距离演出开始只有不到两周的时间了。当我们在南汉普顿上岸时，我们将原来的两部分整合为一场紧凑而流畅的动态演出——'最近的圣战——和艾伦比在巴基斯坦，与劳伦斯在阿拉伯半岛'。"此外，该团队还策划了广告，并将其发布在公告板和报纸上。[9]

到达后，这三位美国人及珀西·伯顿很快汇合，把一切准备就绪，并商讨最终的细节。演出盛大开幕了。按照伯顿的计划，舞台布置参考了清唱剧《约瑟夫和他的兄弟们》中的场景"尼罗河上的月光"，聘用了著名的皇家威尔士卫队乐团伴奏，该乐团拥有40名团员的强大阵容。他们先在舞台上表演开幕乐曲，然后挪到管弦乐池进行全程伴奏。一开始的演出基调神秘而具有启发性，用托马斯的话说：

大幕在尼罗河的背景下拉开，月光朦胧地照着远方的金字塔。舞台上响起舞曲，七个戴着面纱的舞者跳了一小段具有东方风情的舞蹈。我们将音乐设计成对祈祷者发出的穆罕默德式的召唤，从剧场两侧传来一个优美的男高音，这个萦绕在心头的高音旋律向剧院的每个角落弥散开去。两分钟后，我漫步到聚光灯下，开始演讲……"现在，请跟我前往那片历史悠久又神秘的浪漫之地。"

后来他告诉观众，当走在耶路撒冷的街道上时，自己如何首次邂逅了该剧的主人公："我遇到一个男人，他穿着一件东方权贵才能拥有的华丽礼服，他的身上挂着一把只有先知穆罕默德的后人才能佩带的金色弯刀。但此人看起来却一点也不像阿拉伯人。他的眼睛是蓝色的，而阿拉伯人的眼睛则通常是黑色或棕色的。"当然，他就是T. E. 劳伦斯。[10]

改编后的演出美轮美奂，解说词也经过精雕细琢，电影和照片安排得非常紧凑，其他部分与音乐和灯光融合得天衣无缝。它既让人心满意足，又让人放松心情，通俗与批判并重，令人欣喜若狂。托马斯说道："演出结束后，观众起立鼓掌，掌声长达10分钟。"同时，伦敦的各大报纸《泰晤士报》、《晨邮报》、《每日邮报》、《劳埃德新闻周刊》都在头版报道了该演出。卡耐基写信给母亲说："有份报纸说，这是有史以来在英国上映的最棒的电影，它很快就会成为伦敦大街小巷的热门话题了。"据《劳埃德新闻周刊》报道："很多观众一动不动地坐了两个小时，这说明他们多么沉迷于电影画面和激动人心的故事情节。"实际上，演出如此成功，以至于原本与皇家大剧院签订的七天演出合同被延长到将近五个月，歌剧季推迟了六周，腾出时间给该演出。由于观众的观影需求急剧增加，演出挪到了皇家阿尔伯特音乐厅，进行了长达六周的演出，然后又挪到女王音乐厅加演了几场。据《伦敦泰晤士报》报道："对于那些想要观看这个演出的人们来说，甚至皇家阿尔伯特音乐厅（世界最大的音乐厅）都不够大了。这是一场独一无二又精彩绝伦的娱乐活动。"最终，超过100万的伦敦人观看了表演。[11]

在这次成功的演出中，卡耐基扮演了重要的角色。所有"和艾伦比在巴基斯坦，与劳伦斯在阿拉伯半岛"的宣传材料上都注明，此剧"在戴尔·卡耐基的指导下完成"，但实际上，他的贡献远远不止于此。他是整个活动的总经理：雇用了两名商务经理，监督签约，协调有关电影、照明和投影机的技术问题，处理这场复杂演出中数不清的细节。对于如此重要的工作，卡耐基与托马斯制订出一个分红方案，除去演出所花费的成本和特殊的租金之外，卡耐基每周会按照一定的百分比提成。[12]

毫无疑问，伦敦演出获得了成功。1919年晚秋，卡耐基再次跨越了大西洋，前往加拿大和美国东北部进行另外一个版本的演出。这次演出由卡耐基全权负责。抱着能长期获利的希望，他没有拿薪水，而是从中提成。但他承担了大量的团体、后勤及资金方面的工作。用他的话说："我不得不跟机械操作师详谈，要负责在报纸上做广告，要跟进演出场地事项，要准备电影拷贝，为幻灯片上色，还要做无数件你做梦都不会想到的事情。"他还培训了一位演讲人来替代托马斯。当加拿大的演出出现瑕疵时，更多的压力随之而来。卡耐基仅在纽约和巴尔的摩接到了几个订单，到了1920年3月，他只能收拾东西返回英国。[13]

当卡耐基彻底将托马斯的演出看成是赚钱的工具时，他产生了一个更为私人的动机。这位年轻人曾离开中西部去学习表演，但后来却放弃了演艺生涯，对他来说，这个工作算是对自己演员身份的补偿。1920年，他写信给父母，信纸抬头写着："洛威尔·托马斯游记：'和艾伦比在巴基斯坦，与劳伦斯在阿拉伯半岛'由戴尔·卡耐基指导。"信中流露出一种得意。

卡耐基帮洛威尔·托马斯组织了伦敦巡演，此图为演出的宣传海报

他写道："母亲，你以前总是对我说，我从事的任何工作都不如我在阿莫尔肉加工公司做得出色。现在你

怎么看？当我去纽约学习表演的时候，你和父亲都认为我犯了一个错误，但你们看，我还是成功了吧。"[14]

卡耐基于1920年5月返回英国，与托马斯一起前往曼彻斯特、利物浦、伯明翰、格拉斯哥和爱丁堡进行巡演。剧团由于演出成功而接到澳大利亚和新西兰的邀请，托马斯决定前往。卡耐基留在英国，到英国二线城市进行第二版"艾伦比和劳伦斯"的系列演出。这位美国年轻人再次面临着繁重的工作。他说道："在每个超过5万人口的英国城镇中，我们不得不租用或与别人共用剧场。有两个人帮我处理这些事情……（但是）所有的决策都由我来做。"[15]

1920年7月，托马斯乘船出发，卡耐基则带着"艾伦比和劳伦斯"前往英国各地。但是，问题很快出现了。首先，人们都是冲着托马斯来观看演出的，当他们听说有人代替了托马斯，大部分人就不愿意走进剧场了。其次，由于赢利开始减少，所以很难找到合适的剧场，这也造成了一些问题。最后，卡耐基决定亲自登台，这反而带来更多的问题。虽然他是个经验丰富的公共演讲家，但是却从未到过中东，当屏幕上出现图片和电影画面时，他的心头会涌现出明显的不安。据一本杂志报道，在演出中的某个时段，"他只是对着观众说，'这是一张美丽的东方照片。请安静地欣赏吧。'这让观众非常费解"。[16]

最后，面对成堆的问题，卡耐基支撑不住了。托马斯后来回忆说："当我们在墨尔本登陆时，坏消息迎面而来——来自伦敦的一封电报说艾伦比和劳伦斯的巡演公司彻底失败了；可怜的戴尔·卡耐基为此承受了巨大的心理打击。同时，我们还损失了大笔金钱，可怜的戴尔由于自责而病倒了。我远在千里之外，帮不上什么忙，只能给他发电报说我相信他已经尽全力了。"托马斯的回忆存在着一点问题——英国的演出并没有完全失败，但显然卡耐基的热情彻底熄灭了。[17]

卡耐基骑着骆驼，为洛威尔·托马斯演出《艾伦比和劳伦斯》拍摄宣传照

重获情感上的平静后，卡耐基挣扎着进行巡演，直至年末。后来到了

1920年12月，他查看了账本，发现"我们挣到了2万美元，但也支出了这么多"。卡耐基已经受够了，他发电报给托马斯，说自己想要退出演出。他同意坚持到1921年3月，但是要领取工资。[18]

同时，卡耐基于1921年初获得了更大的成功，他帮助著名的英国英雄罗斯·史密斯爵士准备了一次公共演讲。1918年，史密斯首次从英国飞往澳大利亚，获得了爵士头衔及由澳大利亚政府颁发的1万美元奖金。现在，托马斯的剧团将他带回伦敦，并且安排他主演另外一部根据自己的功绩改编的巡回表演。卡耐基创作了这个新作品，撰写了演讲稿，并且训练史密斯进行演讲。"飞翔的罗斯·史密斯：从英国到澳大利亚"，出品方为"洛威尔·托马斯旅行见闻演讲团，由戴尔·卡耐基亲自指导"，该剧在伦敦的音乐厅上演了四个月。[19]

1921年春，卡耐基与洛威尔·托马斯的合作告一段落。似乎显而易见的是，这位年轻人要回到纽约市，重拾基督教青年会那份赚钱更多的教学工作。但是，意料之外的突发状况打乱了他的计划，让自己的前途吉凶未卜。戴尔·卡耐基坠入爱河了。

1921年8月4日，《本顿先驱报》刊登了一条简短的结婚声明。声明人为詹姆斯和阿曼达·卡耐基夫妇，上面说他们的儿子戴尔将与来自巴尔的摩的洛丽塔成婚，1921年7月4日，他们在英国萨里郡莫尔河边一个名叫多金的小镇举行了婚礼，这儿位于伦敦西南45英里。根据英国的记录，他们申请了许可证，进行了婚姻注册，并从当地民政部门领取了结婚证书。《本顿先驱报》接着写道："婚礼在公理会教堂举行，午宴设在迪普顿庄园，那是弗朗西斯·霍普大法官的乡间住宅。"报上还说，二位新人两天后从伦敦飞往阿姆斯特丹，花了两周的时间游历荷兰和比利时，后来乘船于7月21日从安特卫普回到美国。[20]

卡耐基是在冲动之下决定结婚的。他才认识新娘子几个月，对她的个性、习惯和价值观知之甚少。实际上，她的背景与众不同。1886年10月29日，洛丽塔·鲍嘉和出生在德国乌尔姆的一个法裔家庭，并一直生活在德国。1903年，她移居到美国，成为一家巡回戏剧公司的女演员。后来，她想要成为伯爵夫人，但似乎不太可能。1909年，她嫁给一名富裕的牙医查尔斯·C. 哈里斯，后者来自巴尔的摩著名的牙医世家。19世纪90年代，查尔斯曾担任马里兰州牙医协会会长，他的父亲詹姆斯·H. 哈里斯是巴尔的摩牙外科医学院的一名教师，该校是美国最著名的牙科医学院。查尔斯有过一次婚姻——于

1888年娶了格蕾丝·哈里斯——显然，他在离婚后娶了洛丽塔。查尔斯十分富有，他出生于1860年，比自己的第二任欧洲妻子洛丽塔年长26岁，就此来看，后者似乎是个趋炎附势之徒。[21]

作为查尔斯·哈里斯的太太，洛丽塔很高兴能被称为"巴尔的摩时髦医生的妻子"，用她自己的话说，她是"巴尔的摩乡村俱乐部"的成员，在那个城市的社交圈中举足轻重"。她能流利地使用四种语言，曾多次穿越大西洋前往欧洲旅游。但这段婚姻没有持久。1920年，洛丽塔与丈夫离婚，她认识了卡耐基，显而易见，当卡耐基带着美国版的洛威尔·托马斯巡演时，二人在巴尔的摩相识。卡耐基回到英国后，过了几个月，到1920年9月，她也回来了。[22]

洛丽塔·鲍嘉和嫁给卡耐基几年后，拍摄于1921年

对于这个密苏里农场男孩来说，洛丽塔·鲍嘉和的大都市女性形象发挥了巨大的魅力。从那个时期的照片来看，这位迷人的年轻女性长着黑色的眼睛，大波浪的深褐色长发来回摆动，穿着打扮非常时尚。从信件和明信片看，她喜欢滑雪和远足，尤其喜欢打扑克。换句话说，洛丽塔是20世纪20年代新女性的典型代表——从维多利亚式的习俗中解放出来，乐于冒险，神情中掺杂着一种欧式的世故与风格。由于她擅长营造浪漫并将性作为一种策略，也因为她与富有的丈夫离婚后失去了依靠，所以她迅速地诱惑了卡耐基，并让其为自己着迷。作为一名作家、教师和当时最受欢迎的娱乐公司商务经理，对于洛丽塔来说，他肯定是个风趣、富有、有前途的目标。实际上，自1921年结婚后，二人便在欧洲无拘无束地生活了四年。随着"一战"后欧洲经济的衰退，对于使用美元的美国人来说，居住在欧洲是个很划算的选择。卡耐基夫妇当时充分利用了这一点。[23]

1922年初，戴尔和洛丽塔·卡耐基刚刚结束美国的短期旅行，返回英国。第二年，他们又花了大部分时间游历了亚述尔群岛、西班牙、阿尔及尔和意大利。在亚述尔群岛，卡耐基了解到欧洲经济衰退的现状，发现当地一名警察每月只有相当于8美元的薪水。在西班牙的加迪斯逗留了一段时间之后，夫妻二人穿过地中海到达阿尔及尔。在那儿，他们看到一片贫穷景象，体验到了与自己的文化完全不同的伊斯兰文化。去过巴勒莫和西西里之后，这对夫妻前往那不勒斯，开始了在意大利为期几周的旅行，之后于1922年2月到达罗马。到

了6月份，他们到了科迪纳，这里位于意大利最北部的多洛米蒂山脉。他们住在风景优美但价格实惠的酒店中，品尝着美食，远足，采摘野花，每天都能看到美得让人窒息的意大利阿尔卑斯山，卡耐基流露出显而易见的满足感。他在科迪纳对洛丽塔说："显然，这才是生活。"她回答道："是啊，如果能住在这儿，谁还想待在纽约呢？"[24]

1923年和1924年，卡耐基花了大部分时间停留在欧洲中部，分别居住在德国、奥地利、瑞士和匈牙利。1923年9月，他写信给家乡的一家报纸《马里维尔民主党论坛》，戴尔说去年冬天自己待在"德国的黑森林"，如今却在奥地利阿尔卑斯山。他还形象地描绘了山间的河流——"不是诗人歌颂的潺潺小溪，而是真正咆哮的急流，泛着白沫，穿过巨大的花岗岩巨石"——冰川"自伯沙撒和巴比伦时代就伫立在山边了，有200英尺厚"。卡耐基夫妇在阿尔卑斯山的一个温泉小镇度过了夏季的大部分时光，这里靠近萨尔茨堡，二人居住的宾馆毗邻一座美丽的老教堂。他写道："我们在花园里的栗子树下用餐，紧挨着教堂。那是一座天主教堂，建于1789年。"[25]

他们还在洛丽塔的妹妹和妹夫的陪伴下，去了瑞士的苏黎世、维力沃拉格和位于奥地利提洛尔省的吉茨贝尔。戴尔描述了停留在维也纳的一段时间，他们参观了弗兰茨·约瑟夫的宫殿，"傲慢的哈布斯堡王室一直住在那里，直到1910年"。他们还漫游至欧洲大陆深处。卡耐基夫妇在布达佩斯的一座岛上生活了六个月，戴尔提到了捕猎野鹅的经历，"当时我正在匈牙利的霍尔拖巴吉沙漠，不远处就是罗马尼亚边界"。他还说道："虽然我没有打到鹅，但我的射程却可以到达俄罗斯。"[26]

1924年9月，卡耐基夫妇在法国停留，在那里度过了第二年的大部分时光。他写信给《马里维尔民主党论坛》说："现在，我住在巴黎旁边的凡尔赛，几乎每天都要花一个小时穿过这座堪称世上最美的公园和花园。最奢华的国王曾在这座宫殿居住过，他曾用暴政来压榨人民。"他由于自己的反贵族主题而变得兴奋，宣称路易十六"罪有应得——被堆上断头台，这正是他和人民所期盼的，俄国沙皇的下场也应如此，这是威廉先生和其他我未提及的人们所期盼的。"为了迎合密苏里的读者，他还声称，玛丽·安托内瓦特的凡尔赛花园与马里维尔乡间的自然美景不相上下。至于法国的农业，就生产效率和生产力来说，"与诺德伟县的农业相比，简直就是个笑话"[27]。

在法国时，卡耐基招待了霍默·克洛伊夫妇及其两个孩子，两家人一起在法国的里维埃拉过了一段假期。两位马里维尔的老朋友还一起开车旅行了600

91

英里，穿越了法国的乡村。那儿没有栅栏，他们自在地漫步，还看到女人们在河边洗衣服，因为她们没钱烧开水。他们装成品酒师，看到人们手持大镰刀把葡萄摘下来，二人非常吃惊。在巴黎，卡耐基发现自己对美国游客的商业价值观感到质疑。他说很多游客来到欧洲放松，感到地位变高了。而后他们只是谈论"自己买到的便宜货，存了多少钱，或是还剩下多少钱"。卡耐基持有另外一种观点。他写道："我会想让自己的孩子欣赏生活中更美好的事物，能来巴黎品味音乐和艺术，因为一个人应该处于两个世界中：充满柴米油盐的现实世界……和另一个更大、更美好、更高尚的世界，这个世界赋予生活美感、满足和色彩，同时也是思想和心灵的世界。因此我会培养自己的孩子如何休闲，因为人们在闲暇时间做的事情与工作时做的事情同样重要。"[28]

在欧洲逗留的这段时间，卡耐基计算了夫妻二人游历期间的花销。鉴于欧洲货币贬值以及美元的坚挺，他能用自己不稳定的收入来支付这些花费。他提起食宿的费用时说："与在美国相比，这里实在是便宜得可笑。"他每年从公共演讲教材中获得 3000 美元的版税收入，定期的教学与讲座也会带来一部分收入。例如，在巴黎，他于 1924 年 11 月在美国图书馆做了一次关于公共演说的演讲，观众有"银行家、出口商人、学生、一位外交官和来自美国和法国的商人"。反响极其热烈，以至于接下来的 17 周中，卡耐基在同一地点开设了自己的公共演讲课。他还开设了另一门课，用他的话说，"这得益于美国商会的帮助，有些最著名的美国侨民会员都参加了培训"。[29]

尽管如此，卡耐基偶尔会感到经济的压力。这激发了他一个不寻常的赚钱计划：饲养贩卖纯种德国牧羊犬。夫妻二人动用了洛丽塔在德国的一些人脉，在卡耐基父亲居住的密苏里州贝尔顿建立了"卡耐基牧羊犬饲养训练农场"，并在堪萨斯市的海因斯大楼设立了办公室，由哥哥克利夫顿管理。他们购买了德国冠军牧羊犬作为种狗，将它和另外几只狗用船从德国运回密苏里西部。他们还制作了一本 16 页的广告宣传目录，上面印满了几十张德国牧羊犬的照片，还附有卡耐基写的一篇文章。上面指出："我们的 D. B. 卡耐基先生每个季节都会在欧洲的养殖场待上一段时间。"但是，这个项目失败了。1925 年末，在造成了经济损失之后，戴尔发表了一个声明，詹姆斯·卡耐基在声明中宣布"结业促销"。做过推销员的戴尔补充说："这是史上美国本土首次饲养的牧羊犬，目前正在促销出售这些名贵的动物……如果你感兴趣，就马上行动吧。"[30]

随着在欧洲的日子一天天过去，感情的失败随之而来。显而易见，戴尔和洛丽塔并不适合彼此。这位热情的年轻人几乎没有离开过中西部农村，他具有宗教背景，可以充满幽默地自嘲，态度真诚，一直与这位法裔德国"伯爵夫人"存在着距离感。后者为人世故，并讲究社交排场。实际上，矛盾早就出现了。卡耐基后来说，早在婚礼那天，"我在欧洲的一家教堂中举行婚礼，典礼结束后妻子说的第一句话居然是'你给看门人小费了吗？'"他对妻子的不满与日俱增，因为后者觉得卡耐基像个无产阶级工人，所以想改变他的行为方式。有一次，一对夫妻来家里做客一起打牌，他们聊起了俄国贵族的话题，用卡耐基的话说，他"用'婊子养的'这个贴切又阳刚的老式西部词汇称呼这些贵族……洛丽塔几乎要晕过去了"。他悔恨地说道："以后谈论密西西比东部时，得避免用这个词汇。"还有一次，他们与两个意大利贵族打牌，当他弃牌后向客人叫牌时，自己忘了加上"请"字，于是洛丽塔变得非常生气。他谈及此事时说："洛丽塔以我为耻。"[31]

在私人文档中，愤怒的卡耐基语带怨恨："光明的天使作证，我在这里痛下决心，反思自己的错误，直到我达到洛丽塔的要求，变得像她本人一样完美！"共同生活了几年后，这对不适合的夫妻的矛盾日益明显，婚姻也逐渐破裂。一封来自欧洲的信中说道，在意大利的一家旅馆中，他睡在"二楼的单人间中"，同时"洛丽塔则住在楼下宽敞的双人房中，里面有两个窗子和一个阳台"。有一次返美时，卡耐基夫妇住在洛威尔·托马斯位于纽约波

戴尔和洛丽塔·卡耐基与一位德国伯爵及其秘书在打猎归途中，夫妻二人间的紧张关系显而易见

灵的克劳福布鲁克农场中，他们和菲利克斯·冯·卢克纳伯爵及其男秘书一起去打猎。在归途中，四人坐在围墙上展示自己的猎物，并合影留念。当时的座位顺序安排如下：戴尔挨着男秘书坐在一边，另外两人坐在三英尺外，洛丽塔坐在最边上，离丈夫很远，却离伯爵很近。这张照片显示出二人的婚姻状况。[32]

在其一生中，卡耐基都不愿意跟人谈论自己的第一段婚姻及此段婚姻的破裂。例如，20世纪30年代，有个记者费尽力气才让卡耐基开口，后者用刻薄的语气承认，这段婚姻维持了"10年零40天"。但就婚姻而言，他还承认，

自己1932年的传记《你不知道的林肯》是"严格按照亲身经历所写"。因此，卡耐基在书中描述了林肯并不幸福的家庭生活，对玛丽·托德·林肯语带责备，它可以被看作是自己与洛丽塔关系的投影。作者写道，林肯夫人曾"在一所势力的学校接受教育"，保持"高端而傲慢的姿态，并对自己的优越性颇为得意"，丈夫的衣着、习惯和行为不断地激怒她。用卡耐基的话说，"她想要改造林肯"，并尝试要逼他就范：

> 她一直在抱怨，一直在批评自己的丈夫；他怎么做都有错。他斜肩，他走起路来很笨拙，起步落脚时像个印度人。她埋怨丈夫的脚步中没有活力，动作中缺少优雅。如同她自己从蒙特尔夫人那里学到的那样，她模仿林肯的门卫，并指责他走路时脚尖向下。她不喜欢林肯的大耳朵竖在脑袋旁边的角度，也不喜欢他向下紧闭着的嘴唇，不喜欢他看起来虚弱的样子，不喜欢他偏大的手脚，不喜欢他过小的脑袋……他的餐桌礼仪过于随便，动作太大。他不能正确地拿餐刀，甚至不能将它正确地放在盘子边……有一次，他把鸡骨头放在盘子右侧，那儿本应该是放生菜的地方，她差点没有晕过去。[33]

此外，卡耐基指责道，林肯的妻子花钱如流水，特别是"在那些为了炫耀而不得不去做的事情上"。她买了一辆气派的马车，乘着它在镇子中到处转，还花了大把的钱买漂亮衣服，就算是林肯也没法负担这些开销。用作者的话说，丈夫逐渐意识到"自己与玛丽在所有方面都是背道而驰的：教育、背景、脾气、品位以及内心世界。他们让对方一直处于痛苦之中"。当她在怒气中对林肯施加身体暴力的时候，他的忍耐终于到达了极限。在这样的情形下，每当妻子的身体暴力特别严重又持久时，丈夫"就会无法自控，抓住她的胳膊，将她拉出厨房，压着她靠在门旁，说：'你正在毁灭我的生活。你在把这个家变成地狱。现在，去你的，给我滚。'"[34]

在这样的插曲过后，林肯会把自己的妻子找回来。显然，卡耐基不会这么做。1926年到1927年间，二人尝试在纽约市居住了一段时间，然后一起再次前往欧洲旅行。之后，他和洛丽塔分开了，显然是他主动提出的离婚。洛丽塔当然发现了卡耐基表面上在写林肯的传记，实际上则是在叙述他与自己的婚姻。读了这本书后，她承认："读完后我感觉到一股暖流，体会到如果戴尔没有沉浸到林肯的角色中，没有认为自己与林肯的生活别无两样，就不会像林肯一样赶我走,也不会像林肯一样抛弃我。"她对"内心产生的情感"感到很不舒服,充满牢骚地问道:"那是真的吗?你一定对玛丽·托德进行了野蛮的指责。"[35]

但在20世纪20年代早期的欧洲生活中,卡耐基的婚姻——早期充满刺激与冒险,后期又充满了绝望与痛苦——只占了一部分。其余则来自他想要在艺术圈中崭露头角。戴尔·卡耐基沉浸在旧大陆的身体之美与丰富的文化之中,他开始进入小说写作的世界。

1919年11月,由于美国版洛威尔·托马斯的"艾伦比和劳伦斯"巡演的关系,戴尔·卡耐基回到纽约市,逗留了几天。再次前往欧洲前,包括老朋友霍默·克洛伊、马里维尔的记者等在内的几个朋友请他吃了一次晚餐,为他送行。那晚的话题令人吃惊。据一家报纸对宴会的报道,"这是为了纪念卡耐基放弃自己的演讲工作,他准备改行去当一位作家"。卡耐基已下定决心成为一名小说家。[36]

当然,自从离开大学后,这个密苏里年轻人定期地进行创作。他学了表演,为杂志写了一些文章,甚至还在布鲁克林艺术与科学学院讲授小说写作,当时他还说服了几位纽约著名作家担任客座教师。现在,当他经历了与洛威尔·托马斯的合作以及与洛丽塔·鲍嘉和的闪电婚姻之后,创作的火花再次闪现,并爆发出火苗。后来,卡耐基写道:"30岁出头时,我决定要用毕生的时间写小说。我要成为第二个弗兰克·诺里斯,或是杰克·伦敦,或是托马斯·哈代。"[37]

旅居欧洲的生活为卡耐基的写作提供了灵感。1922年到1925年间,他与洛丽塔游遍欧洲大陆,他经过坚持不懈的努力创作出一部小说。故事背景设定在他童年时居住过的密苏里小镇。1919年12月,《马里维尔民主党论坛》曾收到过一封卡耐基的稿件,上面说"他想以马里维尔为原型进行创作"。他将这本小说称为"一部诺德韦县小说",并开玩笑说"我要把那个养着金鱼的喷泉放到舒马赫和基尔希杂货店去,把拴马杆挪到法院后面去"。他发现"每天反复推敲这本小说"的工作让人精疲力竭。他开玩笑地对家乡的报纸编辑说:"我剥了玉米……挤了牛奶、搅拌了黄油、劈了柴……我在炎热的太阳底下干了活儿,要是一头栗色的骡子跟在我后头的话,它会虚弱不堪、力气耗尽、疲惫不已,但是与写小说相比,所有这些事情加起来都只是小孩儿过家家而已。"[38]

最初,卡耐基给这本小说命名为《暴风雪》,以纪念1888年自己出生时那场传奇性的暴风雪，但最终标题被改为《我所拥有的一切》。小说讲述了三个主人公之间戏剧性的三角恋故事，描写了迷失的爱情及受挫的激情。大部分笔墨集中在年轻的女主人公上，她坚持不懈地想要摆脱维多利亚式礼仪的束缚，同时牧师却试图为冷漠而多疑的观众传播具有启发性的、改良的基督教。《我所拥有的一切》以独特的方式呈现了20世纪20年代更为广阔的文化及文学领域的变革，其中卡耐基作为穷小子出现，化身为当时一位放弃了美国生活的著名侨居作家，由于着迷于欧洲放荡不羁的生活，而反对传统的中产阶级规范。

20世纪20年代在欧洲短期旅行期间，戴尔在乡间写作

著名的"迷惘的一代"——该名词出自格特鲁德·斯泰因——于"一战"后几年逃离了美国，接受了巴黎左翼自由主义社会思潮。欧内斯特·海明威、约翰·多斯·帕索斯、T. S. 艾略特、哈特·克莱恩、F. 司各特·菲茨杰拉德等作家及其他很多人加入了这场文学冒险之旅，让这些人挣脱了美国生活的荒原，并将他们送上寻找表达与实践的新标准之路。他们流亡在欧洲，大胆地对抗着自己的祖国，同时也时不时地遭受着思乡病的折磨。用其中一个成员的话说，他们"写作、喝酒、观赏斗牛或做爱，他们不停地思念着肯塔基州山上的小木屋，艾奥瓦或威斯康星州的农舍，密歇根的森林……（或是）像托马斯·沃尔夫不断提到的，思念着一个他们都无法回去的家。"这是对美国很多传统事物都愤世嫉俗的一代：政治观点（源于"一战"后的幻灭体验），道德及情感束缚（源于19世纪90年代以来对维多利亚式礼仪持续不断地攻击），对宗教的虔诚（源于科学的重大影响）以及物质上的贪婪（源于20世纪早期消费繁荣所带来的快速发展）。[39]

带着些许迟疑，戴尔·卡耐基加入了这场文化暴动中。他像"迷惘的一代"一样,将自己放逐在欧洲几年,远离从小熟悉的美国主流生活。他还像那些乡村革命者一样,经常激烈地反对小镇生活方式,并抵制推崇这种生活方式的倾向。像以上两种人一样,他偶尔也会对美国过去的乡村十分怀念,即便他声称自己已放下了这种心态。当他在 20 世纪 20 年代前期游历旧大陆的时候,所有这一切都出现在他殚精竭虑写作的小说手稿中。[40]

《我所拥有的一切》的背景设定在 1917 年到 1918 年,此时卡耐基还未成年,故事发生在密苏里州西北部的第 102 河畔,这里坐落着一个名叫"卡森欧克斯"的小镇,其原型就是马里维尔。情节围绕着三个人物展开。吉恩·伯恩斯是个聪明而又敏感的年轻女性,在家乡读了大学,迫切地想要摆脱贫穷而又虔诚的生活,从而去体验世界。银行家兼大地主福莱斯特·克洛伊是密苏里西北的首富,他的父亲曾任副州长及议会议员。福莱斯特与吉恩相爱了,他说服她嫁给自己,而此时他恰恰需要作为美国陆军,准备奔赴战场。温德尔·菲利普斯·科纳特牧师是个开朗而又理想化的年轻人,当吉恩同意嫁给克洛伊时,温德尔备受打击,失意地离开。但在绝望中,他离开了卡森欧克斯,接受了一份新的教职。后来发生的几件事打乱了大家的生活。首先,原来福莱斯特和吉恩是准备结婚的,之后他却突然接到通知赶赴欧洲前线。其次,在福莱斯特赶往欧洲前,有次吉恩去训练基地探望他,却在一次激情过后怀孕了。最后,几周后,吉恩接到一封电报,上面说福莱斯特在战争中牺牲了。[41]

温德尔得知了这个可怕的消息,再次出现,并请求吉恩嫁给他。即使得知她怀有私生子这个令人震惊的消息,他还是坚持如此,于是二人订了婚。但当他们返回到温德尔供职的教区时,二人的婚姻却引发了一个天大的丑闻,"牧师有个已经怀孕的女朋友"。肢体冲突、愤怒的言辞、道德的谴责以及饱含激情的辩护都随之出现。后来,令人吃惊的是,福莱斯特出现了。他只是被炮弹击晕了,之后做了德国人的俘虏。但是,吉恩感到自己有责任完成和温德尔的婚礼。然而在婚礼前,由于暴风雪,温德尔被困在乡村广袤的大草原中,并因此丧命。在小说的结尾,吉恩和福莱斯特有情人终成眷属,与他们的孩子组成了一个温馨的家。

小说《我所拥有的一切》强调了几个主题,它们在 20 世纪 20 年代早期启蒙了卡耐基的世界观。小说表明,在作者三十岁出头时,曾否认过自己大部分虔诚的中西部农村生活背景,但与此同时,却对某些方面留有深切的怀念。小说还揭示出,作者以某种方式奋力构建了新的行为准则,它们更现实、更令人愉快、更具有人情味。

卡耐基对卡森欧克斯的生活描写带有自己深情的回忆。他写道，人们坐着火车穿越密苏里西北部的农村，"试想一下，你身处在一个死气沉沉的山谷中，这儿什么也没有发生过，人们过着无趣又平淡的生活。可是很多人不是这么过的，如巴黎、纽约、棕榈滩的人们都生活得丰富多彩。许多人过得很平凡，但并非所有人，因为第102河沿岸还发生了浪漫的故事。"卡耐基深情地描写了一年一度的肖托夸文化集会，这是小镇生活中富有活力的一面。每逢此时，小镇居民"便沐浴在音乐、演讲和文化中"。在战争爆发时，他赞美了卡森欧克斯的集体精神，此时居民们发起了红十字运动，并倡议"体力劳动者捐出一天的工资，专业技术人士捐出一天的服务费"。[42]

与此同时，卡耐基嘲笑了中西部小镇的乡村价值观，主要是源于其充满压抑又缺少谅解的道德信条。他说，维多利亚式的束缚很容易变成压抑和不宽容，如同吉恩怀孕事件所揭示的一样。怀有私生子这一事实让吉恩被社会遗弃了，学校将其开除，寄宿公寓也把她赶了出来，老朋友也躲着她，害怕跟她在公共场合说话时被人看见。不止于此，在卡耐基笔下，更糟糕的是，这种态度中根深蒂固地存在着伪善。他写道，每个孩子都是"神圣的奇迹"，但是吉恩承受着攻击，这让她的罪过似乎比"撒谎、自私、偷窃、酗酒都加起来还要大，严重程度几乎仅次于谋杀了"。但在她结婚的那一刻，就算她的丈夫是个卑鄙、不虔诚、懒惰的人，社区的愤怒也会马上烟消云散。[43]

勇敢的温德尔面对了这种伪善，他在一次布道中一一列举了历史上取得成功的著名私生子，并呼吁教徒的宽容。但是该教区的人们却表现得很糟糕，冲到图书馆翻查那些名人的出生证明是否合法，加入到白热化的争论中，并刺探当地权贵的出生背景。卡耐基控诉道，在这种充满怨恨和偏见的氛围下，如果"伪装后的基督亲自来布道，身边陪着洗心革面的妓女抹大拉的玛利亚，他也会被追赶着驱逐出城。"[44]

在卡耐基看来，宗教就在一种变质溃烂的氛围中，这种氛围是由于小镇缺少宽容造成的。吉恩的母亲阿曼达·伯恩斯（以阿曼达·卡耐基为原型塑造的人物）象征着过时的宗教准则，它赞美无知与约束，反对知识和希望。这个极度虔敬的人崇尚一个全能而严厉的上帝，提倡每天研读《圣经》，跋涉10英里去当地教堂教授主日学校课程，在那儿，她可以尽情地"与黑暗势力的搏斗"。阿曼达持有一种激进的信仰，"自己最大的乐趣就是参加旅行福音传教士举办的宗教集会，坐在第一排的位置，充满感情地低声念着'阿门'"。[45]

温德尔·菲利普斯·科纳特牧师显然是得到了卡耐基的认同。与狭隘的宗教相比，他代表了一种改革动力，试图改善信徒的生活，而不是加以限制。在福音传教士德怀特·L.穆迪的感召下，这位英俊的前足球明星及牛仔塑造了一种充满活力和阳刚之气的宗教准则。实际上，科纳特支持一种激进的观点，即"基督教应该关注生活的各个领域"，他还鼓励将基督式的原则应用到商业、农业和社区生活中去。用作者的话说，"无论走到哪里，他都是暴风雨的中心"。[46]

像"迷惘的一代"中的许多成员一样，卡耐基攻击传统的新教福音教派及维多利亚式道德观，这种攻击瞄准了第一次世界大战的残酷，但与欧内斯特·海明威和约翰·多斯·帕索斯相比，卡耐基显得就逊色多了。海明威是《永别了，武器》和《太阳照常升起》的作者，而帕索斯在其著作《1919年》中严厉指责了"一战"时席卷欧洲大陆的残忍杀戮。卡耐基指责说，普通居民对引发战争屠杀的欧洲政治一无所知，但他们却坚称："只有实现了民主，世界才是安全的。"后果就是在噩梦似的战争中，大批士兵跳出战壕，"杀戮，恐怖地杀戮……像疯子一样地厮杀着"。[47]

因此，《我所拥有的一切》表明，卡耐基一直以来抗争着虔诚的农村生活、稳定的道德观和自我约束的文化。小说真实而集中地表达了对乡村和新教福音教派的反抗。这是"迷惘的一代"发出的忧郁呼喊，他们企图奋力摆脱维多利亚式礼仪中令人窒息的规则。它呼唤着一种更为宏大的基督教，它提倡希望，而不是惩罚，呼吁一种更为宽容的文化，这种文化将珍视人际关系，而不是压迫和束缚它。

这位年轻作家没有打算就此停步。在20世纪20年代游历欧洲时，他起草了三部短篇小说的大纲，并计划创作另一本长篇小说。他计划写一部亚伯拉罕·林肯的小说，第二部小说的背景设定在"一战"停火协议签订后，第三部小说则讲述世界探险家的故事。卡耐基的文件袋中装满了关于写作方法的剪报：有一篇题为《成为受欢迎作家》的指导性文章，一篇英国小说家谈论写作风格与技巧的回忆录，一份名为《女传教士的私生子》的情节大纲，该题目噱头十足，还有一份来自《马里维尔民主党论坛》社会版的人名单，小说中的人物依此命名。[48]

然而最终，卡耐基的作家梦被残酷的现实打碎了——他的才华与梦想不匹配。卡耐基的文学经纪人坦率地告诉他，他没有写小说的天赋，他的小说"一文不值"。此言非虚。《我拥有的一切》中，人物形象呆板，对话僵硬，情节牵强，情绪化的语言中夹杂着自由主义者的敏感。几乎在各个方面，这本小说都只能称为业余之作。但是经纪人的批评让卡耐基震惊不已。用他的话说，当听闻对自己小说的评价时,"我的心脏要停止跳动了。就算他拿棒子给我当头一击,我也不会比听到这个还要惊讶。我呆住了……我该怎么办?我该选择什么样的路?几周后,我才从茫然中走出来"。[49]

用卡耐基自己的话说,作家梦的破碎所带来的打击让他陷入"生活危机之中——当我停下来审视自己的梦想和未来的计划时,多年的努力化为泡影"。与洛丽塔婚姻的破裂让工作上的惨败雪上加霜。虽然他性格中有实际、乐观的一面,但是他面对如此巨大的情感打击,还是倒了下去。沉重的痛苦及深刻的反思过后,他接受了"自己花了两年的时间写了这样一部小说的事实——这是一次卓越宏伟的实验——他从此处爬起来,重新开始。"后来,他甚至还开玩笑说,他意外地发现了"自己拥有的不够多"。[50]

因此,卡耐基的身心都回到了美国。就他所有的侨居经历及他对小镇价值观的不屑而言,这位有志作家从未真正地抛弃过自己的祖国。可以肯定的是,在穿越大西洋时,他与一位圣公会教堂主教及一位来自伦敦大学的学术系主任一起在甲板上用餐。当时,他发现"自己感到精神振奋"。当母亲反对女性抽烟时,他迅速严厉指责母亲狭隘的思想,反驳说:"仅仅因为她们抽烟,就简单地认为她们道德败坏,这是非常滑稽的。我估计在伦敦餐馆里就餐的一半女性都是抽烟的。"卡耐基显然赞同旧大陆的知识、世故和品位。然而,他也抱怨欧洲人缺少动力及雄心壮志,说他们"缺少美国的拼劲和活力"。但他对祖国的抨击并没有持续很久,他说:"住在这里是一种极好的教育,但我承认自己越了解欧洲,便对美国越尊敬。"在一封给《马里维尔民主党论坛》的信中,他说:"比诺德韦人自己能意识到的相比,这些普通人要伟大得多。这一点适用于所有美国人。"尽管欧洲文化吸引了卡耐基,但他最终还是拒绝了世界大同的世界观。[51]

所以,卡耐基并不像"迷惘的一代",因为他所有的批判都与美国主流文化达成了和解。短期的国外生活带给他一种看待美国生活及价值观的新视角。带着一种模糊的愿望,他设法摆脱了地域的局限,迎来一种充满活力和希望的新思想。1915年以前的演艺生涯和后来在20世纪20年代初的小说写作耗尽了他的艺术才华。最终,卡耐基心甘情愿地回归自己擅长的老本行——教授公共演讲课程并进行相关写作。只是现在,他带着一种新的责任感来从事这项工作。之后的几年中,卡耐基将会向着更大的目标缓缓迈进:为现代美国人打造成功模式。很快,在这个领域的成就会让他获得意料之外的名誉,并拥有比当个成功的小说家还要多的读者群。

8 商业与自我管理

《人性的弱点》那生动活泼的序言中，洛威尔·托马斯描述了在纽约酒店舞台上推销戴尔·卡耐基成人教育课程的发言者，并总结出他们的共同特点。用他的话说，他们代表了"美国商业领域的各个行业"。托马斯强调，实际上，此书作者曾培训过 1.5 多人，他们来自美国西屋电气、麦格劳－希尔出版公司、布鲁克林联合天然气公司、美国电气工程师协会和纽约电话公司等大型公司。托马斯写道，很显然，卡耐基的教学和写作工作满足了很多人的需求，他们经历着"商业和职业生涯中的坎坷。他们发现最成功的人不仅具有知识，而且拥有良好的沟通能力，能赢得他人理解并让他们按照自己的方式思考，还能'成功推销自己及其想法'"。当谈及写作此书的初衷时，卡耐基反复重申这一主张。他解释道，从 1912 年自己开始"为纽约的商业及职业人士"开设成功教育课程以来，这些教学经历教会他一个重要的事实："与人交往可能是你面对的最大问题，特别是当你是商人时，它尤其重要。"[1]

这种对商业的强调——既强调它的价值观和机遇，同时也关注潜在的客户——成为《人性的弱点》一书的标志。卡耐基反复说，书中的人际关系理念会帮助你提升职位和薪水，扩大在公司各阶层中的影响，带来商业的成功。他描述了"华尔街一家重要银行的总裁"在学习了自己的课程后实现自我完善的过程。后者利用每周六晚上"开展自我审视、反思及评价的自省过程"，在此过程中，他思考自己犯过的错误，如何才能改正它们以及以后怎样改善自己的行为。卡耐基说："我曾经让成千上万的商人每时每刻都对人微笑，持续一周后，再来课堂上讨论效果如何。"他曾骄傲地引用一位股票经纪人的评论："我发现微笑给我带来了金钱，每天带来好多钱。"他还列出了一个很长的商人名单，卡耐基的建议在这些人身上效果出众，其中包括很多已经成名的人，如亨利·福特、沃尔特·克莱斯勒、查尔斯·施瓦布、安德鲁·卡内基、约翰·D. 洛克菲勒、J. P. 摩根和哈维·费尔斯通等，还包括当时即将成名的人，如柯达公司的总裁乔治·伊斯特曼、《周六晚间邮报》和《妇女家庭杂志》的拥有者塞勒斯·H.K. 柯蒂斯以及鲍德温机车厂的总裁塞缪尔·沃克莱恩。[2]

卡耐基经历过 20 世纪早期商业文化的洗礼，这种文化形成于 20 世纪 20

年代末，当时他从欧洲返回美国，正好赶上富有活力的商业环境。1912年，他的成人教育课程开始启动，大量中下阶层白领工人蜂拥而至，前来注册，在20世纪早期新的公司环境中寻求晋升通道。但如今，当卡耐基结束了叛逆的国外生活返回到美国后，他自觉地将自己与"一战"后迅速发展的商业经济联系起来。经济的繁荣使美国人的钱包中塞满了前所未有的现金，遍地都是机遇。年轻的教师兼作家决心要抓住这些机会，将其用户瞄准在商业读者之间。他精明地发现，这个群体的人们最容易接受其自我完善、自我管理的成功学理念。卡耐基从未对这一决定感到过后悔，这个决定将他首次推到全国舞台的聚光灯下。

1926年，戴尔·卡耐基带着新计划回到美国，决心复兴自己的公共演讲教育及写作事业。他还给自己起了新名字。去年的某个时刻，他决定要改变名字的拼写和发音。1912年11月，在寄给《马里维尔民主党论坛》的公开信中，他还是用以前的签名"戴尔·卡耐基"，重音在第二个音节上。但是一年后的1925年10月，在寄给同一家报纸的信中，签名改成了"戴尔·卡内基"，重音放到了第一个音节上。1926年，他出版的新书也显示出这一变化，书名页上骄傲地印着："戴尔·卡内基著。"[3]

是什么原因促使卡内基改名的？他从未明确地解释过。10年后，他在一次访谈中简单地谈论了改名的过程："反正每个纽约人都把他的名字念成卡内基，重音放在第一个音节；此外，原来的名字也违反了所有吸引力原则，这些因素早就对他发挥着作用，他在卡内基大楼租赁了办公室，还固执地自称为'卡耐基'。"几年后，他说当年在欧洲游历时，有次他与好朋友霍默·克洛伊到瑞士因特拉肯市郊的山毛榉树林中散步，克洛伊劝说他"把名字的拼写改改，好让人更容易记住"。但这些解释似乎看起来不太可信，让人无法在感情上接受，毕竟它改变了卡内基的个人生活和职业生涯。[4]

实际上，改名的意义远比卡内基承认的要大得多。它在几个方面反映了卡内基生活的重要转变。第一，改变父母起的名字意味着他与养育自己的虔诚而压抑的地方文化彻底决裂，与美国小镇信条彻底决裂。在与那位欧洲的离异女人洛丽塔·鲍嘉和结婚时，他就反对这种信条，后来还在小说《我拥有的一切》手稿中对其公开批判。第二，从心理学的角度（卡内基一直都热衷于使用这种视角）看，对于一个极具感染力并致力于积极思考的人来说，从以前名字的中间去除重音"nay"，意味着去除了一个消极的音节，并帮他实现情感上的解放，从而有助于获得成功。第三，新名字与著名的工业巨头安德鲁·卡内基相关,这位雄心勃勃的年轻人表达出一种与日俱增的意愿,以迎合美国20世纪初期不断扩张的商业文化及大把的机遇。在几年后的一次杂志访谈中,他甚至暗示自己与那位强大的钢铁巨头有种神秘联系。卡内基告诉记者,有天晚上,他曾梦到自己与那位工业巨头的妻子聊天,询问怎么与她的丈夫相处。卡内基夫人回答说:"他死了。"惊醒后,卡内基打开第二天早晨的报纸,就读到了安德鲁·卡内基死于前一个晚上的消息。[5]

换句话说,对于这位37岁做过演员、推销员、记者、虔诚的教众,写过小说的人来说,"卡内基"代表一种新的身份。它标志着彻底忘掉过去,迎接充满发展与机遇的新世界。它标志着他决心要把公共演讲教学及写作看作一种召唤,而不仅是一份职业。然而更重要的是,他确定要将自己的未来之锚抛到20世纪20年代生机勃勃的商业活动中。自欧洲游历返回美国后,卡内基勤勉地重建纽约城、巴尔的摩、费城等其他东北部城市中的基督教青年会课程网络。几个月后,学生再次蜂拥而至,很多人都是商人,既有已经进入这个行业的人,也有向往着成为商人的学员。他们对那种口吐莲花式的演讲不感兴趣,而是出于实用目的来上课:他们想见到课程的效果,想快速见效;他们想学到实用的技巧,可以让自己马上应用到商业会谈或是与客户的会面中去。

为了满足这个需求,卡内基出版了自己第三本书,即《公共演讲:给商人的实用教程》(1926)。实际上,在欧洲旅行期间,他就断断续续地写这本书了。尽管1920年版的基督教青年会教材非常成功,但他却不太满意。他于1925年写信给某记者说,由于在他准备启程前往欧洲的最后一刻,编辑们对此书做了修改,所以它"从来都没有让我完全满意过"。另外,他还与基督教青年会存在着版权纠纷。该机构的负责人声称,作者为教科书添加了补充材料造成成本增高,所以他应减少自己的版税比例。这个建议激怒了卡内基。在回信中,他随机应变道:"我请求您能暂时搁置目前的版税问题。与您商讨这个问题之前,协会出版社无须给我寄任何支票。基督教青年会联合会的学校可以放心。我确信,所有相关问题都会得到解决,各方都会非常满意。"[6]

卡内基决定,该问题的最终解决方案就是出版一个新版本,他将负责整本书的编写工作。因此在20世纪20年代的前几年,当游历英国及欧洲大陆时,卡内基经常在写小说之余,按照自己的标准重新编写教科书。1922年,在意大利的科迪纳时,他给一家报纸写了一封信,信中说自己的日常写作分为小说和非虚构作品两类。他说:"我每天花六小时写作,花三小时修改公共演讲课程(教材),再花三小时创作福莱斯特·克洛伊的故事。"编写新教材手稿的工作取得了很大的进展，因为在他回到美国后不久，这本书就出版了。尽管该书借鉴了很多原来著作中的章节和概念，但从任何一个角度看，该书都与之前完全不同，它反映出作者日益成熟的思想。[7]

《公共演讲：给商人的实用教程》涵盖了许多主题，它们反映出卡内基的几个重要生活体验。经过他多次观察，最成功的演讲人依靠表演，因为这种才艺注重在人群面前表现情感的变化。卡内基说："经过练习，面对观众时就会表现得自然得多。演员都知道这一点。"他还经常把演讲看作一种类似于宗教式的冲动。他谈到了一个主题为"布道的艺术"的系列演讲，演讲人为耶鲁大学神学院院长，他强调传教士的巨大能量，并经常引用著名福音传教士德莱特·L.穆迪的话，后者认为面对观众演讲需要热情及责任。作者补充说："演讲最大的好处既不是身体上的，也不是思想上的，而是精神层面的。如果你想要一份出色的演讲稿，那为什么不去读读《新约》呢？"最后，卡内基常常利用自己参与新思维运动的背景，来列举积极思考的诸多优点。他讲道："试想一下，你在公共场合演讲时，具备完美的自我控制力。以你的能力很容易能做到这一点，相信你会成功。如果你坚信这一点，那么为了成功，你愿意做任何事。"[8]

在新书中，卡内基轻松活泼的文风也令读者印象深刻。他摆脱了之前编辑及合伙人施加的诸多限制，同时经验更加丰富，形成了一种属于自己的独特表达方式。他融合了以下几种元素：对话式甚至堪称轻松愉快的语调，许多充满灵感的插入语，大量的奇闻趣事，频繁使用非正式独白及冷笑话。此书开篇关于培养自信的那一章最能体现卡内基的风格。他写道：

> 面对观众，你坐着时能够思考，但是站着时就做不到这一点，有没有一个最简单的原因解释这种现象？当然，你不知道原因。不要认为你的情况异常艰难……威廉·詹宁斯·布莱恩是个久经沙场的老兵，他说自己第一次上战场时两腿直打哆嗦。马克·吐温第一次站在台上演讲时，感觉嘴里好像塞满了棉花，心跳快得就像要领奖杯一样。格兰特曾占领了维克斯堡，并带领着世界上最精锐的部队之一，然而当他试图在公共场合讲话时，他承认自己看起来像个运动失调的人一样……所以，鼓起勇气来。[9]

但是《公共演讲：给商人的实用教程》一书最重大的意义体现在其副标

题上。他意图明确，按照数百万读者的愿望、视角和需求按部就班地设计其中一卷，这些读者正试图在美国的商业活动中寻求成功。从情感到案例，从参考文献到提出问题，从写作技巧到得出结论，作者将读者视为寻找某种教程的人，该教程会帮他们适应20世纪20年代美国多变的商业环境。

它的效果非常明显，因为卡内基的工作适应了那个年代变化的商业环境。20世纪20年代是商业繁荣发展时期，当时"一战"刚刚结束，商品的制造、销售和消费在美国历史上达到了前所未有的高度。在人们的想象中，商业奋斗不仅会使勤恳的个人获得成功，而且还关系到国家的发展。总统卡尔文·库利奇接替去世的沃伦·G.哈丁入主白宫，其相关声明引发了公众的讨论。1925年，他发表了影响广泛的讲话，其中说："美国人的主要任务就是商业活动。"这位总统的另外一次讲话则将商业活动提升至宗教的高度。库利奇吟诵道："修建工厂的人实则建造了庙宇。在工厂工作的人实际上是在庙堂朝拜，双方都不应受到轻视和谴责，而是值得敬畏和赞扬。"[10]

实际上，在20世纪20年代美国人的生活中，商业发展蒸蒸日上，其影响已在各方面表现出来。更为重要的是，自19世纪90年代起，消费经济慢慢积聚力量，此时已经实现了腾飞，并升至经济最高点。到了1925年，电网已经覆盖了全美60%的家庭，在多个产业中，大规模生产的技术日趋完善，工厂系统地生产出大量供中产阶级消费的商品，从罐装食品到成衣制造，从家具到洗衣机，从吸尘器到高尔夫球杆。从1922到1929年，失业率降至3%，物价稳定，国民生产总值从700亿美元飙升到1000亿美元。在这个富裕的社会中，汽车成为这场消费革命中的领先商品，同时也最具代表性。汽车制造产业先驱亨利·福特在20世纪20年代指出，其广受欢迎的产品（开始是T型车，后来于1927年被更时髦的A型替代）促使美国距离富足乌托邦更近了一步。他写道："汽车让人们的交通变得方便快捷，让人们有机会了解世界上正在发生的事情，这扩大了人们的生活范围，从而需要更多的食物，更多更好的商品，更多的书和音乐，总之是更多的东西。"[11]

20世纪20年代的消费大潮改变了美国的景观。在其影响下，某些设施和思想变得愈发重要。在城市中，百货大楼和连锁商店成为中产阶级经济生活的重要组成部分，成为诸多商品从工厂进入到千家万户的商业渠道。例如，1922年，A&P杂货店有5000家分店，到了1928年增加到17500家店面。"家政学"——旨在将年轻女性训练成为有效的消费型家庭管理者，掌握包括家用电器、清洁产品及营养饮食等新技术——成为教育课程的主要内容。分期付款也已经普及。20年代初期，消费者的信用卡购买额为45亿美元，到了20年代末就急速提升到71亿美元。在文化前沿，物质商品的诱惑促使人们形成了一套新的价值观，自我成功取代了维多利亚时期的自我节制，自我实现取代了救赎，富足取代了匮乏。正如一位历史学家所描述的那样，到了20世纪20年代，美国社会已"被消费占据，被消费和肉体的人占据，还被奢侈、消费和获取所占据"。[12]

20世纪20年代，消费繁荣的最突出特点表现在社会和政治意识形态上，一位美国著名企业的发言人常常将商业意识形态称为"人民资本"。按照主流历史学家的说法，这种境遇代表了"一种强化的幻境，其中个人的进步需求参与了国家服务，并与公共机构一同发挥作用以促进社会进步"。诸如通用电气的欧文·D. 杨、法林百货商店的爱德华·A. 法林和商务部部长（之后成为总统）赫伯特·胡佛等人没有坚持不加限制地追求利润，而是提倡一种资本主义信条，即提倡恢复一个工人工会、有效的生产管理、与政府合作的体系。他们说，这种进步的利己主义将会使繁荣富足席卷社会各个方面，并由此解决经济问题。从这些发展中，一种新型消费主义文化在20世纪20年代的美国遍地开花。按照商人约翰·沃纳梅克的说法，这片富足的"欲望之地"许诺可以提高生活标准，寻求通过公共政策来达成目标，并将幸福重新定义为物质富裕。[13]

当然，从某种程度上来说，在工作初期，卡内基已经发现美国正在形成中的商业活力，他偶尔讨论这些在公司竞争和商业成功中所形成的问题。在基督教青年会教材中，他曾赞扬华盛顿·C. 霍尔曼的著作《活力交谈：销售经理如是说》（1905）充满了鼓舞推销员的激励话语。霍尔曼写道："推销商品是一场战斗，只有勇士才能赢得胜利。当你开始推销的时候，一定要鼓足勇气。"他还引用了美国收银机公司总裁约翰·H. 帕特森的案例，后者曾清晰地阐述了公司最新、最昂贵的收银机模型，从而展现出现代管理技巧，他的展示"让客户无不驻足欢呼"。卡内基对商业客户的关注逐渐增加，这也体现在其课程的宣传推广资料上。在1917年的一个广告中，他曾注明很多学生都从自己的课程中收益，有助于他们完成"商业会谈、销售函件和广告。这种训练对商业活动非常有价值，以至于纽约市的银行都邀请卡耐（内）基先生为员工培训公共演讲"。这个广告还刊登了几封感谢信，写信人来自房地产、广告和保险领域，他们都学习过该课程。[14]

然而如今，卡内基怀揣重新恢复课程的想法从欧洲归国后，满腔热情，完全接受了富有生机的美国商业文化。《公共演讲：给商人的实用教程》为人们提供了很多在商业世界中获取成功的技巧，它们完全契合20世纪20年代繁荣的商业环境。作者解释说，在写书伊始，他就将此书的受众设定为商业读者。后来他于1925年写道："我认为，对商业人士来说，涉及此类主题的书最好不单是纯粹讲授知识。它必须要有延伸、有探究、有鼓舞人心的作用，它必须兼具启发性和说服力，它的表达要具有激情、活力并催人奋进。这才是我的理想作品。"[15]

卡内基的基本观点非常简单。在新书中，他认为公共演讲技巧将会促进人们在20世纪20年代美国的商业领域中获得成功。作者在本书中开宗明义："自1912年起，超过1.8名商务人士学习了由作者开设的各种公共演讲课程。"其中大部分人注册的理由与这位同学一致："在商业团体或个人面前，我想要让自己的想法更具逻辑性，我想把自己的观点表达得更清楚、更具有说服力。"卡内基举的第一个例子是费城制造业龙头企业的负责人，他将从卡内基课程中学到技巧，创造性地应用到公司的管理工作及自己的普通生活中去。卡内基认为："试想一下，在商业活动中，多一点自信，拥有良好的交流能力，这会使你更有说服力。试想一下，它可能产生的价值是实实在在的美元。"他补充说，实际上，很多美国顶尖商业人士都认可公共演讲的价值，如钢铁巨头安德鲁·卡内基，身为铁路王国之首并在后来成为美国昌西参议员的 M. 迪普，以及肉食品加工巨头菲利普·D. 阿莫尔。[16]

在此基调下，该书构建了一个兼具知识指导与激励人心的知识体系。卡内基给商人提供的实用性建议以技巧为中心，他花了14年的时间发展、完善了这些技巧：说话朴实才具有力量，孜孜不倦地准备，使用轻松活泼的方式开始，结尾则要有说服力，抓住观众的注意力，散发出自信，使用夸张或生动的例子说明主要观点，并使用自然的身体语言。他的建议还涉及热身，打开声带，放松嗓子及提高发音清晰度等方面。同时，作者还在此书中加入了一些劝诫、督促的话，旨在激发读者兼演讲人的情感，唤起他们的热情。卡内基坚持认为，那些成功面对他人讲话的人展现出一种信念。他说："当你在不经意中受到演讲人的吸引，难道你没有感觉到他的头脑和内心中有种真实的信息，并热切地希望能够与你的头脑和内心进行交流吗？演讲的秘密有一半在于此。人们围着充满激情的演讲者，观众热情得就像一群野鹅正围着一片秋收时的麦田。"[17]

这些技巧构成了此书的主要构架，当人们将其应用到商业实践中时，它们的基本作用就会显现出来。卡内基在书中加入了各种名言来吸引、说服读者，其中包括威廉·莎士比亚、威廉·巴特勒·叶芝、鲁迪·吉普林和马克·吐温等文学巨匠，以及托马斯·杰斐逊、亚历山大·汉密尔顿、尤利西斯·S. 格兰特、威廉·詹宁斯·布赖恩、伍德罗·威尔逊和引用最多的亚伯拉罕·林肯等政界名人，还有马丁·路德、德莱特·L. 穆迪、亨利·沃德·皮切、哈利·爱默生·福斯迪克等宗教人士、赫伯特·斯宾塞、拉尔夫·沃尔多·爱默生及威廉·詹姆斯等哲学家。

从一开始，卡内基就将商人设定为潜在读者，因为这个群体最有可能使用课程中所学，并达到令人满意的效果。在此书的开篇，他解释说："自1912年以来，我能在每一季课程中听取并评判6000人次的演讲，这既是我的职业职责，也是一种莫大的乐趣。这些演讲人不只有大学生，而且还有已步入职场的商人及专业人士。"在新泽西州卡内基课程毕业晚会上，当人们听到一系列沉稳自信的演讲时，深感震动，因为"就在几个月前，这些做演讲的商人们面对观众时还不能说话。起初，那些新泽西商人也不是能言善辩的西塞罗，而是在任何一个美国城市中随处可见的普通商人的典型代表"。作者继续说，实际上，这些成功的学生并非天赋异禀，"就绝大多数人而言，他们就是普通商人，你能在自己的家乡随时碰到这类人"。[18]

随着课程的进展，卡内基不断地模拟商业情景或困境，从而诠释口头表达的技巧，这些技巧构建了一种具有说服力的谈话艺术。介绍观点时，首先要注意事项就是"设想一下，你已决定谈论自己的工作或职业"。他认为面对他人讲话时不能依靠背诵，并强调清晰准确地组织语言会更具有优势，他问道："当你进行一个重要的商业会谈时，你要打算说什么？你打算坐下来就开始照本宣科地背吗？当然不行。在你将头脑中的想法整理清楚之前，你得好好思考。"在谈及结尾要有力时，他写道："也许你面临的问题会是在一群商人面前结束一次简短的谈话，你该怎么做呢？"列举数字也许是解决这个问题的最好方法，他说："例如，一位人寿保险总裁为公司的推销员解释了这种方法，这种低成本的保险销售方式给推销员留下了深刻印象。'年龄为34岁的吸烟者每天省下四分之一买烟的钱，用于买保险，不仅能跟家人生活得更久，而且还会为家人省下至少3000美元的开销。'"[19]

在这本书中，卡内基引用了美国著名企业家的话来支撑自己的论点。例如，在很多章节的开头，他列出了这些人的名言警句。在《让观众保持清醒》一章的开头，卡内基为了证明热情的价值，引用了马歇尔·菲尔德公司总裁约翰·G. 夏德和舍曼·威廉公司总裁沃尔特·H. 科丁翰的话。在《成功演讲的必要原则》一章中，他引用了铁路大亨 E. H. 哈里曼的评论，指出责任感和努力工作的必要性。在《成功演讲的秘密》一章的开始，他引用了伯利恒钢铁公司总裁尤金·格雷斯的话强调集中精力的重要性："一次只做一件事，做每件事的时候带着这种感觉，即好像生活就靠它了。"[20]

卡内基经常引用商界传奇人物的事例来说明自己的观点，即富有的人更愿意过得简单，养成朴实的生活习惯，读者应该仿效这种生活方式。作者写道："老约翰·D. 洛克菲勒在百老汇 26 号的办公室中放了一把皮沙发，每天都会躺在上面睡午觉。已经过世的 J. 奥登·阿莫尔习惯了晚上 9 点睡觉，早晨 6 点起床。已过世的美国收银机公司总裁约翰·H. 帕特森不抽烟、不喝酒。过去，美国最大银行的总裁弗兰克·万德利普每天只吃两顿饭。哈里曼的午餐只是牛奶和老式的薄姜饼……安德鲁·卡内基最喜欢的一道菜是燕麦片加奶油。"[21]

然而，卡内基并非单纯引用这些美国商界传奇的经历，而且还对其进行深入的分析。当谈及人们有必要使用具体事例来说明观点时，他引用了一篇商业文章，里面讲述了顶尖的商业管理者如何拓展公司规模。作者写道："伍尔沃斯曾告诉我，他的公司多年来都是独资经营。后来这严重损害了自己的健康，他醒悟到如果公司想要按照自己期待的那样发展，他必须要与人共同承担管理责任。伊斯曼·柯达公司的早期负责人是乔治·伊斯曼，但是他很久以前就明智地建立了一个高效的管理系统……与其受欢迎的公司名称相比，自从美孚石油公司成为大型企业之前早就不是依靠一个人管理了。J. P. 摩根虽然身为行业巨头，但依然热衷于挑选最有能力的搭档，并与他们分担重任。"[22]

卡内基将视野拓展到更广泛的现代商业活动中，这是他要表达的主要方面。20 世纪 20 年代，随着新型商业结构在美国出现并不断扩大，影响了整个 20 世纪初期，一种新的职业出现：白领经理人。他们尝试在奇特的新世界中运筹帷幄，极大地满足了人们对新的职业发展路径的需求。卡内基则提供了这样一种路径。

在现代商业世界，戴尔·卡内基相信，有一种新需求已经形成。他解释说："卡内基理工学院进行的实验表明，与更多的知识相比，个性对商业成功能起到更大的作用。该声明的真理性在商业实践中得到了检验。"因此，在《公共演讲：给商人的实用教程》一书中，读者面临着诸多建议的狂轰滥炸，这些建议都是关于如何培养具有魅力的个人形象，并如何将其展示给他人。总而言之，用卡内基的话说，这意味着"将你自己的想法、观点、信念和动力融合到一起……你全身充满了感情和经验。这些东西深深地扎根于你的潜意识思想中，如同海边的卵石一样。准备意味着思考、酝酿、会议，选择那些最能吸引你的石头，打磨它们，并将其整理出来，形成属于你自己的图案"。为了能打动听众，特别是同事、客户、购买者及消费者，现代商人必须既有专业技能，又能审时度势，秉承坚定的职业信条并保证产品质量。他要做的不仅是销售产品，还要销售自己。[23]

这种对个性的不断强调源于何处呢？一部分是由于更大范围的文化背景。自19世纪末期以来，维多利亚式的传统观念不断瓦解。随着以产品为导向的匮乏经济的衰退，其努力工作、自我节制、自我笃定、生活节俭等价值观也逐渐被抛弃，富足的新型消费经济逐渐形成，建立了一种"个性文化"，它强调自我实现、自我表达和自我满足。因此，一种变化的社会经济结构与一种对自我的重新定义相互交织。一位历史学家说："传统的（性格）含义不能满足个人的或社会的需求，在变化的社会结构及正在发展的大众消费社会中，（个性的）新观念似乎特别契合个人的问题。"[24]

然而，一种现实的改变也同样具有影响——商业结构发生的革命性改变。1926年，当《公共演讲：给商人的实用教程》出版时，一场变革席卷了整个美国商业，传统的企业几乎转变成为复杂的集团公司。20世纪初，个人管理公司、合营公司和小型企业面临着市场革命，纷纷被大型集团公司代替。在经济的各个领域，巨型商业组织拥有成千上万名员工、几十个经理、数不清的股东及复杂的领导决策机构，它们成为20世纪20年代的主流。在这些合理化的商业组织中，一场"管理革命"构建了复杂的科层体系，其中大批领薪水的白领员工在各种办公室和团体中工作，最终共同主宰着集团产品的生产和分配。当时一名历史学家曾写道："经理们负责招聘，组织不断增加的白领工人处理大量集团使用的文件。"这些办公室员工组成了"美国新的中产阶级团体，他们处于集团公司等级制结构中，并提倡工作、生活和与人交往的新型方式"。这恰恰是卡内基在20世纪20年代所面对的读者，他率先在这种科层制的商业环境中定义了表演、工作及努力进取的新方式。[25]

作者清楚地意识到其商人读者群的主要需求。科层制公司的白领世界不再推崇自我主导的强势独行侠，后者往往为了自己的赢利和成功而勤奋工作。反之，这个世界崇尚能与他人合作的团队成员——通常是很多合作者——在高度合理化的系统中为了公司的利益而工作。当然，与此同时，在现代商业的新白领世界中，个人发展动力仍然发挥着重要的作用。这种复杂的形式需要处处采用新方法——新的行为模式、新的成功策略、与科层制相协调的新社交技能以及新的个人素质。在《公共演讲：给商人的实用教程》中，卡内基反复强调了这些话题。他坚持不懈地说明了一个核心观点：在现代白领们的商业环境下，个性发展将会促使人与人的沟通变得通畅，并因此使个人发展与事业成功变得更顺利。

从某种程度上说，在其早期工作中，卡内基就再次把握住了这种经济文化转型的大致方向。在1915年后，他已开始提供有关完善个人素质方面的建议。例如，1919年基督教青年会课程教学大纲简单介绍了"个性的力量"及"个性是可以培养的"。1920年版的基督教青年会教材针对"塑造个性"提出了建议。他写道："很多成功人士因为其说话和做事的方式而获得成功。当你见到他们时，你马上下意识地觉察到一点，即他们习惯于解释观点"。他鼓励说，成功的演讲人应该充满自信、权威及热情地面对观众演讲。作者命令说："因此当你说话的时候，一定要带着力量与真诚去发言。用饱满的感情为自己的讲话增色，你的个性力量将会增大三倍。"[26]

然而，1926年，个性发展已成为卡内基项目之重中之重。从一开始，读者就面临着《公共演讲：给商人的实用教程》的建议轰炸，旨在通过调动个人特点来塑造有效的演讲。他坚持认为，准备一个引人入胜的演讲在很大程度上需要"深入挖掘自己的思想、内心和生活，从中提取一些属于自己的信念和热情。记住，是你自己的思想！一定要是你自己的才行！挖掘，挖掘，再挖掘。它就在那里，等你去发现。永远都不要犹豫"。他继续说："永远记住你是自己演讲中最重要的因素。听听爱默生说的金玉良言吧！话中包含着一个智慧的世界：'使用你能说出的语言，你所说的就是你自己。'"[27]

卡内基坚持认为，每个人的个性都是独一无二的，"当你自然地表达时，没人能够采用一模一样的方式说话并表达自己。换句话说，你具有个体性。作为一位演讲人来说，这是你拥有的最宝贵的东西。抓住它，珍视它，培养它。这种火花将会把力量和真诚注入你的讲话中"。事实上他认为，一个人不应该克制自己的感情或压抑内心的冲动，而是应该利用它们来实现感染他人的目的。他写道："当一个人的内心情感正影响着自己时，真实的自我也会浮出表面，下面没有屏障，人们感情的热量会融化任何障碍。他会不由自主地行动，他会自然地交谈，他是不做作的。"[28]

在该书中间的《舞台仪表及个性》一章中，这种劝诫达到了最高点。卡内基用一个大胆的观点开篇："个性——无须任何准备——可能是公共演说中最重要的因素。"他认为，个性是个难以捉摸的东西，无法去分析它，但是它的存在（和重要性）是真实的。个性表达了"一个完整的人，兼具肉体、精神及心理三个层面的人，包括他的特点、嗜好、性情、气质、思维方式、活力、体验、学习和生活"。此外，虽然很多个性特点是天生的，一个努力奋斗的人依然能够完善自己天然的个性，并"从某种程度上强化它，使之变得更有力量、更具魅力。我们能尽最大努力去利用这种天生得来的东西，它对我们每个人都意义非凡"。[29]

随着论述的展开，卡内基以一种引人入胜的方式讨论了如何塑造并向他人展示自己的个人形象。一开始，他谈及热情的特点，写道："不要削弱你的能量，它魅力十足，持久性、活力以及热情（至关重要）。人们将充满能量的演讲者团团围住，观众热情得就像野鹅围着秋收的麦田一样。"外表的吸引力也非常重要，因为得体、整洁的服饰会激发演讲者的自信，并赢得观众的尊重。其他技巧也会有助于提升个性：展现迷人的微笑，保持抬头挺胸的站姿，沉稳地坐在讲台上，表现出一种高贵的仪态。实际上，卡内基强调，一个具有说服力的演讲者必须谨记"要站稳，控制自己的肢体语言，这会使你为他人留下一种能够控制内心并泰然自若的印象"。即便是手势也是个性的表现。卡内基认为，一个人的手势"只是内心想法的外在表达。人们的手势如同牙刷，应该是私人的东西。而由于所有人都是不同的，所以如果他们表现得很自然，那么其手势也是个性化的"。[30]

然而，个性的力量不仅仅指迷人又有力量的外表。如同电力传导需要两极一样，一个人的交往过程也需要另外一个因素——观众——以完成电路，并产生能量。而且卡内基认为，不管是与单个或是多个观众建立联系，都需要能敏锐地察觉到他人的感情、兴趣和观点。他认为，世上与此相关的三个最重要因素分别是性别、财产与宗教信仰，因为他们关乎生命的产生、保持与发展。但是我们需要牢记的最重要一点是："我们自己的性别、财产与宗教信仰吸引着我们，我的兴趣在于自己的自我意识……因此要记住，当你的谈话对象对商业问题不感兴趣时，你可以花时间思考、鉴别并赞美他们。"[31]

该社会现实对魅力个性的形成具有深刻的意义。卡内基问道："难道你不曾一直试图让他人认同你的思维方式吗——在家里，在办公室或是在市场中？你怎么开始的？"答案在于："想他人之所想，尝试寻找共同的话题。"风度翩翩的商人总是避免正面与人争论，因为这会激发人们的防卫心理。卡内基认为，与他人争辩只会让人们对你的反感更加强烈，因为这"挑战了他的想法，而且他那宝贵又必不可少的自尊将会受到威胁，他的骄傲会危在旦夕。"因此，充满魅力又让人难以抗拒的个性意味着要对他人的情感特别敏感，发现人们内心真正的爱好，这种个性能在人际交往中起到润滑剂的作用。[32]

实际上，心理学自1910年以来已经成为卡内基最感兴趣的内容之一，并成为他所构建的个性图谱中的重要方面。二者存在着天然的联系。美国20世纪早期的文化由性格转向个性，这与不断增强的时代思潮相互交织，后者强调从心理学角度解释人类行为。在19世纪，一位历史学家写道："传统的灵感论者尝试培养意识，并将美德"视为个人的行为符号，但是到了20世纪，"新的灵感论者注重培养个人力量和自我控制"。他继续说，用弗洛伊德的术语来讲，通过这种"关注点的巨大转变，新型成功意识形态的核心内容已不再是培养超我，而是发展自我"。作为一位实践哲学家，卡内基在这个新式"个性即自我"的心理学运动中又迈进了一步。书中有一章讲述如何让演讲者给人留下深刻印象并具说服力，其中他反问道："在这种联系中，你能否在心理学中发现对自己有益的建议呢？显而易见，当然可以，让我们看看这都是什么建议。"[33]

卡内基的心理学技巧包括"说有价值的话，说话时要心怀有感染力的信念"，发挥情感的作用。正如他所说的那样，"讲话时，最重要的是心理方面"。他还强调积极思考的好处："在此课程中，想着能成功。想象自己带着完美的自控能力面对公众演讲。以你的能力，你很容易就能做到这些。相信自己终将成功。坚定地相信这一点，之后你会去做一切能够实现成功的事。"他鼓励成功的演讲人依靠重复和建议，让听众对自己的核心观点印象深刻，并避免任何负面、消极的想法对自己造成影响。[34]

实际上，现代商业就是卡内基选择的角斗场，其中遍布了商人，它为挖掘个性和心理学的潜力提供了大把机遇。在日益成熟的消费社会中，他明智地关注了两种职业：销售和广告。他指出"推销术和现代广告主要依赖建议"，并深入研究了亚瑟·邓恩的《科学销售与广告宣传》（1919）等书籍，书中提出了这一设想，即吸引注意力、获得自信和迎合消费者及客户的自我及自尊。由此，诞生了一个强调个人吸引力和心理学策略的计划，也诞生了一个迎合"人们的动机决定行动"的模式。[35]

例如，卡内基坚持，成功的推销术通常依赖建议，而并非逻辑。卡内基解释道，一个餐厅中的新侍者可能在客人用餐后对他说："您不想喝咖啡，是吧？"他极易因此得到否定答案。另一个更有经验的侍者可能会问："您想来杯咖啡吗？"并在客人的头脑中引发起一个是非题。但最棒的侍者总是这样问："您是想现在喝咖啡，还是等会儿呢？"怎么回事？她已经巧妙地暗示你，毫无疑问你是需要咖啡的，并且她将你的全部注意力集中在希望侍者何时将它端上来。卡内基认为，激发积极回应的策略对任何产品的销售都能发挥作用。[36]

在现代商业文化中，卡内基认为广告是影响个性及触发心理过程的另一个因素。当然，自19世纪晚期开始，广告就成为现代消费经济活动中的重要润滑剂。在1926年针对美国广告公司协会的一次讲话中，加尔文·库利奇总统认识到广告的重要作用，认为"通过这种方法，人们产生了追求更好事物的欲望"。

> 在适应和改变生活习惯及生活方式方面，在影响我们整个国家的吃饭、穿衣、工作及娱乐方面，它发挥着最有效的影响。只有存在着大众需求的地方，大规模生产才能得以实现。大众需求几乎完全通过广告的发展才会出现……现代商业总是需要宣传。仅仅生产商品是远远不够的，还要必须生产对商品的需求。[37]

然而对卡内基来说，广告不仅是通过宣传去推销消费品。它包括一个更深层的过程，将个人意义、形象和自我实现与某种商品的消费联系到一起。他写道："我们是情感生物，渴望舒适与乐趣。我们喝咖啡、穿丝袜、去电影院、睡在床上而不是地板上，这并非是因为我们具备更多的理性判断出这些东西对我们有益，而是因为它们让人愉悦。因此，只要说明你推荐的商品会让我们更舒适愉快，那么你就引发人们强烈的购买欲。"更为普遍的是，广告正是利用了心理学中建议的力量来达成这一目标，巧妙地迎合了人们的情感和冲动，而不是满足了他们的理性。他写道："如果箭牌衣领、皇家发酵粉、海因茨酱菜、金牌面粉和象牙皂不是各自同类中最优质的产品，为什么它们会成为我们的首选？我们有什么充分理由作出如上选择呢？在没有任何理由的情况下，我们就相信了这些东西。并非是逻辑的推理，而是那些偏颇的、片面的、反复的判断在塑造着我们信仰。"[38]

在此时期，并非只有卡内基发现了广告、心理学和个性培养之间的关系。其他文化先驱也发现了同样的联系，其中包括一位受到20世纪20年代商业文化熏陶的通俗作家。他就是布鲁斯·巴顿，著有《一个无人知晓的人》，这本畅销的耶稣传记将耶稣描绘成一位商人、广告天才和极具个人魅力的人。他将耶稣称为"现代商业的奠基人"，将救世主描绘成一位公司负责人，领导着"没有受过教育的人们，只具有弱点和激情的人们"，并"成功地将他们塑造成一个组织"。在巴顿笔下，耶稣成了一位经验丰富的推销员，他理解人们及其动机；事实上，"在耶稣的言谈及工作中，每条商人为之骄傲的'现代销售原则'都得到了最好的体现"。按照作者的想法，耶稣还是一位出色的广告人，他通晓神奇的故事、能使用生动的语言并传播福音的价值。用巴顿的话说，他通过简明的格言以及令人震惊的神迹，成为"那个时代最伟大的广告人"。然而，也许最为重要的是，耶稣由于自己极具魅力的个性而获得了成功。巴顿没有将他看成是一个拘谨严肃的道德构想，而是将其视作一位极具个人魅力的人，他"迎合了所有人的喜好"，并用自己的"个人魅力"和"强烈的真诚"、"充满阳刚的活力"、"强烈的信念"、"不变的耐心"和一种"发掘他人潜力的非凡本能"吸引着众人。巴顿认为，耶稣最后传达的信息是，上帝并不严厉，也不愤怒，只对精神的公正感兴趣，而是"一位伟大的同伴，一个很棒的朋友，一位亲切、宽容又爱好快乐的天父"。[39]

在强调个性与商业成功之间的重要关系时，卡内基没有使用如此宏大的方式。他没有借鉴拿撒勒的耶稣的经历，而是讲述了一个更普通的故事。它涉及两位商人，他们曾一起在大学中同班学习工程专业。一个人聪明又努力，但传统而"保守"；另外一个人在镇子的不同商店中购买衬衫，并用图标记录哪家店铺的商品"容易清洗，最耐穿，最物有所值……他的脑子里总是想着钱"。前者对自己的能力充满骄傲和自信，却在毕业后因为找到一份不起眼的工作而苦恼，他期待着更大的发展，但这一愿望却从未实现；与之相反，后者"善于交际，每个人都喜欢他"。他寻找机会，与同事工作得很融洽，并应老板的要求搬到了另一个城市，负责一个特殊的项目。卡内基写道，"依靠自己受欢迎的个性"，这位管理者赢得了当地一位商人的友谊，入股一家小型企业，开始积累财富。作者说："如今他的身价已经达到几百万美元，成为西联国际汇款公司的主要股东之一。"[40]

最后，在《公共演讲：给商人的实用教程》中，卡内基对商人产生了极大的吸引力。该书针对职业行为、个人追求和自我的社会表达提出了诸多建议，有效地帮助了白领工人适应20世纪20年代美国充满活力和扩张的商业环境。卡内基的实用性建议主张一种对学生和读者都非常有效的方法，即用演讲在科层制公司中影响他人。因此，作为一种在商业环境中实现发展的方式，他对完善个性的必要性作出了更为抽象的反思，这也同样发挥了巨大的作用。

然而，这些权威性的建议同样也对卡内基的个人生活发挥着作用。在私人生活方面，它们促成了他自身行为模式的转变。在更大的范围内，这些建议带来了观众的认同和赞扬，因为在他所参与塑造的公司文化中，卡内基成了一位值得信赖的知名顾问。

1927年12月，戴尔·卡内基开始收集大量的文章剪报、采访录音、课程摘要和演讲笔记，将其放在办公室的新文件夹中。文件夹名为"我曾经做过的蠢事"，采用了一种不规律的日记形式，分类理出自己能改善的地方，以成为一个更优秀的人。当然，该做法体现出一种新教文化中的老式传统，可以追溯到几个世纪以前。17世纪时，清教徒曾通过严格的自省来追求自己宗教的纯洁性，他们还认为这种做法能确切地记录救赎过程中的平稳进展。到了18世纪，本杰明·富兰克林等人将此做法世俗化，将个人的"共和国的美德"视为一种公民责任，同时也看作是"通往财富之路"。19世纪，维多利亚时期的"文明绅士"不断用具有资产阶级特征的道德观来衡量自己的行为，这种道德观强调自我控制、努力工作、节俭和文明礼仪。[41]

但是，卡内基的"我曾做过的蠢事"与之不同。他写道："在那个文件中，我记录了自己做过并感到内疚的蠢事，按月分类。有时我会把这些备忘录拿给秘书看，但有时候它们涉及隐私，同时又愚蠢至极，以至于我都羞于翻看，因此我用速记的方式将其写下来。"这种做法沿用了传统的方式，认真地反思自己的行为，其中一些条目关乎日常习惯：浪费时间，无效的工作习惯，拖延症，懒散。但是与其前辈相比，卡内基的大部分问题并不涉及信仰方面的不足、美德的缺失或者性格缺陷。与此相反，它们详细地记录了一些失礼行为，这些行为可能曾冒犯了他人，并削弱了这些人对卡内基的信心。[42]

这些文件记录了卡内基所有的社交失误与专业错误。1927年12月，他因为在演讲时出现口头重复而自责："在给牙医授课时，我发现自己至少说了四次'顺便提一下'。"拖延也同样能激发他的怒气，他曾承诺给学生上课，却一直拖延着没有联系他们，因此冒犯了学生："我应该在10月中旬联系他们，可是却一直拖到11月25日，有些人感觉我不想履行合同。"同时他还将自己发脾气的过程记录下来："浪费了十分钟进行毫无意义的长篇大论，向电话公司投诉他们的问题。"当没有及时赞扬别人时，他也严厉地自责："H. P. 格兰特今晚成功地做了一次非常出色的祝酒词。我应该高度地赞扬他，但是我太沉浸在自己的世界中，而忘记表达任何赞美之词。"[43]

第二年，卡内基记录了一个屡次发生的错误：以偏概全的词句脱口而出，使别人受了伤害或生气。有一条名为"不要进行泛泛的评论，以免伤害任何人"。他描述了此事的细节，并承认："1928年春，在上下午5点到7点的那堂课时，我说'所有坦慕尼派的政客都是骗子'，或者说了跟这差不多的话。热诚的天主教徒约瑟夫·达文对此非常介怀。此时正值阿尔·史密斯教派颇具争议的时候。达文针对缺少宽容做了一次非常优秀的演讲，公开谴责我之前的言论鲁莽又缺少事实依据。我道了歉。"后来在1928年8月，卡内基因为没能表现出耐心和感激而悲痛，这次失误让别人不能作出"欢迎到来"的热情回应。他拜访了美国运通公司的一家办公机构，当职员忙着谈话而怠慢了他时，他非常愤怒。他写道："我很不高兴，从我的声音能够听出来。我惹那位职员生气了，换来了极其糟糕的服务……不管怎样，这没有影响什么。别人付我钱，让我告诉他们如何处理人际关系，我却像个原始人一样粗鲁低效。我以这次事件为耻。"[44]

因为不能与那些玷污自己名誉的人好好相处，卡内基经常为此自责不已。这种自责源于课上一次乏味的就职演说："如果要往这些会议中加入一点激情，那么戴尔·卡内基必须提供这样的帮助，而且只有戴尔·卡内基能做到这一点……我工作中取得的任何成功都仅仅是源于激情，而不是其他的东西，但是我却想不带激情地上课。"还有一次，有个熟人称赞他在《纽约时报》上刊登的课程广告，他却回答说该广告收效甚微，后来过多地补偿了自己的过失，建议这个人注册他的课程。他写道："就像一个饱受坎坷与挫折的人抓住了最后一根稻草，我相信它起到的心理作用少之又少。"1928年末，卡内基因为在麋鹿俱乐部的董事会前站着讲话，而搞砸了这次报告。他说："我马上注意到听众人数很少。实际上，其中一个人让我坐下说，这样能更舒服些。我应该早就察觉到这一点。我相信如果能在这次会议前与每个董事单独交流一下并说出自己的想法，可能会更明智。"[45]

卡内基从这些名为"我做过的所有蠢事"的文件中进行自我反省，获益匪浅。他承认："当我打开自己的'蠢事'文件夹，重读我给自己的批评时，它们给我的帮助和指导比所罗门的著作还要多。它们帮我处理自己会面临的最重要的问题：戴尔·卡内基管理。"这种自我管理的持续努力——改善了与他人的关系，以其最大化的影响提升了个人形象——引发了深远的历史性共鸣。它显示出个性文化在商业中逐渐重要起来，这是作者一直公开支持的，同时现在也是他在自己的生活中极力主张的观点。[46]

与此同时，卡内基努力吸收《公共演讲：给商人的实用教程》中自己提出的建议，其中包括培养个性的必要性，该书及公共演讲课程的成功戏剧性地提升了他的公共知名度。第一次，卡内基成为美国公司中的著名权威。作为一位异常抢手的教师、一位值得信赖的著名顾问式演讲家，他开始在公司圈子及商业机构中如鱼得水。

1926年出版的书中出现了大量的独白，表明他如何在从欧洲回国几个月后，就成为美国公司家喻户晓的人物。卡内基说他"为纽约市银行的高层管理者们开设了公共演讲课程"，在纽约扶轮社享用午餐，能听到"几乎每个纽约商人都感兴趣的"谈话，训练"美国金融研究所纽约分所的职员准备储蓄所竞选演讲"。此外，他还在"美国房地产协会第13届年度会议"以及"圣路易斯商会"做了演讲，并接受了该组织位于中西部分会的资助，开设了公共演讲课程。[47]

到了1930年，卡内基与美国一些最大规模的公司建立了联系，从而扩大了自己的业务范围。根据1930年的一张宣传册照片显示，这位教师兼作者西装革履、穿着笔挺的白衬衣、夹着领带夹，列出了他曾服务过的几家公司及商业集团，包括布鲁克林商会、费城商会、纽约市信用协会、费城人寿保险公司协会、宾夕法尼亚贝尔电话公司、西屋电气公司、布鲁克林联合天然气公司、制造商俱乐部等多家企业组织。他还声明，《公共演讲：给商人的实用教程》（1926）一书已经成为美国银行协会的官方教材，并被该协会的全国100家分会作为培训资料使用。[48]

公司客户寄来的表扬信也开始如雪片一样纷至沓来。1930年，卡内基课程的宣传活动得到费城工程师俱乐部的资助，并受到了在多家公司工作的毕业生的热情赞扬，这些公司包括美国电话电报公司、西屋、纽约爱迪生公司。美国国家广播公司的一位总经理写道："毫不夸张地说，我将该课程看作自己生活的重要转折点。"通用电气公司的一位经理几乎带着崇拜之情，说道："这个培训是上帝赐予我的。我们通用电气公司的很多人都常常说'戴尔·卡内基将永远在我们心中'。"[49]

通过服务过的传媒公司，他发表了两篇文章，从此卡内基蒸蒸日上的事业又得到了更多人的认可。《为工厂行政人员做公共演讲》刊登在一份名为《工厂及工业管理》的职业期刊上。1927年1月，他在《美国银行协会公告》上发表了《为什么一位银行家应该学习公共演讲》。为了让读者相信他与纽约、费城和巴尔的摩的很多高层银行家关系密切，作者还提到很多人们熟悉的名字来证明这些银行家们上过公共演讲课程（尤其是他开设的课程）：激发热情与真诚、帮助克服恐惧并培养自信心。一如既往，他还强调了个人品质：较好的个性比渊博的知识更能带来事业成功……所有银行家们向卡内基提出的最重要的问题是："我如何培养自己的个性？"他认为，这些在公共演讲课上学到的品质刚好满足了公司白领的需要，他们往往供职于大多数银行家工作的机构，"在这些机构中，你是否有过这样的经历，仅因为有人能用勇气和信念去清晰地表述自己的想法，而让或许知识和能力都比你差的人站起来处理事务，而你却只能干坐着"？这位作者知道他们肯定有过这样的经历。[50]

1930年左右，卡内基重振了自己的培训事业，图为卡内基在纽约市的一家报摊前

卡内基的主要角色是美国商业的咨询顾问及心理分析师，这种职能在更多的场合中愈发明显。从1929年到1931年，他在《美国人杂志》上发表了题为《他们如何做到了》的系列文章。他还与堪萨斯州著名的漫画家阿尔伯特·T.雷德合作，后者的作品曾刊登在《堪萨斯城明星报》《芝加哥档案》和《纽约先驱日报》上，还曾发表在《周六晚间邮报》及《麦克卢尔》等全国性报刊上。他们创作了十来篇图文并茂的文章（它们占据了杂志首页三分之一的版面），赞美了很多美国商业巨头在事业上取得的成功。文章短小有趣，涉及通用汽车公司的威廉·杜兰特、柯达公司的乔治·伊斯特曼、通用电气公司的欧文·D. 杨、克莱斯勒汽车公司的沃尔特·克莱斯勒、美国广播公司的詹姆斯·G. 哈伯德、派拉蒙电影公司的阿道夫·朱克以及"华尔街银行家教父"乔治·F. 贝克。卡内基描写了这些人的私人生活片段，对其兴趣爱好作出简

要的评价，之后将其成功归结于拥有信念，眼光独到地把握机会，还具有魅力的个性。[51]

他对美国钢铁公司主席查尔斯·施瓦布的描述堪称典型。这位商业巨头出生在宾夕法尼亚农村，他曾为一些小型乡间集会的马戏团做马戏表演领班，并以此为乐。他往返于火车站和各个铁路道岔间，负责驱动钢锯，并用业余时间学习，还靠教人音乐贴补微薄的收入。施瓦布后来成为卡内基钢铁厂的一名普通工人，钢厂属于安德鲁·卡内基所有。15年后，他成为这家公司的总裁。施瓦布后来放弃了百万美元的年薪，轻松地从美国钢铁公司手中获得了卡内基钢铁集团的管理权，被任命为集团主席。[52]

到了20世纪20年代末，戴尔·卡内基首次登上全国的舞台。他的世界观与活力十足的新社会相契合，这种新社会以物质富足、公司科层化及个人成功为特点。他是一位经验丰富的现代美国商业文化阐释者，他了解这种文化的需求和机遇。他将父母遵循的"卡耐基"传统文化抛之脑后，这种文化体现出维多利亚时期的诸多束缚：自我否定和节俭、虔诚和礼貌、自我控制和个人性格。现在，新的"卡内基"计划坚定地支持着发展的理念，它依赖于两种能力：第一，向他人展现一种具有魅力的个性形象；第二，有技巧性地与他人顺畅交往。

在20世纪20年代末期的现代美国中，卡内基的深谋远虑使其早期生活达到巅峰状态，他也告别了充满着清教信仰的中西部农村，逐渐适应了东北部城市中生机勃勃的科层制消费社会。这些深谋远虑构建了一栋新的道德体系大厦，开始在其心中投下朦胧的影像，并在之后被编写成一部广受欢迎的畅销书，几年后如暴风雨般席卷全国。但是，卡内基第二阶段的早期生活发生了预料之外的变故。像所有美国人一样，他被迫面对一次前所未有的经济社会灾难。这次创伤使人不安，同时也提供了巨大的机遇。

II

赢得朋友和影响他人

9 做你不敢做的事

  1929年秋，美国爆发了历史上规模最大的经济危机，经济受到严重破坏。10月末，正当全美国的投资人、商人和普通持股个人都为股票的价格和价值忧心忡忡的时候，股票市场直线下跌，而后崩溃。接下来的几个月中，经济都没有得到恢复，反而呈螺旋式的下降态势，造成了灾难性的经济困境。到了20世纪30年代早期，大萧条引发了上千万人失去工作、无家可归，成千上万家银行倒闭，企业破产，贫困以惊人的速度蔓延到美国各个角落。以下数据令人吃惊：失业率飙升到25%，投资额也仅仅是1929年的90%，国民生产总值及消费价格指数保持在危机前相应数值的25%。在这种环境中，财富和机遇瞬间蒸发，绝望和恐怖笼罩着整个美国。[1]

  经济风暴严重地打击了卡内基，但却不足以致命。在1929年的经济崩溃中，他损失了自己大部分的存款，并在一封信中沮丧地开玩笑说："每当想起自己在股票市场的投资时，我感觉这就像个笑话，因为我还到处给别人提供金融咨询。"但是过了几年，他攒下"一小笔储备金"，并试图守住自己购买的房产，它不在纽约市内，而是位于长岛森林山温道尔路。他的好朋友霍默·克洛伊就没有这么幸运了。这位密苏里小说家也住在长岛森林山，距离卡内基家不远。1933年银行取消了非支付抵押贷款，当地治安官便依法收回了克洛伊一家的房子。克洛伊还做了几次不太明智的房地产投资，这使他雪上加霜。如今用他自己的话说："大萧条如同堪萨斯州的飓风一样袭来，让我像在龙卷风中飘摇的一个鸡笼子一样瑟瑟发抖。"[2]

  几次亲身体验让卡内基真正意识到贫困正在蔓延。他有个忠诚的秘书艾比·康奈尔，当后者的父母因为丧失抵押赎回权而要失去他们的农场时，卡内基借给他们一大笔钱，共200美元，来拯救他们的财产，并告诉他们有能力的时候再还钱。1930年末，他筹集了120美元——大部分来自他的课程收入，自掏腰包添上了25美元——购买了1200个十分钱的镍币，到纽约的"贫困者之家"去发放。他写信给母亲："我希望你和父亲能够在我身边。你们下半生都会感谢全能的上帝让你们过着现在的生活。看到那些过着贫苦生活的人们，我深表同情……一位年迈的黑人妇女对我说：'我梦到自己有一枚银币，现在你给我了一枚……'我递给另一个人钱时，他失声痛哭起来……那儿有2500多人。如果你们能跟我一起过圣诞节，母亲，你就再也不会抱怨了。"[3]

对卡内基来说，与其说大萧条是一次经济创伤，毋宁说这是一次精神和情感的挑战。他没有政治和意识形态的倾向性，因此没有将这次灾难看作是一次资本主义的危机或是阶级矛盾的激化，抑或是重新思考联邦政府管理职能的一个契机。反之，他将其视为是对自己基本思想的一次实验：积极思考、热情和个性培养。失业、无家可归、经济衰退成为20世纪30年代早期的主要问题，对于现代读者来说，这种观点似乎是天外奇谈。但实际上，卡内基的这种看法显示出美国大萧条时代一种普遍的态度。上千万的中产阶级人士将大萧条看作是对其个人抗压能力的一种挑战，一种需要战胜困难的勇气、自信和自我调整来应对的心理磨难。历史学家沃伦·萨斯曼曾充满远见地解释说，美国伟大的中产阶级用一种保守的方式面对着艰难时代：他们要么遭受了失败，要么面临失败的威胁，从而被叨扰得心神不宁，并对这种失败感到羞耻。他们没有走向激进主义，而是寻求并维护一种受社会环境威胁的"美式生活方式"，并让自己努力工作、去适应它，从而维系这种生活方式。用萨斯曼的话说，大萧条让"中产阶级美国人受到了惊吓和羞辱，他们感到自己周围的世界缺少秩序，并常常易于将这种对恐惧的自责内化，容易因为不能摆脱困境而羞愧，而不是为困境本身而羞愧，这种困境来自他们一直无法理解的技术和经济秩序"。美国人并不想推翻整个社会制度，而是想要改革和修复它；他们不想放弃个人主义而选择集体主义，他们想要修复已经破碎的个人效能感。[4]

面对大萧条时，卡内基的反应与中产阶级一样，他从几个方面表现出了中产阶级的敏感性和价值观。他改进了自己的公共演讲课程，从而强调克服那个时代不断蔓延的焦虑及不安全感。他写了一本关于美国民族英雄的励志书，把握了20世纪30年代的时代脉搏——普通民众带有坚定又感性的信仰。最后，他主持了一档广播节目，在惨淡的经济失败环境下揭示出另一股强大的文化潮流——用名人的魅力来逃避现实。依靠以上方式，卡内基将自己与主流文化紧密相连，试图从堪称现代最严峻的挑战中找回美式生活方式。具有讽刺性的是，大萧条时期的经济匮乏为卡内基提供了一个更大的机遇，让他开始锻造一个强调生存与成功的新信条。

1933年3月4日，富兰克林·D. 罗斯福入主白宫。在几个月前，他以压倒性的优势战胜赫伯特·胡佛，赢得了美国总统大选。他站在许多焦虑但并不绝望的民众面前，此时数千人聚集在华盛顿特区的国会大厦，同时还有上千万人守候在收音机旁。面对这在大萧条的黑暗岁月中苦苦挣扎的国家，罗斯福开始自己的就职演说，以斩钉截铁的语气发表声明，许诺冲破困境。他认为，如今阻碍国家经济恢复的问题不在于基本的政治、社会或经济层面，而是情感层面。面对沮丧的国民，他发表了鼓舞人心的著名演讲。他指出："我坚信我们唯一害怕的东西是恐惧本身——一种无法言说的、非理性的、没有任何理由的恐惧，让我们无法努力将衰退转化为进步。"他坚持认为，克服这种恐惧将会为美国发展扫清道路，从而解决很多现实问题，重现"富足、稳定的国民生活"。[5]

戴尔·卡内基如今44岁了，在很大程度上，他提供了一种文化上的推论，这源于罗斯福总统对大萧条时期的美国困境作出的著名评价。他甚至比总统还要更进一步，将这次经济危机视为情感创伤，它带来了恐惧、不确定性、孤单并唤醒了质疑。在一本广受欢迎的中产阶级杂志《科利尔》上，他发表了题为《凝聚你的力量》的文章，将美国的经济创伤描述为一种情感上的打击，威胁并击碎了人们对未来及对自己的信心。他采用一种罗斯福式的活泼语言写道："天啊！天啊！经济衰退太糟糕了。我们坠入低谷，我们只能看到令人窒息的黑色巨浪拍打着自己，将我们淹没。当然，恐惧处在我们忧虑的尽头。他真是个让人棘手的老家伙！但最大的恐惧源于对未知事物的恐惧。感觉到一种恐惧，然而却不知道怎么办——这才是世上最让人恐怖的地方。"[6]

卡内基继续说，关键是要直接面对恐惧，并学着有效地克服它。他将传统的建议包装成为现代形式：在心理上和情感上破茧而出，而不是固守传统的工作道德。对于作者来说，"一种变化的精神态度"至关重要。但是他并没有提倡盲目乐观地逃避困难和问题。他表明："我并不是在建议你无所畏惧，因为那是非常愚蠢的，但不要让恐惧占上风。拉尔夫·沃尔多·爱默生曾对此发表过以下看法：'表现出你好像不怕的样子，那么恐惧就死定了。'在这个充满质疑与不确定的时代，这是我们亟待去做的事。"当面临失业或无家可归的情况时，卡内基鼓励美国人要培养"积极的思想"和一种"大胆的精神"。积极的精神态度将会确保"头脑中随时闪现出有益的思想"。美国人需要分析自己的恐惧，制订有逻辑的行动计划，保持身心敏捷，记住苦难总会过去，并鼓足勇气思考。他写道，如果一个人能战胜恐惧，并积极地行动起来，"我保证你将大胆自信地面对它、战胜它，而不是饱受恐惧的摧残与折磨"。[7]

卡内基对美国问题（及其解决的可能性）充满自信、态度乐观，这深受一次出国访问的影响，他将其称为"生平最伟大的一次探险"。1932年夏，他到中国逗留了几周，这对他思考大萧条产生了深远的影响。当他离开美国时，用他自己的话说，"美国境况惨淡。排队买面包的情形已经非常普遍——成千上万的人们冲到街上，乞求能找到工作——全国都面临失业的问题"。然而，在乘船到达上海并游历了中国后，他意识到"美国还没有经历真正的萧条"。肮脏的居住条件和严峻的失业问题让卡内基震惊了。他说，几个世纪以来"中国都处于残酷而折磨人的贫困之中"，每年数百万的农民和城市劳工都会死于疾病、洪水和饥饿。这一事实深刻地改变了他看待美国问题的视角，并让他重新评估美国依然存在的诸多机遇。他想："就算我在股市中损失了所有家当又如何？还能怎么样？我还活着，我是健康的。我不必睡在地板上。与中国人在东方正在经历的贫穷、疾病和惨境相比，这就是真正的克什米尔谷地。"[8]

大萧条对卡内基的公共演讲课程造成了巨大影响，该课程依然是其主要收入来源，并是其社会声望的基础。他不断地调整课程结构和内容，并于20世纪30年代将课程改版，反思这个时期的焦虑和需求。他借用美国的自我成功传统，告诉学生："如果你真诚希望能完善自己，那么跟我来，我们能帮你完善自我。但如果你没有迫切发展自我的真实愿望，那么就不用浪费时间和金钱了，因为没人能帮得了你。"他相信在这个复杂的现代商业世界中，教会人们更有效地工作会最终克服经济危机，通过培养激情、适度的自我表达以及更重要的积极思考，他扩充了卡内基课程来满足以上要求。[9]

基于20世纪20年代末建立的坚实基础，他通过雇用几位有名的助理来帮自己做报告，扩展了他的"卡内基有效演讲与在工作中影响他人"课程。他的朋友洛威尔·托马斯如今是一位旅行、探险畅销书作家，还是国家广播公司电台节目的名人。卡内基说服了他来纽约城讲授一期课程。在给托马斯的信中，他以一种戏谑的方式诱惑道："想想你获得的乐趣……你可以在广播结束后赶过来，装好烟斗，随便流露出少许智慧，评价30个长达三分钟的演讲，就能赚足够的钱去买死马肉，用其养一阵子狐狸（至少在你远离城区的农场里）。"他还聘用了纽约大学的教授，一位是理查德·C. 波登，他著有三本关于推销术的书籍，他还曾任赫斯特报业的销售指导。另一位是查尔斯·A. 德怀尔，一位经验丰富的公共演讲教师。此外，卡内基还招募了一些经验丰富的商人做教师，如纽约罗杰斯·皮特公司的副经理理查德·福特和广告经理乔治·H. 赖特。[10]

然而，除了师资，卡内基课程的内容也体现出大萧条的影响。它开始表现出一种困境氛围。卡内基让学生针对自己的工作或职业做一次演讲，以此作为培训的开始。他提出下列建议："你工作时快乐吗？最困扰你的事情是什么？

销售？宣传？募捐？体力劳动？灾难般的竞争？在准备这次演讲时，记住一点，与你和你的问题相比，你的听众对他本人及其问题更感兴趣。因此如果你想要在演讲时抓住大家的注意力，那就选择能解决听众问题的相关内容。"[11]

有节课讲述如何开始和结束与别人的交谈，他为学生提供了100个可能谈及的话题，让他们从中选择，其中很多话题涉及大萧条带来的社会、经济及个人的不满，包括"在追求成功的过程中，你认为自己最大的障碍是什么？你如何尝试去解决这些问题？我从工作中学到的一些东西，我都为此做了什么……华尔街对我有什么影响以及如何影响我的……那些我做错并希望自己的孩子能避免的错误……我们的银行怎么了？迄今为止我体验到的最大的恐惧以及我是怎么克服的……自杀的最好方法……在我们的生活中，你认为美国是否已经达到并经历了最为繁荣的时期？"[12]

实际从某种程度上，卡内基课程找到了一种精神测试，其中对失败的焦虑和恐惧提供了原料，老师用这些原料塑造新的个性。他在1932年的《美国人杂志》中说道，当学生准备在公共场合演讲时，他们常常被深深的恐怖所淹没。卡内基说："我曾见过他们因为身体上真实的痛苦而翻滚。有好几百次，我见过他们如此紧张，以至于演讲完坐下后，他们还狂乱地为自己鼓掌。我曾见过他们的腿都站不直。有个人是位经验丰富的商业经理，他真的晕过去了。"强化这种天生的焦虑成为课程中途低劣的"诘问环节"，每到此时，演讲人会面对来自观众的羞辱。该杂志描写了某公司副总裁所经历的一次严峻的考验：

> 空气中弥漫着紧张的气氛……副总裁的脸色通红……观众跺着脚，拍着桌子，挥舞着拳头。汗水顺着这位副总裁的前额流了下来，现在他脸色苍白。在这个悲惨的时刻，一位身材瘦小、戴着眼镜的人（卡内基）起身来到这位曾经荣耀的副总裁身后，拉开他，用一束卷起的报纸敲打着他的后背。他咬着牙说道："现在该你了。打起精神，把你所有的激情释放出来，征服这些乱叫的坏蛋，努力争取胜利，让他们无话可讲。"这位副总裁怒视着老师，然后转向了那些指责他的人们。害羞与紧张消失了，怒气不断增长。他反击了这些诘问者，让他们听自己说，并成功地完成了演讲。[13]

卡内基强调了职场生存的困难程度。他说："很多上过这门课的人都成为公司或团体的领导者，因为他们能够清楚地表达自己的想法，令人印象深刻。

当那些表达不清的人被蔑视和遗忘的时候，他们却站在聚光灯下。"卡内基课程的广告也强调了同样的内容，上面画了一个人被后面伸出来的两只手卡住了喉咙，并写有下列文字："当别人要求你说几句话的时候，你会因为恐惧而感到窒息吗？"有篇刊登在《周六晚间邮报》的长文讲述了卡内基及其事业，该文章注意到课程中的险恶氛围。据杂志的报道，"对卡内基来说，正常生活瞬间变成了一场严峻的战斗，他将世界看作一个这样的地方：所有人都努力对抗着可怕的逆境，并在徘徊着幽灵的无尽黑暗中进行探索。对于他来说，成功的人要勇敢，并已为最坏情况做好了准备"。实际上，卡内基课程是大萧条的预言式再现，在课堂上，人们在重重打击下，为了成功而努力。[14]

对于一个像卡内基一样具有实用思想的人来说，其课程的价值不在于与社会环境中产生的抽象关系，而是解决问题的具体技巧。因此，他设计了两个课程目标，如果能够实现这些目标，该课程将帮助学生在大萧条的艰难岁月中生存下来，并可能更成功。第一，卡内基尝试让那些经受打击的人们克服恐惧，培养自信。第二，他试图帮人们在不景气的经济环境中提高自己赚钱的能力。20世纪30年代早期，由于几百名焦虑的商人抢着参加该课程，这两个目标决定了卡内基课程的内容和基调。

1932年，卡内基在其公共演讲课程中，带领学生进行著名的"突破自我"环节

卡内基引用了自己最喜欢的一句名言来设定基调："爱默生说过，战胜恐惧的方法就是去做那些自己不敢做的事情。"他努力帮助学生克服对观众的恐惧，要求他们每节课都进行演讲，委婉地评价学生的表现、安抚他们，使之能够感到欣慰，让学生感觉向他人展示自己的想法是一件更加自然的事情。他认为，克服不敢站在观众面前的恐惧将会形成"一种新的信心，一种新的姿态"。他反复强调，在现代世界中，一种积极又自信的态度将成功人士与失败的人区分开来。他说："通过观察成千上万人的经历，我深信他们从公共演讲课程中获益最大的不是在公共场合说话的能力，而是一种高涨的自信。难道你不知道自己所在的城市中，有些人仅仅因为他们认为自己做不到就一直一事无成吗？那些人还没开始就已经受打击了。"他多次主张要积极思考，并告诉学生："记住，支撑你的只有你自己

的思想。"出于更实用的角度,卡内基设计了声名狼藉的"诘问环节",这并不是一种自虐狂式的练习,而是在"怒火洗礼"中锻造信心、决心和勇气的一种技巧。1932年,他对《美国人杂志》的一位记者说:"学习公共演讲就像学游泳,最好的老师是实践,最大的障碍是恐惧。"[15]

卡内基不断地强调自己的第二个目标——提高学生的经济地位——承诺他的课程将会"增加你的收入"并"提高你赚钱的能力"。他告诉学生,在由公司、科层制和复杂人际关系主导的现代经济中,成功在很大程度上依赖于培养个性、激情、清晰地与人沟通以及良好的人际关系。卡内基告诉课程的主管们:"该课程的最主要目的是培养商人的这些能力,并因此提高他们的赚钱能力。"他邀请商人们以"如何赚钱"为主题进行演讲,这些人都不约而同地强调自信、积极的态度、影响他人行动的能力的重要性。正如一位热情的演讲人告诉学生的那样,卡内基课程"将帮助几乎所有人提高他们的赚钱能力。我经常发现,相信你也发现了,那些最为成功的商人们都具有……良好的交谈能力、能使他人理解自己的思维方式和能'销售'他们本人及其想法的能力。"[16]

因此,在大萧条的黑暗岁月里,卡内基在自己的课程中发现了一种抚平情感及经济创伤的力量。至少有几位评论家都看到了卡内基课程的重要性。《周六晚间邮报》写道:"戴尔·卡内基出售那些多数人都迫切需要的东西,他出售希望。"另外一位记者说卡内基的"技巧设计独特,驱除了盘旋在普通人身上的紧张感"。老朋友洛威尔·托马斯在与西蒙及舒斯特共同为1935年再版的《公共演讲及在工作中影响他人》重新作序时,加入了自己敏锐的观察,他写道:"戴尔·卡内基会告诉你,这些年来他取得的成就并非依靠培训公共演讲——这是偶然的工作。他声称自己的主要工作是帮助人们克服恐惧,并培养信心。"[17]

卡内基还以更多的间接方式应对了20世纪30年代的大萧条。在这个难以忍受的时期,他像很多美国人一样,在美国传统的根基中寻找慰藉与支持。通过研究历史,他试图在普通国民的民主冲动中发现一种灵感,并让它扎根。作为一名作家而非教师,用他自己的话说,他发现个人体现了美国民众所具有的复原能力强的优点。

20世纪20年代早期,戴尔·卡内基与洛威尔·托马斯剧团在伦敦工作。当他在宾馆吃早饭的时候,偶然发现了一个报纸专栏。他审视了亚伯拉罕·林肯的医生,特别是其个人经历及私人生活。实际上,这篇文章是一个长达几天的连载故事中的第一篇。卡内基一直对美国历史兴趣浓厚,并且特别喜欢这位来自中西部的伟大救世主，但如今他却偶然发现了这位传奇总统的另一面，他完全未知的一面。他深深地为之着迷。他开玩笑说："作为一个美国人，我只有来到伦敦，才能读到一位爱尔兰人发表在英国报纸上的几篇文章，随后意识到文章讲述的是林肯的故事。在所有人类记载的历史中，它们是最为迷人的故事。"[18]

卡内基开始利用业余时间前往大英博物馆的图书馆，如饥似渴地阅读能找到的关于林肯的所有书籍。很快，用他自己的话说："我燃起了热情，并决定自己写本关于林肯的书。"开始他想写本历史小说，在接下来几年的欧洲游历生活中，他时不时地花时间在创作上，但进展缓慢。直到 20 世纪 30 年代早期，他的小说作家梦破碎后，大萧条开始了，此时他才想起了自己的林肯研究。起初，他尝试写一本他所谓的"传记小说"，并准备在序言中承认，里面的故事有"5% 的虚构"。但是霍默·克洛伊说服他只写上："这本书是真实的，基本做到与事实一样真实，并略作改编。"卡内基也说此书"满足了对短篇传记的真实的需求，它将为当今紧张忙碌的普通读者简要精练地讲述关于林肯最有意思的事"。他花了几年时间紧张地写作，还在主人公位于伊利诺伊州斯普林菲尔德的家中待了几个月，最终《你不知道的林肯》（1932）出版了，这是卡内基对这位美利坚合众国的殉道者的致敬。[19]

但是，卡内基所描写的林肯不是总统、政客及政治家，自从他 1865 年被暗杀后的 60 多年来，他的所有思想和政策都经过专业的历史学家审视和分析过。卡内基笔下的林肯才华横溢，充满痛苦，代表了美国人两种独具魅力的特质：第一，他是克服艰难险阻获得成功的典范（通常辅以卡内基式的建议）；第二，他是具有正直、抗压、公平及民主等基本美德的普通人的典范。换句话说，卡内基显然将其主人公描写成一位面临着美国大萧条及相关问题的人物。

如同 20 世纪 30 年代的普通人一样，"你不知道的林肯"承受着世界抛给他的一系列痛苦，并为了生存而努力。他的生活充满了借助努力去战胜挫折和失望的故事。他年轻时住在伊利诺伊州的新萨勒姆村，与人合伙的杂货店失败后，他破产了，"不得不做自己能找到的任何体力活儿：他砍灌木，堆干草，修栅栏，在锯木厂做苦力，还做过一段时间的打铁工人"。几年后，他在斯普林菲尔德开始了自己的法律生涯，年轻人负债 1100 美元，跑到债主那里许诺"如果你们能宽限些时间，我会为每一块钱支付利息"。最终他依靠微薄的收入勉强度日，但是却依然对很多客户的贫穷充满同情，并经常少收他们的费用。"只要有人送来 20 美元，林肯马上还回去 10 美元，说自己不计较这些"。

他喜欢上了政治，进入政界后，他的收入不仅减少了，而且在竞选时也是胜少败多。1858年，他在参议院选举中输给了竞争者斯蒂芬·道格拉斯后，卡内基笔下的林肯绝望了。"他承认：'就我而言，原本雄心勃勃的竞选，却是一次失败、一次彻底的失败。'"[20]

在林肯担任总统期间，这种枯燥冗长的失望言论也出现过，那是由于内战初期联军经历了几次战败。卡内基写道："挫折与失败对林肯来说已经不是什么新鲜事儿了。他一生中都在遭遇它们。他没有被其打倒，夺取最终胜利的信念一直都是坚定的，他的信心从未动摇过。"到了1864年，当尤利西斯·S.格兰特将军追踪罗伯特·E.李率领的北弗吉尼亚军队，承受着巨大的人员伤亡时，很多北方人都指责林肯是个冷血无情的屠夫。卡内基写道："年复一年，他大笑的次数越来越少，脸上的皱纹加深了，双肩也不再挺拔。他对一个朋友说：'我感觉自己好像再也不会快乐了。'"[21]

林肯的精神忧郁症倾向加重了这种折磨。19世纪30年代期间，他的爱人安妮·拉特里奇在新萨勒姆离世，这将他推入绝望的深渊。卡内基说："他寝食难安，不断重复说自己也不想活了，并威胁说要自杀。他的朋友们变得警惕起来，拿走了他装在口袋里的刀子，并盯着他，以免他跳河自杀。"不幸福的婚姻让他情感上遭受打击，威利可能是他最喜欢的儿子，他的死让林肯陷入更深的绝望中。他最好的朋友之一威廉·赫恩登说："我不知道在未来20年中，林肯是否会过上一天幸福的生活。永恒的悲伤是他最大的特点。他走路时都会散发出忧郁的感觉。"[22]

但是卡内基强调，依靠几个多年来养成的习惯，林肯战胜了生活中最大的沮丧。在早期，他形成了努力工作的能力。边疆生活需要永无休止的劳作，当他一家搬到伊利诺伊州时，"亚伯帮忙砍树、修建小木屋、砍灌木、清理土地、赶着牛耕一块15英亩大的草地，然后种上玉米，劈柴和修建篱笆栅栏。第二年他在附近做了雇佣工人，帮农民干各种活儿：耕地，堆干草，劈柴，杀猪"。在林肯努力学习时，他还发现自己有强烈的求知欲，因为纸价昂贵，他"就用炭条在木板上写字。小木屋的墙壁就是用木头建的，有时候他把字写在这些木头比较平的那面上"。林肯如饥似渴地阅读莎士比亚、伯恩斯、布莱克斯通、吉本和汤姆·佩恩的著作，往往走路时手里还拿着一本打开的书。卡内基写道："每当遇到难懂的文章时，他就马上停住，集中精力思考，直到理解为止。他不停学习，看了二三十页，一直读到黄昏时刻看不见字为止。"[23]

林肯能活下来并取得成功,还因为他践行了卡内基的几个原则。不管是律师生涯还是在内战中,他用幽默和一种对未来积极乐观的信念与忧郁进行着斗争。像卡内基一样,林肯是一位经验丰富的公共演说家,他获得了自信和人们的支持。年轻时,每当他在田地里干活儿,"他会时不时扔掉锄头或干草叉,爬上围栏,重复自己听过的由律师在罗克波特或布恩维尔做的演讲。其他时候,他模仿那些顽固的大嗓门福音派牧师们,每逢周末,后者就在小鸽溪教堂中侃侃而谈"。搬到新萨勒姆后,林肯决定进入政界,于是学着在公共场合演讲,并"发现自己具有非凡的禀赋,能用演讲影响他人"。19世纪50年代,在关于奴隶制扩张的激辩中,他充满激情地演讲,如同"一个因为巨大的不公而义愤填膺的人,一个为受压迫的种族辩护的人,一个被道德的伟大而触动、感动并鼓舞的人"。在卡内基看来,在这位总统的第二次就职演说中,这种修辞方式的使用达到了巅峰。林肯的"讲话听起来像话剧中的某些伟大人物发表的演说。它就像一首神圣的诗"。[24]

最后,在卡内基笔下,林肯通过理解人际关系而取得了成功。他把握住了几个能够提高自己影响他人能力的重要原则:赞赏他人的观点,进行积极的回应;机敏地与人相处,而不是诽谤或攻击他们。有一次,当一位下属给战争部部长埃德温·斯坦顿送去一份命令时,这位快言快语又固执己见的内阁官员脱口而出:"如果总统下达这样的命令,那么他就是个该死的傻瓜。"听到此事,林肯温和地回应说:"如果斯坦顿说我是个该死的傻瓜,那我就是,因为他几乎没犯过错。我会去看看他。"当斯坦顿提示他该命令存在弊端的时候,总统收回了命令。林肯解释说:"我不能给斯坦顿先生增添麻烦,他的工作是世上最难的……他承担的压力无法衡量,而且没有完结的时候……我不明白他是怎么熬过来的,也不明白为什么他没有被打倒和摧毁。没有他,我就完蛋了。"还有一次,葛底斯堡战役后,乔治米德将军让南方军队的罗伯特·E. 李将军带领部队逃跑。此时,愤怒的林肯火速给联军司令官写了一封惩戒信。但是审时度势之后,他没有寄过去。根据卡内基的说法,林肯认为:"如果我像他一样不眠不休好几个夜晚,如果我也目睹了那么多的鲜血和伤亡,我可能也会让李逃跑。"通过这些事,这位总统赢得了政府和军队几乎所有人的尊重和忠诚。[25]

卡内基将林肯描写成现代成功人士的典范,用来鼓舞那些大萧条时期信心动摇的读者。此外,《你所不知道的林肯》还有另外一个吸引人的方面。在全书中,作者将主人公描写成一位普通人。在卡内基笔下,林肯的确是位英雄人物，但他还是一位战胜了美国历史上最大的危机的人，这源于他对普通人的尊重与认同。作者认为，那种解决所有社会问题的能力源于普通美国人正直的美德。

卡内基并没有孤军奋战。实际上，他只是这场更大范围的文化运动中的一员，参与其中的还有很多作家、艺术家以及公共领袖。在大萧条时代，他们将国家的存亡寄托在努力工作、朴实生活的美国传统中，这些人共同构成了美国的中流砥柱。正如流行诗人卡尔·桑德堡在他的长诗《人民，是的》（1936）中描写的那样："人民，是的/人民会活下去/这些有学问又笨拙的人们会活下去/他们会被戏弄，被一次次出卖/然后回到养育他们的土地上/在重生与回归中，人民如此奇怪/他们能这样做，你却不能一笑置之。"历史学家华伦·萨斯曼曾指出，20世纪30年代的文化充满了"对美式生活方式的追寻和赞颂"，这种生活方式根植于普通人的生活和忠诚之中。他解释说，这种"人民的神话"是"更大范围探寻活动的一部分，即寻找身份的神话性及象征性的根源"。很多人认为，20世纪30年代的经济崩溃带来了创伤，依靠人们以前秉承的努力工作的价值观和行动，人们可以从创伤中复原。[26]

实际上，在美国人的生活中，大萧条时代的"感性的平民主义"随处可见。随着很多文化探索者发现普通美国人生活中的正能量，怀旧情绪和传统的大潮洗刷了整个美国。在20世纪30年代，人民的画家诺曼·洛克威尔创造了很多关于乡村和中产阶级日常生活的感性画作，同时流行民谣歌手伍迪·格里斯用自己的音乐传达了一种普通人的乐观主义。政治家休伊·朗的美文《人人都是国王》和作曲家亚伦·科普兰的作品《为普通人喝彩》都歌颂了人民的美德。批评家范维克·布鲁克斯在其作品《创作者和发现者》中赞扬了美国文学的平民传统。托马斯·哈特·本顿、格兰特·伍德和斯图尔特·卡里等地方派画家描绘了中西部农村生活中的平凡英雄。阿奇博尔德·麦克利什呼吁在日常公开演讲模式中，倡导一种新诗。刘易斯·孟福德致力于用"人民的文化"复兴工业技术。工业巨头亨利·福特创建了格林菲尔德度假村，包括具有18、19世纪时期风格的房子、教堂、公共建筑以及日常生活艺术品，并将其打造成为美国主要的旅游景区之一。有人评论，感性的人民主义的高涨"表现出对普通人的文化、历史和现状的迷恋……是对美国及其人民的集体认同。"[27]

卡内基充分利用了这种平民文化。实际上，他投入到这种文化中，毁掉了在欧洲完成的关于林肯一书的几章草稿，并前往伊利诺伊州中部的农村，去

"结识那些了解（林肯）真实生活的普通人，与他们一起散步、聊天并畅谈梦想。他顿时了解了一个真实的林肯——不是虚构出来或是历史学家自以为是地描述出来的那样"。正如他向一位记者承认的那样，他"似乎开始崇拜林肯了"，因为"这位劈木头、做栅栏的普通人穿着短腿裤子和低领衬衣，做了最为精彩的演讲"。他在林肯位于斯普林菲尔德的家中和律师办公室里逗留，在附近的森林和田地里跋涉，林肯在那里度过了青少年时光。他还在新萨勒姆高大的橡树下写作了该书的部分章节，几十年前，书中的主人公曾在那里散步。实际上，在新萨勒姆，卡内基体验到近乎神秘的邂逅——"夏天的夜晚，我常常独自去那儿，北美夜鹰在桑加蒙河畔的树林中鸣叫着，月光从天空中勾勒出拉特里奇小酒馆；我意识到100年前，就是在这样的夜晚，年轻的亚伯·林肯和安妮·拉特里奇曾走在同一条路上，手挽手漫步在月光下"——不经意地反映出20世纪30年代的平民主义冲动。实际上，这位先驱者居住过并激发了卡内基想象力的村庄，得到了罗斯福新政的资助，进行了历史复原，由公共资源保护队完成了这一工程。[28]

卡内基将林肯塑造成美国民众及其坚定、朴实和善良的习俗的产物。他来自赤贫家庭，1890年，在一张"简易床上，就是几个柱子中间铺了些玉米皮……2月的寒风夹着雪穿透了木头之间的裂缝，吹到盖着熊皮的南希·汉克斯和她的宝宝身上"。在伊利诺伊州农村荒凉的环境中，他小时候饱受贫苦的折磨，刚成年就为了生计而苦苦挣扎。但在新萨勒姆，他开始涉足民主政治工作，"走访一个又一个小木屋，与人握手、讲故事，获得每个人的赞同，无论何时何地，只要发现有人在，就进行演讲"。在斯普林菲尔德，即便他已成为一位成功的律师，他依然坚持这些习惯，人们依然可以见到他不穿外套或衬衣走在小镇中，"只穿一条背带裤，要是扣子掉了，他就会削个钉子，把衣服钉在一起"。[29]

卡内基毕生都非常喜欢狗，这可以追溯到他儿时的农场生活，当时他的宠物狗名为提比

1858年，他在参议院与道格拉斯辩论期间，他的对手乘坐白马驾着的豪华马车去全国各地，每次亮相时都穿戴着时髦的衣帽，而林肯的支持者却用骡子拉的农场马车拉着他到处走。用卡内基的话说，林肯"讨厌那些自己认为

'花里胡哨'的东西，更愿意乘坐客车或货运火车，提着一个破旧的毛毡头提包，拿着一把没有把手的绿色雨伞，伞中间系着一条绳子以免伞会突然打开"。成为总统后，他还与普通人保持着联系，如果联军中的普通士兵违反军规，跑来向他求情，他经常会宽大处理。作者写道，林肯不信任专业军官随时爆发的冲动，但是为了获得胜利，"他却热爱着那些自己不得不依赖的志愿者们——那些人就跟他一样，都来自森林和农场"。[30]

因此，20世纪30年代早期，卡内基作为作家兼教师，在历史中挖掘着对自己有益的部分。这两种工作为人们提供了情感慰藉和解决问题的良药，试图帮助美国人在大萧条的艰难环境中生存下来。他的另外一份工作也是如此。在同一时期，他涉足广播领域，这种媒体对美国人的日常生活发挥着日益强大的影响。卡内基效法罗斯福总统及其炉边谈话，使用广播来传播有关个性力量的信仰，其产生的影响达到了新高度。

1933年夏末，美国报纸上刊登了一系列广告，宣称纽约广播电台将开设一档全新的广播节目，该电台是美国国家广播公司网络的佼佼者。8月20日，受人欢迎的演讲家、教师兼作家戴尔·卡内基将开始主持这档每周一期的节目，名为"你不知道的名人故事"。节目于每周日下午5：30开始，持续30分钟。在节目中，他会讲述名人们的过去和现在，并"特别强调这些名人们的普通人的一面，为听众献上他们鲜为人知的趣事"。该节目由麦尔德克斯谷物公司赞助，并由克鲁特广告公司宣传推广，其特色还在于由约翰·霍尔布鲁克担任播音员，并由哈罗德·桑福德管弦乐团进行配乐。这次在广播领域的尝试让卡内基在美国的知名度大大提升。这种流行的新媒体不仅推动了他的教学和演讲事业，而且还促进了他的写作事业。他在广播中讲述的一些故事被集结成书，并于1934年出版。[31]

在此方面，洛威尔·托马斯曾给予卡内基强大的支持。托马斯已经在美国国家广播公司开设了自己的日播节目"今日新闻"，他已拥有了大批观众，之后的40年中，他会成为美国广播界最受听众欢迎的人之一。他的招牌式的开场白（"大家晚上好"）和告别语（"明天见"），连同他那热情、洪亮的声音一起，已成为他的标志。托马斯曾建议美国国家广播公司给自己的前商务经理一个机会。克鲁特广告公司说服了托马斯参加卡内基的第一期节目，并将卡内基介绍给广播听众。同样，这位广播主持新人也将托马斯列为自己广播故事的首位主人公，并声称："洛威尔·托马斯是我认识的最优秀的人之一。"[32]

1933年,卡内基开始主持NBC广播节目,名为"你不知道的名人故事"

虽然卡内基的节目开始不太稳定,但是进展非常顺利。起初,由于他不习惯广播工作室几乎失控的混乱场面,而无法进入良好的状态。他写道:"对于我来说,自己的首次广播远远不能让我满意。房间中乱作一团,我说话的时候,管弦乐团的团长走来走去,跟所有的团员聊天。这是我首次做广播主持,结果我感觉有点迷茫。事实上,所有的噪声和附近该死的谈话让我发疯。"然而,让他感到欣慰的是,麦尔德克斯公司和广告公司似乎对这次广播感到满意。一个来自纽约广告俱乐部的朋友 J. R. 伯顿也评论道,第一次广播非常成功,并赞扬主持人"上周日下午的节目非常精彩,你给这个系列节目开了个好头"。在第二次广播中,卡内基有了很大进步,因为他适应了工作室的环境,提炼了自己的材料,并改进了讲述方式。他很快得出结论,广播的成功与公共演讲的成功都取决于同样的因素。他说:"你得把自己的个性融入其中。如果我请吉卜林帮我写演讲稿,他也许会做得比我强1000倍,但是在麦克风前,我却无法拿起稿子,也无法在里面投入任何热情,因为与自己写的稿子相比,它们更适合吉卜林。我学到的自我表达艺术越多,我越相信,尽管每个人都有不完美的地方,但他必须坚持做他自己,而不是模仿别人。"[33]

接下来的两年中,在卡内基熟练的讲述和润色下,"你所不知道的名人故事"为广播听众带来了很多传记性趣事。故事的主人公包括克里奥帕特拉女王、克里斯托弗·哥伦布及列宁等历史名人,还包括作家埃德加·艾伦·坡及

H. G. 威尔斯、莫扎特等艺术家，以及葛丽泰·嘉宝、乔治·格什温和阿尔伯特·爱因斯坦等当代名人。然而，不论主人公是谁，卡内基都会坚持一个永恒的主题：人文主义视角，感性或好笑的方面，或是能够表现其个性的怪癖怪事。秉承着不求深度只求宽度的原则，他和他的助理查找杂志上的文章，钻研出版传记，并时不时地做些访谈。如同他在一次节目宣传时强调的那样，"为了准备一分钟的广播，他要花上 2 个小时做研究"。[34]

卡内基研究媒体，并试图掌控它。他很快发现面对观众演讲与面对麦克风说话的重大差异。对于前者来说，他有过数不清的经验；但是对于后者来说，他是个新手。他认为后者更不容易："当你演讲的时候，你知道人们往往都在听，因为他们真的想要聆听。他们来听你演讲，并听得非常认真。但是广播不同。你永远不知道自己是否是个受欢迎的访客。你看不见观众，当你说话的时候，你也无法及时捕捉到他们的反应。"无论如何，卡内基相信，所有形式的交流都有共通性——饱含激情地说出"一系列令人惊奇又有趣的话"，这是打动所有普通观众的关键。"进行广播的时候，我用红墨水在脚本的每一页顶部写下'快乐'一词。那个词象征着我能从自己正在做的事情中得到的乐趣"。这位广播主持人认为节目能成功，部分原因在于自己受过表演训练。他学到的表演技巧——"舞台表现、台词、吸引并维持观众注意力的能力——这些知识都是无价之宝"。[35]

卡内基的广播节目反映了多种问题及倾向性——它们既与自己有关，也与观众有关——它们普遍地存在于 20 世纪 30 年代早期。虽然它采用了经久不衰的乐观主义基调，但是有些内容涉及与大萧条相关的困境与成功。有次广播主题为"他们花了一辈子的时间驱赶大灰狼"，其中谈及马克·吐温、尤利西斯·S. 格兰特、丹尼尔·韦伯斯特和亚伯拉罕·林肯等人如何在大半生负债累累及"并不比你我聪明"的情况下，经过奋斗取得成功。卡内基调查了当代几个平民英雄。沃尔特·迪斯尼突然梦到了米老鼠，当时他还是个普通人，在一家修理店狭窄的办公室中工作。"修车厂里充满润滑油和汽油的味道，他闪现出一个价值百万美元的想法"。还有威尔·罗杰斯，他"没有受过什么教育"，成功后依然"穿着破旧的衣服，经常不打领带开车去好莱坞，身上穿着靴子和蓝色牛仔布旧外套，上面还钉着黄铜铆钉"。[36]

但更为常见的是，卡内基在其传记式广播节目中追求另一个主题：作为普通人的名人。当然，个性的发展一直受到长期的关注，但是如今，他将个人魅力提升为一种影响现代生活的主要因素。正如他在《公共演讲：给商人的实用教程》中指出的那样,"如果你谈论东西和思想,你可能会让人们感觉无聊,但是当你谈论人……(和)个性的时候,你很难不会吸引人们的关注"。20世纪30年代,当他与一位报纸记者讨论广播的时候,他反复强调这一点。他评论说:"如果你谈论抽象的主题,听众很可能会开始打哈欠。谈论人——个性、人们的奋斗史、开心和不开心的事——那么观众将会尽力倾听每个字。"[37]

因此,在每周的广播节目"你所不知道的名人故事"中,卡内基几乎总是谈论名人主人公的个性,聊他们个人的故事、面对的挑战和获得的成功,很少关注这些人的思想或社会成就。当H. G. 威尔斯的一条腿受了重伤,只能卧病在床时,"他潜心阅读每本能够找到的书……并培养了对文学的喜爱之情",他因此成为世界上最为著名的作家之一。铁路巨头科尼利厄斯·范德比尔特是个怪异又迷信的人,他"在每个床腿下面垫了一个盘子,里面装满了盐,以防睡觉时受到邪恶东西的袭击"。甘地则是个神圣的怪人,他"有一整套假牙,并把它随身放在缠腰带里。只有吃饭的时候,他才会把它放进嘴里"。列宁是一位粘着假胡须的"革命者",他通过用隐形墨水写的信跟别人联系,只有把信浸入水中,才能看到上面的内容。在此时期,这位广播主持人用这样的风格,促成了一种名人文化,谈及名声时,魅力和个性成为关键的因素。正如丹尼尔·布尔斯丁广为人知的嘲弄之语,在这种氛围下,现代名人"由于人们对他们了解得更多而名扬四方"。[38]

在介绍电影明星时,卡内基的名人强迫症尤其明显。密苏里的作家朋友霍默·克洛伊与好莱坞有联系,因为有几部电影改编自他的小说。这位广播主持新秀邀请他做访谈,并帮自己创作一些介绍著名演员的脚本。卡内基写道:"你知道,你是我的好莱坞专家",他总是请求这位老朋友联系不同的电影明星。1933年12月,他写信给克洛伊:"自从首次播出好莱坞明星的节目以来,我今年只有6期节目了。如果你寄给我米老鼠和玛丽·碧克馥的故事,那就意味着已经有三期有关好莱坞明星的广播节目了。我想在这儿访问艾迪·康托。做一期关于葛丽泰·嘉宝的怎么样?访谈一次哈罗德·劳埃德怎么样?莱昂纳尔和约翰·巴里摩尔怎么样?"当克洛伊寄给他几篇有关名演员的成稿时,卡内基要求他将稿件润色成为自己的风格。他说:"如果你能按照我想要的方式写这些广播稿,那么我就不用花几个小时修改了,这将对我有很大帮助。我对你的感激之情无法用任何语言形容。我想要的稿件必须非常完美,但是你教过我,不能模仿别人,而是卷起袖子,伸出双手,做我自己,而这就是我现在正在尝试做的。"[39]

有一次，凭借着他对流行趋势的敏感，卡内基把握住了20世纪30年代的强大潮流。在大萧条时期的美国，明星发挥了巨大的推动作用。在一个很多人都奋力生存的年代，大量工人阶级和中产阶级将财富、美丽和耀眼的个性看作照亮黑暗的光。例如，他们蜂拥至电影院，人数空前，在黑暗的电影院中寻找慰藉。用一位批评家的话说，"在痛苦中，电影成为全国人民的幻想生活"。大批观众屏息凝气，投入到诸如芭芭拉·赫顿等富人出入上流社会的故事，投入到"可怜的富家小女孩"格洛里亚·范德比尔特遭遇的困难之中；他们沉浸在《故事影片》和《电影》等影迷杂志中，这些杂志介绍了想象中的好莱坞电影明星的生活；他们被广告影响着，这些广告利用上流社会阶层向消费者传递了一种迷人又富有的形象。当然，虽然是逃避现实的表现，但是名人文化还具有另外一种作用。正如一位心理医师说的那样，在困境下，它"强调个人很有可能取得成功"，有助于再次肯定美国梦。只是如今，它的核心变成了催人前进的个性和魅力，而不是努力工作和正直的性格。[40]

卡内基的广播节目确实是非常成功的，从1933年到1935年共播出了两季。第二年，节目改变了形式和伴奏，变成了5分钟的日播节目，播出时间为每天下午1:45到1:50，并吸引了美国散热器公司出资赞助。1934年，得益于广播节目产生的宣传效用，卡内基将第一季中的故事编撰成书，授权给格林伯格出版社出版，书名为《鲜为人知的名人故事》。这本书引发了一些或褒或贬的评论，有些批评家认为此书非常吸引人，让人陶醉其中，也有人觉得它肤浅而琐碎。一篇多家报纸转载的美联社书评认为："此书读起来非常有趣，充满逸事，能让读者一口气读完整本书。"但是《纽约先驱论坛报》却持相反意见，认为卡内基的谈话"被虚假的亲密性搞砸了，滥用对话式的俗语，严重低估了听众的普遍知识和智商。最好的例子就是当恺撒第一次见到克里奥帕特拉的时候，作者推测恺撒对后者说：'天哪，天哪！看，看，看！为什么罗马没有像你一样漂亮的女孩呀？'"[41]

到了1925年，这档节目帮助卡内基提升了名气。除了广播和同题材的书，美国国家广播公司的推广宣传还让他在全国的知名度大大提高。例如，美国国家广播公司将卡内基推广到商业集团和机构，将其包装成"一位电台演讲家"，他的赞助商"已经为其初秋开播的节目续订了合同。根据麦尔德克斯公司发表的声明，以卡内基先生为特色的广播节目使得公司的销售额在上一季提高了30%。请允许我们给您提出如下建议，邀请戴尔·卡内基为您的员工、销售会议、商务例会或是俱乐部会议做题为'人性的弱点'的演讲"。另外一份宣传推广的主题为"美国国家广播公司的个性——戴尔·卡内基",该单页被寄送到多个宣传机构,描绘了一位精力充沛又魅力十足的人类生活历史的记录者:"他曾到地球的另一端采访当年的伟大人物。他曾花了几年时间研究被久久遗忘的文献和大事记。从他艰苦卓绝的历史探索中,从他广泛的人脉和社会交往中,戴尔·卡内基这位著名的作家和演说家,将过去与现在名人的个性的新信息带到话筒前。"[42]

在大萧条时代的早期岁月中,卡内基的各种活动为其大展宏图提供了舞台。他开设的公共演讲课程空前成功,写作工作也风生水起,还成为闻名全国的广播主持人。最为重要的是,他热切地关注着普通美国人的情感和价值观,面临着更大的成功。即便如此,几乎没有人能够预料到,名声、财富和影响很快就会随之而来,因为他写了美国历史上一本最畅销、最具影响力的书。

10 诸位，等不及要自我提升了吧？

到了20世纪30年代，戴尔·卡内基的生活已趋于稳定。工作上，过去十年的努力成就了他持续赢利，其中包括广受欢迎的公共演讲课程、非虚构类写作以及电台广播。他是美国商业圈内一位值得信赖的人物，地位不可动摇。他还在危机重重的时代关注普通人的磨难与恐惧，他向大众伸出援手，用生存、逃避现实的娱乐活动及安慰人心的平民主义信条来应对大萧条。

在个人方面，卡内基还解决了许多20世纪20年代遗留的问题。1932年，他终于与洛丽塔·鲍嘉和分手，结束了二人长达10年充满矛盾的婚姻，并在长岛森林山安家，过着舒适的生活。虽然最后的分手是种解脱，但在之后几年中，洛丽塔无耻地利用了前夫的同情心。例如，收到《你不知道的林肯》后，她回复了一封充满歉疚之情的信，信中说读这本书"对我来说是种多么大的享受啊，我似乎在孤独中又体会到与你生活在一起的感觉……它让我想起自己坐在沙发上，你跟我聊着天，为我讲述有趣的故事"。她不断地抱怨各种身体不适——毒疮、风湿病、慢性疲劳综合征——她经常向卡内基伸手要钱。在来自宾夕法尼亚乡间的一所疗养院的来信中，她说："我刚收到你随信寄来的支票，戴尔，非常感谢你能帮我康复。"最终，卡内基为她在新泽西买了一座房子，还支付了巨额赡养费，但是她依然纠缠着卡内基，时不时地出现在他的办公室，并自称为"卡内基太太"。[1]

卡内基自己的家庭则一片祥和。如今母亲已经74岁高龄。起初，虔诚的母亲不能接受儿子离婚的事实，认为他曾"违背上帝的意愿"娶了离过婚的洛丽塔，如果他想要离婚后再婚，那么又会犯同样的错误，冒犯上帝。但卡内基为生活困难的父母提供了资金援助，从而缓和了他们的不满，并于1932年初开心地参加了二老的金婚纪念仪式。众多亲朋好友欢聚在贝尔顿的农场中，一位当地的卫理公会牧师主持了仪式，询问詹姆斯是否会继续深爱并忠于曾经的阿曼达·哈比森。用卡内基的话说，"父亲眼里闪着亮光，开口说：'50年来，我一直忠于自己的妻子，我想我毫不介意承诺给她另外一个50年！'"喜欢自由的哥哥一家就住在附近，可以就近照顾父母。与此同时，卡内基为了让家中的生活更安定，将克利夫顿的女儿约瑟芬接到了位于长岛的家中，让她担任助理和秘书。侄女会跟自己的叔叔非常亲近，并在以后为卡内基工作多年。[2]

后来，一件偶然的事致使这种美满的生活发生了逆转。来自纽约一家著名出版社的编辑报名学习卡内基公共演讲课程，课程所传达的信息与创始人的行事方式给他留下了深刻印象。有一次下课后，他来到卡内基身边，鼓励后者将自己的报告编撰成书。这个简单的请求引发了一系列连锁反应，它们将不可逆转地改变作者的生活，还会改变美国的文化进程。

利昂·希姆金是一位聪慧的年轻小伙子，有闯劲儿又雄心勃勃，他来自布鲁克林的一个俄罗斯移民家庭，1924年进入刚成立不久的西蒙与舒斯特公司，担任会计。这家商业出版公司由理查德·L. 西蒙和林肯·麦克斯·舒斯特共同创立，到20世纪30年代中期，便颇具规模，才华横溢的希姆金也随着公司的发展而成长。1934年，他担任该公司的商务经理（同时兼任非官方授权的编辑），并偶然遇到了一个不错的机会。他受邀参加一个在纽约郊区举行的初级经理人聚会，在那儿，著名的公共演讲教师戴尔·卡内基宣讲了自己的课程，并邀请参会者加入课程。希姆金为卡内基帮人树立的自信的理念所着迷，因此注册了课程。很快，这种迷恋就发展成为崇拜。这位导师将人际关系和实用的技巧传播给学生，使希姆金印象深刻。用他自己的话说，他确定"戴尔·卡内基能为人们带来一些特别的东西"。[3]

因此，在一次课程结束后，希姆金为卡内基提出了一个建议。他指出，不管课程讲得多么精彩，多么受人欢迎，它还是受到教室空间的限制，但如果卡内基"写一本关于与人相处艺术的书，他的理念将会播撒到全美"。希姆金建议卡内基写一本这样的书，授权给自己的公司出版。老师询问希姆金的公司名称时，年轻人回答说是西蒙与舒斯特公司，卡内基的热情立刻消失殆尽，说自己不会将书交给他们，"因为该公司之前曾拒绝过自己两本手稿，而且他太忙没有时间写书"。但是希姆金坚持不懈，他尝试了另一种方式，用一名速记员记录下部分课程内容，并将其打印出来，作为原始的草稿，之后卡内基"就可以看看这些材料，再决定是否同意将它们集结成书"。这位导师勉强同意了。因此希姆金同卡内基的秘书兼研究员弗娜·斯戴尔合作，他们花了几周的时间，编撰了首版书稿。卡内基发现了二人合作的大好前景，对该项目充满了热情，开始用自己的风格认真修改、打磨并整合书稿。[4]

卡内基精心打造的演讲课程，连同《公共演讲及在工作中影响他人》一书中的原则与案例，在某种程度上共同缓解了写书的繁赘。多年后，卡内基评论说："我其实并没有真正地写作《人性的弱点》，而是收集。我只是将自己的演讲变成文字，它们曾指导人们的工作和社交生活，还涉及了他们曾告诉我的成功秘诀。"卡内基曾给学生、扶轮国际社分社、商人团体甚至大学生做过成百上千次演讲——事实上,这些成为书稿的核心部分——格外地有效。这个演讲的原名为"如何受到他人的欢迎",20年代中期,卡内基将题目改为"人性的弱点"。[5]

1935年至1936年,卡内基在忙碌的教学活动和电台主持工作之余,将自己的精力放在这本书上。西蒙与舒斯特公司计划在秋末出版该书,用卡内基的话说,即便就剩最后一章没有完成,该公司还是"每天不断催稿"。后来卡内基回忆说:"最后,我决定就这样交给他们。"并在不久后决定写完最后一章——"它会涉及处理人际关系的错误方式"。初夏,作者将书稿交给出版社,并前往加拿大西部的路易斯湖度过了几周的假期。当他9月返回纽约的时候,该书已经准备出版,就差有个小问题还没有解决。卡内基曾建议使用《人性的弱点》(*How to Make Friends and Influence People*)作为书名,但是设计师发现要想把书名在封面上完美地呈现出来,存在着一些困难。他们认为书名应该减掉一个字母。按照作者的说法,他建议将书名中的"make"改为"win",就像自己的演讲题目一样,希姆金"对此不太满意,但却说只能如此。时间紧迫,不能再为此事纠结太久了"。[6]

西蒙与舒斯特公司设计了一个成熟的推广营销计划。除了使用传统书店渠道,他们还在一些主要城市的报纸上刊登了整版广告。这份广告后来被赞誉为"美国历史上最成功的100个广告"之一,由著名的广告商施瓦布与贝蒂策划发行。广告引人注目的设计突出了书名及卡内基的照片,按照一名专家的说法,它表明"书中的内容非常重要,值得一读,并会让读者受益匪浅"。充满活力的文字出自著名广告撰稿人维克多·O. 施瓦布之手,主要涉及以下几个方面:将卡内基推崇为商人教师;讲述迈克尔·奥尼尔的故事,他曾是一名失败的推销员,但在学习了卡内基的建议后,成为全美最棒的推销员之一;给出一份大公司列表,这些公司的经理人都曾参加过卡内基的培训;引用洛威尔·托马斯的话,他曾称赞自己的朋友卡内基是"该领域的魔法师"。广告表明成千上万的人从该课程中受益,认为"戴尔·卡内基给他们提供的建议同样也对你有效",并声称该书"会比你读过的任何书籍都更多地让你受益"。广告还包括一份邮购优惠券。优惠券的收信地址就是西蒙与舒斯特公司,上面写着:"请寄给我一本《人性的弱点》。我只需支付给邮递员1.96美元,外加几美分的邮费。据说我花5天时间可以读完这本书,如果之后我觉得它没有满足我的要求,我可以将书寄回,并要求退款。"[7]

1936年11月,《人性的弱点》出版了,出版商和作者都对该书大卖充满某种程度的乐观态度。但令所有人震惊的是,一股热潮迅速超出了所有期待。上架的头三个月,这本书卖出了7万本。西蒙与舒斯特公司预感该书会大卖,很快加大了广告力度,并于1937年1月在美国36家报纸杂志上刊登了广告。事实证明,邮购计划是个非常明智的策略:它引发了公共话题,因为购买者开始谈论此书,将它推荐给周围的人,并产生了一种持续增长的需求。西蒙与舒斯特公司公开声明:"我们相信这本书会成为1937年度最畅销的非虚构类书籍",结果远远超出了预期。到了8月,它已经出版了17版。到了年末,《人性的弱点》已经卖出65万册,位居畅销书榜单第一名,并为作者带来1.8万美元的收入。截至1939年11月,该书突破了100万本大关。在接下来的十年中,这本书卖出大约500万册,随着20世纪50年代平装书的出现,它将成为美国历史上最畅销的书籍之一。在未来80年,它将会卖出3000万册。[8]

1937年一份刊登在报刊杂志上的广告,它帮助《人性的弱点》飙升为畅销书

公众的反响与巨大的销售额让卡内基震惊不已。多年后他回忆道:"完全出乎意料的是,《人性的弱点》一夜成名。我知道人们渴望友谊,但是我确实没有意识到这种渴望有如此迫切。"当卡内基于1937年初收到自己首张版税支票的时候,他感觉就像在做梦一样,直接开车回家了。他说:"那天早晨,当艾比·康奈尔打开邮件时,她将支票放在我面前,什么也没说。我坐在那儿,看着支票上的数字,完全无法相信这个数额:9万美元。倒回去20年,我甚至不认识任何一位拥有同样财富的人。"当销售突破10万册时,目瞪口呆的卡内基寄给希姆金一张便条,上面说:"每天我起床后,面对东方感谢真主将你带进了我的生活。"随着影响逐渐扩大,作者为该书广泛的读者群及该书本身的吸引力感到大为惊奇。他大笑着告诉一位记者:"一天,我的出版商在同一封信中收到了两张订单。一个来自一所神学院,为他们的牧师学生订购50本书;另外一个来自巴黎一家上流社会妓院的女士,她需要为她的女孩们订购九本书。我是你迄今见过的唯一一个这样的作家,即读者能够跨越如此两个完全不同的领域。"[9]

为什么《人性的弱点》如此受到美国公众的欢迎呢?从某种角度上说,这本书是卡内基所有生活经验的缩影:一个从贫困走向成功的农村小伙子,一位用戏剧化的方式表现自己理念的演员,一位既能推销自己也能推销产品的推销员,一位面向通俗观众的记者,一位探索美国基本文化价值观的作家以及一位想要帮助他人成功并催人奋进的老师。从另外一个角度说,这本书触动了大众在大萧条时期尤为敏感的神经。本次创伤性的危机打碎了很多传统的个人行为观念和理想,数百万美国人因此陷入绝境,他们迫切地希望能够抓住最后一根救命稻草,从而实现经济稳定和社交成功。卡内基积极乐观的建议似乎提供了这根稻草。在恰当的时间,他带着恰当的理念出现了。

但与最初看起来的相比,卡内基这本影响深远的通俗读物要复杂得多,它满足了广泛的社会需求。该书紧密结合大萧条背景,反映了更广层面的美国文化转型,即从文雅虔诚的19世纪维多利亚主义传统转变为欲望与需求,后者源于20世纪现代科层制消费主义。美国个人主义的本质改变和以之为基础的需求的改变,为卡内基的书提供了肥沃的土壤,使其能够生根发芽并开花结果。

对于那些熟悉戴尔·卡内基的工作的人来说,《人性的弱点》最大的特点便是对公共演讲的彻底漠视。它只使用寥寥数语,邀请感兴趣的读者注册"卡内基有效表达与人际关系课程",除此以外,该畅销书中没有提及任何关于公共演讲的话题。这种情况在其多本著作中均有体现。它表现出卡内基著作最重要的特点:他扩展了自己的理念,使其成为美国最为古老的通俗流派的一部分,即成功学。通过修改早期给他人提供的建议,卡内基阐释了能带来更多物质财富并提升社会地位的种种现代品质。一位聪明的记者说:"现在,卡内基意识到仅凭公共演讲本身无法让人畅行无阻。他不再满足于教授人们如何进行公共演讲了,他想教会每个人在生活各个方面如何取得显著的成功。"[10]

因此卡内基放弃了早期对于修辞学的推崇,转而采用一种轻松、简洁、朴素而又具有启发性的方式为当代美国人呈现一种成功学。洛威尔·托马斯为该书写了序,题为《走向成功的捷径》,将作者白手起家的奋斗史进行了一个传记性速写,之后卡内基写了一篇简短的自序,名为《这本书是如何写成的及写作的原因》。他解释说自己认识到"人们迫切需要接受有效演讲的训练,但他们更需要学习在日常工作和社交生活中与人良好相处的艺术"。他继续说,有研究显示,在所有的领域取得成功的人群中,"大约15%的人是由于个人的专业知识,而大约85%则是由于人际交往技巧——即个性和领导他人的能力"。因此卡内基开始在自己的课程中完善塑造成功的理念和规则,学生们被卡内基称为"渴望自我完善的男男女女",他们采纳了这些建议后,取得了意想不到的效果。卡内基写道:"它们如同魔法一样有效。虽然听起来不可思议,但是我见过很多人采纳了这些原则后,生活发生了实质性的改变。"[11]

《人性的弱点》最初由六部分组成,共涉及三大主题。第一个主题包括第一、二两部分,提出每个人重点关注的是自己的问题和机遇,并认为与人相处的秘诀在于赞赏他人的观点与愿望。卡内基将其总结为"与人相处的基本技巧"。然后他在"让别人喜欢你的六种方式"中继续解释,读者想要达到这一目的,可以借助一下手段,即微笑、记住别人的名字、做个好听众、对他人的活动和信仰真正地感兴趣。[12]

接着,卡内基进入第二个主题,它包括第三、四两个部分:如何对待对他人的敏感性,进而影响他们的行为。换句话说,他关注采用这些原则后达到的效果。在"12种让他人理解你的思维方式的方法"中,他认为只要使用几个策略——避免争论、尊重他人的意见、从不指出他人的错误、倡导积极的而不是消极的反应并让他人认为想法源于他自己——那么经验丰富的人将毫不费力地促使别人按照自己的意图做事。在"不用攻击或唤起不满就能改变人们的九种方式"中,他详细解释道,表扬和真诚地赞赏他人,问问题而不是下命令,承认自己的错误并委婉地指出他人的问题,让人们保住面子,使用鼓励而不是批评,这将促使他人乐于按照你的建议去做。[13]

最终,在列出自己的核心论点后,卡内基在本书的最后两个部分中阐释了第三个主题。他举出两个具体案例,解释人们应该如何使用自己的准则,并在商业往来信函及婚姻中受益。在"产生魔法效果的书信"中,他指出,富有技巧的商业书信能够获得客户的信任并传达一种认同感,使你在推进自己的计划时促成良好的合作。"让你的家庭生活更幸福的七条准则"讨论了卡内基式技巧该如何应用在家庭生活中。作者认为夫妻双方应避免抱怨与批评,经常赞美对方,给"对方一定的空间",并为了获得幸福的婚姻生活而"阅读一本关于夫妻生活的好书"。[14]

引人入胜的写作风格让《人性的弱点》栩栩如生。卡内基曾在其早期著作中使用了一种活泼又充满逸事的对话体,但如今他熟练地加入了吸引大众的元素。也许,他经常使用的这一表达方式最引人注目,即"这种事怎么可能是真的呢?让我告诉你到底怎么才能做到",这意味着要揭示宝藏的秘密。例如,他采用以下方式开始谈论商务沟通:

> 我打赌自己知道你现在在想着什么。你可能正对自己说:"产生魔法效果的书信"荒唐至极!这有点像卖秘方药的广告。如果你那么想,我不会埋怨你。如果50年前我拿起这本书来看,我自己也可能会有同样的想法……
>
> 坦白地说,"产生魔法效果的书信"表述得准确吗?不,我向你坦白,它并不严谨。
>
> 实际上,它故意含蓄地描述了实际发生的事情。本章中出现的某些书信产生的效果比魔法还要好上一倍。

接着,卡内基使用了一个学生的成功事例,他叫肯·戴克,如今是高露洁-棕榈-皮特公司的广告经理。"他怎么做到的?接下来是肯·戴克本人对此作出的解释"。[15]

卡内基还使用了很多质朴的格言。在讨论避免批评他人的重要性时,他指出:"如果你想要收集蜂蜜,就不要打翻蜂巢。"在提倡要尽快承认自己的错误时,他说:"只有傻子才会尝试为自己的错误辩护——很多傻瓜都是这么做的。"在指出细心倾听才能打动一个人内心时,他评论道:"与在非洲发生的40次地震相比,他对自己脖子上的一个疖子更感兴趣。"卡内基觉察到成功人士都是受到竞争"游戏"的驱动,并认为"这塑造了竞走、唤猪及吃馅饼等千奇百怪的比赛。这是一种追求卓越的欲望。"这种接地气的语句在作者和读者之间创建了一种共同感受,一种普通人在共同意义上点头同意的情感。[16]

书中经常闪现出幽默的火花,这为他传达的信息增色不少。在讨论环境和生活经历如何塑造个人的时候,卡内基揶揄道:"例如,你不是响尾蛇的唯一的原因是你的父母不是响尾蛇。你不与牛接吻并认为蛇是神圣的,唯一原因是因为你没有出生在一个雅鲁藏布江沿岸的印度人家庭。"在提倡表扬他人的重要性时,他冷冰冰地评论说:"你不需要等到成为驻法国大使或角鹿社社交委员会主席时,再应用这种赞赏哲学。"卡内基劝告读者克制自己指出他人错误的冲动时,开玩笑说:"如果你能保证自己有55%的胜算,你就可以去华尔街,挣到百万美元的收入,娶个歌舞演员做老婆了。"这样的妙语抹去了任何自负的说教感,同时也拉近了作者与读者之间的距离。[17]

在《人性的弱点》全书中,卡内基列举了名人的事例,这些人曾由于采纳了他的建议而进入了上流社会。那些名人、要人、富人和其他成功人士的事例出现在整本书中。其中包括亚伯拉罕·林肯和本杰明·迪斯雷利等政治领袖，拿破仑和尤利西斯·S. 格兰特等将军，佛罗伦兹·齐格飞和道格拉斯·费尔班克斯等演员，威廉·詹姆斯和约翰·杜威等学者，查尔斯·狄更斯和拉尔夫·沃尔多·爱默生等作家，苏格拉底和因曼纽尔·康德等哲学家，以及约翰·D. 洛克菲勒和哈维·费尔斯通等富有传奇色彩的工业巨头。关于这些人的趣闻逸事，或是对其言论的简短引用，都能证明卡内基思想的有效性——他给了读者一个机会，得以管窥此类人的成功秘诀。例如，卡内基讲述了世上责任最大也是最忙的人之一富兰克林·D. 罗斯福如何花时间去赞赏身边的人。克莱斯勒汽车公司的代表将一辆特制的汽车送到白宫，车内有不少"独特的装置"，罗斯福叫着这个项目主管的名字，让他展示了汽车的特殊功能和精致的细节，自己边听边不停地称赞。然后他说，由于联邦储备金监察小组已经等了自己半个小时，所以他不得不回去工作，以此又不动声色地凸显了汽车公司工作人员的重要性。几天后，总统送来了一条私人信息。卡内基总结说："罗斯福知道，获得善意最简单、明显及重要的方法之一就是记住他人的名字，让人们感受到他们是重要的——然而我们很少人能做到这一点。"[18]

最后，卡内基使用自己的技巧来打动读者。他采用了一种坚定不移的热情语调，鼓励读者拥有"一种深刻又鼓舞人心的欲望，来掌握人际交往的原则"。他没有关注自己，而是关注读者的欲望和洞察力，在该书一开始就这样追问："我写完这本书后，你为什么应该花时间去读它呢？"他建立起一种共同感，指出"与人交往可能是你面对的最大问题，如果你是商人的话，更是如此。没错，如果你是家庭主妇、建筑师或工程师，也会面临同样的问题。"他表现出同情而不是优越感，并告诉读者"与其抱怨他人，不如让我们试着理解他们。让我们尝试弄清楚他们那样做的原因"。即便当他列出这些行为准则后，他依然采用一种积极的而不是消极的态度继续前行。他没有说要避免谈论自己，而是委婉地指出"如果你想要让人们喜欢你，第三条规则是：'与世界上任何甜言蜜语相比，记住那个人的名字是最令他愉快、对他最为重要的事情。'"[19]

然而，在生动活泼的文体和略显枯燥的行为准则之下，《人性的弱点》的核心观点是要催人奋进。经历了多年的教学、观察和阅读活动后，卡内基深信，所有人追求的最首要的东西是认同，这是在现代美国获得成功的钥匙。他坚持认为人类超越了生殖和生存这两种动物本能，分享了"体验到重要性的强烈渴望……渴求获得赞赏。这是一种痛苦又坚决的人类欲望"。渴望体验到重要性这一主题得到了卡内基的关注，并在此书中反复出现。他写道："如果你告诉我你是怎么体验到重要性的,那么我就会告诉你你是谁……对你来说,这是最重要的东西。你想要得到与你交往的人们的赞同。"他接着说:"你想要得到对自己真正价值的认可。你渴望在自己的小圈子中感受到你是重要的。"他总结说:"在明天你将遇到的人中,有四分之三的人都渴望得到同情和慰藉。如果你让他们如愿以偿,那么他们也会喜欢你。"[20]

卡内基给雄心勃勃的聪明人提出的几乎所有建议,都基于人类对认同的特殊需求。成功的关键在于满足这种对自尊的渴望,在卡内基的假设中,巧妙地满足他人感到重要的需求将会"赢得他人的理解",使自己的计划得以顺利实施,并在此过程中取得成功。他回归到在《人性的弱点》中反复提及的这一中心观点上来:

> 有一种关于人类行为的最重要法则。如果我们遵循了这条法则,那么我们几乎不会碰到任何麻烦。事实上,如果我们依照这个法则行事,它将为我们增加数不清的朋友以及无尽的幸福……这条法则就是:永远让他人感觉到他们是重要的。
>
> 其他人都像你一样:我们对自己需要的东西感兴趣。因此世界上能够影响他人的唯一方法是谈论他们的需要,并且向其表明如何才能够达成他们的愿望。

因此,卡内基成功学的本质可以被归结成为一条格言:如果你坚持不懈并真诚地让他人感到他们是重要的,他们将采纳你的想法,接受你的领导,并且忠诚地追随你。[21]

20世纪30年代美国人的生活状态使得卡内基在《人性的弱点》中阐述的核心观点具有强大的文化吸引力。自1929年以来,大萧条让美国传统的个人主义有机体支离破碎,并削弱了依靠勤劳工作而达到成功的观念。这场灾难侵蚀了人们的自我价值感,让人们不再感受到自己的重要性,尤其对中产阶级影响最大。大萧条让多数人质疑自己能否成功,同时也彻底粉碎了一些人成功的梦想,它建立起一种羞耻、自责和恐惧的巨大潮流,足以将美国人都吞没。

个人的挫折和痛苦随处可见。斯特兹·特克尔采访了许多大萧条时期的幸存者,收集到大量让人难堪及羞辱的故事。一位失败的商人说道:"耻辱?无须多言。我会站到领取救援物资的队伍中去,我会踌躇不决,看看身边是不是有熟人。我会把头低到不能再低,让任何人都认不出我来。"当一位年轻的女士由于父亲事业失败而被迫离开寄宿学校时，她说："我深受伤害，觉得难以置信。"一位给中产阶级病人治疗的精神病医生从未忘记过失业的病人们内心的沮丧。他解释说："一个没有工作的男人就是个一无是处的懒汉。在那些日子里，每个人都接受了自己的角色，接受了命运赋予自己的职责。每个人或多或少都由于自己的过错，或能力不足或运气不佳而自责不已。大家普遍认为失败源于自己的过错。"[22]

在通俗文化中，20世纪30年代大量偶像的魅力激发了人们战胜困难的勇气。著名电影制作人华特·迪斯尼以"小人物的胜利"为角度，描绘了米老鼠；同时，《三只小猪》则是普通人战胜大萧条这只"大灰狼"的寓言。广受欢迎的漫画《英雄超人》，讲述了克拉克·肯特这位戴着眼镜并不聪明的失败者冲进离他最近的电话亭，变身成为超级英雄并将大都市从灾难中拯救出来的故事。这是大萧条时期的完美幻想：一个失败的人神秘地取得胜利，并成为大众崇拜的对象。杰克·本尼可能是当时最著名的电台喜剧演员，作为一名自我否定的反英雄，他忍受了各种屈辱，并用幽默将其化解，从而拥有巨大的观众群。这些人反映了20世纪30年代人们的普遍经历：人们习惯了受到欺辱，尽最大努力与社会强加给他们的困境苦苦搏斗。[23]

但是这种普遍的不安全感没有引发革命性的巨变，而是强化了基本社会制度。一位研究大萧条时期文化的历史学家指出："我们发现，正是在这个时期人们首次开始大量谈及'美国人的生活方式'。"同时"草根"成为具有特点的表达方式。普通人没有想去推翻当时的制度，而是寻找一种美国生活方式，并让自己与之相适应。这种寻根的平民主义——它涵盖了从诸如托马斯·哈特·本顿等地方主义画家，路易斯·洛马克斯等乡村音乐采集者，范维克·布鲁克斯等文学领袖，亨利·福特等在乡村度假的人士——在民族的传统中寻求精神上的安全感。电台肥皂剧以此为特点，为那些严阵以待的家庭主妇送去讲述个人危机及从中复原的诸多故事，并传达了一种信息，即她们在困境中并非孤身作战，人们普遍持有的价值观将会最终获得胜利。它甚至还影响了罗斯福总统那受人欢迎的政治措施。这位总统在自己的大选及新政中说道："我们反对革命。在1933年的美国，人们不需要尝试通过推翻他们的制度来补救过错。美国人生来就意识到，错误能够并终将在自己的制度内得到调整，回归征途。"面对巨大的压力，美国人发起了"一种寻找并界定美国生活方式的尝试，并践行了这种生活方式"。[24]

因此，大萧条时期普遍的个人创伤、社会的不稳定以及在美国传统中寻找对策的尝试，共同为《人性的弱点》塑造了一个读者群。卡内基亮出一种走出困境的方法。他本能地认识到，人们迫切渴望能感到自己的重要性，并想要在当前的时代中获得成功，这个时代的社会经济条件似乎会摧毁一切机遇，在此情况下，他为有效的个人行为提供了一种新模式。卡内基写道："人们通常为他们取得的新成就而吃惊不已，这看起来如同魔法一样。"他认为掌握自己的原则将"帮助你在同类人中收获更多的社会和经济上的回报。不厌其烦地跟自己说：'我受欢迎的程度、幸福与否和收入的多少更多地取决于我与人交往的能力。'"作者还反复重申成功文学的两个传统特点：自我审视和行动。他鼓励读者要经常抽时间反思自己的行为，以此能找出"你曾犯过什么样的错误，为了将来，你会作出何种改进并得到什么样的教训"。同时，他还坚持认为自己的著作是"一本行动指南"，因为它提倡将原则付诸行动。他宣称："你已经花了足够多的时间阅读此书。现在合上它，将熄灭的灰烬倒出自己的烟斗，马上开始在离你最近的人身上应用这种赞赏哲学吧——去见证奇迹的发生。"[25]

1940年左右，该广告用于向广播听众宣传卡内基的成功学

有些聪明人看到了此书独特的魅力，它是一本成功学指南。有位记者曾写道："对于成千上万名真挚勤劳、雄心勃勃的美国人来说，戴尔·卡内基是一位重要的预言家。对他们来说，他是一位大圣人，一位愿意与信徒分享天启的贤人，他曾揭示过受人欢迎并获得成功的秘密。"一篇刊登在《周六晚间邮报》的评论更为接近这种观点："对于一位客观的旁观者来说，该书成功的秘密似乎异常简单明了。每个买这本书的人花1.96美元，马上会得到这样一种信息，即他可能跟世上任何人一样强大、聪明、富有、成功，并可能比大多数人还要强好多倍。如同美容医生和仪表教师一样，戴尔·卡内基卖给人们他们迫切需要的东西。他向人们出售希望。"[26]

当然，卡内基并非20世纪30年代唯一的成功学作家。此类畅销书籍包括多萝西娅·布兰德的《唤醒自己，开始生活》（1936），拿破仑·希尔的《思考致富》（1937），诺曼·文森特·皮尔的《生活的艺术》（1937）和《你能成功》（1938）等，这些书籍吸引了那些寻求个人成功的读者，内容涉及积极思考、心理学和精神领域。但是卡内基的《人性的弱点》远远超出了同领域任何一位竞争者的作品。之所以如此，是因为它并没有仅给出关于赚钱、获得内心平静或寻找精神宁静的空想，而是提供了一种重塑个人力量的实用方法，在这个时代，这种力量似乎面临着灭绝的危险。卡内基坚信个人能采取有效的行动从而获得成功，并指导人们如何达成这一目标。他还使用一种给人以希望的方式活泼热情地传达自己的建议，同美国总统一样传达了同样的乐观主义。毫不夸张地说，也许就像富兰克林·罗斯福在大萧条时期拯救了资本主义一样，戴尔·卡内基拯救了与资本主义相伴随的个人主义文化。[27]

卡内基著作中的成功学并非只是对20世纪30年代个人主义危机的回应。他还反映了一种更漫长、更深刻的趋势。为了建立更好的个性并培养熟练的人际关系技巧，《人性的弱点》的原则反映了20世纪早期美国文化的突变，它彻底扫清了维多利亚传统的残余，并建立了一种公共及个人的崭新景观。

查尔斯·施瓦布在《人性的弱点》中扮演了主要角色。这位影响深远的工业巨头在卡内基钢铁集团中走向成功，从一名普通工人成长为安德鲁·卡内基的左膀右臂，并最终于1897年成为该公司的董事长。到了1901年，当J. P. 摩根收购了卡内基公司，并建立全美首个市值十亿美元的公司美国钢铁集团时，他任命施瓦布做该公司的董事长。施瓦布首次获得戴尔·卡内基的注意是在1916年11月，那时他在《美国人杂志》上发表了一篇题为《用你所拥有的东西获得成功》的文章。当然，这位工业经理人强调了一种奉献的工作伦理，但是他更强调激励他人、建立合作伙伴关系、保持积极的态度以及利用个人魅力的重要性。[28]

如今，这位工业巨头成为卡内基畅销书中的关键因素。卡内基说道："施瓦布的个性、魅力和让人们喜欢他的能力，几乎是他获得卓越成就的所有原因；其中他最令人欣喜的个性因素之一是他那迷人的微笑。"但是事实远非如此，施瓦布还展现出一种灵活地进行危机公关的能力。有一次，他所管理的一家钢铁厂没有完成生产任务，该厂的经理无法改善这一状况。施瓦布没有解雇管理人员，也没有严厉地责备工人。与此相反，他询问夜班工头夜间钢铁的产量，用粉笔将数字记录在地板上，然后未做任何评论地走了。白班工头看到这个数字后，想要增加他们的产量，因此他们超越了这个数字，并写下了一个数目更大的数字。夜班工头也如此反应，很快工厂的产量飞速增长。卡内基迸发出这样的评论："想要超越的欲望！挑战！大胆接受挑战！这是一种绝对能激发人类精神的方式。"还有一次，当施瓦布走过一家钢铁厂时，他看到一群人正在"禁止吸烟"的牌子下抽烟。他也没有惩罚他们。卡内基充满赞赏地写道："他走到这些人面前，递给每个人一支雪茄，说道：'孩子们，如果你们在外面抽这些雪茄，我将对你们非常感激。'这些人认识到他发现了他们违反了规章制度——他们还赞赏施瓦布,因为他什么都没说,给了他们一份小礼物,并让他们感到了重要性。你怎能不喜欢这样一个人呢,是吧?"[29]

以上才能促使施瓦布成为或许是首位挣得百万美元年薪的人,卡内基将其归结为一个原因。他写道:"因为施瓦布是天才吗?不是。因为他更了解钢铁生产吗?无稽之谈。"他推崇施瓦布与人交往的诀窍,并用这位工业巨头自己的话说:"我将自己激发人们的热情的能力视作我所拥有的最宝贵财富……激发一个人内心最美好品质的方法就是赞赏和鼓励……不管一个人多伟大或意气风发,与面对批评相比,我发现人们在赞同下工作得更出色,会付出更多努力。"对于卡内基来说,这条建议如同福音一般,而且施瓦布最喜欢的一句话——"我发自肺腑地给出认可,毫不吝啬自己的称赞"——成为反复出现的祷告词。[30]

查尔斯·施瓦布成了鲜活的例子,证实了《人性的弱点》中的成功秘诀所具有的强有力因素,即塑造一种吸引人的个性,具有人际交往的能力。卡内基从大萧条的困境中将美国个人主义解救出来,在此过程中,他利用了个人生活方式在十年中发生的转变。如同之前提到的那样,维多利亚式"性格"转变为现代"个性",这完成了20世纪早期消费资本主义和复杂社会结构的转变。正如某位历史学家指出的那样:"在一直由科层制公司主导的社会中,人们在更多的情况下要与人打交道,而并非与物打交道。'个人魅力'开始取代性格成为成功的关键。"为了适应这一过程,卡内基曾在其早期著作中强调过个性的重要性,鼓励学生培养热情、有效、吸引人的品质,并将其展现出来。[31]

如今卡内基更进一步。他一如既往地批评"传统信条,即努力工作就是让我们的欲望实现的魔法钥匙"。但鉴于个性以前是公共演讲的重要因素,如今在《人性的弱点》中,它却成为寻求更大层面的成功的绝对核心。摆脱公共演讲的局限性后,充满魅力并不可抗拒的个性成为卡内基重塑个人主义信条的核心。本书的读者可以利用这些规则,像查尔斯·施瓦布一样,依靠个人魅力大踏步地迈向成功。[32]

卡内基娴熟地深入谈论这一主题。在《让人们喜欢你的六种方式》中,他列举了令人愉悦的个性品质,无私是首先被涉及的特点之一。一种微妙而敏感的个人形象被量身打造出来,散发出关切与重视,以适应20世纪30年代冷酷无情的科层制人际交往世界。卡内基明白,现代世界中的成功并非源于人们对你服从、尊重或畏惧,而是源于他人对你的喜爱。如同他的一句名言所指出的那样，一个人的个性是为了"赢得朋友"。[33]

后来，在培养个性的运动中，卡内基狡黠但充满战略性地推进到批评领域。一种受人欢迎的个性可能会赢得朋友，但是它如何"影响他人"，从而成为获取成功的关键呢？换句话说，个性必须要以某种方式付诸实践，从而实现一个人的成功。之前，卡内基曾说明，自觉地展示自信、热情和成就将会影响他人，因为"人们围着充满激情的演讲者，观众热情得就像一群野鹅正围着一片秋收时的麦田"，1926年他如是说。然而卡内基意识到，他如今推崇的"发自肺腑地给出认可并毫不吝啬自己的称赞"这一模式更为复杂，需要巧妙地使用。如同他所说的那样，这将卡内基引领向"人际关系"领域，它让别人主动地理解你的思维方式。因此在卡内基具有创新性的观点中，人际关系成为现代个性文化所依赖的情感支点。[34]

在《人性的弱点》中，他迅速找到一位美国传奇商人来证明本书的这一观点。卡内基声称，在约翰·D.洛克菲勒的全盛时期，他曾表示"与人交往的能力如同糖或咖啡一样，是可以购买的商品……而且与世界上任何别的东西相比，我愿意为这种能力支付更多钱"。卡内基将其个性理念与人际关系的重要性联系起来。多年来，他遇到过成百上千的学生，并写道："我意识到，这些成年人不仅迫切需要接受有效演讲的训练，他们更需要学习在日常工作和社会交往中与人相处的艺术。我还逐渐认识到自己也迫切地需要进行相关的训练。如今当我回首之前的岁月时，我为自己曾经缺乏这些技巧与知识而震惊不已。"他继续说，事实上"我自己曾探索多年，想发现一种实用的人际关系工作指南。由于世上没有这样的书，所以我只能尝试自己写一本"。[35]

在科层制氛围中，《人性的弱点》为人们提供了与人相处的准则。卡内基特别关注人际关系的核心理念：成功的个性能说服他人，让他们在没有察觉的情况下接受你的领导。不去批评，而是靠赞赏，表达"发自肺腑地认可和毫不吝啬的称赞"。他让别人感到他们的重要性，他令人愉悦的个性不知不觉地表现出一种强大的力量，随着同事和搭档们的自信得到满足，他们就会处于被领导的状态。然而，说服人们接受领导是极其重要的。卡内基建议："当我们拥有一个不错的想法时，与其让他人感觉这想法是我们的，倒不如让他自己思考并提出这种想法。他之后会将该想法看作是自己的，并可能为之作出诸多努力。"[36]

在《让人们乐于去做你想要他们去做的事情》一章中，卡内基列举了一位人际关系专家极具启发性的案例。一次，伍德罗·威尔逊邀请威廉·麦卡杜加入自己的内阁担任财政部部长,并让后者认为接受该职位将会为其带来巨大的利益。麦卡杜同意了,同时拥有了一种从未有过的被重视的感觉,产生了对总统的忠诚感。纽约最大的印刷厂的负责人 J. A. 万特面对着一位机械师,后者经常抱怨工作时间太长、工作量过大,因为他需要管理几十台打字机和印刷机,保证它们正常运转。公司负责人作出如下答复,他给了这位机械师一间小办公室,在门上方挂上"服务部经理"的牌子,并给此人认同和重要的感觉,于是抱怨之声没有了。这些策略满足了人们的需要——卡内基说道:"这就是人性。"——并为其人际关系的核心原则提供了令人信服的证据:"让他人乐于从事你建议的事情。"[37]

卡内基再次列举了名人事例来证明个性培养和情感策略。那些富人、名人、成功人士以及社会要人、电影明星、各国领导人、亿万富翁以及受人尊敬的作家们,排好队等着验证卡内基方法的有效性。不论是亨利·福特想要了解他人的观点、泰迪·罗斯福热情地与他人交流、亨利·詹姆斯鼓励大家追求自己的幸福、哈维·费尔斯通给人们提供超越自我的机会、索尔·胡洛克致力于向他人传达慰藉,或是多萝西·迪克斯强调夫妻间相互赞美与欣赏的重要性,这本书列出了大量杰出名人的事例和他们说过的话,强化了作者想传达的重要信息。[38]

在《人性的弱点》中,戴尔·卡内基为现代美国创建了一个充满活力的成功理念。本杰明·富兰克林曾在 18 世纪追求乡村共和国,霍拉肖·阿尔杰曾在 19 世纪追求维多利亚式工业社会;与之相应,戴尔·卡内基如今在 20 世纪生机勃勃的美国消费社会奋斗不已。他融汇了自己早期生活和工作的动力——一种想要成功的强烈愿望,一种发展个性的信仰,一种在现代生活中对科层制社会环境的强烈感受,一种不断强调的人际交往的意识——他提供了一套保证成功以及提高社会地位的原则。大萧条的创伤起到催化剂的作用,让从性格到个性的长期转变得以完成。20 世纪 30 年代文化融合的过程成就了卡内基的理念。这种成功学强调自身的重要性以及培养人际交往的技巧,它从根本上满足了一种现代需求:销售自己,从而实现发展和成功。这种"赢得朋友并影响他人"的理念在 20 世纪彻底地重塑了美国传统的个人主义。

然而,从现代成功学的意义上说,卡内基的这本畅销书还获得了更为深刻的反响。该书关注作者长期对于积极思考和心理学的兴趣,探讨了人类精神中的多处隐秘之处,分析了人类行为中的情感和蛰伏的冲动之间的关系。在美国现代疗伤文化的发展过程中,它成为一个里程碑式的文本,它的力量随着播撒范围的扩大而愈发强大。

11　我们在和感情生物打交道

心理学深深地吸引了戴尔·卡内基，这在《人性的弱点》中表现得淋漓尽致。在洛威尔·托马斯为该书撰写的热情洋溢的序言中，他认为老朋友的书是"公共演讲、推销术、人际关系和应用心理学的完美融合"。在自序中，卡内基说自己花了大量的时间"徜徉在浩瀚的心理学巨著中"，阅读了阿尔弗雷德·阿德勒、威廉·詹姆斯、哈利·奥维斯特里特的著作。有人注意到这一影响。刊登于《文学文摘》上的一篇书评指出，卡内基关注人类"对自尊的欲望"以及一种渴求，后者在"自我得不到良好的滋养"时便会爆发出来，他曾专注于"心理学家教会他"的东西。在《时尚先生》上，霍默·克洛伊撰写长文谈论"戴尔·卡内基的黄金著作"，他引用了詹姆斯对于人类的言论，即"人类只是利用了我们身体及精神资源的一小部分"。克洛伊充满机智地说："现代心理学家是否会坚持信仰并不重要，重要的是戴尔是这么做的。"[1]

实际上，《人性的弱点》中引人注目的心理学因素表明，该书之所以意义重大，绝不仅仅由于它为焦虑的美国人提供了一剂现代成功良药。作者挖掘到了人类冲动的更深层次，更彻底地探寻了塑造成功的模式。当然，卡内基对于心理学的迷恋可以追溯到1910年，那是他首次对"积极思考"和"心理治愈"产生兴趣，这影响了他早期的教学和写作生涯。但如今，身处大萧条危机的旋涡中心，他将心理学应用到这本畅销书中，将其推举到了更高的层次。在书中，卡内基开门见山地表明，他的意图是"让你能轻松理解心理学原则，从而应用到日常生活中去"。稍后，他强调了这种感觉。他提醒读者："与人交往的时候，请牢记我们不是与逻辑生物打交道，而是与情感生物打交道。"[2]

由于借鉴了心理学的分析模式和内容，卡内基成为现代美国文化中的一位关键人物，塑造了一种强有力的新模式。自20世纪早期以来，心理学在多个不同领域发挥着日益重要的作用。与维多利亚式传统中对道德的肯定不同，一种新的民族精神出现了，它强调个性培养、个人的幸福、人际交往和自我实现。菲利普·雷夫称其为"心理学的人"——一种个人主义的表现形式，它不太关注宗教救赎或获取经济利润，而是更多强调情感个体——在20世纪早期显现出来。卡内基奋斗在大萧条带来的沉重压力氛围下，成为也许是20世纪中期最具影响力的心理学话语普及者。他揭示了一种不可抗拒的世界观，其中心理学的地位和自我控制成为个人和社交生活的核心。这些观念构成了现代治愈文化的根基。[3]

卡内基对心理学的痴迷对其多年来的教学和写作生涯产生了影响，并在20世纪30年代开花结果。它在"卡内基公共演讲和人际关系课程"中扮演了重要的角色，学生从中"学会了利用现代心理学的重大发现——那些发现大幅提高了商业会谈的有效性"。卡内基强调课程能促进"自我表达和个性，它前所未有地激发并滋润着一个人潜在的力量"。在广告中，该课程内容包括"商业公共演讲、科学销售和实用心理学"，并指出课程的对象是以下这类人，他们"意识到必须将现代心理学发现应用到与人相处的艺术中，以便让别人做我所想"。[4]

通过与纽约地区的很多心理学家、精神医生、治疗师及咨询师的专业交流，卡内基的主张与心理学的契合性进一步增强。当《人性的弱点》造成轰动的时候，关于卡内基课程的文章指出，许多以心理学为导向的教师和作家们受到该课程创始人的吸引，聚集在其周围，要么经常客座授课，要么进行特别演讲。他们在很大程度上显示出卡内基20世纪30年代中期的思想以及这本畅销书的本质。[5]

奥维斯特里特毕业于加利福尼亚大学伯克利分校，在纽约市立大学哲学与心理学系任教，并在社会研究新学院讲授继续教育课程。然而，他首次获得卡内基的注意是因为其充满争议并广受关注的著作《影响人类行为》（1925）。它来源于作者在新学院名为"通过心理学而获取的新知识对人类行为产生了何种实际影响"的系列讲座。这本被书评人描述成"应用心理学"的书认为"人类个体受到众多需求的驱动，他本身甚至都未曾察觉到其中的大部分需求"。他极力主张，任何尝试影响人类行为的人必须要掌握非理性精神生活带来的巨大影响。[6]

奥维斯特里特声称："我们生活的主要任务是让个性及个性展示出来的东西在人们的特殊场合中发挥作用。"当然，生活囊括很多东西——满足吃住及性的需求、游戏、战斗、抱负、悔恨——但是最为重要的是"让我们获得信赖并被人接受这一过程"。因此，奥维斯特里特探索了如何能够获得他人注意、赢得尊重并引导他人沿着自己的方式思考及行动的方法。他写道："在寻求该方法的过程中，我们会发现现代心理学为其提供了巨大帮助。商人已经有了点滴发现，即心理学知识能够为其所用。更进一步来说，教育正大踏步地进入心理学领域。"奥维斯特里特强调获得别人"肯定回答"的重要性，这种策略"使听众的心理学进程朝着积极的方向发展"。他还认为:"我们愿意被人仰视——被某人,也许是被尽可能多的人……实际上,想要获得他人尊重,特别是被那些我们尊重的人所尊重,是至关重要的。"[7]

按照奥维斯特里特的说法,能够影响他人的人利用了那些心理学的冲动。他们使用策略来获得"肯定答复",赢得赞善与自信,并认为人们按照自己对某种"真实需求"的认知来采取行动,这种需求就是他对"人类欲望"的理解。奥维斯特里特指出:"也许这是给那些未来的说服者提供的最好的建议,不管是在工作中、家庭中、学校里,还是在政治中,都是如此。首先要激发起他人的一种迫切愿望——能做到这一点的人就拥有了全世界,做不到这一点的人就只能孤独一生。"他还说:"真正有效地说服他人的秘诀,就是引导人们说服他们自己。因此,说服者的主要任务就是引导体验,剩下的就水到渠成了。"[8]

奥维斯特里特的思想对卡内基产生了深刻的影响。早在1928年,卡内基在"我曾经做过的蠢事"中写道:"奥维斯特里特教授曾说过,'让他人乐于做你所想'……我需要不断地实践这条原则,直到它成为我的一部分,成为我无意识行为的一部分。"他还指出,奥维斯特里特发表在《麦卡尔月刊》的一篇文章包含了一个重要观点。卡内基引述道:"成功影响他人的艺术包括获得'欢迎光临'的反应,以及在任何情况下都不会得到'吃闭门羹'的反应。那么我们如何才能获得'欢迎光临'的反应呢?首先是赞赏方式——这是最简单而且很少被使用的心理学技巧。多么正确啊!可悲但正确!"

到了20世纪30年代中期,卡内基向奥维斯特里特毛遂自荐,说服他加入卡内基课程,教授人际关系心理学的常规课程。很多社会心理学家的理念将会成为《人性的弱点》中的福音。[9]

卡内基心理学圈子中还有一个重要人物,即亨利·C. 林克。这位博学卓越的心理学家成长在纽约布法罗附近一个虔诚的卫理公会教徒家庭中,他先在伊利诺伊州的一所小型神学院求学,后来转学去了耶鲁大学,并在那里学习哲学和心理学,于1916年获得博士学位。毕业后,他在几家公司指导员工的心理测试,发表了一些关于工业心理学的文章,出版了几本书,其中包括《职业心理学:员工招聘、培训及评价的科学方法应用》(1919)。1931年,林克加入了由著名心理学家詹姆斯·M. 卡特尔创立的心理学公司,它以商业的模式为公司、机构提供心理学专业建议。他成为其社会市场研究的主管,发展出一种"心理学测量表"来解释消费行为,并声称其"个性参数"测验可以检测个人的个性品质。林克著有《新型销售及广告心理学》(1932)——著名的行为心理学家约翰·B.沃森为该书作序——并建议纽约市协调服务中心采用心理学测试,以帮助1.5万名失业者再就业。[10]

林克的畅销书《回归宗教》(1936)引起了卡内基的注意。这本书在五年间再版了34次,1941年发行的一个精装版详细描述了作者如何经过多年的不可知论思想后,回归到他年轻时的宗教传统。但正如他描述的那样,这种信仰的回归并非是浪子回头,而是一种由行为主义心理学引发的改变,它是一种"数学及计量的科学",在"其研究方法上与一个世纪以前的化学和物理学一样精确"。林克反对弗洛伊德及其追随者的"推理的理论",认为宗教发挥着一种重要的实用主义作用——塑造一种健康的"个性",它包括"让他人受益并为其服务的模式和技巧"。他声称,心理学测试表明"信仰宗教或经常去教堂的人比其他人拥有更高尚的个性"。按照林克的行为主义观点,"信仰宗教的心灵更为强大,它不易受到激情的影响,而是表现出理智"。[11]

林克的核心观点是他提出的健康个性观念,这也是他吸引卡内基的地方。它不是"内向的",不是不断审视内心来表达他自己关心的东西,而是"外向的",鼓励和帮助他人,并努力追赶他人。林克写道:"内向的或自私的人,认为认识他人是件麻烦事,从而避免这么做。而那些外向的人则走出自己的生活,认识陌生人。内向的人逃避社团和集体的义务及要求,而外向的人接受它们。内向或自私的人可能只是想着做好事,而外向的人则将其付诸行动。"此外,在塑造外向的人的过程中,宗教扮演着重要的角色。他写道:"耶稣基督就是个外向的人,他是无私及无私生活的伟大典范。"由于人类生来就是自私的,并且受到原始冲动的支配,"它需要宗教这种比个体甚至整个社会的人更高等的东西,以克服原始人的自私冲动,并引导人们实现更为成功和圆满的生活"。[12]

卡内基欣赏林克充满天才的外向的人理念,还赞赏他将宗教视为强大的个人发展工具。如同对哈利·奥维斯特里特一样,他说服林克参与卡内基课程,担任特邀演讲人,并宣传自己的机构。在《人性的弱点》中,卡内基使用林克的理论来构建自己的成功学模型。"如果你想要培养一种更受欢迎的个性,注重更为有效的人际关系技巧,我建议你阅读亨利·C.林克博士的著作《回归宗教》。该书作者是一位知名的心理学家,他曾亲自访谈过3000多人并给他们提供建议,这些人曾向他咨询过有关个性的问题。"[13]

瓦什·杨虽然不像林克或奥维斯特里特那样接受过职业的训练,但由于他热烈地倡导积极思考和心灵治愈，对卡内基产生了重要的心理学影响。杨成长在盐湖城一个重要的摩门教徒家庭。作为一名推销员，在寻求成功的道路上，他经受了沮丧、自我怀疑以及让其备受打击的恐惧。他不懈地坚持了几年后，最终发展出一种哲学，并让他成为一名非常成功的人寿保险推销员。由于他迫切地想要与人分享自己的成功秘诀，因此他在20世纪30年代出版了两本关于成功学及个人发展的通俗书籍。卡内基因此发现了他。

杨的成功路径依赖于两个主要因素：积极思考和帮助他人的决心。在他第一本成功学书籍《分享财富》（1931）中，他倡导精神力量，详细解释了自己依靠努力消除消极意向并培养"肯定的思维方式"，如何"战胜我自己的思考过程"。像阿尔伯特·哈伯德、拉塞尔·康维尔、詹姆斯·艾伦、奥里森·斯威特·马登等早期积极思考倡导者一样，他认为幸福或不幸，成功或失败，在很大程度上都取决于你自己的肯定思维模式，它将不可逆转地带动你的发展。如同他指出的一样，每个人都拥有一个"思维工厂，如果没有你的许可，任何东西都不能进入这个工厂中，不论是原材料还是半成品。如果没有你自己的同意，任何产品都不会从工厂中生产出来"。当他"掌控了自己的情感和想法"，并消除了"有害的思维习惯和情感弱点"时，他相信自己生命的转折点到来了。他说道："我们人类拥有很多自己也意识不到的精神力量，问题是我们让恐惧和不安驱逐了原本正常的思考功能，从而摧毁了那种力量。"[14]

在《积极的付出者：一种更好的生活方式》（1934）一书中，杨花了大量篇幅讨论了第二个主题——为他人提供服务。他将其信仰建立在积极思考的基础上，主张改变看待自己工作的范式。杨声称，那种传统的"消极的接受者"——即被动的个人不懈地督促自己寻求社会地位及经济利益的提升——必须采纳"一种积极付出者的模式"。这意味着要放弃传统的"自我同情"、"隐秘的怀疑和恐惧"、"错误的自满"以及"由失望产生的一种自卑情结"等诸多原有的思维习惯。相反，一个人应该具有一种新的思维方式，即"由于想要为他人付出而充满自信"，并"能为他人的成功而高兴"。这意味着不要一味自私地"获取"，要为他人服务："那些消极的接受者也许能挣到很多钱，而那些积极的付出者则拥有不同的追求。首先，他们为自己赢得了优质的生活。"[15]

然而，杨对这种理念进行了重要的改写。在他的体系中，无私不仅仅是指利他的，而且还具有一种微妙的后果，它包含了对付出者有利的方面。当积极的付出者真诚地尝试为他人提供最好的服务、同情、忠诚以及产品时，那些人会连本带利地返还这个人的情感投资。杨劝告读者说："不求任何回报地付出吧。为什么呢？因为如果你成为一名真诚的付出者，你将不需要索取回报。成功会随之而来，你将因付出过而受益匪浅。"积极付出者的"好生活几乎总是伴随着优质的生活状态，包括那些消极接受者们经常错失的经济收益"。[16]

这种理念深深地吸引了卡内基。他根植于积极思考之中，让杨的观点更加具有吸引力。卡内基在《人性的弱点》中写道，对于任何一个囿于自己狭隘视角及个人利益的人来说，"我应该送给他瓦什·杨的名著《积极的付出者：一种更好的生活方式》和《分享财富》。如果他读了这些书并采纳了其中的哲学，他会受益匪浅"。实际上，卡内基吸收了杨的大部分思想。《积极的付出者：一种更好的生活方式》中致读者的一系列问题几乎在《人性的弱点》中随时出现："人们对你心存信心吗？他们喜欢你吗？你是无私的吗？你是否曾尝试过让他人对你的投资获得收益？你是个积极肯定的思考者吗？"像林克和奥维斯特里特一样，瓦什也成为一位20世纪30年代的卡内基课程的主讲人。[17]

还有一位著名的心理学家阿瑟·弗兰克·佩恩也于20世纪30年代进入了卡内基的圈子，并影响了卡内基。他接受了良好的教育，拥有芝加哥大学、哥伦比亚大学和哈佛大学的多个学位，并在几所著名大学中长期担任教职。在"一战"期间，他负责美国政府战争部的心理调查，后来在20世纪20年代管理纽约指导诊所。佩恩著有实用心理学方面的书籍，参与《职业教育杂志》的编辑工作，并发表了几篇有关职业教育的文章。其中，"人类的科学选择"一文表明了他的主张，即心理学开启了诸多深层的可能性。他坚称："我们目前的文明，尤其是工业和商业的发展，其最令人瞩目的特点是科学被应用在我们日常生活的各领域。心理学这种新科学将某些领域、方法及测验标准化，以测量一般的智力"，同时它承诺"为某类人选择了相应的工作、职位和工作类型"。[18]

20世纪30年代，佩恩走到公众前，获得了卡内基的关注。他出版了《我的父母：朋友还是敌人》（1932）一书，讨论了一种心理学导向的抚养孩子的方法。他给父母提供了10条建议，其中一条说道："你能通过让孩子持续不断地感到他比不上你自己、别人或是所有人，从而让孩子产生一种叫作'自卑情结'的有害心理。你应该一直帮助他们建立自信心。"在另一条建议中，他说道："在纠正或劝告自己的孩子时，你应该总是采用一种赞赏方式，通过一些赞赏的话来表达失望，而不是表现生气、愤怒或悲痛。"这些建议影响了卡内基，让他在《人性的弱点》中强调他人的积极反应。此外，佩恩还主持了一档受欢迎的电台节目，名为"心理学家如是说"，该节目于1929年到1936年在纽约电台WOR广播中播出。在节目中，他从心理学的视角来分析日常生活事件，并为观众提供咨询，以解决那些可能会严重影响其日常生活的个人问题。卡内基聘请佩恩担任卡内基课程的特约主讲人，在讲课时，佩恩经常进行题为"如何克服自卑情结"的演讲。[19]

关注"自卑情结"的人还有路易斯·E. 比什，他是20世纪30年代卡内基的同事圈中唯一受过专业训练的精神病医师。1912年，比什从哥伦比亚大学获得了医学博士和哲学博士学位，之后他成为一名实践精神分析学家，同时身兼咨询师及作家，关注广泛的精神失调问题。之后的几年中，他在哥伦比亚大学教授教育心理学，指导纽约市的斯帕尔非典型儿童学校，帮助纽约市警察局管理精神病研究实验室，并指导位于弗吉尼亚州诺福克的一家心理健康诊所。最终，他于1926年接受了纽约综合医学院的职位，在其后的40年中担任神经精神医学教授一职。比什也出版了几本关于精神分析和个人完善的名著：《征服自我》（1924）、《临床心理学》（1925）和《隐秘的自我》（1924）。1925年，他创作了一部喜剧，名为《情结》，讲述了一名年轻女子在一名善良而富有洞察力的精神病医师的帮助下，走出精神困境而康复的故事。[20]

与以上人物相比，比什的思想在20世纪30年代最为吸引卡内基的注意。起初，比什为通俗媒体写了大量文章：一些发表在报纸《出版人之墨》上的有关心理学和成功学的连载文章，包括《成功人士的后代通常是失败的》、《精神病学与广告：为何复制品应该迎合人类的情感》以及发表在《读者文摘》上的《将你的弱势转变为优点》。他甚至还将其专业知识拓展到好莱坞，为杂志《故事影片》写了《所有演员都有自卑情结吗？》以及《为什么好莱坞的丑闻如此吸引我们？》，并在杂志《银幕之书》上发表了《给好莱坞的离婚潮所做的精神分析》。在很多文章中，比什审视了"自卑情结"的负面作用。他描述了它如何"唤起连续而痛苦的抗争，从而让我们相信高估了自己的力量"，并坚持"'自卑情结'引发的失败比我们想象的要严重得多"。让人惊讶的是，关于该主题，他最发人深省的见解是一篇针对牙医的演讲，题为"自卑情结与畸齿矫正的关系"。他引用阿尔弗雷德·阿德勒的理论，来论证"如果人身体的某个部分存在着一种有机的瑕疵，那么大脑中也很有可能存在着一种补偿性的反应"。因此，很多需要矫正治疗的病人由于一种生理上的缺陷而心怀"自卑情结"，并需要心理情感方面的治疗。[21]

比什最为著名的是其谈话式畅销书《为你是个神经质而高兴》（1936）。他以一种活泼的方式揭示出神经病症为患者提供了一种神赐的伪装。比什严肃地指出，他并非意指那些症状严重且需要专业治疗的重症神经质患者。相反，他是指症状更轻微的各种精神病症患者，他们的痛苦来源于不确定性、强迫症、自我怀疑、挫折感、不满以及极低的自尊心。这些问题折磨着很多人，事实上几乎每个人在生命中的某个阶段都遭遇过以上问题。按照比什的说法，当这些症状发出"情感生活出现了某些问题"的信号时，他们也反映出一种对周围世界强烈的敏感性。如果能够成功地调节相应的问题，精神病症患者就会获得巨大的成就。他写道："当我们患有精神病症时，我们的内心充满不平静。这种不平静不仅标志着我们渴望更好的事物，也意味着我们还没有发现真实的自我。"[22]

比什大声疾呼："内疚、耻辱和自卑是精神病的三种症状，它们总是同时出现、同时发挥作用，总是以专制者的角色粉碎你的信心，让你感觉卑微。"但是患者该如何逆转这种状况呢？对于比什来说，救赎在于精神分析和积极思考之中。他写道："让你的意志发挥作用，不动摇信念，你就不会失败！你要做的就是持久地坚持下去。你的无意识心理中发生了这样的变化：首先你变得客观，然后忘掉原来的反射弧——换句话说，忘掉压制你的旧习惯，它们阻碍你成为自己想要变成的那种人。接下来新的反射弧取代旧反射弧，从而让你变得高效，使你愿望成真、心满意足。"这本书最后一句话总结了他的治疗方法："分析你自己，不要再感到内疚，让你的自我得到释放，将你的弱点转变成为优势，从你的精神病症中获利，然后变得幸福！"到了20世纪30年代中期，比什经常为卡内基课程进行演讲。[23]

还有几位心理学专家也在20世纪30年代加入了卡内基的圈子，但他们不像奥维斯特里特、林克、杨、佩恩及比什那样与卡内基有着紧密联系。这个亚群体包括肯尼斯·古德，他担任过《周六晚间邮报》和《赫斯特国际杂志》的编辑，后来为纽约一家广告公司工作。他对销售、推销及广告心理学兴趣浓厚，其畅销书《如何点石成金》（1929）受到了卡内基的关注。卡内基曾引用古德的话说："成功地与人交往取决于赞同对他人的观点。"哥伦比亚大学教授阿瑟·盖茨也因其著作《教育心理学》（1933）而引起了卡内基的关注。卡内基引用盖茨的话说："人类普遍都渴望同情。孩子迫不及待地展示自己的伤口。出于同样的目的，成年人展示他们的瘀伤，讲述自己的事故、疾病以及外科手术的细节。实际上，人们普遍都对真实或想象的不幸产生了或多或少的

'自我怜悯'。"这些人塑造了卡内基的观念,即让他人感到他们是重要的,才是获得影响及成功的关键。[24]

在婚姻和家庭这两个话题上,卡内基受到了三位专家的影响。颇具影响力的牧师作家利兰·福斯特·伍德精通牧师心理学及相关咨询,他在《在家庭中共同成长》(1935)一书中写道:"婚姻的成功不是寻找合适的对象,而是成为一名合适的配偶的问题。"社会卫生局精神生物研究主任 G. V. 汉密尔顿博士在《婚姻出了什么问题?》(1929)一书中写道:"一位颇具偏见并非常鲁莽的精神病医师会发表如下言论,即多数婚姻问题都与性生活失调没什么关系。"牧师心理学家奥利弗·M. 巴特菲尔德牧师是纽约市家庭指导服务中心主任,他在其著作《婚姻中的性生活》(1936)中指出:"尽管有浪漫和善意的出发点,但很多迈入婚姻的夫妻还是不了解婚姻。"卡内基使用这些话来支持自己的观点,主张使用情感心理学的方法来解释婚姻和两性关系。[25]

因此,卡内基的心理学圈子凝聚了这些人的理念,认为新兴的精神科学能够解决社会问题。虽然这个圈子中的多数人都接受过良好的教育,但是他们却不怎么关注理论,而是对心理学的实际应用更感兴趣,以此来改善人类的生活。对卡内基同样重要的是,他们还经常将专业知识应用在个人成功及发展上。卡内基从这些专家身上吸取了很多思想,将其融合,并建立起一个强有力的心理学动力系统,在其 20 世纪 30 年代中期重磅出版的著作中,这成为卡内基更大范围的成功学的核心。

从首页开始,《人性的弱点》就用心理学原则、视角和建议轰炸着读者。卡内基不断地使用心理学语言来表达自己的观点,并且引用许多重要的治疗专家的话来论证自己的主张。卡内基写道:"作为 20 世纪最著名的心理学家之一,维也纳著名的西格蒙德·弗洛伊德医生说过,你我所做的每件事都源于两种冲动:性的驱使和想获得成就的欲望。"他还提及另一位著名心理学家对人类需求的重视:"威廉·詹姆斯说过:'人类本性最深刻的原则是对赞赏的渴望。'"卡内基引用了美国著名行为主义学者约翰·B. 沃森的话,说:"性被公认为生活中最重要的主题。人们普遍认为它能引发夫妻生活中最严重的问题。"同时,他展现出对著名的维也纳精神治疗医生阿尔弗雷德·阿德勒及其著作《自卑与超越》(1931)的偏爱。卡内基写道,阿德勒在该书中表示:"一个对周围人漠不关心的人会遭遇生活中最大的障碍,还会给他人带来最严重的伤害。所有人为的失败都源于这类人。"卡内基还强调说:"就算你阅读大量的心理学著作,也得不到比这更有意义的真知灼见。"[26]

在更为普遍的意义上，心理学促使卡内基不断地寻找主观的，甚至是无意识的隐性人类行为的基础结构。因此，他仔细审视了人类及其心理过程，并发现诸种影响和冲动混杂在一起，很多东西都不太令人愉悦，但却引导着人们的生活路径。他认为人类"具有偏见。我们中很多人受到猜忌、怀疑、恐惧、妒忌和自满等先入为主的观念的影响，从而导致失败"。他作出如下声明："与人相处时，让我们牢记自己并非与逻辑生物打交道，而是与情感生物交往，这种生物充满了偏见，并受到自满与虚荣的驱使。"[27]

像很多这个圈子中的同仁一样，卡内基持有一种实用主义的心理学观点。在《人性的弱点》中，实用心理学是一种站在个人利益的角度熟练地与他人交往的方法。他认为："如果我们想要交朋友，那就让我们用活力和热情问候他人吧。当有人给你打电话时，请使用同样的心理学。说'你好'时，你的语调要表现出无比的高兴。"他解释说，安德鲁·卡内基年幼时，曾学到每个人都非常重视自己的名字，长大后通过在工作中"使用同样的心理学原则而获得了巨大的财富"，即记住并使用商业往来人士的名字。他描述了卡尔文·库利奇总统在先称赞其秘书具有魅力的外表后，再告诉他要注意单词的拼写。卡内基说：

20世纪30年代末，卡内基成为美国名人，图为其在该时期的工作室肖像

"他的方法有些过于普通，但是其中蕴含的心理学却是非常显著的。在我们听到对自己优点的赞扬后，总是更容易接受自己的缺点。"他称赞本杰明·富兰克林向他人求助的技巧，后者利用了他人的才华或知识。他们的重要性得到了认可，获得了满足感，便会迫切地采用各种方式帮助你。用卡内基的话说，"本杰明·富兰克林已经离开这个世界150年了，但是他使用的心理学及如何让他人帮助你的心理学原则还依然发挥着作用。"[28]

在教给别人如何赢得朋友并影响他人时，卡内基经常推荐"积极思考"，早在20年前他就开始对此产生了关注。如今他依然坚称，内心的力量和精神的转变是在现代世界中实现成功的关键。积极思考催生了《人性的弱点》中几条重要的原则。作者认为，满怀抱负的人可以通过内心的力量来塑造自己想要呈现给他人的形象。卡内基说道："你不喜欢微笑？那怎么办？首要的办法是强迫自己微笑。如果你独自一人，强迫自己吹响口哨、哼起小曲儿或唱歌，表现出你好像已经很开心的样子,如此一来你就真会变得高兴起来。世上的所有人都在追求幸福——只有一个办法才能达成这一目的,那就是控制你的思想。"积极思考也适用于微妙地影响他人的行为。用卡内基的话说,"如果你想要完善一个人的某些方面,就要表现出这种特殊的品质已经是他卓越性格的一部分……设想并公开表示这个人已经拥有你想让他具有的美德。给他一定要这么做的好理由,那么他就会为此付出巨大的努力,不会让你对其失望"。[29]

20 世纪 30 年代,还有几位文化名人像卡内基一样,对积极思考颇感兴趣。大萧条时期,当诺曼·文森特·皮尔牧师开始成名时,他就曾提倡积极思考。他接受了纽约市大理石卫理公会教堂的任命,成为一名出色的牧师。之后,他与心理学家斯迈利·布兰顿博士合作建立了心理治疗诊所。这种尝试将心理咨询与基督教的宗教引领结合起来,以受过专业训练的心理学家和精神医生为特色,发展了"宗教-心理治疗"事业。最终,该机构更名为"美国宗教-心理治疗基金会",并为皮尔的著作《积极思考的力量》(1952)奠定了基础,这本畅销书成为其战后宗教帝国的核心内容。[30]

在此类作家中,拿破仑·希尔以《思考致富》(1937)一书赢得了大量读者,该书以非常轻松的方式讲述了积极思考。这位精神力量的倡导者坚称,积极的态度能在某种程度上不可思议地自动促成财富的积累。他认为:"精神能感知的一切东西,都会成为现实。财富源于一种精神状态和确定的目标,需要一点或根本不需要努力工作。"按照希尔的理论,追求成功的人需要一种精神转变,他给读者提供了"激发潜意识精神的六个步骤"。这些步骤包括确定他们想要存钱的准确数额,然后"每天睡觉和起床前各重复一次"。卡内基接受了这些观念,在 20 世纪 30 年代的文化中广泛传播该观念,并通过精神力量建立起最富有生命力、最实用的成功学。[31]

在涉及《人性的弱点》中的原则时,卡内基还吸收了适应心理学的内容。20 世纪 30 年代,一些心理学理论家摆脱了弗洛伊德对内在隐秘自我的强调,去探索个人与社会之间的关系,将其视作心理学问题的根源。这些理想家被称为"新弗洛伊德学派",不再强调强大的无意识冲动,而是强调人们之间的相互联系,主张个人要努力适应社会需求,并将其视作塑造人类行为和幸福的关键因素。在很多方面,他们遵循了阿尔弗雷德·阿德勒的传统,这位卓越的心理学治疗专家曾在 1910 年与其亲密的伙伴弗洛伊德分道扬镳。阿德勒坚称,社会领域与内心世界一样,对人类心理学同等重要,他开始尝试发展个性培养的观念,并曾在其著作《论神经症》(1912)、《个人心理学的理论与实践》

（1927）和《生活的意义》（1931）中阐释过这种思想。在书中，他聚焦"自卑情结"（特别尝试对其进行改善），还强调个人与更大社区团体之间互动的心理学层面的重要性，这些团体包括家庭、朋友、同事和团体本身。[32]

在20世纪30年代，美国一些新弗洛伊德学派的人正在阿德勒的思想体系上建立自己的学说。凯伦·霍恩在该团体中占据了重要的位置。作为一名德国移民，她曾于1911年在柏林大学获得医学学位，并对精神分析产生了兴趣，在1918年任职于柏林精神分析研究所。在1932年移民到美国后，她一开始在芝加哥找到了一份工作，后来接受了纽约精神分析研究所的职位。1935年，她开始在社会研究新学院授课，开设"文化与神经病症"的系列讲座。在出版了《我们这个时代的神经症人格》（1937）和《精神分析新方法》（1939）两本著作后，她的影响日益广泛。[33]

霍恩脱离弗洛伊德的正统学派有两个关键原因。首先，她反对传统精神分析中的男性偏见，坚持认为女性有着自己独特的精神发展模型。第二，在更广的意义上，她认为"社会和文化因素才是神经病症形成的关键，而不是那些经过认可的、推测性的幼年和童年早期'生理'经验，它们包括俄狄浦斯情结及性心理发展的其他'阶段'"，一位学者如此描述道。霍恩相信，个人的情感需要经常与怀有敌意的社会和文化因素相互碰撞，并因此产生焦虑、缺乏安全感，最终形成神经病症。但是文化也提供了接受温暖、安全感和赞赏的机会，并因此形成缓解焦虑的方法，那些成功适应环境的人将治愈"我们这个时代的神经病症"。[34]

哈利·斯塔克·沙利文构建了另外一个调整心理学的"美式"版本。在1917年获得芝加哥外科医学院的医学学位后，他成为一名临床精神病医师。20世纪30年代，他搬到纽约，开始发表文章及论文，并创立了期刊《精神病学》，还成为华盛顿精神病学院的校长。在这些年间，沙利文与霍恩及纽约其他精神研究领域的专业人士有着密切的学术交往，并开始转向新弗洛伊德学派。[35]

据同时期的一位同事的观察，沙利文成为"人际关系精神病学的创始人"。他认为文化因素，尤其是根植于宗教的严格的性道德，是现代美国人焦虑和神经病症的根源所在。解决办法就是要改善人际关系，这将帮助个人适应父母的要求、社会的法规以及文化的期待。如果病人想治愈神经病症，首先需要一位经验丰富的心理治疗医生帮助他理解自己的问题，能够进行自我控制，并树立自尊。治疗重视帮助个人适应其所在的团体，并在其中找到一个安全舒适的位置。沙利文写道："似乎无须争辩，如果一个人从明显的精神病患者转变为可以适应自己的环境，那么他的个性会得到很大改善。"适应社会和文化环境将培养"自尊"，这个说法由沙利文首创，并将在现代美国文化中得到普遍使用。[36]

霍恩和沙利文等新弗洛伊德学派（或者更准确地说，是新阿德勒派）在20世纪30年代塑造了一种专业知识的氛围，其中人际关系心理学、基于社会的个性发展、调整适应机制以及自尊占据了核心位置。用一位评论者的话说，霍恩和沙利文强调"某些技巧和方法，从而可能让个人更好地适应其所在环境，还可以把古怪或不正常行为转变成更易控制的行为模式"。其他相关专家的思想强化了这一观点。如海因茨·哈特曼等"自我心理学"的支持者将自我视作个性发展中最强大的因素：一个强有力的、可以复原的理性控制工具，带有"一种可以适应并因此掌握外在世界的能力"。人类学中的"文化及个性"学派也支持这一观点，代表人物为露丝·本尼迪克特。他在其颇具影响的著作《文化的模式》（1934）中写道："个人的生活史首先要适应其所在社区中传承下来的模式和标准。从刚一出生开始，他身处其中的习俗就塑造着这个人的经验和行为。"埃尔顿·梅奥等工业心理学家鼓励公司的经理使用心理学技巧去帮助工人适应现代工业组织的需求。由于这些观点不约而同地强调要适应社会需求和文化期待，因此与新弗洛伊德学派的观点相吻合。[37]

戴尔·卡内基当然不是这种专家，虽然他曾研究过阿德勒的著作，但并没有证据证明他读过霍恩、沙利文、哈特曼、本尼迪克特或梅奥的书。然而，他一如既往地对其所在的文化氛围保持着高度的敏感，而此时适应心理学势头正旺。通过为高雅文化与大众文化之间搭建桥梁，卡内基透过奥维斯特里特、林克和佩恩等理论家了解了这个运动，并在《人性的弱点》中对该理论做了通俗的阐释。作为一名出类拔萃的通俗心理学家，他将适应心理学的因素——适应社交环境，改善人际关系，磨炼个人技巧——融入一种新的思想中，向上百万名的美国人许诺幸福和成功。[38]

适应心理学为卡内基的相关理论奠定了大部分基础，他主张个人应该提升他们的个性。他颇具赞同地引用阿德勒的观点，认为"对周围人不感兴趣的人会遭遇生活中最大的挫折"。他称赞自己的同事亨利·林克，认为后者激励着那些"想要养成一种更令人愉悦的个性"的人们，从而与人更好地交往。卡内基介绍了很多塑造具有魅力的个人形象的技巧——微笑，保持积极的态度，对他人的喜好感兴趣，做个好听众——这些都根植于社会交往。很显然，卡内基笔下的成功人士能够让自己适应环境，广交好友，通过人际需求网络而熟练地使用策略，并获得事业上的成功，这些人的卓越个性根植于20世纪30年代的适应心理学社会思潮。[39]

适应心理学还解释了卡内基对努力奋斗的人的看法：发现他们的需要，满足他们的需求，熄灭他们的欲望并提升他们的自尊。他引用奥维斯特里特颇具启发性的著作《影响人类行为》中的话："给那些在职场、家庭、学校或政界想要成为说服者的人们提供最好的建议：首先要激发出别人的一种迫切渴望。能做到这一点的人就拥有了全世界，他也就从此不再孤军奋战。"他还借鉴同事阿瑟·盖茨的话，后者在其著作《教育心理学》中指出："人类普遍渴望同情。"卡内基引用西格蒙德·弗洛伊德、约翰·杜威和威廉·詹姆斯关于人类渴望得到重视感的话，并认为："我们关注着孩子、朋友和员工的身体需要，但是我们却很少关注他们的自尊。我们给他们提供烤牛肉和土豆来保持体力，但是我们却没有给他们善意、赞赏的话语，这些话会如同美妙的音乐，在其脑海中萦绕数年。"[40]

这整套关于需要和冲动的理论产生了一个心理适应的过程，卡内基将其称为"人际关系"。对于阿德勒-霍恩-沙利文学派来说，一个人若是想与他人和谐相处、赢得朋友并影响他人，取决于此人是否具有一种敏感性，从而能察觉到一种对自尊和安全感的心理渴求。《人性的弱点》夹杂了大量心理学建议，这些建议有关于"如何让人们立刻喜欢上你"、"如何赢得他人的合作"、"让人们开心的最快方式"以及"将敌人变为朋友的艺术"。卡内基劝告道："我们愿意与人谈论自己的愿望、需求和思想。"并教导说："让周围的人感觉想法来自他自己。"通过深情地追忆自己童年时期的宠物狗提比，卡内基总结了自己的通俗人际关系心理学。他写道："提比，你从来没有读过任何一本心理学书籍，你也不需要去读。通过某种神圣的本能，你知道一个人如果真正地对他人感兴趣，那么他在两个月里交到的朋友，比一个企图让他人对自己感兴趣的人花两年的时间交到的朋友还要多。"[41]

在最后的分析中，卡内基对应用心理学最为感兴趣。首先，他尝试将心理学原则应用到实践中，来帮助那些想要成功的人适应现代科层制生活，学习处理相关的问题并有所发展。因此，他将"肯定的回答"视作有效地与人相处的关键心理学技巧。卡内基关于赞扬、支持并鼓励他人的整个体系旨在激发他人一种积极的"欢迎"式反应。正如哈利·奥维斯特里特在其著作《影响人类行为》中所说的那样，巧妙地与人相处的人"能够赢得很多'肯定的答复'。他引导听众的心理过程朝着肯定的方向发展……这个人会保持一种向前发展、接受和开放的态度。因此，在一开始，我们引发越多的'是'，就越可能成功地让自己的建议最终受到关注。"那些与他人对峙且尝试以自己的方式影响并获取成功的人，往往都会失败。卡内基写道，他们"是心理层面的傻子"。[42]

最后，由于卡内基应用心理学的书理所当然地得到了普及，引发了新弗洛伊德学派学术圈中的人们的热烈讨论，并在20世纪30年代的社会经济创伤中受到了人们广泛的欢迎。它在中产阶级中形成了普遍的个人屈辱和内疚感，从而让读者认同一种有关人际关系、安全感和归属感、更强调自尊的心理学社会思潮。历史学家沃伦·萨斯曼指出，有人也许会将这个时期看作"阿德勒时代。人们在通俗心理学领域和日益崛起的专业分析学派中努力寻找某种个体适应的方式，来消除耻辱和恐惧，这可能是阿德勒的'自卑情结'，方法是采取一种具有归属感并产生认同的生活方式"。[43]

正如《人性的弱点》抢购热潮所清晰表明的那样，在大萧条的苦难岁月中，卡内基直指心理冲动。书中指出，应用心理学慰藉人心的诱惑吸引了上百万名受焦虑困扰的读者，他们苦苦挣扎，想要获得经济和情感上的新生命。但是，这本畅销书的心理学特质还产生了长期的影响。在美国现代治愈文化形成的阶段，这些特质让该书成为一个重要的里程碑。

20世纪30年代，"戴尔·卡内基有效演讲课程"承诺为学员提供一种充满挑战的情感体验。来自班级同学的互动和批评将帮助他们学会培养一种能够吸引他人注意的个性。例如，据一本宣传册所述，第11章将会帮助学生以他人的视角审视自己："当轮到你时，你将站在观众面前，但是你不会进行演讲……当别人谈论你及对你的印象时，你只能站着听。他们会称赞你的优点，委婉但真诚地告诉你应该改正的缺点，并指出如何让你的个性更具魅力。每个人都必须要绝对的坦诚，并发表内心对你的最真实想法。"[44]

最后，就像那些卡内基课程毕业生们在大量的表扬信中所说的那样，完成课程的人们总会有所收获。20世纪30年代，卡内基在其课程推广活动期间，邀请了15名到20名刚毕业的学生逐个走上舞台，讲述他们自身生活产生的巨大转变。据一份报纸报道："这些演讲就像获得拯救的罪人在复活集会上所做的忏悔。"最典型的褒奖来自一位40岁的推销员，用他自己的话说，他的家人正"受到自卑情结的困扰"，这"每天蚕食着他的心"。由于害怕与人交往，他在办公室门前来回踱步六七次，才能鼓起勇气打开门。他曾一度沮丧到想要到一家机械商店工作。但参加了卡内基课程后,"他消除了对听众及人们的一切恐惧",收入开始直线飙升,他还成为"纽约市明星推销员之一"。[45]

1937年,一位来自《纽约客》的撰稿人为一篇报道而旁听了卡内基课程,他也听到了类似的观点。学生们解释他们选择该课程的原因,通常是出于心理上的问题。有个人承认:"当我进入大学的时候,有种糟糕的东西占据了我——一种自卑情结,我至今还受其所扰。我没办法跟一群人出门去,因为我对此感到恐惧。"另一个学生说了类似的话:"我有严重的自卑情结,千真万确,而且我想要战胜它。"据《纽约客》的报道,该课程的毕业生再次承诺,他们能成功战胜这些心理困扰。有个人写道:"卡内基先生激发出最羞涩且最胆怯的人们心中的勇气,让他们敢于去做一些平时不敢做的事,并且获得成功。"还有人说:"毫不夸张地说,这个课程成为我生命中一个重要的转折点。"第三个人充满感情地说道:"这次培训是上帝送给我的福音。我们在通用电气工作的很多人都经常说:'戴尔·卡内基将永远常驻我们的心中。'"还有学生简洁地评价道:"我将自己此生中的所有成就都归功于戴尔·卡内基的人际关系课程。"有一位中年男人读过《人性的弱点》后参加了该课程,他唯一感到后悔的就是注册得太晚了。他充满悔恨地说:"如果我十年前读了这本书,那么如今我早就发达了,在精神上、生理上和经济上都会成功。"[46]

卡内基课程中有效的情感体验过程——找到缺点,面对不足,寻找情感的提升,追求个人的自我完善——标志着现代美国一种新型治疗方式的形成。更老旧的维多利亚式信条强调沉默的自我控制以及高尚的道德性格,在该传统的余波中,现代美国人越来越愿意接受一种新的价值体系,它倡导情感上的自我实现以及活泼的个性。正如历史学家杰克逊·李尔斯所描述的那样,这种新思想的核心部分强调"在世界中的自我实现——一种对心理和生理的健康近乎着迷的社会思潮,并依赖大量的术语对其进行界定"。[47]

在这种强大的新文化范式中,有几点至关重要。对人性进行心理解读促使现代个体培养出"对自我的强烈关注",克里斯托弗·拉什曾如此解读这种趋势。作为"现代救赎的同义词",心理健康成为治疗师和咨询师的首要目标,他们将自己看作获得幸福、精神平静和成功的新的灯塔。实际上,当"个人成功"与"富足的生活"渗透在文化当中时,追求心理健康成为一种生活方式,影响着从宗教到生育、从教育到婚姻等所有方面。这种治疗式的社会思潮引发了诸如治疗课程、交友小组、私人咨询和自助书籍等新事物,它们都承诺可以实现个人转变。历史学家理查德·维斯说过:"在更普遍的意义上,心理治疗针对整个生活的改善。实际上，心理学正从一种研究学科转变为一种生活方式。健康一直是治疗的目的，它开始呈现出一种更加广泛的意义。"[48]

这种新的治疗式观念在《人性的弱点》中得到充分展现。卡内基将人们的问题主要归结为心理因素，并建议读者与他人交往时摒弃道德评价。他建议说："不要去谴责人们，让我们试着去理解他们。让我们尝试弄清楚他们做事的理由。如同约翰逊博士所说：'先生，上帝本人也没有评判过别人，直到临终前。'你我有什么理由那么做呢？"卡内基认为，关心他人意味着要努力在你心中灌输某些态度。他在其著作中劝告道："每天把这本书放在自己面前的桌子上，经常翻翻它，不断地提醒自己未来总是存在着大把改善的机会。牢记只有坚持不懈地复习及应用，这些原则才能成为你无意识的习惯，只有这个办法。"在内化心理学技巧的过程中，他甚至还提倡使用一种心理训练，他认为："不断地对自己说：'我受人欢迎的程度、我的幸福和收入主要取决于自己与人沟通的能力。'"[49]

卡内基对个人转变作出的乐观承诺强化了治愈式的世界观。作为一名民间的但充满启发性的大众治疗师，他声称自己与人交往的方法万无一失，它将"真正地让许多人的生活发生革命性的转变"。他自豪地引用那些曾因生活中经济和心理转变而兴奋不已的学生和读者的话。有人说："我发现微笑为自己带来金钱，每天收入颇丰。"还有人说："这些知识真正地让我的生活发生了天翻地覆的变化，我成为一个全新的人、一个更幸福的人、一个更富有的人，拥有更多的朋友和幸福——毕竟，这是唯一至关重要的东西，它就像魔法一样神奇。"对卡内基来说，这些人的转变是将适应心理学应用到与人交往中的必然后果。他说道："我正谈论的是一种新型生活方式。我再重复一遍。我正谈论的是一种新型生活方式。"[50]

最终，菲利普·雷夫发现，这种治愈式观点将"心理学的人"视作现代个人的理想类型。他曾写道："随着文化的转变，人们的个性也发生着变化。"在20世纪，"心理分析师"塑造了一种强调自我的个人。他不是"宗教的人"，将道德提升和救赎视为最终目标；也不是"经济的人"，在利润竞赛的角逐中固执地追求着自己的个人利益。"心理学的人"关注内心，追求心理及生理的健康，并将其视作幸福的本质。雷夫曾指出："'心理学的人'播撒自我实现的福音，构建了自己内心生活的严谨秩序。他们的生活既不依赖神圣的理想，也不依赖是非观，这些观点曾使先人们困惑不已……他们依靠一种直觉生活——这种具有实验性的直觉使他能掌控自我个性……倡导通过自我沉思式的方法达到救赎。"[51]

戴尔·卡内基的《人性的弱点》受到了20世纪的心理学影响，成为现代治疗式文化的奠基之作。自1936年末开始，这本畅销书向全美的中产阶级普及了心理学的价值观，在此过程中，他成为现代自我成功运动之父。他的成功唤醒一大批提倡个人发展的信徒，同时自我完善类的著作将在未来几十年内遍布各处。在他的影响下，"心理学的人"（也代表"心理学的女人"）成为无数人为之努力的文化目标。

虽然《人性的弱点》作为成功指南、一本个性发展和人际关系指导书籍以及现代治愈文化形成的里程碑而被人们所接受，并产生了深远的影响，但并非所有人都为之倾心。在该书刚出版几周后，它带来了批评和争论的热潮。随着该书的普及，关于它的争议也将持续数十年。

12　你做的每件事都源于内心的渴望

　　1937年初,在《人性的弱点》出版几周后,戴尔·卡内基的这本著作就蹿升至畅销榜单第一名。大量的喝彩声以及巨大的销售额将该书推至流行的顶峰,同时,有关此书改变了人们的生活等言论也开始如潮水般出现。一位兴高采烈的读者写道:"如果我不能以旧换新,那么无论别人出多高的价钱,我也不会卖掉这本书,里面的内容是无价之宝。"另一个人证明说:"我从未读过比这更能激发自己雄心壮志的书籍,我会看好多遍。"销售热潮依然持续不退,接下来的十年中,该书会再版90次,卖出几百万册。

　　但是批评远远多于肯定。很多报纸、杂志和期刊的评论文章完全漠视了这本书,这些媒体经常不温不火地进行评价。有篇评论不情愿地承认道:"你也许会嘲笑那些让他人感到重要的建议……你也许会鄙视'应声虫'的思想,对人言听计从、流着口水,但是你不能嘲笑这个事实,即我们最喜欢的人们,我们最喜欢与之相处的人,就是那些热情地给予我们认可的人,他们会用我们喜欢的方式对待我们自己。"大部分评价更加刻薄。《国家》杂志嘲笑卡内基:"带给我们这样一本书,它描写摇尾乞怜及为人舔鞋底之道,是迄今为止这方面最好的典范。"《纽约时报》则用傲慢代替了鄙视,将这本畅销书视作一本平庸的"方法"指南,它向可悲的读者兜售希望,这些"数百万心存幻想的读者们从未能够对他人产生丝毫影响,即便年过40还依然妄想能够重新开始,他们渴望着有人告诉自己如何为自己着想,他们孤身一人并痛恨这种生活"。随着保守的知识分子大规模地驳斥书中的原则并公开指责其人际关系策略,《人性的弱点》成了众矢之的。[1]

　　卡内基不理睬这些傲慢的评价。他将这些批评家视作精英主义者,他们妒忌卡内基受欢迎的魅力,无视普通人想要在真实世界里的商业竞争中追求成功的需求。1938年,卡内基描述了不久前在纽约荷兰人俱乐部参加的一次活动,当时该团体主席毫无礼貌地介绍卡内基,说当时的大部分听众都反对卡内基书中的原则。卡内基大步上前,做了一次充满魅力的演讲。然而,他私下将该俱乐部视为一群"嘲笑所有书籍的知识分子……如果有人拿起一本通俗读物,并对该书大加批判——这会让此人感到自己受到了关注"。还有一次,一位著名的部长公开指责《人性的弱点》是"当前最不道德的书",卡内基反驳道,这种指责只是给了攻击者"一个引人注目的机会而已"。[2]

但实际上,卡内基经常与自己的某些思想产生矛盾。随着争议和批评逐渐增加,人们开始关注该书中一些重要的道德、社会和政治方面模棱两可的地方。例如,作者坚称,读者不要将其建议视作见利忘义的策略,靠拍马屁向上爬,但是却接着教导说,"明天你见到的人中,有四分之三都迫切地渴望同情。如果你赋予他们同情,那么他们将会喜欢你"。他极力主张读者去"让他人感受到重要性——并且要真诚地做到这一点",但是接着却建议他们通过利用别人身上的这种顺应性,去宣传自己的思想。用他的话说,"从你出生那天起,你做的每件事都是源于你的某种渴望"。卡内基面临着传统新教伦理的困境——如何平衡美德与财富——并无法解决它。他喜欢宣称"不要存在着这样愚蠢的想法,即幸福取决于金钱",但是稍后却反复说服读者,他的书会提高他们的"赚钱能力"、"销售额"和"收入",书中还充斥了很多财富大亨的相关案例。[3]

类似的问题引起了很大的关注。随着争议包围了《人性的弱点》一书,批评家瞄准了卡内基思想中的几个难解的问题。即便该书在全美掀起了一股阅读风暴,急速蹿升的销售额让作者成为美国最著名、最具影响力的人之一,然而更大的问题随之而来。卡内基对现代美国的描述是否准确,书中的成功学也受到了质疑,这些问题很难找到答案。

模仿是最真诚的奉承方式之一。戴尔·卡内基的这本畅销书刚出版几个月,这句话就得到了印证,因为欧文·特莱斯勒以滑稽戏仿的形式出版了《如何失去朋友并疏远他人》一书。他通过反转卡内基的著作,逐章地讽刺了这本书,一个主题接一个主题,一个案例接一个案例,有时甚至咬文嚼字。《时代周刊》杂志嘲笑这本蹩脚的著作是"唯一一本当今可以抵消美国广告商20年来的冲动,从而让每个美国人赢得其他人的好感"的书。[4]

特莱斯勒开篇就嘲笑了卡内基活泼积极的思维方式:"此书献给一位无须阅读该书的人:阿道夫·希特勒。"随后便是署名为"托马斯·洛威尔"的序言,题为《通往平庸的捷径》,讲述了最近一次热烈的虚构集会,几百人聚集在纽约的一家宾馆,听欧文·K. 特莱斯勒的演讲,此人是"将人际关系提升并保持在某种水平的研究所"负责人。该集会表现出"当前席卷全美的新运动——它帮助人们获得自己在生活各方面所渴望的私密空间,让他们免于受到'朋友们'的困扰"。序言充满调侃地说道,特莱斯勒的教学工作充满传奇。他曾帮助成千上万人学会"虽然我们中的某些人天生就能让他人不高兴,但是大多数人却不是这样……多数人面临的问题是我们说得不够多。我们让别人充分地表达观点和意见,让他们认为我们对其不得不说的内容感兴趣。因此,我们有了那些'朋友',他们顺便拜访我们并跟我们打招呼,在路上拦住我们谈论我们已经知道的天气,邀请我们参加无聊的晚餐聚会"。这位伟大的教师讲述了"没有以混乱肉搏收尾的各门课程的遗憾。他以目前走到哪里都带着保镖而骄傲,并为成千上万的前学生曾咒骂过自己'……养的'而自豪"。[5]

特莱斯勒拥有丰富的新闻背景。他出生于1908年,毕业于威斯康星大学,并于20世纪30年代早期任职于《明尼阿波利斯日报》的华盛顿办事处,后来成为《生活》杂志的助理编辑。作为一名谈吐幽默的社会时评人,特莱斯勒曾在《观察》、《斯克里布纳月刊》、《皇冠》、《时尚先生》、《小姐》及《父母杂志》等杂志发表了多篇文章。他出版了几本调侃美国人小癖好的书籍,包括《对一切心怀恶意》(1939)、《怀旧的迷惘》(1940)和《读者缺少文摘》(1914)。令人遗憾的是,他在1944年自杀了。他患有严重的癫痫(至今人们依然将它误解为一种精神失常),因此他丢掉了杂志圈的好几份工作。精神病医师无法帮助他理解或治愈其失控的行为,他最终得了忧郁症并结束了自己的生命。[6]

然而,在《人性的弱点》中,特莱斯勒的讽刺才能发挥到了极致。他兴高采烈地嘲弄着卡内基的思想观点、文化风格及目标。他在开篇时宣称:"这本书是多年来无聊生活的产物。它源于成千上万个类似的开头,即'我们知道你非常忙,因此我们只需要一分钟……'"他承认卡内基的假设,即每个人都想感受到自己是重要的,但是却得出了一个不同的结论:"在我们遇到以及再也不想碰到的所有人中,必须要减轻这种认为自己重要的感觉。"他提出一种反常的人际关系:"不要吝啬你的妒忌之心,慷慨地表现你的轻蔑吧。如果你这么做了,人们会记住你的话——在他们跟你断交很久之后还会牢记这些话。"他尖刻而快乐地批评着卡内基所代表的一切,揭示出一种摧毁友谊的策略,并以"永远将对话变为争论"、"如何让人们马上讨厌你"及"如何让夜间访客感到沮丧"等给各章节命名。[7]

虽然其他批评家没有进行嘲笑与讽刺,但是却沿着特莱斯勒的道路,攻击《人性的弱点》一书中的人类行为原则,其目的昭然若揭。在卡内基那充满逸事的轻松文风及热情的成功建议中,几种令人困扰的倾向使该书成为一本现代社会行为指南,它让人不安,偶尔还显得奸诈,最主要的是真诚问题。

当然,卡内基这本畅销书的核心主题就是宣扬赞赏与真诚。他反复要求读者"给出坦白而真诚的赞赏。如果'真心地认可，并慷慨地称赞'，那么人们会重视你的话，珍视它们，一辈子都会重复这些话"。培养对于朋友及同事所关心之事的敏感性——让别人知道"你意识到他在自己的小圈子中的重要性，并且真诚地承认这一点"——成为贯穿全书的咒语。但是卡内基委婉地建议，这么做的真正目的在于引导人们按照你的意愿去做。与之相应，关于如何让他人接受你的想法，同样也提倡真诚。换句话说，算计常常是出现在共鸣背后的驱动力量。卡内基曾指出："明天你会渴望说服某人做一些事。在你说话前，先停下来问问自己，我怎么才能让他渴望做这件事呢？"他还说过："如果一个推销员能向我们展示他的服务或商品会帮助我们解决自身的问题，那么他不需要卖给我们什么东西，我们会主动购买。"[8]

事实上，在《人性的弱点》中，卡内基有时对人际关系表现出彻底的犬儒主义。在解释如何通过鼓励他人谈论自己而成为一位好的谈话者时，他讲述了不久前的一次鸡尾酒会的经历。在与一位女士谈论了旅行并认真地倾听完之后，他刻薄地说："她只是需要一个对自己感兴趣的听众而已，因此她会提升自己的自尊，并聊起自己曾去过的地方。"当鼓励男性读者通过赞美自己的妻子及她的时尚品位、厨艺和家务去改善家庭生活时，他谨慎地建议说："不要开始得太突然——否则她会起疑心。"卡内基经常倡导一种失小赢大的策略："让我们输掉可能与客户、爱人、丈夫、妻子引发的小争论吧。"因此，让他们接受另一个观点只不过是将谦恭当作一个技巧，即通过让他人感到优越而获取最终的好处。他写道："我不再指出人们的错误，我发现这会有所回报。"从卡内基的观点看，每个人之所以采取行动，是因为以下两个原因："一个是冠冕堂皇的理由，另一个是真正的原因。"当我们在内心深处知道自己行动的真实原因时，我们"喜欢拿那个冠冕堂皇的理由做借口"。[9]

卡内基甚至承认，他的核心原则——让他人感受到重要性——实际上是种胜人一筹的情感策略。他曾讲过一个故事，关于自己如何表扬别人的外表从而让他们觉得开心，之后他解释道，这个策略让自己处于优势："我感受到自己为他做了一些事，而他却永远也无法报答我。那种感觉洋溢着欢乐，事后会在你的记忆中久久留存。"他讲述了另一个故事，他在电台节目中的一个历史性错误招来了一位美国殖民女性协会成员尖酸的指责。虽然他因为这位女性的无礼而感到气愤，但是他控制了自己的情绪，打电话给她，承认自己的失误不可原谅，大方地感谢她指出了自己的错误，并祈求她的原谅。很快，这位女性也为自己的轻率而道歉，并且称赞他和蔼有礼。他沾沾自喜地讲述这个策略：

"我为能控制自己的情绪而感到满意,也为能以德报怨而感到满意。我没有试图让她滚开去跳斯库尔基河,而是将她的态度转变成我这样,我从中获得了无以言表的乐趣。"[10]

卡内基对真诚作出了含混的表述,因此很多批评家严厉指责《人性的弱点》本质上宣扬功利及自私地利用他人。在一次不留情面的评价中,纽约市社区教堂的牧师约翰·海恩斯·霍姆斯博士指责卡内基的原则是"对友谊的愚弄,对美德的侮辱以及与对人类不屑的共谋"。他将该书的策略总结为"如果针对你朋友的弱点投其所好,那么他们会走入你的圈套……他告诉我们人类就需要两种东西——赞扬和被重视的感觉。他说,因此我们要给他人赞扬。他们需要称赞,那么就充分地满足他们,接着你将能够对他们为所欲为。还有什么比这更简单的?霍姆斯轻蔑地说道:"那种为了赢得朋友而拍马屁、甜言蜜语并撒谎的想法,为人所不齿。"[11]

其他人也表达了类似的遣责。《纽约时报》的一位评论家说:"可以肯定的是,过分依靠拍马屁提升他人自尊心的做法,存在着一种微妙的犬儒主义。"在《纽约日报》上,多萝西·布莱克声称,卡内基正教给人们如何"卖出清单上的商品……不论是一枚鸡蛋,还是一座郊区的房子",教育他们"通过口头称赞人们在世界上的重要性,而鬼鬼祟祟地接近你的受害者"。一位新泽西州帕特森的《呐喊报》评论员警告说,这本书提倡"不断地采用一种奉承的狡猾策略"。但是掩盖意见的差异,将会在社交中造成一种不诚实的有害氛围。他写道:"我认为有时候你也要为了高谈阔论而露出你的锋芒,并开足马力向前冲……当我听到一个人大声地捍卫那些我认为肤浅而荒谬的哲学时,我很有可能迟早会掏腰包。我支持那些抓住一切机会表达自己思想的人们,让他们尽管放马过来吧。"[12]

广受欢迎的作家兼喜剧演员詹姆斯·瑟伯在一篇刊登在《周六文学评论》上的评论中讨论了"真诚"这个棘手的问题。他指出作者存在着深刻的矛盾,一方面要对他人真诚,另一方面却要通过赞美他人而找到他们的软肋。瑟伯认为在该书中,要花招压倒了真诚。他写道:"卡内基先生大声疾呼,一个人能够在真诚的同时,又能熟练地玩弄手段去影响别人。遗憾的是,不真诚如同鬼魂一样出现在他的思想体系和案例中,如影随形。"卡内基令人动情地坚持说,他没有鼓励人们从他人那里获益,他的愤怒一度爆发了:"我正尝试去摆脱它!!!"但这并没有让瑟伯改变自己的结论,他尖酸地说道:"即便是三个连续的感叹号,也无法成功地传达真诚的深度或是感情的强度。"[13]

还有人抨击卡内基提倡了一种社交欺骗伦理。在一封给这位畅销书作家的信中，来自田纳西州查塔努加的 W. W. 伍德拉夫斥责《人性的弱点》反映了一种"欺诈哲学"，这与广告产业和司法系统中所秉承的原则并无不同。那种利用人们的弱点并阿谀奉承他人重要性的想法是一种手段，它"体现在你影响他人的整个阴谋中……我们不需要让个人自尊膨胀起来；相反，我们需要降低它。我们不需要'聪明的'商人；相反，我们需要真诚、勇敢并带有人性及责任感的商人"。之后，这位有些古怪又传统的说教者建议卡内基"不要把人们教得不诚实，而是要运用自己的才华去影响他人反对智力欺诈，并减少流入美国知识分子血液中的有害因素"。[14]

对于有些评论者来说，卡内基对真诚的论述导致了一种超现实主义幽默。他们预见到一种奇怪的场景，即《人性的弱点》的追随者们将会沉浸在一种相互赞美的嘈杂声中，如果每个人都这样与他人交往，那么人们最终会将彼此都抹杀掉。专栏作家海伍德·布龙写道，在卡内基的世界中，优秀的推销员从来不谈论自己，同时好的顾客却关注推销员的优点，因此最终"事情发展成这样，似乎每个人都在自然地谈论着自己"。与之类似，《纽约世界电讯报》质疑了两个热情的卡内基信徒邂逅时使用的价值观，"两人不断地认同对方，赞善对方，并坚持让对方谈论自己"。[15]

然而，在很多方面，卡内基的伦理无法让人发笑。当他倡导将心理学手段引用到最亲密的人身上时，对欺骗的恐惧会变得异常强烈。《人性的弱点》最后一部分给读者提供了一种解决家庭问题的方法。它带有典型的卡内基特色，但是却会产生不良的影响。他告诉女性读者要熟练掌握"与男人相处的艺术"，首要的法则就是认识到男性"并不需要管理者，而是渴望有魅力的人，需要愿意满足其虚荣心并让其产生优越感的人"。令男人满意的人，并不是要谈论现代哲学或坚持自己付账的女性主管，因为"她只会孤身一人就餐"。相反，男人喜欢与"没上过大学的打字员相处，当她接受邀请共赴午餐时，她会用炙热的目光注视着男伴，并崇拜地说着：'现在多跟我讲讲你自己吧。'"[16]

与之类似，卡内基教导丈夫们要不断赞赏自己的妻子，称赞她们的家务技巧、迷人的外表和时尚品位。他主张，女性给男性，或至少是那些足够机警想要关注这方面的人们，提供了"一本如何征服自己的指南"。他坚持认为："所有男人都知道，自己能让妻子心甘情愿地做任何事，无须花费任何成本。他知道，如果自己简单地赞扬几句妻子多么持家有道，帮了自己多大的忙，那么她会做得更出色。所有男人都知道可以亲吻自己的妻子，知道她像蝙蝠一样盲目。他仅需在妻子唇上深深一吻，便可以使她的嘴像牡蛎一样紧闭起来。"[17]

在这两个案例中，与其说问题在于性别歧视——公平地说，在20世纪30年代，大多数男人都具有大男子主义——倒不如说是耍花招。在卡内基那里，女性用"炙热的眼神"和"满足男人虚荣心"的技巧武装自己、接近男人。同时男人与妻子相处时，则是用廉价的赞美及几个吻就让她"向牡蛎一样闭起了嘴"，这描绘出一种不稳定的爱情与关系。机智、喜爱与赞赏是一回事，而具有讽刺意味的是，如何"操控"你的配偶却是另一回事。

然而，也许卡内基的真诚观中最大的问题在于追求成功的人本身。质疑自己操控他人——同事、助手、朋友，甚至配偶——最终会引发自我控制的问题。《人性的弱点》似乎提倡这样一种理念，即个人不断地按照他人的喜好重塑自我。在卡内基看来，这种敏感又富有洞察力的人戴上并摘下一系列的面具，这些面具使他能适应任何场景，从而让自己的计划顺利进行。他不仅要找到他人的弱点，还要依照卡内基的"人类工程学"去严格地进行自我管理。如有必要，这种自我操纵还会进行角色扮演，从而达到预期的目标。[18]

卡内基的自我塑造课程还包括如何刻意主动地吸引他人。他劝告说，遇到人际关系问题时，"避免随性做出任何事、冲动的事，因为这通常是错的。与之不同，翻到这些页码并尝试下面的新方法，看着它们在你身上发生魔法般的效力"。他赞扬一位卡内基课程的毕业生，后者利用每周六晚上"进行自我审视，反思并评估"，在此过程中，他会"反思本周参与的所有会谈、讨论及会议，并自问：'当时我做错了什么？''我做对了什么？我如何才能改善自己的表现？'"卡内基的自我工程构建了一种现代的个人主义模式，它完全由一系列虚幻的镜像组成，不带有任何坚定的责任或信仰，没有任何确定的道德标准，也没有真实及稳固的自我。它仅包含一种适应性很强的个性，这种个性取悦他人，并实现社交及经济上的发展。[19]

从某种程度上说，卡内基认识到自己的真诚是整个思想的基石，而且在它受到质疑时，卡内基也对其进行了辩护。他在《人性的弱点》中承认，"现在，有些读者边读着书边说：'奉承！圆滑！拍马屁！我都试过了。它们对聪明人不起作用'"。他愤怒地表示："当然，拍马屁很少对聪明人发挥作用。它浅薄、自私、不真诚……赞扬和拍马屁的区别是什么？很简单，一个是真诚的，而另一个是虚伪的；一个发自肺腑，而另一个则出自舌尖。此书讲述的原则仅在它们来自内心时才发挥作用，我没有提倡一套把戏，我所说的是一种新的生活方式。"[20]

实际上，回应不真诚的指责时，卡内基变得十分情绪化。在回应上述的批评家时，他脱口而出："不！不！不！我没有倡导拍马屁！大错特错。我所说的是一种新的生活方式。让我重复一遍，我所说的是一种新的生活方式。"他讲过这样一件事，某位听众提及能让他人感到重要的方法，询问卡内基想从他人那里获得什么。卡内基爆发了："我想从他那里得到什么！我想从他那里得到什么！如果我们如此卑鄙自私，在不损害他人利益的情况下，我们不能播撒一点儿幸福，不能传递一点儿真诚的赞赏——如果我们的心灵就跟烂苹果核一样，那么我们不配获得成功。"这些话显示出他对待该问题的严肃态度。[21]

然而，对于所有这些激烈的言论来说，卡内基不像自己通常公开承认的那么理想主义。1938年，在其课程指导中的问答环节，有人问，如果学生以一种不真诚的方式使用卡内基的原则，那么他会有何表示。卡内基的答案表现出一种根深蒂固的、近乎犬儒主义的实用主义。他说："首先，我们不要做道德判断，让我们就站在实用的立场上。事实上我有时候告诉观众，我也会将其称为'你渴望什么以及如何得到它'。我感兴趣的就是你渴望什么以及你得到自己所想的最佳方式。不真诚能让你达到目的吗？如果不真诚能让你得到自己想要的，那么让我们利用不真诚吧。"另一个学生质疑说，有人想表现出真心，而不是要手段，卡内基给出了类似的回答。他说："只要能达到目的的方法——尽管使用！哦，当然，我们必须偶尔跟人们讲真话……但是我仅仅想表达这个意思，让我们采用可以达成所愿的方法，而不是适得其反。"换句话说，在实现这些目标时，卡内基将成功与发展看得比一个人的真诚重要得多。[22]

最终，《人性的弱点》的策略引发了人们对某些美国文化的恐慌，即著名的罪犯传统：诈骗。19世纪初期，诈骗犯伴随着市场革命首次出现在美国，他魅力十足，油腔滑调，满腹阴谋，他以不同的身份出现，随意编造故事，违反所有规则来骗取人们的金钱，让人们陷入困境。他要尽手段，用欺骗和欺诈来寻找机会。在19世纪30年代的小说《家园》中，作者詹姆斯·费尼莫尔·库珀曾将诈骗犯的出现称为"道奇和布拉格的年代"。P. T. 巴纳姆曾在其演艺生涯中使用了许多骗子的招数，赫尔曼·麦尔维尔曾以其为美国人代表，创作了小说《骗子的化妆表演》（1857）。著名作家马克·吐温在其小说《镀金时代》中，曾通过塞勒斯上校这个人物形象地讽刺了骗子。[23]

很多批评家将戴尔·卡内基看作是这类人的现代代言人，不再是潜伏在暗处的恶棍，而是作为偶像公开出现在社会主流中。用辛克莱·刘易斯的话说，卡内基获得成功，其途径是使用真诚作为手段，"告诉人们如何微笑、卑躬屈膝，假装对他人的喜好感兴趣，从而榨干他们的口袋"。[24]

卡内基始终都对这种形象充满担忧，并尽自己最大努力避免这种情况。早在1915年，在其第一本著作《演讲的艺术》中，他说曾碰到一个"冒牌货"在街上兜售一种魔力养发剂。他谴责了这个骗子的虚假信息，但当迫切的顾客将大把的钱递给骗子的时候，卡内基却对其"热情而出色的说服能力"所产生的效果震惊了。他认为说服力是一种强大的工具，但是必须要谨慎使用："如何带有诚信地使用这种能力是问题所在——使用它时带有欺骗及不诚信……将会带来无法估计的恶果。"20年后，他面对同样的难题。在1937年的一次访谈中，这位著名作家表示，有些人错误地使用了这本书。卡内基认为："我想，很多人读了我的书，并对自己说：'这是一种新的骗术。'当然，如果读者采用这种态度，他将在某种程度上取得成功——我收到的读者来信可以证明这一点——但是我向全能的神发誓，那不是我的写作初衷。"然而，卡内基愤慨的解释无法消除大家的疑虑。对于某些人来说，他的著作展现了一个可怕的世界，在那里，道德标准和真诚的性格已经消失了；在那里，一个人赤手空拳地站在一大群充满魅力的人际关系信徒面前。[25]

但是，人们要紧张不安地尝试着评估真诚度，由于害怕被骗而忧心忡忡，这仅是《人性的弱点》中的争议之一。还有一个争议在于，分辨卡内基这本著作的最终目的。

在卡内基这本畅销书中，另一个令人困扰的问题是担忧社会道德崩塌。有人指责该书具有一个令人反感的核心目标：不顾一切地追求物质财富。20世纪早期以来，消费经济增长，物质丰裕和中产阶级的稳定成为美国生活方式的特点。然而，到了20世纪20年代，贬低中产阶级舒适生活的人出现了，例如辛克莱·刘易斯的小说《巴比特》（1922）嘲讽了乏味的生活，它的特点是肤浅的物质主义、商业至上、虚伪寒暄的午餐俱乐部、油腔滑调的推销员以及节奏简单的广告歌曲。后来的大萧条打碎了中产阶级和工人阶级的繁荣。因此，良好的消费生活对于某些人来说依然存在，对于其他人来说则难以寻回，对于少数人来说更是遥不可及。在很多评论者眼中，《人性的弱点》跌跌撞撞地成为这场讨论的核心，它赤裸裸地将物质财富视作衡量美国人价值和成就的标准。

例如，在自作聪明的调侃下，欧文·特莱斯勒的《如何失去朋友并疏远他人》隐含着严肃的社会批判。他的这部讽刺之作展现出一种焦虑，它回应的是热情的商业支持者的陈词滥调、中产阶级虔诚的老生常谈以及各商会普遍缺少的文化教养。特莱斯勒取笑卡内基笔下的商业偶像，并声称："洛克菲勒和大盗迪林杰都渴望金钱，都想体验当大人物的感觉。二者之间的最大不同在于洛克菲勒从来不用枪。"通过戏仿卡内基赞美某些消费品的习惯，他充满讽刺地说，忽略名牌产品为那些想要疏远他人的人们提供了一条捷径。他自鸣得意地说道："扔掉你的培梭丹特牌牙膏，保留难看肮脏又令人不快的牙垢，这样你就能让人们远离你。别让夜访的客人享受佩克特牌床单带来的舒适睡眠或是坎农牌毛巾的良好吸水性，你就会阻止他们再次拜访。"[26]

特莱斯勒滑稽地建议人们抛弃社交中的体面，以此嘲讽美国白领阶层安逸的消费主义。他鼓励富有的读者将高尔夫球场当作一个"将新朋友扼杀在萌芽状态"的地方，给顾客动了手脚的高尔夫球，让其随时改变方向，或是让司机滔滔不绝地说话，从而达到这一目的。对于那些以自己的新型汽车为傲的商业伙伴来说，他建议给车装上"汽车速爆烟火"，因此当骄傲的车主发动汽车时，会响起刺耳的呜呜声，随之而来的是巨大的爆炸声，引擎盖下会升起一团浓密的黑烟。对于那些搬到崭新又漂亮的郊区住宅的人来说，特莱斯勒提供了一种让他们可以疏远邻居的方法，万无一失，那就是"批评街道的恶劣环境，与自己的住所相比，邻居们的房子和院子看起来多么差劲"。最后，在当地牧师来家里拜访以表现出社区对你的欢迎时，他建议要趴在门前的地上，像狗一样狂吠，将自己介绍为"返祖运动"的信徒，该运动正席卷全美，主张向原始祖先致敬。换句话说，《如何失去朋友并疏远他人》以门肯的方式，将嘲弄迂腐的美国"愚民"视作一场文化捕猎活动。[27]

辛克莱·刘易斯本人对卡内基的思想展开了强烈的批判。在为《新闻周刊》写的两个专栏中，他带有讽刺地把《人性的弱点》描述为"一种新的《物种起源》，一种简化的《圣经》"，它试图"将大财团变为神话"。他奚落道，卡内基对积极思考的偏爱是"微笑的胜利"。他嘲弄卡内基的说法，即在文学界，"如果作者不喜欢读者，那么读者也不会喜欢作家的故事"。他语带讽刺地指出："这解释了与卡内基博士相比，托尔斯泰、福楼拜、萨姆·巴特勒和迪恩·斯威夫特受人冷落的原因。"刘易斯谴责了卡内基对财富的崇拜，指出在后者的书中，"更老式却缺乏冷静的启发性书籍使用了'数百万美元'的神奇表述，其中作者还使用了诸如简朴、高尚、信仰和荣誉"等词汇。[28]

刘易斯轻蔑地将卡内基称为"市侩诗人"。如同刘易斯20世纪20年代小说中的著名主人公乔治·巴比特一样，卡内基信口开河地倡导一种物质至上及社会认同的狭隘生活,这种生活以"对朋友的汽车心存妒忌的已婚夫妇"为特色。刘易斯转向著名的超验主义作家亨利·大卫·梭罗,将后者视作更高尚的典范。当康科德的邻居们批评他在瓦尔登湖的朴素的生活实验时,梭罗如是说:"很显然,你们中的很多人过着自私苟且的生活……撒谎、谄媚,将你自己缩到一个礼仪的套子中,或是在言过其实的慷慨氛围中自我膨胀,你也许会说服邻居让你缝制他的衬衣或帽子。"在刘易斯看来,梭罗不像卡内基一样带有陈词滥调与欺骗,他堪称"美国自由之舟的船长"。[29]

在《人性的弱点》中,卡内基为这类批评提供了很多机会。就算他在本质上重视幸福和良好的人际关系,但是他却时常将物质积累追捧为最终目标。他热情地说,那些掌握方法的人们"为了挣更多的钱而努力,数不清的推销员依靠这些原则大幅度地提高了销售额……经理们的权威和收入也不断增加"。他鼓励读者畅想一下结局:"自己想象这样的画面,掌握这些知识将会如何帮助你获得更多社交及金钱上的回报。反复对自己说:'我的名望、幸福和收入恰恰取决于自己与他人相处的技巧。'"具有讽刺意味的是,卡内基强调,为他人着想但并不看重金钱将会让人受益。他列举了一个内科医生的例子,后者决定"完全地忘掉金钱,只想着自己能为他人提供何种服务。现在,收效甚丰!这位医生宣称,他的平均月收入在很短的时间里增长了 300 美元"。[30]

以上观点引发了对卡内基的批判。约翰·海恩斯·霍姆斯牧师说:"有一种企图,它将所有的人类生活简化,如旅行推销员试图卖出商品一般,我将其视作一种无法宽恕的罪过。很显然,能够验证卡内基先生思维方式的伟人中,仅次于亚伯拉罕·林肯的就是查尔斯·M. 施瓦布。为什么呢?因为施瓦布是史上唯一一个领取百万美元年薪的人。"他认为,《人性的弱点》只不过是一本介绍熟练技巧的指南书籍,讲述如何"打败你的竞争对手"及"成功谋生"。卡内基认为自己的多个观点以基督教为基础,这种说法错误得可笑。实际上,按照霍姆斯的观点,这本畅销书体现出截然相反的价值观:"在这三项——受欢迎、幸福和金钱——(而不是)信仰、希望和宽容——中,最重要的是金钱。"[31]

一位曾在纽约多家期刊上发表评论的记者菲尔莫尔·海德也看不起卡内基将财富看作最终标尺的金钱观。他在《信号》中写道:"在卡内基先生的哲学中……所有朋友都变成了'关系',我们给予周围人的所有善意都成为取得商业'成功'的垫脚石。"卡内基对基督教的关注令海德反感,后者指责卡内基曲解了耶稣的"箴言,耶稣本来用其抨击古代的物质主义,而卡内基却用它宣扬美国的物质主义"。对海德来说,将朋友视作从他身上可以得到好处的人,这种友谊观也反映了"当今的美国,金钱和成功是我们判断生活是否富足的唯一标准"。[32]

然而,对卡内基只是关心金钱的指责也渗透到政界,他的书引发了政治领域的愤怒,有些人将书视作对现存社会政治权利进行的辩护。他们主张,书中的言外之意令人烦恼。

戴尔·卡内基写道,1915年,石油大亨的儿子小约翰·洛克菲勒面临着急转直下的困境。在他拥有的美国科罗拉多燃料与钢铁公司,愤怒的矿工发起了罢工活动,这些工人要求加薪及改善工作条件。多次谈判失败后,紧张的僵局出现,随着危机逐渐升级,设备被毁坏,流血事件时有发生,空气中弥漫着一股憎恨的味道。

卡内基写道,年轻的洛克菲勒随后决定"让罢工的工人们理解他的思维方式",他取得了辉煌的成功。这位商业巨头花费数周的时间,与罢工矿工们交朋友,并最终在他们的集会上做了一次娴熟的演讲。卡内基列举出了洛克菲勒曾使用过的热切大方的词句:"我非常荣幸能够来这里,到你们的家里做客,认识你们很多人的妻儿,我们不是陌生人,而是作为朋友在这里见面的,我们相互友好,并拥有共同利益。"卡内基写道,这次演讲极好地说明了如何化敌为友,并"产生惊人的效果……它以一种友好的方式展示这样的事实,即罢工工人再也没有提起之前的加薪要求,他们曾为之激烈抗争过,现在却二话不说就回去工作了"。[33]

卡内基的这个故事所揭示的重点并不是它说了什么,而在于它没有说的东西。当然,他讲述的是"伟大的煤田战争"和勒德罗大屠杀,这个标题让该事件变得比他所说的要复杂得多,也更深层次地根植于经济利益。实际上,科罗拉多煤矿的紧张局面源于矿工想要加入美国煤矿工人联合会,洛克菲勒家族固执地反对这一要求,并通过大规模裁员和雇用武装保安来压制骚乱。暴动爆发了,这时为了保护公司财产,科罗拉多州国民警卫队介入,用机枪扫射矿工的露营帐篷,点燃了导火索,杀死了包括妇女、儿童在内的二十名居民;接下来在武装矿工和国民警卫队中间进行的游击战,又造成一百到二百人死亡,之后伍德罗·威尔逊总统派联邦部队解除了双方的武装,并且恢复了秩序。

因此,小约翰·洛克菲勒关心的绝不仅仅是"让对手站在自己的立场上思考问题"。同时,卡内基对于"洛克菲勒二世"(人们对这个称呼更熟悉)

如何取得罢工胜利的解释也过于简单化了。洛克菲勒二世震惊于暴力事件，害怕对公司造成更大的损失，于是找到科罗拉多政府，并真诚地尝试实行工人改革。很多矿工客气地接受了他针对合作要求而发表的安抚性演说，但是工人们的反应不一。工会缺少资金，罢工只能中断，因此他提出的建议，涉及建立投诉委员会、完善安全条例以及改善住房和学校条件，这些听起来非常有吸引力。尽管有2000名工人由于鄙视洛克菲勒的"家长式管理"而联合抵制投票，但是还有2400名矿工赞同该计划，2450人投了反对票。此外，公司在接下来的几年中还经历了四次罢工，之后美国煤矿工人联合会得到了承认。1935年，瓦格纳法案宣布洛克菲勒二世的"公司工会"不合法。[34]

卡内基对美国工业史上的这次创伤进行了过于简单的解读，这集中体现了《人性的弱点》中更严重的问题：令人吃惊地对社会、经济和政治事件进行幼稚的表述，并将其简化为个性、人际关系和心理适应的问题。此外，在思考公共事件或历史事实时，卡内基总是站在富有的公司老板、拥有权力的经理、工业巨头及金融家的立场上，打压弱势群体，后者通常是被影响的牺牲品。这种倾向给他带来了麻烦。

早在第一本畅销书中，卡内基就明确地表示了自己的喜好。读者看到了一系列鼓吹权贵们的插曲和案例，那些人通过努力在19世纪末及20世纪初的美国取得了成功。约翰·洛克菲勒声称："与人相处的能力如同糖或咖啡等商品一样，是可以购买的。与世界上任何别的东西相比，我愿意为这种能力支付更多的钱。"安德鲁·卡内基则是有必要让他人感到重要性的一个案例。"他知道如何与人相处——这才是让他富有的秘诀"。[35]

卡内基利用许多其他商人来说明自己关于人际关系的建议，他们证明了作者对荣誉的看法。例如，他解释说，每个富有的人总会面对"解雇仆人或员工那种令人不快的场面"。他建议说，使用那些消除怨恨的话，并增加未来能够再次雇用他们的机会，如此便能让他们好受些。告诉要被解雇的员工他们曾干得不错，表现出了很多才华和责任心，以及你支持他们走向成功。因此"人们接受离职这一事实时就会好受得多。他们不会感到失望……而且当我们再次需要这些人时，他们会带着极高的热忱回来找我们"。还有一次，卡内基称赞了一个聪明的策略，一位公司老板解决某位机械师的投诉时发现了这个方法。这位员工负责维护打印机及其他商业机器，保证它们正常运转，他不断地抱怨自己的工作时间过长，并要求为其增加一个助理。气愤的老板最终如此答复他，给他一间办公室，并在门上贴上一个新头衔："服务部经理"。通过给予员工一种"自尊、认同和重要"的感觉——然而重点是,既没有加薪,也没有增加助理——老板成功地让员工"快乐又无怨无悔地"工作。虽然卡内基从未明确地讨论过社会经济地位,但是他却清楚地表示,人际关系为那些操纵底层人的领导者们提供了一种工具,怀柔政策比硬性手段能发挥更好的作用。[36]

卡内基人际交往能力的观点产生了广泛影响,并影响了自己的政治见解。他轻率地忽略了各种利益——经济、宗教、种族、伦理、意识形态——坚持认为,政治上的成功在很大程度上源于个性及与人相处的能力。卡内基认为西奥多·罗斯福对于别人的强烈兴趣是"他如此受人欢迎的秘密所在"。他主张,之所以罗斯福的核心政治理事吉姆·法利能帮助其老板入主白宫(尽管处于大萧条时期),是因为他记住了5万人的名字及其家人的信息,并且在与这些人见面时,"能拍着对方的后背,问候对方的妻子和孩子,并在后院谈论蜀葵。难怪他的拥护者那么多"!卡内基说,即便处于政治巅峰时期,个人的人际交往也是最为重要的。当"一战"结束时,伍德罗·威尔逊总统之所以不能促成美国与国际联盟的合作,这是因为他"不能成功地使用人际关系技巧"。卡内基认为,因为威尔逊没有足够关注重要的共和党人,因此议会否决了他的提议。"(他)没有让他们感到关于国际联盟的建议是他们共同的想法"。他没有认识到意识形态差异、相反的政治决策以及对党派的忠诚度可能会影响本次危机,只是坚持认为总统"处理人际关系不当",从而毁了他的事业和健康,并"改写了整个世界的历史"。[37]

批评者猛烈地抨击卡内基对经济政治纠纷的简单化解读,认为他肤浅而不真诚,维护了权贵们的利益。有人说,这位受欢迎的作家与"商业鼓吹者中的江湖郎中毫无区别,一心想要在美国丛林社会中取得成功",为人们提供"魔法招数",助其在残酷的竞争世界中得到发展。《国家》杂志宣称,《人性的弱点》之所以大卖,它得益于"一种在机会之地寻求成功的迫切欲望",这种渴望在商业金字塔的底层中尤为明显,在那里,白领职员和中层管理者渴求获得同商业巨头一样的成功。该期刊表示,卡内基吸引了"初级管理人员和推销员,这些人将自己如何向老板自我推销的故事写信寄给卡内基"。他的建议让这些人在公司中快速迈向了成功。[38]

有人认为,卡内基的罪过在于漠视了工人阶级及其利益。辛克莱·刘易斯嘲笑他对查尔斯·施瓦布的英雄式崇拜,以及后者的百万美元年薪源于其激励工人生产的技巧。刘易斯尖酸地指出,卡内基没有注意到"这份工作让施瓦布先生获得了丰厚的报酬,也让工人们得到了激励和鼓舞,但它还揭示出当前由美国产业工会联合会终止的钢铁工人罢工的原因"。还有一位批评者认为,卡内基总是"忽视弱势群体"。例如,在卡内基的一个报纸专栏中,他对大萧条时期徘徊在工厂大门前的失业工人或在垃圾桶里翻找残羹剩饭的穷人们表现出一种厌烦的态度。与之不同,他鼓励底层人们理解财富不会带来幸福,而贫穷却伴随着美德。他写道:"在某些方面,我认为百万富翁并不比我强多少。例如,约翰·洛克菲勒再也不能像我一样阅读一本好书。安德鲁·梅隆无法拥有像我这么好的品位,去欣赏他收藏的油画名作。是的,每当我想起这些无须成本便可享受到的乐趣,如果我没有真正地享受自己的工作并缺少责任心,那么我也许会辞职,并寻找一个更为舒适的工作。"用另一个旁观者的话说,这种观点教给工人阶级一个简单的道理:"归根结底,也许你只能依靠自己的工会证。"[39]

在20世纪30年代中期,《人性的弱点》在美国文化中划出了一道长长的裂痕。卡内基关于与人交往的观点建立了一种基于个性的新型成功意识形态,它很好地适应了现代科层制中的白领世界。他那关于人类幸福和动力的思想促使现代治愈文化得以形成,其中自我实现也在一个心理学、咨询、情感适应和积极思考的母体中孕育而生。最后,他维护了社会稳定、中产阶级文化和经济特权,有利于强化公司的消费主义思潮在现代美国的主导地位。

此外,几乎在各个方面,卡内基都在其批评者那里获益匪浅。《人性的弱点》一书的广泛流行显示出,正是其作者而不是其批评者,了解普通人们的渴望与恐惧,尤其是对中产阶级和工人阶级中想要提升社会地位及获得物质财富的人们来说,该书价值更大。他的规则和建议、命令和启发顺应了美国人称之为价值目标的东西,帮助他们找到目标,并给他们指出一条达成目标的路径。这种现代思想如此引人关注,以至于它压倒了所有的反对之声。在此过程中,上百万名读者、学生和粉丝将戴尔·卡内基塑造成美国最具影响力的人物之一。

13　让你赢得不负众望的好口碑

　　1937年，随着《人性的弱点》蹿升至畅销书榜首，戴尔·卡内基已经49岁了，他在纽约市的阿斯特酒店为其课程召开宣传展示会。2500多人争先恐后地进入酒店，将那里围了个水泄不通。卡内基的一位助理珀西·怀廷在活动开始前离开酒店办事，后来发现自己被堵在外边进不去了。他说："消防部门关上了所有的门，不让任何人进去。太多人围在酒店外面想要进去，以至于一队警察被派到阿斯特以维持人行道的畅通。"在这段令人不快的插曲过后，卡内基将下一次宣讲会挪到了更大的地方，位于第六大街的竞技场剧院。据怀廷估计，这里可以容纳"6000多人参加该活动"。[1]

　　这种事对于卡内基来说屡见不鲜。《人性的弱点》取得的巨大成功让他闻名全美。接下来的几年间，他似乎走遍了美国各地——巡回宣传自己的著作，演示相关课程，演讲，领奖，并评论时事。当地的报纸也极力讨好他，发行量大的杂志将他列为封面人物。卡内基书籍的惊人销量为他带来了新的工作，即电台主持人及报纸专栏作家。随着喝彩声从美国通俗文化的各个角落蜂拥而至，这位曾经的乡村男孩成为美国最著名的人物之一。

　　当书籍登上销量榜首时，卡内基喜忧参半。一方面，他享受到瞬间突增的名誉、财富以及与之伴随的成功，他告诉一位记者："没有人会比我更吃惊了。"另一方面，新的社会地位带来的压力让他心力交瘁。没完没了的旅行、讲座、签名售书活动、庆典和宴会让他牢骚满腹："从1937年初到1940年春季，我忙得喘不过气来。"[2]

　　但是无论得失如何，有一点是明确的。在《人性的弱点》面世后，这位作家兼教师的生活不可逆转地改变了。他成为一位公众人物，他的观点影响巨大，他要谨言慎行。戴尔·卡内基成了名人。

　　在这本超级畅销的书出版后的几年中，随着卡内基进行环美演讲及教学，他成为美国民间英雄。他所行之处，遇到了各种稀奇古怪的赞扬。一次，他到堪萨斯州威奇托授课，《威奇托灯塔报》称赞他为"商界弥赛亚"。到了俄亥俄州阿克伦时，他获得了"美国头号个性预言家"的称号。他到孟菲斯进行了一轮讲座，促使《孟菲斯商业焦点》刊登了头版文章《交友大师来了》和《一种魅力个性》，并充满热情地描述了"这位将自己思想推向实践的布道者，一位先学到了社交魅力再将这种知识传递给他人的教师"。[3]

1939年，北加利福尼亚州阿什维尔掀起了一股卡内基热，随着卡内基的到来，当地的商人争先恐后地前往当地高中想要听他的演讲。他们将自己的产品与这本畅销书联系起来，相应的广告如洪水一般充斥着《阿什维尔市民报》。有一则广告说道："巴特-克鲁斯特面包店的面包师们每天都在不断地赢得朋友，因为每片面包都是为你而做！"还有一则广告说："波洛克的弗洛斯海姆鞋店，为各行各业穿着讲究的人提供必备好鞋，它将帮你赢得朋友并影响他人。"一家当地载重汽车运输公司宣布："像戴尔·卡内基一样，我们也知道通过提供良好服务去赢得朋友。"镇上的唯一一家银行采用了卡内基的口吻："一流的国家级银行，视客户如朋友。"[4]

然而，作者的名声远远超出了小镇及当地商会。全美的杂志排队等着采访卡内基，了解他的生平和工作，1937年，这些文章开始陆续发表。《周六晚间邮报》发表了题为《他销售希望》的长文，讲述他的经历并分析了卡内基现象。《时尚先生》刊登了一篇由老朋友霍默·克洛伊执笔的类似文章《成功工厂》，讲述卡内基

1937年11月，卡内基学院大会在卡内基大楼召开，卡内基坐在第一排的走道边

在密苏里州西北部度过的童年时光，补充了他的一些个人回忆。《观察》登出了三则关于卡内基的图文故事：4月刊登了一篇题为《如何赢得朋友……并影响他人》的绘图书评；6月刊登了《一分钟传记》，简单介绍了这位名人的生平；12月刊登了名为《依靠传播成功而获得成功的人》的绘图传记，主要讲述他的童年、教师生涯及出色的写作成就。[5]

在《人性的弱点》出版后不久，卡内基还受邀前往白宫赴晚餐之约。他异常兴奋。他说，晚餐主要以野味为主，罗斯福夫人不太热情。她告诉卡内基："人们源源不断地寄给我们各种野味作为礼物，我们得吃掉它们，是吧？"作者认为总统非常善于交际，能把复杂事情简单化。当第一夫人询问"法定货币"的含义时，罗斯福总统进行了简单直接的解释，直切主题：它就是

"伪钞"。卡内基想："这个解释多么简单——与胡佛总统形成了多么鲜明的对比啊，后者的答案不知道有多烦琐。"作者还惊讶于总统的敏感性，指出当罗斯福总统刚刚签署完美国历史上最大的国家预算之一后，他难能可贵地表达了自己对于政府日常开销的关注。卡内基转述总统对客人们说的话："'你知道现在他们从医院的灯中赚多少钱吗？27 美元！'他为此非常气愤。"[6]

卡内基热稳定升温，淹没了通俗文化。纽约一位摄影师兼外科医生林肯也是卡内基课程的毕业生，他写了一首名为《戴尔·卡内基前进》的歌，歌中唱道："哦，我的生活发生了多么大的改变，自从我参加了戴尔·卡内基课程的学习。我会消灭叫作恐惧的纸老虎，如今我知道目标临近了。我不是你过去了解的那个人了，因为我充满了干劲与活力！你应该也报名这个课程并从中获益！哦，它将极大地改变你自己。"

20世纪30年代报纸流行的连环漫画更大地推动了卡内基此书的影响。例如，在美国最有意思的儿童漫画《亨利》中，小男孩因为做错事被母亲责备后，他便勤奋地阅读着《人性的弱点》。[7]

卡内基甚至成为塔楼香烟系列广告的核心形象。这种香烟产自加拿大，由皇家烟草公司生产，在美国北部非常受欢迎，该品牌在杂志报纸上刊登了一系列平面广告。广告上有卡内基的头像，还用《人性的弱点》中的话来解释公司的核心理念。在一则广告中，卡内基的名言"让其他同事认为这个想法是他的"有了如下解读："让每个吸烟者对适合自己的香烟拥有各自的见解。我们并不是说塔楼香烟会吸引每个人，但是我们确实认为出于个人利益，人们应该尝试一下。"另外一则广告将他的格言解读为"递给吸烟者一根塔楼香烟，他肯定会非常乐意接受"。这些广告甚至还引用了作者对于家庭的建议，即鼓励夫妻之间相互赞赏："如果每个唠叨的妻子和每个找碴儿的丈夫都能抽一根塔楼香烟，沉默一会儿，那么他们将会在说气话之前很快'冷静'下来，很多家庭的气氛将会更加令人愉悦。"[8]

随着销量的上升，卡内基把握住了新机遇。《人性的弱点》的成功带来了很多演讲邀请，他不顾一切地从中获利。他指出："很多人突然间迫切地想要成为我的演讲经纪人，我对此颇为震惊。"他用过两个经纪人，最终选择了克拉克·杰迪思，此人会在今后一直追随卡内基。他还雇用了一位全职行政助理艾比·康奈尔，之前她只是兼职工作，但是在《人性的弱点》的影响扩大以后，她负责处理卡内基成百上千的信件、邀请函和要求。在今后的岁月中，她将成为卡内基的左膀右臂，同时也是他的挚友。[9]

通过几家媒体的宣传，卡内基成为家喻户晓的人物。1938年，应美国国家广播公司的要求，他再次主持了一档电台节目，名字是简洁的"戴尔·卡内基"。节目以成功人士的传记性逸事为主——大量内容出自"鲜为人知的名人故事"和《人性的弱点》——它呈现出一系列富有戏剧性和启发性的生活片段。节目每周一晚播出，旨在鼓舞大萧条时期的观众，向他们传递充满鼓励的积极信息："能否成功在于方法，你也能做到。"以类似的方式，作者进军新闻业，开始报纸写作。卡内基的书给马克罗特财团的查尔斯·文森特·麦克亚当留下了深刻的印象，他找到这位作家，邀请他为财团的报纸专栏进行写作。马克罗特财团的其他专栏作家还有威尔·罗杰斯、沃尔特·温切尔和阿尔·史密斯。卡内基对此提议非常感兴趣，于是邀请麦克亚当到家里共进晚餐，不到两个小时，他们就达成了口头协议。在20世纪30年代末及40年代初，专栏持续了几年时间，出现在美国的71家报纸上，并再一次借鉴了其书籍、广播和教学材料的相关内容。[10]

然而，能最清晰地表明卡内基新晋名人地位的，是他参加了老朋友洛威尔·托马斯举办的狂欢聚会。在20世纪30年代中期，托马斯已经是世界闻名的电台主持人、新闻评论员及自助游作家，他在自己300英亩大的住宅"克劳福布鲁克农场"里组织了一支夏季棒球队，该农场位于纽约市北部70英里处的达奇斯县。但是，这不是由当地的业余运动员参与的普通休闲活动。托马斯的球队名为"九位老人"，吸纳了一些美国的最著名的人士。《华尔街日报》的编辑凯西·霍加特负责一垒，其他内场运动员包括财政部部长汉斯·摩根索、纽约州长也是后来成为总统候选人的托马斯·杜威。托马斯的名人册中还包括重量级拳击冠军埃迪·伊根、议员汉密尔顿·费什、演员约翰·巴克雷、歌手兰尼·罗斯和作家戴尔·卡内基。[11]

其他的临时球队联盟成员也与之类似。前总统的儿子泰德·罗斯福上校率领"鲁斯湾的欧斯特沃尔特斯队"，队员有漫画家鲁博·戈德堡、棒球界传奇贝博·鲁斯、体育新闻记者格兰特兰德·赖斯和百老汇作曲家理查德·罗杰斯。球队"自命不凡的蠢货"来自康涅狄格州，成员有拳击手吉恩·腾尼、记者海伍德·布龙、《纽约客》编辑哈罗德·罗斯、专栏作家韦斯特布鲁克·佩格勒和作曲家蒂姆斯·泰勒。但是"九位老人"最大的对手是"夏季白宫队"，主场是罗斯福位于海德公园30英里处的夏季住所，总统在此居住期间，亲自管理此队。队员包括总统的儿子约翰·罗斯福、总统智囊团的核心成员之一雷克斯福德·塔格威尔和若干内阁成员，还有几位运动员和强壮的情报人员做替补。罗斯福总统在总统座驾的后座里指挥球队，车就停在球队长凳附近。托马斯幽默地打趣说："总统是个天生的棒球队长。如果他的球队参加职业比赛，我们确信他将会大赚一笔，与政治事务相比，他会更擅长处理这些事。"[12]

可以预料到的是，这些名人棒球比赛吸引了成百上千的观众，他们挤进设立在托马斯农场附近的简陋看台中。与运动技术相比，好笑的笑话段子、油腔滑调的调侃以及犀利机敏的问答更能为比赛增色。当体重将近300磅的霍加特来到总统的座驾寒暄时，罗斯福总统取笑道："霍加特先生，他们告诉我，你得完成一个本垒打才能安全。"霍加特眨着眼回答说："在新政之下，美国商业也需要一个本垒打才能安全。"在另一次比赛中，摩根索被替补队员从场上换下来，向"九位老人"大声要求把部长安排在记分员那张桌子上，因为"作为记分员，每个掌握政府名册的人都将赢得任何球类比赛"。在一个炎热的夏日，大汗淋漓的对手从赛场上下来，抱怨着自己体重轻了20磅，此时布龙蹦到长凳上，夸张地指着看台，大声说道："走开，别再瘦了！"1939年，在麦迪逊广场花园举行的一次慈善筹款比赛中，棒球比赛中迸发出来的幽默让对手的虚伪讲解失色不少。当着1.3万名观众，托马斯说，球队拥有许多名人，包括南丁格尔、汉尼拔、狄更斯、詹姆斯·布莱恩和华纳兄弟。[13]

卡内基成为这支精英队伍的固定成员。每年天气暖和时，他经常去克劳福布鲁克农场，即使动作笨拙，也乐于作为托马斯"九位老人"的外场手参加比赛。由于缺少运动细胞，他僵硬的挥棒姿势和糟糕的场内表现成了大家打趣的对象。托马斯说："卡内基不能击球、跑动或投球，但是他却充满激情地热爱着这项运动。"他"被替换到右场，因为很少有击球手能够接到他的球，他是个喜欢单独作战的孤独之魂"。击球时，卡内基尴尬地站在垒板上，身体向后仰，球棒摆出一个特别的角度，呆呆地张着嘴，用渴望的眼光凝视着投球手，希望对方能接到球。被替换下场后，他坐在长凳上，与队员开着玩笑或是在人群中快乐地闲逛。[14]

20世纪40年代，卡内基和洛威尔·托马斯在后者位于纽约北部的农场中

卡内基的服装也是人们调侃的对象。"九位老人"的队服是T恤和农民工装裤，但是这位成功的作家坚持穿自己的外套。当另一位队员霍默·克洛伊首次看到卡内基奇怪的装束时，他开玩笑说："虽然我们当时并不认同这种做法，但那是个创造历史的时刻。但是我们又有多少次察觉

到了重大事件的发生呢?"卡内基队友打趣地抱怨他的服装,这促使队长托马斯也加入进来,后者说他们应该为此感到高兴,因为自己"还见过戴尔不穿外套参加比赛,与之相比,穿着外套实在是好很多了"。最后,这位作家迫于压力屈服了,换下了外套,穿上了球队统一的褶皱吊带裤,戴上了巴拿马草帽,帽子上还装饰着几朵雏菊,不一会儿,这些雏菊就会耷拉下来,垂到他脑袋边。即便如此,情况也没有好转,有位队友看到雏菊后嘲弄道:"你一侧的大脑死亡了吗?"[15]

卡内基的新书被朋友们用来打趣。托马斯嘲弄道,真正的卡内基"充满魅力,表面上是谈吐文雅的君子,内心却是个被压抑的保险推销员。他在销售的过程中遭受了挫折,并且进入了一个鄙视保险推销员的世界中,戴尔由此写作了《人性的弱点》。按照弗洛伊德的信徒们的看法,这完全是一种补偿"。托马斯继续说道,与其说他拥有个性的魅力,不如说卡内基是一位"戴着眼镜的潇洒商人,异常害羞和孤僻,远离人群,也不会取悦他人"。当卡内基的书为其带来巨大的财富时,托马斯说道:"这让他很难交到朋友。他希望棒球能帮他实现此书达不到的目的。"[16]

自早期工作开始,卡内基就已经意识到个性塑造着现代美国名人文化。他在1926年告诉自己的学生们,全国人民都为名人的私人生活感到着迷,其收益将是巨大的。用卡内基的话说,"明天,美国人的后院里、茶座旁和餐桌上会发生数百万个对话——主要内容会是什么呢?个性。一个人谈论个性,其他人也聊这个话题。他正在以此谋取'暴利'"。依靠《人性的弱点》,卡内基再次强调了名人在现代生活中的重要性。在序言中,他认为自己访谈过"许多成功人士,其中有些人闻名世界——马可尼、罗斯福、欧文·杨、克拉克·盖博、玛丽·碧克馥、马丁·约翰逊——并尝试找到他们在处理人际关系时使用的技巧"。后来在书中,他将一些富人和名人树立为典范,

在洛威尔·托马斯的农场举行的一场明星球赛中,热情但不擅运动的卡内基正在挥棒击球

将他们的生活作为激发人们成功的榜样。如今,卡内基与总统、内阁官员、媒体明星、体育名人、娱乐偶像及新闻巨头相处甚欢,他也已经成为这些人中的一分子。生活不再像以前一样,而是发生了改变。[17]

20世纪30年代末,卡内基刚刚得到的名人地位几乎改变了其生活的各个

方面。新的机遇和要求纷至沓来，打乱了平静的生活。原来，他就是位公共演讲老师，偶尔进行写作，如今他不可逆转地改变了日常生活。随着《人性的弱点》获得巨大成功，卡内基开始面临各种压力，它将其工作活动、与他人的交往以及与工作的关系推向新的方向。他享受着名声大噪带来的好处，但也逐渐意识到这将付出巨大的代价。

成为名人的代价首先表现在一次活动中，它让卡内基所有的过往经历都相形见绌。他说："《人性的弱点》以一种似乎让人无法相信的方式获得了成功。（而且）该书出版后，我发现自己生活在做梦都没有想过的压力之下：要主持电台节目，扩张培训学校，很多人想看我做这做那。我再也不想过1937年到1938年那样的生活了，仓促、匆忙又疲倦。"他的演讲、通告和教学被安排得满满当当，即使是最短的休息时间也异常可贵。他写道："今天在花园里忙了两个小时。似乎能花两个小时做点自己想做的事情也是一种奢侈了。读了一整晚《读者文摘》，这也许是半年来第三次独自坐在家里读书。如此这般忙碌，何时是个头啊？"[18]

面对这些新增的压力，卡内基发现自己疯狂地赶往全国各地，到各个城镇参加活动，进行签名售书或针对《人性的弱点》中的成功学进行演讲，或是二者兼顾。他说："我会在普尔曼式火车中睡一夜觉后，一大早到达目的地，与书店代表团见面，飞奔至宾馆换衣服，然后赶往书店。从10点到12点，我会一直坐着，为前来买《人性的弱点》的读者们亲笔签名。另一辆车会到书店接我，把我送到附近的宾馆参加扶轮社的午餐聚会。我很少有时间完成自己的演讲。之后，另一辆车就准备将我送到女性俱乐部，我将在那儿做个长达一小时的有关《人性的弱点》的演讲。如果运气好，我就能小憩片刻，接着参加一个以我的名义举办的宴会，之后我就得去赶火车了。"[19]

艾比·康奈尔负责安排卡内基的行程，认真负责并讲究效率，她为老板列出详细的活动安排，标记出相关的细节。卡内基后悔地说："然而就算有这些提醒，我有时候还是会不知所措。"一次，康奈尔陪着卡内基离开纽约，一起坐出租车赶往东50大街上的汽车站。他们快到目的地的时候，作者从车里冲出来，走向就要出发的汽车。他说道："我机械地上了车，但是却意识到自己根本不知道要去向何处。我踏上了最后一节台阶，惊慌地转过身。在车门要关上的一刹那，我喊道：'我要去哪里？'艾比喊着回答说：'看你口袋里，你能看到目的地。'我已经踏上了穿越纽约市的旅途，之后才知道我要去哪里。"这种疯狂的行为逐渐展现出负面效果。卡内基后来回忆道："这种旋转木马式的生活持续了几个月。我开始变瘦,精力也不如以前了。更为重要的是,我出现了健康问题。"[20]

除此以外,更为敏感的问题开始困扰着这位作家。经过广告媒体的大肆渲染,他被塑造成具有魅力、充满自信和同情心,能够轻而易举地赢得朋友并影响他人的人,这种形象日益深入人心。人们对他的期待值越来越高,用高标准要求他,而这种期望是无法达到的。当友好、自然又带有同情心的卡内基出现在人们面前时,他还在一定程度上保持着中西部人特有的保守姿态。作为一个从未上过大学但却跻身于全国精英阶层的人,他还对其接受过的有限的教育耿耿于怀。出于日益增长的不安全感,他于20世纪30年代末写下一条令人深刻的备忘录,让员工认真地筛选各种邀请,每天这种邀请都像雪片般寄到办公室。他说:"我写作《人性的弱点》之前,人们不会窥探我的公司。我就是戴尔·卡内基,成人教育课程的老师,没有什么让人感兴趣的地方。如今我出版了该书,而书又卖得那么好,人们期望我能'是个大人物',能够与众不同。但是当陌生人见到我并相互熟悉后,他们发现我就像他们的邻居一样,并没有什么特别之处。然后,他们就会感觉失落。要是我察觉到那种感受,我会尴尬不已。"[21]

尽管存在以上顾虑,但是卡内基刚获得的名声和财富让他的生活受益匪浅。在大萧条期间,他为处于困境的老朋友提供经济援助,如他聘请霍默·克洛伊为自己的广播节目做调查,并寄给他一张125美元的支票,还开玩笑说:"除了满心的感激之外,这是我欠你的所有东西。"他改建并装修了位于森林山的两层半的住宅,里面摆满了带有安妮女王特色的优雅法式家具、古董陈设、东方的陶瓷以及奢华的波斯地毯。他扩建了景色美丽的后花园,增设了装饰着锻铁的平台,还有玫瑰花园、灌木以及一个小型水泥池塘,里面养着锦鲤和睡莲。他还装修了自己和康奈尔的办公室,它们位于一个改装过的阁楼套房中,横跨房子的前后,里面装饰着古董办公家具以及时尚的日式墙纸。康奈尔看到后,认为它"棒得令人激动"。她回忆了装修后发生的一件小事,当时她的一支钢笔坏了,墨水喷到了新墙上。大片的墨水渍把她吓坏了,回到家后整晚都在犹豫怎么跟老板解释此事。让她释怀的是,当第二天早晨回到办公室的时候,她在打字机上发现了卡内基留给自己的小纸条。上面写着:"马丁·路德曾拿墨水洒向魔鬼。如果你周围有魔鬼困扰着自己——那就送给他们墨水吧。同时,我们再买一卷日式墙纸吧。"[22]

卡内基的名气还拓展了自己的社交圈。他一直对纽约的文化活动颇感兴趣，如今在20世纪30年代末，他也成了这个城市中响当当的大人物。有人曾说："他因为这儿的戏剧、博物馆、商业机构以及餐馆而喜欢这个城市。他觉得纽约城为戴尔·卡内基提供了一席之地。"他乘坐地铁或火车前往纽约市，通常挽着一位迷人的女性，一起观看大量的戏剧、音乐剧、电影、艺术展，参加招待会并用餐。作为一位受全国人关注的钻石单身汉，他能轻而易举地得到女性的青睐，在这个自己深爱的活力城市中享受她们的陪伴。他曾写信给洛威尔·托马斯："我们极其荣幸地期待着与你共同观看《穷途末路》（一部广受欢迎并常演不衰的戏剧，讲述黑帮和贫民窟的生活，由西德尼·金斯莱执导）。"卡内基指出，他打算带着自己的侄女和一名叫宝琳的约会对象一起去看演出，因为这两个人都想告诉家人"自己与洛威尔·托马斯一起去过剧院"。[23]

在家人方面，卡内基给予了他们慷慨的帮助。1910年左右，他的父母搬到了密苏里州的小镇贝尔顿，这里位于肯萨斯市西南部，两人在那儿过着平静的生活，父亲做些农活儿，母亲则参与一些教堂工作。然而，到了20世纪30年代，他们日益衰老、虚弱，依靠自己难以生活。戴尔为他们提供了慷慨的资金帮助，他每个月都给父母寄钱，不仅满足其生活所需，还额外增加了一些数目。哥哥克利夫顿和妻子卡丽也搬到了父母家，方便照顾他们。这种生活似乎不错，1938年初，戴尔为"亲爱的母亲"写了一封感人至深的信。他感谢母亲在童年时期对自己关怀备至，并认为："你是个伟大的好母亲，我感谢上帝给了我如此优秀的父母。"他为父母的舒适生活感到幸福，并说道："比德维尔夫人（管家）、卡丽和克利夫顿会好好照顾你们的。"[24]

但是，兄弟二人之间长期存在着分歧，如今弟弟的巨大成功让紧张感加剧了，和谐平静的生活也被打破。多年来，作为教师和作家，虽然戴尔慢慢地取得了事业进步，但是克利夫顿却没有找到适合自己的事业。他频繁地换着工作，最后只能回家照顾父母，而戴尔却在纽约成为闻名全美的人。克利夫顿的妒忌之心日益显现。由于哥哥没有稳定的工作来养家，戴尔对侄女和侄子们非常慷慨，将克利夫顿的女儿约瑟芬带到自己位于森林山的家中，聘请她为自己工作，同时还为她的两个兄弟支付大学学费。此外，他还每月支付克利夫顿及做管家的卡丽一笔费用，以照顾他们的生活。

这种巨大的差距最终引发了矛盾。1939年11月，戴尔认为除去各项花销，钱还有剩余，叫卡丽将剩下的钱归入11月的预算。随后，他那个月寄去的钱就少一些。金额减少让克利夫顿寄来了一封充满怒气的信，它在某种程度上没有道理，一方面指责戴尔是个守财奴，另一方面认为他是个游荡在外的大人物，只用金钱弥补自己没有尽到的孝心。戴尔巧妙地回信。他说："在12月22日给我的信中，你面临着巨大的困扰，对此我表示非常理解。"并对哥哥无法与年迈的父母很好地相处表示同情。然而，他接着就表达了自己的期望。他写道："因为我曾经付出了很多，所以你的信让我特别伤心，克利夫顿。"戴尔指出，他为了帮助克利夫顿度过多年前的一次危机，给了后者好几千美元的资助；之后他还答应了家里人在信中提出的要求，每个月寄回去100美元作为生活救济金；他又花了数千美元，试图将克利夫顿培养成为一名公共演讲教师，但是没有成功；他还动用关系帮哥哥在公共资源保护队谋取了一个管理工作；他甚至还每月给卡丽的母亲寄去15美元，以帮助她。卡内基抱怨道："你写的信是否对得起为你做了这么多事的弟弟？"但是之后戴尔试图按照自己的原则，抛出橄榄枝。他寄给卡丽一串珍珠，并告诉克利夫顿："如果我伤害了你的感情，我非常抱歉，并请求你能原谅。你能不能告诉我到底该怎么做？不能告诉我你需要多少钱以及相应的理由吗？"[25]

后来，克利夫顿和卡丽搬来照顾年迈的卡耐基夫妇，同时戴尔负责所有的生活费用，这次危机也迎刃而解。在大体上平静和安稳的氛围中，阿曼达·卡耐基于1939年12月4日在其贝尔顿的家中逝世，享年81岁。戴尔赶回家，守在母亲的床边。自童年起，她曾给予卡内基很多启发，因此母亲的去世给他留下了很深的情感创伤。在给朋友的信中，他说："我母亲在上周一黎明去世了。她走得很安详，没有任何病痛，还有几个月就到她的82岁生日了。我有幸拥有世界上最伟大的母亲之一。如果她没有在贫苦和困难中坚持让我们接受教育，我可能还在密苏里州当农民……她不仅给我们做衣服，还自制家用的肥皂。她从早忙到晚，但是却边干活边唱着歌。她之所以歌唱，是因为她的宗教给予她信仰以及赞美生活的乐趣。我多么希望能有那样的信仰啊。"詹姆斯坚持了一年半，因为"急性的内科疾病"而入院治疗，却没能治愈。他于1941年5月15日在贝尔顿的家中因中风引起的并发症去世，享年89岁。[26]

另一方面，《人性的弱点》带来的经济回报使卡内基能够继续自己最大的消遣之一：旅行。随着对紧张的行程越来越得心应手，他可以在美国或国外定期度假。1938年，卡内基前往欧洲待了几周。从他的一个报纸专栏上可以看出，此文是在国外的法国远洋定期客轮上写的。他写道："德格拉斯号行驶缓慢，花了九天时间才穿过大西洋。但我喜欢缓缓航行的船。我在陆地的时候，生活节奏太快了。因此我希望游荡在海洋上，摘下领带，解开领扣，晒着太阳并享受带着咸味的空气。"次年，他应日本旅游委员会的邀请访问日本。作为促进美日交流与文化的一项活动，他游遍整个日本，参观了各地区及主要城市，并在被人宴请时做了关于人际关系的演讲。行程接近尾声时，他在朝鲜待了几天，并在中国的上海和北京进行了短暂的停留。[27]

卡内基还有过一些短期旅行的经历。1939年，他悄悄地前往佛罗伦斯的朋友家中，度过一个简短的假期，那是南加利福尼亚州的一个海滨小镇。他们兴致勃勃地钓了一天鲈鱼，日落后，一群人开车到了海滩，无垠的大海和天空宏伟壮丽、气势磅礴。这引起了作者心中的感伤，他在日记中说自己待了好久，抬头望着"繁星闪烁的天空，同时大西洋的小浪花在我们脚下轻轻拍打着。此情此景令人难忘。让我发觉人是多么渺小，感慨人生苦短"。第二天发生了让人更愉悦的事，这位曾在农场生活过却从未忘掉乡间乐趣的人找到了另一个消遣。他在日记中写道："我花了大把时间把水生噬鱼蝮蛇从树桩及树枝上打下来，一下午射中八条。在把这些宝贝打成碎片的过程中，我内心中野蛮的欲望得到了极大满足。"[28]

然而，有一次旅行对卡内基的心理造成了更大的影响。1937年夏，他在古巴游览时认识了一个人，此人将会成为他生命中最重要的人之一。

1943年的一个周五晚上，有个五岁的小女孩到达佩恩车站，这是纽约市中心最大的铁路中转站。她独自一人从康涅狄格州的纽黑文出发，手持一等火车票，同时一位列车乘务员在其周围徘徊着，照看她的安全并满足其要求。明亮的灯光、来回穿梭的行人以及这个美国最大城市的疯狂节奏让她兴奋不已；同时，她也对旅行有些迷茫，旅行始于去年，几个月一次。她的母亲坚持如此旅行，是为了与"戴尔叔叔"相处，每当后者拜访她们位于纽黑文的家时，她同样鼓励女儿与这位客人一起玩耍、聊天并在当地的公园里长时间散步。

现在到了纽约，一切活动照旧。戴尔叔叔来到火车站与她会面，并乘坐出租车把她接回家中。出租车司机总会凝视着卡内基，想要对其品头论足，作家会因此问道："你认识我吗？"司机会回答："你写了一本书，是吧？"接着卡内基会自我介绍，跟司机简单地聊上几句，有点沾沾自喜，显然享受着人们的关注。他们在温道尔路下车后，管家会将孩子安顿在二楼的一间客房中。接下来的周末时光将会被排满，戴尔叔叔带她参加各种娱乐消遣——戏剧、音乐剧、马戏、自然历史博物馆、竞技表演——并会讲述自己生平及各种冒险故事。在她略微年长一些后，他会给女孩讲述自己的成功史。周日晚上，他会把小女孩送到火车站，后者坐火车回家，这个惯例也促使她思考这些周末的特殊含义。[29]

小女孩叫琳达·戴尔·奥芬巴赫，她当然应当感到困惑。实际上，她处于母亲弗丽达·奥芬巴赫与戴尔·卡内基二人不同寻常的危险关系之中，二人的恋情是《人性的弱点》销售神话后的产物。他们于1937年夏末在古巴旅行时相识，两人都是独自乘船巡游，并一见倾心。实际上，他们相处了好长时间之后，才陷入爱河。回到美国后，卡内基寄给她一本自己的书《鲜为人知的名人故事》中写道："我亲爱的弗丽达：我希望你对此书的喜爱能有我对你爱慕的十分之一那么多。生日快乐。1937年8月26日，戴尔·卡内基。"

然而，问题在于：弗丽达是有夫之妇。对于二人的恋情，她丈夫开始表示反对，很快又采取了一种复杂甚至奇怪的态度。其中最为奇怪的状态是，大家都知道发生了什么，但却都没有挑明，也没有承认他们的关系。在客套甚至友好的交往之下，渴望与脆弱暧昧地交织，它至少涉及了三个成年人和一个孩子。这种复杂的情感状态时常变得令人心酸，它将伴随着卡内基的余生。[30]

无论是相貌还是才华，弗丽达·奥芬巴赫都是位颇具魅力的年轻女性，她来自一个与这位著名作家完全不同的家庭。1910年8月26日，马克斯和罗斯·伯科威茨的女儿弗丽达·伯科威茨在巴尔的摩出生——之后他们会将姓简称为伯克——她成长在一个犹太移民家庭。父母于19世纪70年代出生在俄国，并于19世纪90年代来到美国。他们定居在巴尔的摩，抚养了六个孩子，弗丽达是倒数第二个。马克斯是个商店老板，成功地经营着一家杂货店、一家干货店和一家二手家具店。但是，马克斯对老婆和孩子却非常苛刻。作为一个聪明敏感的女孩，弗丽达在紧张的家庭氛围中日益沮丧，她使自己沉浸在学习中。在被巴尔的摩的古彻学院录取后，她在那里学习古典文化及科学，并在19岁时以优等生荣誉毕业。[31]

同时，弗丽达女大十八变，成长为一位身材高挑瘦削的年轻女孩，她一头黑发，高颧骨，长着一双灵气的黑色大眼睛。她在巴尔的摩长大，说话时轻柔细语，带有南方人特点及女性的独特魅力，同时她也是个认真的倾听者，散发出机智、聪慧的魅力，与男性相处时尤为明显。有人曾说，她"谨守贵妇生活方式"，很少不化妆就出门。她总是穿着得体并引人注目，出去时经常带着白色手套。[32]

大学毕业后，弗丽达被美国一所一流大学录取，进入芝加哥大学继续深造，学习细菌学。然而她与一位帅小伙儿相恋并参加了一个聚会后，却鲁莽地决定退学。当时，有人在聚会上发表了反犹言论，这位年轻人却没有挺身而出进行反驳，因此她非常气愤，转身离开，并结束了这段恋情。更为重要的是，她打包了行李，离开学校回到了巴尔的摩。这个鲁莽的行为呈现出一种自我毁灭的倾向，让她有些随波逐流。然而，她最终在社会上找到了一份工作，并很快认识了另一位社交工作者伊萨多·埃德蒙·奥芬巴赫，显然是受到刚结束的大学恋情的刺激，她很快同意了他的求婚。婚礼于 1933 年 11 月 29 日在巴尔的摩举行。[33]

伊萨多·埃德蒙·奥芬巴赫于 1905 年出生于波兰罗兹市，两年后与母亲珍妮移民到美国。父亲所罗门早些到达美国，在宾夕法尼亚州最北部的布拉德福德做机械师、洋铁匠及铜匠。其他四个孩子会在接下来的十年中继承父业。在青少年时期，伊萨多学习做一名犹太拉比。但是急剧下降的视力迫使他放弃了这条路——他的一只眼睛由于童年时的一次意外而严重受伤，另外一只似乎由于后来用眼过度也逐渐恶化；长大后，他的视网膜会脱落，使得情况更加严重，最终他双目失明了。尽管身体残疾，但是他却异常聪明并渴望成功，从俄亥俄州辛辛那提市的希伯来联合学院毕业后，他又前往纽约深造，并获得了哥伦比亚大学的社会学硕士学位。他接受了巴尔的摩犹太社会服务局的工作，很快认识了弗丽达，向其求婚。1933 年结婚的几年后，夫妻二人搬到康涅狄格州纽黑文市，此时，伊萨多担任了犹太家庭服务组织的执行主任。[34]

在预料之内，婚姻很快出现了问题。伊萨多禀赋聪明，偶尔魅力十足，他爱着自己的妻子并竭力取悦她。例如，他痛快地同意，家中不用遵循传统犹太式的日常生活习俗，并饱含深情地给予弗丽达无数轻抚与拥抱。同时，伊萨多承受着自身病痛的困扰。双目失明毁了他的生活，这让他脾气暴躁，经常愤世嫉俗。身体残疾让他感觉痛苦，每次到商店或参观中，他都会大发脾气，并高声要求给予自己特殊的服务。他很难与别人共事，疏远了很多犹太家庭服务组织的下属。

在家中，伊萨多的跋扈倾向把他变成一个严厉的大男子主义者。每当坐在客厅中加有厚软垫的椅子上，他会花好几个小时听书籍的录音，全神贯注地听妻子给自己读书籍和杂志，或是有时候在强光下把书举到眼前，以便能够模糊地看到字迹。家中的一切都要围着他转，每当提及自己的需要和愿望时，他会变得严厉而固执。他经常发泄自己的怒气，成为占据上风的权威人士。优秀、愤懑和控制欲融合在一起，可能在公开场合爆发出来。有一次，当拉比在犹太聚会上朗读《托拉律法》时，他轻蔑地纠正了拉比的错误。[35]

对于弗丽达来说，她让步了，并努力想要建立一个平静的家庭。她以一种优雅的方式满足丈夫所有的要求——每晚，她把丈夫的晚餐放到桌子一头，平静地告诉他食物的摆放位置，不仅能方便他食用，而且还能照顾到他的自尊。她还始终如一地开车带他赶赴纽黑文的每个约会或满足他的其他要求。她坚定不渝地尝试着转变这种不幸福的状态。然而，弗丽达似乎只是维持着表面的婚姻。当她因无法满足丈夫的要求而翻着白眼，或是当他陷入一种孤僻的状态时，其他人察觉到她内心潜在的挫败感。由于比敏感的丈夫更加沉默寡言，因此当她出于义务而忍受他的怒气并在其情感面前忍气吞声时，弗丽达逐渐在伊萨多专横的个性面前退缩了。为了缓解紧张的精神，她养成了几个生活习惯：大量地抽烟，吃得很少，有时候还酗酒，这让她不断累积的压力得以释放，并让她的感情得以发泄。她还经常在那些对自己恭敬有礼的男人面前魅力十足。例如，弗丽达非常喜欢伊萨多最小的弟弟，当后者来家里拜访时，二人会说说笑笑几个小时。但在平常的日子里，她就变得难以接近，阴郁冷漠——这是被困在不幸婚姻中的典型例子。[36]

1937年，戴尔·卡内基和弗丽达·奥芬巴赫相识在这种困境下。弗丽达被这位年长又成功的教师兼作家深深吸引了。后者个性充满魅力，为人低调，做事友好，对人际交往敏感，同时还是美国名人，他具有一切丈夫所不具有的优点。虽然她那自我毁灭式的倾向可能促使其陷入了这段恋情，但是卡内基也帮她脱离了阴霾，打碎了加之其身的生活枷锁。在给卡内基的一封信中，她称呼前者为"我最亲爱的人"，并说在自己感到"消沉，沮丧时……却收到了你的来信和问候！我的血液又开始流转，血压也上升了，我又找回了活力"。她开玩笑说："我依然坚持认为，当有人情绪低落时，如果你的感情能保存在瓶子里以备使用，那么，它将是个巨大的科学成果。"通过卡内基，弗丽达建立了一个幻想的世界，在那里，她能自由地表达自我，放松，并时不时地解除不幸生活的枷锁，寻找到幸福。[37]

不可否认，弗丽达对卡内基的吸引力更多一些。他对弗丽达的强烈感情是毋庸置疑的。这段恋情结束六年后，他于1939年在日记中首次写下的是："天哪，过去六年中发生了多少事啊！遇到了弗丽达·奥芬巴赫。"至关重要的是，在提及《人性的弱点》"不可思议"的成功之前，这些内容就出现了。他在信中称她为"最亲爱、最亲爱的弗丽达"，并为其在纽约市的一家服装店开办了一个付款账户。当然，她年轻的相貌以及低调的优雅吸引了卡内基，初次相遇时，她才27岁，而卡内基49岁。但另一个因素就是她的冰雪聪明。弗丽达接受过高等教育，通晓古典文化，掌握科学的专业知识，这些无疑对那位接受过有限教育的前农场男孩产生了影响。虽然她是一位社会工作者，但是她还在微生物学界颇有建树，于 1936 年在《实验生物医药学会动态》上发表过一篇简短的文章，名为《养殖周期早期阶段与毒性的关系》，它试图测量动物宿主身上细菌增长的毒性。在该刊物上，弗丽达的所在机构是"耶鲁大学医学院公共健康系"。然而，因为她并不炫耀自己的学识，而且说话轻柔，对男人恭敬，因此卡内基对其十分着迷，但并不觉得她高不可攀。实际上，他甚至开玩笑说要努力"研究小白鼠身上共同的病毒性与致病性的区别"。[38]

然而，弗丽达能吸引卡内基还有更为复杂、甚至是更为无意识的原因。作为一名都市犹太人、一个已婚女性、一位女性知识分子，对于男人来说，她带有极致性、诱惑性及异域风情。而卡内基曾花了大部分时间抗争着中西部乡村的新教传统束缚。此外，弗丽达坚定地拒绝离开残疾的丈夫，这只会让她的不幸生活更加惹人怜惜——一次，她被问及为什么不与伊萨多离婚，她简单答道："你不能抛弃一个盲人。"——这更能吸引敏感又热情的卡内基。毫无疑问，弗丽达也爱上了卡内基。在她生日那天，卡内基在外旅行，于是他寄给弗丽达一封令人陶醉的电报，上面说："加拿大的落基山喜报频传，好消息。土拨鼠在欢唱，雪山在咆哮，麋鹿在高喊。所有一切都在说，祝你生日快乐，亲爱的弗丽达，生日快乐。"在另一次旅途中，他说自己坐在前往阿拉斯加的船上，之后补充道："我的身体虽然在船上，但是我的心会停留在戈登街 58 号，与你在一起……真希望你能与我一同去阿拉斯加。"[39]

同样，弗丽达对卡内基也充满了爱意。她以"我最心爱的"或"我的爱人"开头，常常表达出想要与他度过更多时光的渴望。她在一封信中写道："虽然我想让你得到彻底休息，但是我依然希望加拿大的落基山能再靠近我几千英里。"另一封信说："你必是远在天边——而我期盼能陪伴在你左右。"1941 年初夏，当卡内基因父亲病倒并去世返回密苏里西部时，她写道："对你而言，此时一定非常伤痛，你才失去了父亲——天知道我多想在你身边陪伴你——如果我没有其他累赘负担，我会乘飞机前往贝尔顿，待在你身旁。"[40]

随着恋情加深，戴尔和弗丽达费尽力气寻找相处的机会，避免曝光。他们采用多种形式联络。例如，当弗丽达与家人旅行时，她会找理由离开几天，通知卡内基"在返回纽黑文的途中，我只能在 16 号或 17 号才能溜出来几个小时跟你见面或过夜"。对于卡内基来说，当弗丽达有时间时，他负责安排她来自己家中做客。1939 年 12 月末，他写道，自己因为有一个演讲预约，所以只有周六早晨有时间，但是"这并不影响你周五过来，你可以逛逛街，四处走走，然后来家里过夜"。后来，他鼓励弗丽达在家里过元旦，那时"我们将坐在壁炉前，共同辞旧岁，迎新年"。第二年，他在给弗丽达的另一封信中写道，自己对于欧洲战争的最新评论已经发表，他在简报上潦草地写着："在与我一起前往佩姬湾的路上，你做梦也没想到自己和一位国际事务权威人士同行吧。"佩姬湾是位于新斯科舍省东南海岸的旅游小镇，以其颇具特色的渔村和灯塔远近闻名，很显然不久前这对情侣刚去过那里。[41]

1940年左右，戴尔·卡内基和弗丽达·奥芬巴赫合影

戴尔与弗丽达现存的一张合影表现出两人之间的浓情蜜意。作为一名有建树的摄影师，她筹划了这次颇具艺术气息的拍照活动（很显然是在两人的一处爱巢中）。带有定时器的照相机对准一辆轻便马车，强烈的前景光照在阴暗的背景上，凸显出两人的面孔。这让他们格外引人注目。卡内基帅气地穿着细条纹西装，领结下的衣领上扣着金扣针，他挺胸抬头，稚气地微笑着，有些羞怯。弗丽达穿着淡蓝色长裙，黑色的头发被拨到脑后，用手臂抱着卡内基，脸颊贴着他的头顶，露出容光焕发的微笑。这张照片描绘出相爱的两个人。[42]

当然，这段恋情中最神秘的地方在于弗丽达丈夫伊萨多的态度。早些时候，他偶然发现了妻子与卡内基交往的证据。当弗丽达让丈夫从自己的手包中拿出一包雪茄的时候，她却忘了包里有一封卡内基给自己的情书——心理医师可能会追问她"无心之举"的无意识层面——伊萨多偶然发现了它，把信凑到眼前，弄清了信的内容。他的怒气爆发了，要求妻子进行解释，并坚称弗丽达毁了一切。但他很快就冷静下来，接受甚至默许了这件事。实际上，在与弗丽达交往的两年里，卡内基认识了伊萨多，拜访过奥芬巴赫夫妇的家，并开始时不时地给他们两人分别写信。伊萨多表面接受，实际上却十分愤怒，这种态度可能有以下几种原因。弗丽达可能如此掩饰：仅仅承认自己与卡内基是好朋友，可以充分利用丈夫的失明与作家偷偷约会，为丈夫保存颜面。面对这段婚外情，伊萨多可能压制了自己的自尊，并采取了另一种思维方式，因为这位名人开始关注和尊敬自己，这满足了伊萨多极度的自负。或者，伊萨多可能由于经济原因接受了卡内基的存在。因为失明，他总是担心自己养家的能力，也许因为不久卡内基就对奥芬巴赫家给予了经济帮助，他接受了妻子的婚外情。伊萨多的默许态度更有可能源于以上所有原因。[43]

然而不论是什么原因，到了1939年末，卡内基公开表示了对伊萨多的尊敬，他爱着后者的妻子。在12月20日给"亲爱的伊萨多"的信中，卡内基饱含感情地写道："任何一个同您一样遭遇过生活痛苦与折磨的人，任何一个能做到像您一样坚强的人将永远成为自己命运和灵魂的主人。伊萨多，认识你是我最大的荣幸。你的英雄事迹让我的精神真正地得到了提升。"针对伊萨多最近的一次眼睛手术，他补充道："请允许我尽绵薄之力，帮你支付一些昂贵的医疗费用，医院的账单一定像锁链一样束缚并困扰着你。"后来，他的手法更加娴熟。卡内基说，在不久前去往日本的旅途中，他遇到了一位名声显赫又雄心勃勃的珠宝商，"他送给我一些珍珠作为礼物，我想也许弗丽达会喜欢这样一串珍珠的"。[44]

1938年7月8日，三人之间复杂的情感纠葛发生了变故，弗丽达在纽黑文的格蕾丝医院生下了一个女婴，此时距她与卡内基首次相识大约10个月。兴奋的作家马上给身在医院的弗丽达拍了电报。"热烈欢迎奥芬巴赫小姐来到这段充满活力又令人陶醉的生活中。我希望你遗传了你父亲的头脑和性格以及你母亲的甜美、无法言喻的魅力以及有关小白鼠的知识。等你长大一些，请来森林山做客，跟我和雷克斯一起玩。"不久，当得知婴儿的父母给她起名叫作琳达·戴尔·奥芬巴赫的时候，他陷入了狂喜之中。他写道："我心爱的戴尔·奥芬巴赫，你是唯一一个以我的名字命名的小女孩，我当然为此感到受宠若惊。"他期盼女孩的生活能丰富多彩，并希望以后两人能共同生活，以便能跟她分享"在历经坎坷后而获取的箴言"。如预期的那样，她跟母亲一样聪明，并也想入读古彻学院，卡内基因此在信中写道："我开始往纽约市的波维里储蓄银行为你存一小笔钱。"他以下文签字结尾："爱你，戴尔给戴尔的信。"[45]

显然，卡内基相信自己是孩子的父亲，在接下来的几年中，只要这种特殊情况存在，他就表现得像个父亲一样。在前往全国演讲教学的过程中，他给"我亲爱的同名小宝贝"写了许多封信，并赠给她数不清的金钱、礼物和关注。他寄给她生日支票，提醒她收听广播节目（"周五晚上，我会出现在由乔治·杰塞尔主持的维塔利斯节目中"），并寄过去大量"适合小女孩的游戏服"，它们产自卡内基父母家附近的一家服装店。当得知"你叫自己的娃娃'戴尔叔叔'"的时候，他表现得非常开心。当目睹女孩在说话上的飞速进步时，卡内基承认自己"对你取得的进步表示非常高兴。你现在能说清楚话了，还能使用完整的句子"。他乐于看到她"品性善良"，并已经显示出"法国人称之为生活乐趣的东西"，并开玩笑地补充说："我这么说是为了引起你母亲的注意。"由于他收到的孩子的照片无法令其满意，他要求寄来更多"孩子的静态彩色照片"，并承诺为琳达买一套投影设备，以便未来他能观看"你母亲和我在1940年纽约世界博览会上的柯达展览中欣赏的那些照片"。[46]

值得注意的是，在与奥芬巴赫一家的所有长篇通信中，卡内基巧妙地谈及琳达·戴尔的真正父亲。他找到很多方式称呼伊萨多，如"爹地"、"爸爸"、"父母之一"和"前辈"。然而，他却更为谨慎地使用具有血缘关系的"父亲"一词，含糊不清地使用它，以便能轻而易举地将自己与伊萨多区分出来。例如，在1939年7月8日给女孩的信中，卡内基写道："上帝对你青睐有加，琳达·戴尔，他让伊萨多和弗丽达做你的父母。我希望你长大后能继承到你父亲的头脑和性格以及母亲的魅力。"还有一个例子发生在多年之后。在卡内基去世前的几个月，在他给已经长大的女孩的最后一封信中，卡内基没有像往常一样完整地写下戴尔叔叔。他反而大胆地用引号标出了叔叔那个单词，写成戴尔"叔叔"。也许，这是给琳达·戴尔最后的微妙提示，表示他相信琳达是自己的骨血。[47]

当然，关于琳达生父的问题至今仍是个困扰人们的谜团，因为没有人曾明确对此进行解释。对于弗丽达和伊萨多来说，他们也许故意含糊不清地想要引起卡内基的误解，不仅将"戴尔"作为女儿中间的名字，而且正式将卡内基认作孩子的教父，这在犹太家庭中是不太常见的。对于卡内基来说，他不仅在未来几年中寄去玩具、礼物及衣服，安排她到家里拜访，而且还为琳达·戴尔设立了信托基金。当然，也许在这个无人提起的问题上，孩子承受了最重的情感负担。当她在少年时期面对这种问题时，她偶尔也会询问母亲关于卡内基、家人和自己的问题。弗丽达往往会在情感上回避，不给出直接的答案，从不透露半句。多年后，当琳达长大成人并成立了自己的家庭后，伊萨多已经变成脾气暴躁、难以相处的老人，他寄给琳达一封信，信得开头写道："我知道你认为我不是你真正的父亲。但是这是假的。让我给你讲讲我认为你母亲怀上你的那个夜晚吧。"此时早已与父亲疏远的女儿大为吃惊，并非常低落，她把信揉成一团，扔到了垃圾桶里，没有看到下文。真相永远不会出现了。[48]

在奥芬巴赫家，戴尔·卡内基和琳达·奥芬巴赫的合影，戴尔认为后者是自己的亲生女儿

但最终，就卡内基的生活而言，琳达·戴尔的真正出身几乎不是问题。他深信自己是她的父亲。当得知弗丽达永远不会离开伊萨多后，他还是尽其所能维持与弗丽达的恋爱关系，并在物质和感情两个方面尽最大努力照顾女儿，他深信琳达是二人爱情的结晶。出于责任，他对奥芬巴赫家人表面上坚称自己是"戴尔叔叔"，但是在给弗丽达的所有情书中，他偶尔称呼她的丈夫为"住在58号的家长"。或者在他给弗丽达和伊萨多两个人共同的信中，偶尔口误，向自己真正爱着的人们表达爱意，如"我今晚动身去纽约。希望在圣诞节前看到你们两个。我说的是'两个'吗？我是说'你们大家'，你们三个人。"然而，也许最令人深思的是他给琳达·戴尔的信中所使用的习惯性结尾。他经常问道："你妈妈是不是给你保存着这些信呢？"或是命令道："琳达，你如今不珍视这些信，但是如果你妈妈为你保存着它们，到了1975年你会视为珍宝的。"卡内基希望有一天女孩能了解他们之间的真正关系。[49]

因此到了1940年，戴尔·卡内基遭遇了生命中一次重大的离别。一本充满活力的成功学畅销书成为现代美国文化价值观的重要组成部分，该成就让卡内基成为百万读者心中的名人。他后来的名声带来了狂热的赞誉以及繁重的压力，虽然内心充满了不安全感，但这迫使他在公众面前展现出一种自信的成功形象。此外，父母尤其是母亲的去世，终结了他人生的一个篇章。他们的离世引发了卡内基的丧亲之痛，他对童年时期父母作出的牺牲心存感恩，羡慕他们的宗教信仰带来的安全感，并为自己最终脱离了苛刻的新教传统而存有一种微妙的感激。

　　最后，当卡内基爱上这位有夫之妇——这段感情伴随了他与绯闻对象丈夫之间不合常规的友谊和对孩子深厚的感情，他深信自己是孩子的亲生父亲——这成了他生活中强烈情感的最新寄托。卡内基自青少年时就开始探索成功之路，最终登上了成功之巅。但是，正如他多次在不同地点与人谈起的那样，他发现成功并没有带来相应的幸福。

14　找到你喜欢的工作

20世纪40年代初，戴尔·卡内基成了美国名人。《美国的精神》称他是"美国文化的中流砥柱"，说他"像本尼·古德曼、爱灵顿公爵等艺术家一样，在卡内基大楼亮出自己的魔法"。《科利尔》指出卡内基对公众巨大的吸引力，认为"多年来，他的个性影响范围如此之广，通过潜移默化，他已具有改革者的激情及强盗的冒险精神……这两种品质，加上对现实的超强掌控能力，促使卡内基将自己塑造成肩负重要使命的人"。到了20世纪40年代中期，《观察》杂志亲切地将他与刚上任的杜鲁门总统相比。二人不仅都来自密苏里州西部附近，而且他们还外形相似，说话时都要有一种中西部鼻音；更为重要的是，他们具有共同的态度举止。《观察》指出，美国人曾说杜鲁门的"外表和行为就像个'普通的美国人'，戴尔·卡内基也是如此"。[1]

在全国旅行时，通常卡内基人还没到目的地，但他的鼎鼎大名就已经在当地传开了。当地的报纸称赞他是"一位著名的个性心理学家"或是"一位知名的商业心理学家"。堪萨斯初级商会在报纸上刊登了整版广告，宣传卡内基即将进行的演讲"如何推销你的想法"，将他称为"作家、电台名人以及报纸专栏撰稿人……演讲大师"，认为他"活跃，声音令人愉悦，举手投足极具魅力"。它还说，卡内基的教学和写作让他拥有大量的读者和听众，信件"如雪片般飞来，证明他的工作对美国公众造成了显著影响"。[2]

20世纪40年代，大众对于卡内基的欢迎达到了顶峰，卡内基接受了自己迅速上升的公众地位。他充满信心地写信给罗斯福总统，推荐密苏里州州长劳埃德·斯塔克做他1940年大选的竞选助理。普通公民对卡内基惊讶不已。一次他在洛杉矶的一家商店购物，在他挑选一件外套时，店员认出了他，并坚持护送他进入一个被叫作"名人堂"的试衣间。他让卡内基将名字写在墙上，旁边还有很多名人的签名，有斯宾塞·屈塞、克拉克·盖博、玛丽·碧克馥、道格拉斯·费尔班克斯等。[3]

卡内基甚至还涉猎了好莱坞电影，客串了流行喜剧《上流社会中的吉格斯和玛姬》，饰演他自己。该电影是流行系列电影其中的一部，改编自长篇连环画《淘气老爸》，电影讲述玛姬想要进入曼哈顿上流社会，而她那性情急躁的丈夫吉格斯却在街角酒吧中与他的工人哥们混在一起。玛姬雇佣卡内基扮演的老师指导食古不化的吉格斯，教育以失败而告终。[4]

卡内基自己则成为好莱坞讽刺电影的主人公。20世纪福克斯公司拍摄了电影《伟大的笨蛋》，这是一部由沃尔特·朗执导的浪漫喜剧，它拿卡内基的成功学开涮。其中，唐·阿米契扮演了一个与卡内基类似的角色，当其成功学学校陷入危机时，他策划了一个宣传自己学校的比赛，选出美国最失败的人，然后再用自己的人际关系知识改造此人。比赛的

在1947年的电影《上流社会中的吉格斯和玛姬》中，卡内基说服吉格斯报名参加自己的课程

冠军由亨利·方达扮演，这个角色是位刚愎自用的草根，他来到纽约参加了卡内基课程，并通过自己的努力成为闻名全美的人。然而，他很快就改变了想要成功的想法。在一系列带有喜剧及浪漫色彩的纠缠后，方达与阿米契的女朋友私奔了，成为放松技巧方面的导师。[5]

还有一件事可以证明卡内基受公众欢迎的程度。另一家历史悠久的美国中产阶级文化机构希尔斯目录公司开始与卡内基合作。该机构的年刊为消费者奉上新的口号："为当领导做准备，穿着得当。"该机构宣称，为成功量身打造的服饰就是"斯汤顿西装"。这种时髦但低调的羊毛质地套装能代表卡内基思想中的自信以及关注他人的态度。该公司承诺说，一个雄心勃勃的人如果身着这种服饰，那么他将"赢得更多的朋友，影响更多的人"。[6]

然而，随着名声和影响逐步上升，卡内基却面对着意料之外的困境。他险些遭遇资金短缺。卡内基课程一直是其公司的中流砥柱，是多年来他苦心经营的主要业务。但他后来发现由于管理不善，戴尔·卡内基学院已经到了生死存亡的边缘。当他跑遍全国进行演讲和授课的时候，几位信得过的同事在纽约市招聘了大量员工，费用猛增，后果不堪设想。卡内基为此大为吃惊，连忙返回纽约，在绝望中想要挽救自己的事业。

《纽约客》是一份广受纽约城东北部的中产阶级欢迎的杂志，它以对当代生活进行自由、严肃并不断创新的解读而闻名。它偶尔也涉猎流行文化的内容，特别是会微妙地嘲讽古怪的事物，或是能够对坚不可摧的体面堡垒产生致

命的威胁。在1937年末，这两种倾向同时得到了实现，当时的一位杂志撰稿人杰克·亚历山大关注了戴尔·卡内基现象。与《人性的弱点》相比，他更关心卡内基课程。他说："在戴尔·卡内基写作那本畅销书之前，他已经是世界上最成功的公共演讲教师之一了。"亚历山大决定要找出其中的原因。[7]

亚历山大来到戴尔·卡内基学院位于东42街的办公室，他发现这儿的"气氛如同自己见过的办公地点一样富有活力"。他被人领到"主任尼尔森先生那里，他马上给我拿起了桌子上几封从卡尔斯巴德和斯德哥尔摩寄过来的信，询问何时才能将成功学福音翻译并传播到海外"。尼尔森告诉亚历山大，无论是国内还是国外，对卡内基课程的需求直线飙升，

卡内基于1943—1944年开设的广播节目《趣人趣事》

该学院正迅速培训自己的讲师。然而，这不是个轻松的工作，因为大学能仅凭学历证书或发表作品来聘请教师，但是卡内基学院"必须找到那些不仅能够讲授心理学的专家，同时他们也能教授公共演讲——他们能帮助学生完善全面的自我"。这种教师必须随时准备帮每个学生面对并克服恐惧。亚历山大写道，对每个学员而言，"就像卡内基先生在书中所说的，想成为重要人物的愿望促使学生走上一条通往有效的新个性之路"。这位杂志撰稿人使用大写字母巧妙地表达出自己的不屑，他想要看看课程到底是如何发挥作用的。[8]

亚历山大将《纽约客》上的这篇文章命名为《绿铅笔》，它是指卡内基课程中众人渴望的小奖品，在每次介绍课程中，它被放在"一个用锡纸包裹的长方形小盒子中"，恭敬地展示给学生们。教师说，盒子里装着"一只绿色的自动铅笔，上面刻着'戴尔·卡内基有效演讲课程，最佳演说一等奖'"。每节课后，学生自己投票，将奖品颁发给最优秀的演讲者。教师认真地说："让我跟你讲讲你第一次赢得这个奖品后回家的夜晚是什么样的，戴尔·卡内基在他的书中曾这么说，你要叫醒妻子，然后拿给她看。如果你跟我想的一样，那么你会拦住街上的陌生人，跟他们说：'看看我赢得的奖品，你没见过吧？'"[9]

对于亚历山大来说，这份微不足道的奖品所具有的重要意义才是卡内基课

211

程受人欢迎的主要原因,这吸引了那些外表邋遢粗野、内心浅薄的人们,之所以他们要在同学面前挨个结结巴巴地说出几句话,是因为他们迫切地渴望找到自信并实现成功。有位穿着运动装的推销员不能顺利地完成销售任务,他紧张地说:"我,呃……来这看看能不能对自己有所帮助。"有个"矮胖男人"在布鲁克林卖蔬菜,他想能更加吸引自己的客户。他说:"我想如果我能来这里做个小演讲,也许我能……也许我可以……"之后声音越来越小。还有一位"说话呜咽的中年女性"没能成功地从当地银行申请到贷款,之后她注册了课程,想看看是否"戴尔·卡内基能教会我如何拿到那 3000 美元"。一位来自印第安纳州的"大块头男人"坦言,自多年前开始,自己就有了可怕的自卑情结,但如今"在读戴尔·卡内基的书时,我对自己说:'也许他能对我有所帮助。'所以,我来了"。这些混乱轻佻的言论之后,教师正式开讲:"戴尔·卡内基课程(是极其宝贵的),不仅能够教会人们在公共场合进行演讲,而且还能在其他方面帮助他们……人们有了精神动力,你们懂的。而且公共演讲就是推销——推销自己。"依照亚历山大的观点,卡内基课程注重提升人们的自信,并"让他人乐于做你建议的事情",它面向这群贫穷甚至愚蠢的人。[10]

尽管语气傲慢,有时还带有轻蔑,但《纽约客》却发现了一个重要的事实:戴尔·卡内基课程确实是推动卡内基事业的发动机,到了 20 世纪 30 年代,它马力十足,全力前进。那些迫切地想要解决问题并实现成功的人们正蜂拥而来,课程空前火爆。实际上,早在 1910 年左右,该课程的最初形式就受到了广泛的欢迎,当时卡内基在同事和客座教师的协助下授课。如今他开始创建一个更为广泛、复杂的组织。由于学生人数不断暴增,也由于其畅销书的收入丰厚,卡内基开设了更多的课程,并聘请了更多的教师。

1935 年,他将该机构的名称改为卡内基有效演讲及人际关系研究院,《人性的弱点》一书获得的巨大成功又促使他在研究院名称前加上"戴尔"二字,以区别由安德鲁·卡内基资助的组织机构。《纽约客》认为:"赢得朋友运动发展速度之快,以至于卡内基都不能跟上它的步伐了。他不得不放弃了亲自教学,能保证有时间从事管理工作。"最后一句只说对了一部分。当课程的扩张带来更多的管理责任时,他从来没有放弃教学工作;只要一有机会,他依然喜欢走进教室讲课。他的好朋友霍默·克洛伊曾指出:"这本书的成功对他来说并不意味着什么,因为私底下他将其看作一种偶然,他真正的兴趣还是在课程上。"[11]

著名的卡内基课程还经历了其他变故。由于《人性的弱点》取得的巨大成功超出了公共演讲，这位作家将课程改为"戴尔·卡内基领导课程"。有位记者曾如此描述这个成功学课程："如果你能站起来，做个让别人印象深刻的演讲，那么你会比坐着的沉默者更快地取得成功。"卡内基还通过在全美范围内授权加盟来扩大规模。这些加盟组织开始在自己的区域内开设戴尔·卡内基课程，授课教师都是曾成功完成戴尔·卡内基培训的人。此外，加盟人有权通过直接推销活动和宣讲会来完成注册。[12]

有了这些改变，卡内基课程实现了空前繁荣。霍默·克洛伊参加过一次纽约的课程，并在《时尚先生》上发表了一篇长文，指出纽约有22所大学及学院开设了公共演讲课程，但是以上机构的所有学生人数的总和都不如卡内基学院多。他将该课程称为"成功工厂"，在那里，"学生接受机器般的精细化指导"。有篇报纸文章列出了卡内基课程的特色课——"克服恐惧"、"增强勇气"、"放松并获得自信"、"如何改善你的个人形象"、"完善个性"——并描述了教师如何鼓励每个人去做一次"充满激情和自信的演讲"。它说学生们涉猎了广泛的话题：律师资格考试、小鸡孵化、洪水救援、人寿保险、深海捕鱼、摄影、金融投资、如何面对牧师以及梅毒问题，最后一个话题曾让教师俯身低声感叹道："我的天哪！"[13]

卡内基研究院还首次扩大课程范围，开设了专门的推销课。几年来，卡内基收到了全国各地推销员的请求，要求他为其量身打造一门课以满足他们的需求。1939年，他最终同意了。在艾比·康奈尔和几位教学助理的帮助下，他设计了一门长达五晚的课程，逐个城市进行授课，该课程将他的人际关系原则和具体销售技巧指导结合起来。卡内基说："我们的学校将于周一晚开课。我会花一小时进行一个关于《人性的弱点》的演讲，我的同事会针对推销再讲一小时。然后，我会回到人际关系方面，接着讲一小时，最后一小时还是关于推销的。课程从周一持续到周五，然后我们会前往下一个城市。"[14]

卡内基的课程实现了他的所有预期——大受欢迎、影响广泛、获利丰厚并有效地传达了卡内基的人际关系学说。然而，课程创立者却受到了巨大的打击。1941年，他发现出了问题。实际上，学院正处于财政崩溃的边缘。他说："我挣了很多钱，版税收入源源不断，加盟商的钱也定期上交，推销学校的收入也非常可观。但是我在纽约的经理却不断地向我要钱支付他们的费用。到底是什么费用呢？我的助理为他的助理聘请了助理。我回到纽约，发现自己的事业就要破产了。"因此卡内基回到纽约，与艾比·康奈尔一起花了几天时间待在家里，研究公司的账簿和报表。他发现原本想容纳几个人的总部机构，如今却有39位员工在"楼顶办公室"办公,另外10人负责出版和发行工作。他们造成间接管理费用猛增,这几乎耗尽了研究院的所有利润。[15]

实际上,在这场危机中,卡内基应承担的责任比他承认的要大得多。课程扩张和《人性的弱点》大卖而造成的收入增长让卡内基有些得意忘形,他在纽约郊区买了一栋大楼,并花大价钱为其安装了空调,装修了教室。之后,卡内基将更多的钱投入到广告宣传上,吸引学生来上课。该大楼是典型的过度扩张造成的错误,同时也是个吞钱无底洞。一位内部人员说:"当大家投票准备放弃大楼的时候,我就在(负责人)董事会。"卡内基对此局势没有作出正确的预计,几年后他坦陈:"我眼睁睁地看着30万美元从手指缝溜走了,没有实现一分钱的赢利……我开办了大型成人教育机构,在不同城市开设了分校,还花了更多钱支付管理和广告费用。因为我的教育工作太忙了,所以没有时间也没想过要留心财政。我太幼稚了,没有认识到自己需要一名精明的商业经理来看管各项费用。"[16]

然而,无论事业危机出于什么原因,卡内基决定马上亡羊补牢。他通知纽约市总办公室的经理解雇所有研究院员工。从今以后,他将在自己家中办公,办公设备存放在地下室,同时卡内基与康奈尔和侄女约瑟芬一起负责管理。当然,这一改变大大削减了成本,并让戴尔·卡内基有效演讲与人际关系研究院的财务回到正轨。经过三年时间,这个精简式机构帮助公司再次赢利,这次卡内基谨慎地面对再次扩张。[17]

1944年10月1日,卡内基巩固了该机构的组织结构,并将其公司化,命名为戴尔·卡内基培训公司。经过这次调整,全国的课程加盟商都拥有了合法的许可经营权,并接受卡内基的管理。次年,他为所有业务创办了母公司,名为戴尔·卡内基合伙公司,他亲自担任总裁管理这家私有股份制企业。该公司开设了首个自营的印刷品物流配送中心,并于1945年召开了首次全国会议,包括销售会议和"指导教师进修"两方面内容。[18]

公司的合并持续了整个20世纪40年代。1947年,卡内基出版了首个戴尔·卡内基课程内部培训教师手册。他还继续扩大了许可加盟商网络,到了1948年,他管理着遍布168个城市的许可加盟商,向参加课程的学生收取版税,每年学生注册人数高达1.6万人。卡内基还修订了课程大纲,将每个班级的人数从15人扩展到21人。在此过程中,珀西·怀廷发挥了关键作用。杰克·亚历山大在其发表在《纽约客》上的文章中指出,自己发现了怀廷的一些个人魅力,将后者描述为"一位衣着整洁的白发老人,脸上带着温和的微笑……（和）稍显严肃的父式慈爱"，他还是一位善于交际，充满热情并能够鼓舞人心的人。怀廷写了《推销的五大黄金原则》（1947），这将成为未来50年中的推销课程教科书。卡内基其他的长期合作者弗兰克·贝特格尔、理查德·C.波登、查尔斯·德耶尔也是教学团队的一部分，同时，这家遍布全美的培训机构还聘请了一些人，在未来30年中，他们将成为课程教学的中流砥柱，这些人包括布里克·布里克尔、亚瑟·西科德、斯图尔特·麦克莱伦、帕特·埃文斯、哈里·韩·韦斯·韦斯特罗姆和阿曼德·德雷克。[19]

尽管卡内基课程扩大了公司规模并将业务拓展到全国，但是戴尔·卡内基依然继续亲自管理大部分业务。他珍视这份30年前亲手创立的教育事业，实际上，他依然将教学当作主要工作。他定期赶往全国分支机构听课，与教师讨论，努力争取保持培训活动的高水准，以便有效地传播自己信奉的成功学。他的影响不可磨灭。

在与记者交谈时，卡内基喜欢讲述自己教学时碰到的故事。他喜欢与学生们分享一句流传已久的俏皮话："你知道，这个课程最大的坏处就是，以后只要听到公共演讲，你就会想这个演讲人有多讨厌。"卡内基讲述了自己如何克服内心的恐惧，一次，有位胆怯的年轻小伙子想要进行演讲，却陷入昏迷倒在地上。卡内基连忙抓住了他晃悠的身体，扶起他来，突然大声对全班人说："从今日起一个月后，此人会在这个讲台上做演讲！"他做到了。他将这个故事讲给一家大公司的新主席，后者面对股东演讲时经常手足无措，于是跑到卡内基这里许诺，如果卡内基课程能够消除自己的恐惧，他将把自己半数财产送给卡内基。几周后，卡内基得意洋洋地宣布，此人成功地在4000名观众面前做了演讲。当他被问到是否收取了该客户半数财产时，卡内基微笑着答道："你这辈子也不会知道答案。"[20]

在接受《贵宾》杂志的长时间访谈中，卡内基讲述了一位优秀的华尔街股票经纪人的故事。他注册了课程，但却因为害怕而逃了第一节课。后来，他在被任命为大使后又羞怯地回来上课。因为该工作需要经常进行公共演讲。他很快就能为同班同学做优秀的演讲，并由此沉迷于演讲，以至于有个周日早晨醒来后，他问妻子能不能在纽约给他找个地方，让他能做个演讲。当得知任何人都能在贵阁会会堂演讲时，他找到一家位于布鲁克林的会堂，登台讲述如何防止战争。有位公司负责人畏惧公共演讲，但是有天却发现原本羞怯的公司会计现在却昂首挺胸地走进办公室，自信而响亮地说出"早晨好"。当这位负责人问道："谁让你信心倍增的？"他回答说自己学习了卡内基课程。因此老板也参加了此培训，四个月后，用卡内基的话说，他"在大会上侃侃而言，丝毫不觉疲倦。如果别人邀请他讲三分钟，他会讲九分钟。如果会议主席不打断他，他就会说一个半小时"。[21]

卡内基高超的教学技巧成为一个传奇。《人性的弱点》取得巨大成功后，一群卡内基课程的教师证实了这位创始人带给自己的影响和启发。他的事无巨细是有目共睹的。一位亚拉巴马州伯明翰市的当地讲师在上课的前几分钟来到教室，却吃惊地发现前来听课的卡内基躺在桌子上。当紧张的年轻教师询问他是否感觉不舒服时，卡内基回答说自己"刚刚下来检查了教室布置，只是小憩片刻"。那位教师回忆道，试想一下，"他拥有整个培训机构，但是却要处理如此微小的细节"。还有一次，卡内基表现出了从亲身经历中收获的智慧。他发现班里的一位年轻女性在演讲时努力克服着自己巨大的恐惧，她低垂着头，声音小得连自己都几乎听不清楚。卡内基静静地来到教师前面，礼貌地让教师走到一侧，打断了这位女性的演讲，然后拿来两把椅子面对面放好，中间相隔几英尺。两人落座后，他兴致勃勃地就其演讲话题认真询问了她几个问题。当卡内基退开，她开始放松，充满自信，并栩栩如生地演讲，最后"成功地进行了长达两分钟的演讲"。[22]

卡内基能够轻而易举地帮助学生克服恐惧，所见之人无不印象深刻。多年的经验让他积累了许多技巧，并愿意与人分享。有一次，卡内基在听人讲课时，遇到一位害羞的学生。为了克服学生的心理障碍，他便邀请该学生"和自己一起蹦蹦跳跳地去糖果店，事实上，他们真的绕着教室蹦了一圈"。之后，学生才放松下来。这位卓越的课程创始人穿着粗花呢西装乱蹦乱跳的样子引得整个教室的人哈哈大笑，而且提升了气氛，最终，这位结结巴巴的学生能够自如地演讲了。[23]

卡内基曾经帮助过一位因自己有外国口音而不敢开口的学生。听到此人对同学们所做的笨拙又不连贯的演讲后，卡内基只是说："你每天早晨应该下跪叩拜，谢谢上帝让你与众不同。你的口音为自己增色，并且能强调出你所说的话。它给你一种这个教室中别人所不具有的独特能力。"他的话具有一种近乎奇迹的功效。这位教师说："这些评论及说话的方式马上发挥了巨大的效果。此人看起来站得更直些，他的眼中闪烁着新的希望，雄心抱负取代了他眼中的绝望。"[24]

正如卡内基在培训中所说的那样，他坚持提倡"激情的作用"，同时也以此鼓励教师们。在教师培训课程中，他认真倾听并评价教师的表现，经常在一个黄色本子上记下笔记。肯·鲍顿曾长期在卡内基学院任职，他永远也忘不了老板对自己一些早期教学方法的评价。"他先肯定了一些我的优点，然后说：'肯，你今晚的激情如同地铁入口的旋杆一样——当它不转的时候。'"听到他玩笑而友善的评价后，鲍顿"将此缺点当作一个挑战。自己需要放松，并满怀激情地讲课。从那次起，他认识到讲课时自己最好先开启激情模式"。然而，还有一次，卡内基对激情的要求引发了滑稽的场面。当坐在布里克·布里克尔的教室中，他鼓励教师激发学生更多的激情。因此，布里克尔鼓励一名性格有些活泼的女学生能更热情一些。这位老师说，她"变得如此兴奋和气愤，以至于脱下了自己的鞋，拍打着桌子。我继续诘问她，于是她开始用鞋打我。实际上，她把我

卡内基帮助一位学生克服紧张，后者正努力通过麦克风进行公共演讲

追到走廊上，其他人都跑出了教室。虽然我感觉自己严重受挫，但卡内基先生认为这很棒，因为这位女士真正地释放了自我，并且是充满激情地做到了这点"。[25]

然而，由于严谨认真，卡内基决不允许在培训中作假。一次他参加一个战后课程会议，有位退伍老兵"发表演讲时回忆道，自己在太平洋某个岛上见过当地人吃被人扔掉的食物"，教师是位来自巴黎圣母院的演讲教授，他评论说如果老兵使用"垃圾"代替"被人扔掉的食物"，那么效果会更好。但卡内基马上站起来，义正词严地说道："在戴尔·卡内基课程中，被人扔掉的食物就是被人扔掉的食物，无须更改。"在堪萨斯市，他参加了教师特别培训课程，该课程由肯萨斯莱文沃思当地的加盟商在联邦监狱举办。卡内基对课程非常感兴趣，全程监管，此时，有一名曾混过帮派的学生发表了演讲，讲述了一段改变自己生活的经历。教师回忆道，"他说着让自己入狱的那次枪战。当讲到自己与对方帮派一名成员在狭窄的小巷中遭遇，两人面对面同时掏出手枪时……铃声响了"，打断了演讲。戴尔·卡内基站起来说道："我得听完故事的结局。请继续讲完它，如果你觉得有必要，可以休息五分钟。"当然，观众非常高兴，但是从老板为该前帮派成员破例之后，这些犯人学生每节课都会缠着老师，要求延长五分钟。[26]

与教学时的强制命令相比，卡内基的个人魅力往往发挥着更大的作用。他真诚的态度和励志的语调给很多课程讲师都留下了难以磨灭的深刻印象。在一

次培训课中，他提及母亲给自己带来的巨大影响，想说明某个观点。当时一位听课人说："卡内基如此真诚，深深地沉浸在自己的思想中，以至于他当众掉下了眼泪，只能停下来整理自己的思绪。我们都感觉他成功秘诀的一部分就是自己的全部真诚，认为他是如此地关心着别人。"有位名叫亚瑟·西科德的老师永远不会忘记一件事，1948年卡内基来到他的教室，坐在后排，下课后就走了，一句话没说。然而，几天后，他收到了一本《人性的弱点》，上面写着这样几句话："嗨，你好，亚瑟。也许世上有比你更出色的演讲教师。如果真的有——我们也从未遇到过这样的人。"[27]

但如果需要，卡内基也会非常严肃。有一次听课时，他注意到铃声响后，教师的进度很慢，并因此允许演讲人将两分钟的讲话延长了30秒。课间休息时，他叫来年轻的老师。他坚持认为："任何情况下，演讲人都不应该超出预定的时间。这是一条铁的纪律，绝对不能打破，因为它干扰了课堂的正常节奏。戴尔·卡内基课程必须按时开始，按时结束——每堂课都要如此！"还有一个教师显然非常自负，他曾说教授卡内基课程"犹如探囊取物一般简单"。当课程创始人无意间听到此等愚蠢的评论后，第二天就解雇了这位老师。卡内基还曾冷静地解决过一个难题，当时他是客座教师，一小群来自相同公司的推销员在课上兴奋不已，打乱了教学活动。他停止了教学，宣布休息五分钟，然后走到教室后面，让这些恶棍离开教室。其中一人抗议说他们付了学费，有权利待在教室里，卡内基回答道："我是这儿的老师，绝不容忍此类行为，你必须离开。"他们只好走了。[28]

最终，卡内基树立了一个目标：保证培训的质量，并确保学生学会人际关系的原则。他下大力气维持水准，鼓励优秀。在20世纪40年代的教师培训课上，卡内基经常与珀西·怀廷合作，开展严格而活跃的教学活动。有位参与人描述道，一些"小白鼠"学生将会进行演讲，而后"坐在教室周围的老师将各自的名字都放到一个帽子里，被抽到的人要点评学生的表现。以此方法，其他的老师也会评价这位同事的表现。卡内基先生和怀廷先生将会实时给予指导，我记得他们相互之间或与老师们一直都没有眼神交流。结果，我们就当着学生的面展开了热烈的讨论，说说哪些方面本来应该做，哪些方面应该能做好以及哪些方面能够做得更好"。[29]

经过这些严格的训练，卡内基课程成功地完成了使命。依靠大量的学生和成功的培训方法，学院派甚至开始勉强认可卡内基课程。在美国演讲教师协会的年度大会上，南加里福尼大学演讲学院院长雷·伊梅尔语惊四座："当今美国最优秀的公共演讲、最棒的演讲教学存在于戴尔·卡内基研究院。"出于对该言论的质疑,威廉·米利森教授开始比较卡内基课程与标准学院派教学的不同。经过两年的研究,他于1941年初将研究结果发表在《演讲教育季刊》上,得出了同样的结论。在审视了卡内基课程的结构、方法及授课教师等方面后,他惊奇地发现,卡内基课程能成功地"激励学生参与相当多数量的演讲实践,并取得不俗的成绩"。他认为这源于卡内基强调个人的完善,这种方法向学院派教学提出了质疑。他写道:"长久以来,我们一直忽视演讲可能会强化和提高学生的情感生活及态度。我们过于关注演讲的实用层面——如此固执地训练技术技巧或艺术性表达,我们也许忽视了它的社会意义,就适应社会和调节情感来说,我们忽视了演讲对个人可能存在的意义。也许,我们还没有发现,自己的学生除了头脑、声音和身体之外,还具有情感。"[30]

卡内基课程、《人性的弱点》取得的巨大成功和他的成功学演讲共同将卡内基的声誉推高到一个新的巅峰。实际上,他在20世纪40年代如此出名,以至于超出了公共演讲和自我完善的领域。人们开始就日常事件询问他的看法。很多人相信,这位现代成功学信徒能够以独到的眼光解读私人生活和公共事件,并为此开出一剂良药。在人们的推崇下,卡内基承担了圣贤的角色,并且思考人际关系原则如何解决社会、文化和政治的问题。毫无疑问,答案并非那么简单。

20世纪30年代末40年代初,随着法西斯主义的兴起,世界局势日益紧张,最终欧洲和亚洲部分国家爆发了战争,卡内基也不断地面临新的问题。他行走全国进行演讲和教学,接受记者的访谈,后者想知道卡内基的人际关系原则如何能帮助解决恐怖的全球局势。他们认为,卡内基的人际交往思想可能被那些寻求世界和平的国家以某种方式采纳。新局势为这位成功的作家带来了新的压力。

崇拜者们有时将卡内基看作美国价值观的代表,在混乱世界中鼓舞着人们。这种价值观将个人奋斗、坚韧与决心、乐观主义及对他人的关怀融合到一起,与法西斯主义大相径庭。有篇文章指出:"与戴尔·卡内基先生的美国式激情演讲同样有趣的是,美国观众能对他如此热情。卡内基先生那从容、敏锐、乐观及与人为善的哲学——如此轻而易举地被其听众所证实——代表了美国那富有朝气、热情而实用的特点,这好比尼采哲学代表着拥挤的德国或是马基雅维利哲学代表了古老而幻灭的意大利一样。"有位记者认为,纳粹信徒学会了避免争论,尊重他人的意见,并以一种友好的方式接近他人。他声称:

"现在，但愿戈培尔博士能发现卡内基先生这部不朽的著作！如果你愿意，请想象一下。戈培尔舒服地坐在火边，大声朗读着，与此同时，德国总理和戈林部长全神贯注地听着。这本书可能将希特勒塑造成一个有趣、崭新的形象，更不用说他的两个哥们儿了。它将引发微笑、友好以及热情的问候。然后就可能有一个国际咖啡会或茶会，与去年9月严肃的慕尼黑会议完全不同。"[31]

记者有时直接询问卡内基，他的思想如何能用来应对这场世界危机。他经常表示异议，明智地声称政治问题不是自己的研究领域。1941年，有人问他关于世界政治和在上次大选中支持谁做总统的问题。他坦白地回答："我没有投票。我不认为自己足够了解令人困惑又复杂的重大问题，无法作出明智的选择。我认为美国起码有1万人都做不到这一点。"当别人要求他对美国睦邻政策及对拉美国家发表观点时，他再次拒绝表态，并打趣地说："我的意见与自己的年龄成反比。"报纸认为这位人际关系专家"将不会涉及改善国家关系方面的话题"。[32]

有一次，卡内基中了圈套，涉足了政治领域。多年前面对珍珠港事件时，他让观众相信"美国人反对独裁者"，认为美国正将部分战争装备运往英国，并主张"过不了多久，他们还会运过去更多"。他出乎意料地谈论起纳粹。虽然他承认《人性的弱点》在德国颇为畅销，但是卡内基认为此书将对希特勒及其走狗产生不了什么影响。他打赌说："事实上，有人确实读了这本书，并相信了里面的内容，该书可能会影响少数人的思维，但是政府的宣传、炮弹和集中营才是影响德国人的东西。一本关于友善的书不会发挥什么作用。"[33]

1941年，卡内基曾说，纳粹对人际关系的影响完全免疫。他对一家报纸说："虽然希特勒已经在影响着人们，但不是用友谊去发挥影响。他已经影响了斯大林和墨索里尼，但是我相信其中不涉及任何友谊。不久前，因为欧洲战火再起，我和一位曾与希特勒及其助手乘坐过同一架飞机的人聊过。这个人告诉我，即便是最亲近的顾问也很少与希特勒聊天。很显然，他的面具之中毫无友善可言。我倒不希望改变希特勒的个性，他的个性不正常。"这位元首阴暗变态的性格使得自己对《人性的弱点》的建议不为所动。卡内基说："你无法与希特勒那样的人相处，除非用枪。最为主要原因在于，希特勒是个征服世界的匪徒，唯一能阻止他的东西就是枪。就算是耶稣这样一个提倡兄弟友爱的基督教义的人，也要用鞭子才能将要债人从庙宇中赶出去。"[34]

卡内基不仅对纳粹威胁发表了索然无味的评论，而且对亚洲日益紧张的局势也作出了糊涂的点评。1939年前往东亚时，有人曾让他针对日本残忍的侵华战争发表评论。他的回答毫无启发性。他说:"日本人遵循了我书中的大部分原则。他们极其亲切、友好和谦恭,他们从儿时起就被这样教导。因此,似乎很难解释他们在中国的暴行。但是我们必须记住战争是少数当权者发动的。"他还指出,当听闻最近德国法西斯和苏联签订的互不侵犯条约时,日本人对此非常震惊,并立即将德国国旗从公共建筑物上摘下来。[35]

更为重要的是,卡内基认为西方人夸大了1937年日本侵华及早前于1931年占领中国东北伪满洲国的规模和程度。据报道,日本军人展示曾野蛮屠杀了数以万计的中国平民,还有成千上万的强奸及其他暴行。但卡内基认为这些都是空穴来风。他告诉《纽约每日镜报》的记者:"我在那里时从未听到过一声枪响。在我看来,开车从纽约前往旧金山会比去哈尔滨、北京、上海及西藏边界更危险。"这种亲日言论以漫画的形式出现在该报纸对卡内基的报道旁。在图上,一名日本士兵坐在海边的石头上,两条鲨鱼围着他盘旋,一条鲨鱼的鱼鳍上有纳粹标识,另一条鲨鱼带着苏联标识,而这名士兵正狂热地读着《人性的弱点》。[36]

最终,卡内基不顾希特勒、东条英机和墨索里尼发动的残暴侵略及政治恐怖活动,依然坚持认为如果有机会,《人性的弱点》讲述的思想能够以善意的方式塑造国际关系。他对《洛杉矶哈罗德快讯》的记者说:"如果外交官在会议桌上忠实而机智地遵循友好的精神和坚定的愿望,那么就不会有战争了。"当一位记者询问引发这场世界危机的原因时,卡内基避免提及政治意识形态、权利政治、经济利益甚至是不同国家的目标。反之,他幼稚地谈及个人性格和失败的人际交往。他说:"自私是引发世界混乱的最大原因。事实上,我认为如果每个人都遵循黄金法则,那么我们所有的问题都能解决。欧洲的这场战争由两个自大狂发动,他们想要作为世界最大的征服者而名垂青史。他们想要受到重视,从而将他们的国家卷入了战争。所有的战争都源于贪婪,还源于想要获得别人的重视。"[37]

这些简单化的分析反映出卡内基世界观的局限性。虽然《人性的弱点》中的原则可能为个人带来神奇的效果,但是它并不能机械地移植到复杂的国际政治世界中去。他认为希特勒是个"想要寻找重要感"的人,并根据黄金法则进行评论,这只是为20世纪40年代早期的凶险世界提供了一方催眠剂而已。

在国际政治中的蹒跚探索有时让卡内基很难堪。在1941年接受的一次长时间访谈中,他试图使用富兰克林·罗斯福的名言"我们害怕的只是恐惧本身"来评论日益逼近的纳粹威胁,结果令人尴尬。采访者说:"戴尔·卡内基并不害怕大灰狼，即便它的名字是阿道夫·希特勒，他认为，任何一个美国人彻夜不眠地担忧，并不能对局势有所帮助。他认为，恐惧是迄今为止最具有破坏性的心理能量。就算在当今的世界危机中，他认为如果普通美国人战胜了对不确定的未来的恐惧，那么这将是为国效力的最好方式。"接着文章引用卡内基的话，他说："有多少你担心的事情还没有发生。当然，我们不应该盲目地不采取任何行动。但是自从我们给予英国援助，并尽我们所能帮助美国备战之后，我们能做的就是维持幸福及一切照旧，坦然接受一切，停止杞人忧天。要是最坏的情况发生了怎么办？若是我们被独裁者征服了怎么办？自古以来，各国就一直处在独裁统治之下，并且是在独裁之中建立起来的。不要担心，多想想生活中的好事，而不是多想坏事。"这种盲目的乐观主义看起来冒失又古怪，如果将其当真，甚至有些危险。当死于独裁之时，还心怀幸福，这无法引导20世纪40年代早期身处惊涛骇浪中的人们。[38]

然而，珍珠港事件后，美国加入"二战"，卡内基欣然放弃了自己给世界政治开出的治疗性灵丹妙药，支持美国参战。他热情地支持战时公债活动，在全国抛头露面，鼓励公民给予世界各地的美国军队以经济支持。1943年，他参加了在美国首都举行的一次战时公债活动。《华盛顿邮报》上刊登了整版广告宣传此事，认为此乃一睹"卓越作家风采的好机会，他的作品曾影响了无数美国人的生活。请今天来参与战时公债展，时间是周一一点到四点"。[39]

卡内基强调了参军入伍的重要性，认为这将对多数年轻人有益。他补充说："特别是那些被宠坏的小孩子们，一年或十年的军旅生活会使其受益。对于大多数人来说，这是件极大的好事，无论是对于精神还是身体，都有好处。"《人性的弱点》中的某些理念被美国军人所采纳，这尤其让卡内基大为欣喜。当听说该书是迈阿密美国空军位于迈阿密滩的预备军官学校教科书时，他说："这是我所听过军队做的最明智的事了。我读了一篇刊登在《时代周刊》上的文章，上面说德国的军官对其部下很友善，还了解他们家属的名字和生日。当我军中所有军官都知道其战友家属生日的时候，我们将真正地投入到战争中，那就是真正的领导。"战争结束后，卡内基骄傲地宣传说，依照《军人安置法案》，他的课程已被官方认可，用于"培训退伍老兵"。[40]

在某种程度上，当卡内基不再针对国际政治发表肤浅的看法时、当他面对自己比较在行的教育话题时，卡内基的运气会更好。美国公立学校课程成为他在20世纪40年代所关心的重要内容，这源自于他的教师经历以及《人性的弱点》所提倡的理念。在这十年中，他经常谈及美国教育改革的必要性，推动其朝着更实用的方向发展。这激发了卡内基的热情。

卡内基早就认定美国高中及大学中教授的内容已经过时。他谴责现存的教育体系是"中世纪的"、"愚蠢的、毫无效果且效率低下的",他告诉观众,现代世界需要一个更为"实用"的课程。学校应该重视让学生准备好在社会中找到工作,而不是让他们将时间浪费在那些没用的科目上。1941年,他谴责高中不应该为大学入学考试做准备,而是应该教会他们如何将自己推销给未来的老板。卡内基抱怨说:"今天的年轻人甚至都不知道如何找工作,就算能找到,很多人也无法保住饭碗。"他继续说,很多学生没有学会在现代世界中取得成功所必需的个人品质,他们却知晓了太多"诸如法语语法、三角学、代数和拉丁语等科目的知识"。[41]

在演讲和访谈中,卡内基对这一题目非常热衷,他坚持认为,在年轻人的提问中,有二分之一是:"我应该靠什么活着?"另一半是:"谁是我的另一半?"学校需要直接解决这个问题。那意味着少强调一些晦涩知识,更多地关注职业培训。学校应该"解雇代数或几何教师,找人来进行职业指导;让学生参加职业指导测试;让成百上千的学生省去上高中或大学的麻烦,因材施教"。卡内基认为,强调实用的培训并根据学生能力和兴趣培养学生将会产生巨大的好处,工作适合学生,学习计划实用,孩子们更幸福。[42]

在卡内基看来,现代世界中的成功可能根本不需要大学教育。他认为:"很多苦恼的成年人以自己缺失正规教育为耻,对此我总是又奇怪又震惊。他们内心充满不安全感和自卑心理,并带着这些负担生活。"卡内基声称这种态度大错特错。他指出,在美国历史上,很多最聪明、最成功的人很大程度上都是靠自学,并列举了很多例子,包括本杰明·富兰克林、亚伯拉罕·林肯、托马斯·爱迪生、马克·吐温等很多人。此外,在现代美国,受教育的机会大大增多了。他写道:"如今免费的公共图书馆、费用低廉的夜校、书籍、报纸及杂志触手可及。当我们只能抱怨自己没有机会上大学时,时光不能倒流了。那又如何?所有的大学能提供给我们的只是学习的时间、地点和课程——我们得自己完成教育的任务。"[43]

大学教育的错位比这还要更严重。由于提倡治愈系情感,卡内基尤其对其心理学的影响感到苦恼。他说:"我跟成千上万人聊过,他们因为从未上过大学而存在着不必要的自卑情结。他们认为在大学里,有些重要而神秘的东西会不可避免地以某种形式发生。胡说八道!大学唯一能做的事就是帮你自己教育你自己。"虽然卡内基肯定重视自己的大学教育——他曾说过:"我几乎无法

223

想象如果自己没有上大学，我的生活会变成什么样"——但是这种训练的缺失却不应该导致任何心理病症。他承认，高等教育当然能丰富人们的头脑，但是大学校园之外的很多地方都有学习的机会。他宣称："最后的结论是，所有的教育都是自我教育。"只要一个人抓住这些机会，那么自卑感就会被成就感和自尊所取代。[44]

还是出于治愈式的想法，卡内基提倡一种新的现代教育：个性培养。他主张"高中的主要目的就是培养学生的个性"。正如他在《人性的弱点》中所塑造的那样，一种友好、热切、自信的个性形象将在学生走出教室面对就业问题时，帮他们找到并保住工作。教育与个性培养之间的联系非常重要，因此"不论我们接受了何种教育，要实现我们渴望的那种文明及全面发展的个性，第一步就是认识到一种需求，即学到老、活到老"。他列举了一个病人选择医生的例子。"你不会问他毕业于那个学校，他取得了多少个学位以及他从业多少年了，你会这么问吗？不会，在很大程度上，普通人之所以作出判断，是因为考虑到外科医生所给出的印象——这也适用于其他职业。他个性好吗？他是个会拍你肩膀、同情你的遭遇的小伙子吗？他脸上带着亲切的微笑吗？他是个容易交谈的人吗？"[45]

卡内基为教育改革所开出的处方存在着这样的问题：这是一种狭隘的视角，它用职业教育取代真正的学习，用个性魅力替代努力学到的技能和真正的专业知识。虽然所有人都赞同有必要进行职业指导，但是一定要以取消多学科教育为代价么？进行数学智力训练，享受赋予想象力的艺术的乐趣，通过学习法语而开阔眼界，这些真的对那些想要找到理想工作的年轻人毫无用处吗？与此同时，没人质疑外科医生那令人愉悦而友好的行为方式的重要性。但是，对于病人来说，医学教育和经验真的无关紧要吗？有思考能力的人很可能会产生以上质疑。

于是，在20世纪40年代，在著名的自完善课程的扩张中，卡内基成为出类拔萃的企业家及励志教师。但是，他却胜任不了圣贤的角色，即作为受人尊敬的人能够明智地洞察当今的公共事件。虽然他大部分时间眼光敏锐、富有洞察力，但是他对于国际政治紧张局势及国内教育改革的评论显得十分肤浅，有时候荒谬可笑。它还反映出卡内基治疗性世界观的局限性。赢得朋友及影响他人也许会对个人生活及成功发挥强大的作用，但是却对理解第二次世界大战这样庞大的社会动乱或是人类学习的复杂本质收效甚微。这些问题需要独特的、更为深刻的思考。

15　他拥有全世界

　　20世纪40年代,伴随着戴尔·卡内基达到事业的巅峰,他的个人生活也逐渐柳暗花明。中年后期的卡内基成熟又自信,他的课程向全国范围扩张,马不停蹄地忙于演讲、电台节目和报纸专栏,《人性的弱点》持续地受读者欢迎,这一切的背后存在着一位饱经沧桑的人——他继承了中西部乡村的新教传统,雄心勃勃并想要成功,彬彬有礼又精明老练,积极思考又为人乐观——这一切将他塑造成一个全新的人。埃里克·埃里克森认为,卡内基变得稳重成熟,告别了停滞不前或一无所有的状态,拥有了自己的"生产力",这是一种积极主动地造福社会的责任感。[1]

　　因此,在20世纪40年代,卡内基的个性具有显而易见的凝聚力,并产生了显著的影响。他所表现出的特点——自我超越、热爱生活、个性热情、平易近人——真正地影响着他人,并赢得了他们的友谊。卡内基如今已年过五旬,似乎对自己及工作十分满意。他播撒着一种信念,向社会传达一种有价值的信息,还帮人们扫清通往幸福与成功之路上的障碍。20世纪40年代中期,当他和一群卡内基课程讲师在芝加哥一家宾馆的套房中休息时,他表示出骄傲与满足,说道:"你们知道,我花了生命中的前35年去努力挣钱,差一点就没命了。直到我有了为人类提供真诚服务的想法,我才开始享受生活,并有了真正的成就感。"[2]

　　也许,当卡内基56岁时,才产生了真正的个人满足感,他终于结婚了,开始了规律的生活。他爱上了一个比自己小20多岁的女人,后者聪明、迷人又有说服力。他马上成为一个充满爱心的继父。与此同时,他继续小心地照顾着自己认为是亲生女的孩子。他做得不错。20世纪40年代是卡内基生活和事业的巅峰,他具备无可匹敌的个性,拥有长久以来渴求的成熟和影响。

　　1947年,为了完成一篇报道,有位《观察》杂志的记者见到这位现代成功学领袖。他说:"戴尔·卡内基对我来说是个巨大的惊喜。"他写道:"在我想象中,他脸上带着略显牵强的微笑,露出一排闪亮的白色牙齿,握手时极为有力,一副好好先生的态度。然而,我却发现他是个冷静的小男人,谦虚地微笑着,伸出柔软的手,好像很容易就能惹怒他。"很多人都有类似的反应。他们发现卡内基并非高高在上、富有领袖气质、完美又活泼,而是一个毫不装腔作势的人，是个敏感、容易相处的普通人。他的外表让人们感到拘束，并想起自己最喜欢的叔叔。[3]

在五十多岁时，他表现出一种低调的成熟。卡内基中等身高，偏瘦，脸色红润，目光机敏，一头青灰色头发，发根已经变白了。他戴着透明塑料镜框的眼镜，比早年的金属镜框眼镜多了一丝稳重，少了一丝严肃。他的穿衣风格传统但稍显潇洒，偏爱黑色或灰色双排扣西装，偶尔也喜欢中规中矩但价格不菲的定制粗花呢三件套，还有清爽的白衬衫。就像某位记者说的那样，它们"不像著名的银行家或成功的尸体防腐工作者穿着的长袍。但是卡内基偶尔流露出的个性也会得意洋洋地将保守主义服饰打垮，比如系一条像灯塔一样闪耀的领带"。同样的冲动让他对双色马鞍鞋情有独钟。卡内基的声音平和，平时说话时带有一点密苏里鼻音，语速较慢并喜欢拖长音，从而强化了他儒雅且具有长辈风范的举止。[4]

初次见面后，许多人都注意到卡内基本人和公众形象之间存在着某种矛盾。有人说在私下里，他为人安静，常以友好的方式轻松地交谈，从不会极力表现自己，也不会"对自我表现狂"产生反感，这些人总试图吸引别人的注意力。他总是会在谈话中设下新奇的小圈套以鼓励陌生人。例如，卡内基会询问一个新朋友是否知道如何不做傻瓜，当迷茫的后者回答不知道时，卡内基会说"价值一镍币的碘"在身体里发生化学作用会达到这一目的；或者他会在聊天时谈及很多奇人异事，研究将布满灰尘的地毯拿出纽约房子的窗外抖落是否会犯法，或者说自基督来到这个世界已有大约十亿分钟了。[5]

在与更多的人相处时，他则抛弃了所有含蓄，显示出"一种持久的活跃，随时准备与人握手问好"，有位记者说这是一种"经过长期训练的主日学校校长式的魅力"。当向观众演讲时，他会以一种无声的威严掌控会场，与此同时，那种低调的特质消失了。他演讲时从不使用夸张的手势、做作的姿态和烦琐的修辞，而是用一种谈话式的、吸引人但具说服力的方式，传达出"近乎催眠的信心"，有位为之着迷的听众如是说："卡内基能依靠激情率领一支军队跳下高高的悬崖，这也并非难以置信。"另外一名记者说，"上台后，他变成了真正的卡内基——那个活泼自信的卡内基"。[6]

但非常了解卡内基的人发现，卡内基日常生活中的平易近人和舞台上的炫目形象形成了一种魅力十足的个性。由于这种个性微妙但不强势，因此人们很容易被他吸引和鼓舞，不知不觉就对卡内基产生了兴趣。例如，1946年一次演讲后，课程讲师布里克尔应邀来到这位创始人的宾馆套房，首次见到卡内基。卡内基询问了他的背景，还亲切地与他聊天。布里克尔说："很快，我就与戴尔·卡内基轻松地聊起来，完全没有任何畏惧，他有让人们感觉舒服的窍门。"这种会谈不胜枚举。[7]

卡内基传播了乐观主义的生活激情，大多数人发现这种激情具有感染力。一位《科利尔》的记者在卡内基公司度过了几天时光后，说道："实际上，热情是他最讨人喜欢的性格特质。"亲朋好友经常发现他对新生活和新观念的激情。布里克尔惊叹道，卡内基拥有"一种神奇的精神药物，它叫作热情"。[8]

1945年在芝加哥召开的卡内基课程大会上，有人看到他拿着一个大纸杯走来走去，上面渗出一种橘红色的液体。当朋友询问时，他津津乐道地谈起一种神奇的新产品，由他的一位老朋友研制的浓缩冰冻橙汁。虽然很多人对这种不切实际的想法不以为然，但事实证明，他的老朋友克拉伦斯·伯兹艾研制的这种产品很快如暴风骤雨般占据了全美的食品市场。一位同事说，卡内基鼓励别人像他一样"转败为胜，变恐惧为信心……他是个专注的人"。[9]

卡内基真诚地关心他人，连同他亲切的态度和淘气的幽默感，让他受到很多人的喜爱。1946年，约翰·斯宾德勒在洛杉矶的一个演讲活动中结识了卡内基，他很快和这位教师像老朋友一样谈论起了自己的家人。二人就此开始了长达一生的友谊。另外一位同事说，在一次愉快的谈话中，卡内基突然眨了眨眼，说道："你让我大为吃惊，我觉得你跟爱因斯坦有很多共同之处。"当讲师说卡内基肯定在开玩笑的时候，后者道出了关键："不，我没有开玩笑。爱因斯坦曾经说过，他有99%的时间都是错误的。"[10]

卡内基对他人和生活的热情还影响了自己的日常工作，这绝不是例行公事。无论是在家工作还是在全国出差，他从不严格地遵循朝九晚五的方式，而是将工作视为生活的一部分。20世纪40年代中期，玛丽琳·伯克成为卡内基的私人秘书，她很快发现卡内基的工作非常异于传统，毫无条理可言。她说："没有确定的时间表，也没有固定的行程，没有日常的例行公事。你永远不知道他心血来潮突然想起什么新花样来，这是他个人魅力的一部分。"一天天过去，她突然发现自己开始为卡内基准备早餐，安排会客，或是与老板一起飞往堪萨斯去拜访石油大亨，为公司募集资金。她说："戴尔对很多员工都要求很高，远远超出了工作范围，但是他发的工资也比我们应得的要多很多。"[11]

然而在20世纪40年代，虽然总是有新朋友和新同事出现，但是卡内基依然与老朋友保持着联系。他的儿时密友霍默·克洛伊就住在附近，卡内基经常利用周日下午陪他，有人说，他们花几个小时"在树林散步，悠闲地发呆，在难以忍受的餐馆吃难以下咽的饭菜，或是洗劫冰箱——总之就是用一种无须负责的、放松的、稚气的方式找乐子"。他们还偶尔前往密苏里，两人形成了鲜明的对照——克洛伊爱开玩笑且注重实际，在马里维尔的一次宴会上，卡内基有本新书要出版，定价三美元，但克洛伊告诉节俭的读者应该等几周，等价格降到2.75美元再去买这本新书；然而，卡内基低调且爱自我批评，他开玩笑说克洛伊常常鼓励卡内基多聊聊自己，"因为那一直是我最喜欢的话题"。[12]

卡内基还十分珍惜与洛威尔·托马斯的友谊。他时常去纽约北部的农场拜访托马斯，参加棒球比赛，或是周末到那儿放松，享受待在一起的时光，直到卡内基返回纽约。他们交换签名的新书，只要一有机会，二人就一起观看百老汇的演出，并参与对方的电台节目。卡内基还为托马斯位于波灵的住宅买了件特殊的礼物——硬木树，并将其种在通往房子的车道两侧，形成了一个宽敞的自然凉棚。[13]

20世纪40年代，卡内基依然保持着很多兴趣爱好。他坚持去剧院，观看数不清的戏剧和演出，常常手挽着某位迷人的女性共同前往。他甚至偶尔还参与演出。1949年，他与克洛伊一起在纽约中心跑龙套，在芭蕾舞剧《天方夜谭》中担任了"临时演员"。他们穿着褪色的蓝袍子，扮演苏丹的士兵。有位领舞者说，当二人挥舞着木剑冲上舞台时，"他们表情庄严得让我想笑。本来，我应该用剑自杀，但确切地说我是笑死的。他们每人得到了一美元的酬劳"。[14]

卡内基一直旅行成瘾。只要有空，他就经常前往加拿大的落基山，去阿尔伯塔省的路易斯湖，并乘船去欧洲。例如，1948年，他花了几周的时间周游法国和英国。但卡内基对旅行的热情不仅出于休闲，还因为他迫切地想要尝试积累世界各地不同的体验，从而促进个人的自我完善。例如，1943年，他践行了自己关于终生教育的信条，注册了怀俄明大学的暑期课程。当他在此地参加骑马及徒步旅行活动时，他决定多待一段时间，去参加天文、心理卫生、婚姻家庭和英语方言等课程。他对拉勒米当地的报纸说："我喜欢西部人。我在纽约住了16年，有些人近在眼前，以至于我能把苹果扔到他们的院子里，但是我从没跟他们说过话。在这里，虽然离家距离较远，但这儿充满了一种我喜欢的友好氛围。"[15]

除了令人欣赏的优点之外，卡内基还有某些缺点。与别人相比，也许他自己更不能忍受自己的缺点。他因为不能一直遵循自己的人际关系原则而自责。虽然他友好、关心他人、不吝啬自己的赞赏、能专注地倾听，但他常常没有耐心、喜欢争辩，甚至对他人的小缺点而感到生气。在某些沮丧的会面之后，他会绕着房子踱步，凶恶地瞥向工作人员，陷入沉思。此外，有位同事偶然听到卡内基在一次员工会议上说的话，并为之惊讶不已。后者靠向艾比·康奈尔，小声地询问教师的名字，而这位老师已经追随了他将近二十年了。当这位同事询问康奈尔时，她笑着答道："卡内基先生确实记不住人名。"卡内基对别人的信任几近天真。他创建机构时，没有考虑过财政。在他去世后，家人和同事惊讶地发现没人管理财务，其中一人说道："如果不是员工认真又诚实，公司早就被掏空了！"[16]

20世纪40年代，卡内基在落基山野营远足，这是他最大的爱好之一

卡内基几乎赢得了每位认识的人的好感，相比之下，他的个人缺点似乎微不足道了，这不仅因为他毫不做作的作风以及平易近人的态度。他每次都会流露出对普通人的深刻同情。在文章中，他认为有位上课的大学教授死气沉沉，但却赞美一名平凡的水手演讲时"像大海一样，气势磅礴又感情充沛"。在参加教师培训的行程中，他不去奢华的大饭店，而是选择简餐，如有一次他在洛杉矶吃了具有当地特色的酪乳饼。他对东道主说："我非常喜欢酪乳饼。"在帕萨迪纳市政大剧院，当他出现在成千上万人面前时，主持人说自己准备了长达十分钟、五分钟和两分钟三个版本的介绍。但卡内基抗议道："你能用十秒钟结束吗？"[17]

之所以卡内基如此平易近人，是因为他敬畏着青年时的乡村价值观。当他在赶去演讲或讲课的路上，他会让司机停在水果摊边，去品尝当地特产。他是农贸市场的常客，并与各种摊贩交流乡村生活故事。有位记者在卡内基的公司待了几天后说道，虽然多数美国人将卡内基看作现代文明的象征，但是当他与和蔼的农民相处时，却给人截然相反的印象。他认为，《人性的弱点》中大部分思想只是一种自然产物，它来自乡村人

们"骨子里根深蒂固的礼貌、对人类尊严的尊重、对真知灼见的赞赏以及对邻居的感激"。[18]

实际上，卡内基尽其所能地与过去的农村生活保持联系。20世纪40年代，在密苏里州马里维尔和沃伦斯堡，他经常在用脚踩平的空地上演讲，并时常去拜访老朋友。"二战"后，卡内基与乡村的联系更为密切，他在密苏里的贝尔顿购买了一块1250公顷的农场，在那里饲养布兰格斯牛，这种牛是婆罗门牛与安格斯牛的杂交品种。他聘请一位远房表兄弟来管理农场，但是每隔几个月就丢下工作在这里住上几天。他沉浸在乡村生活的快乐中，骑马、晒干草、修栅栏、种篱笆以防止土壤流失。他喜欢到邻居家做客，坐在前门的门廊下，拿着一杯可乐聊着天。他依然觉得乡村是自己的家。1948年，卡内基对《观察》杂志的记者说："我的很多亲戚都是农民，我的父母去世后也埋在乡下。在我死后，我希望能够葬在他们旁边。"这种对农村的感情传递到了他位于纽约郊区的家，在那里，他成了一位热心的园丁，喜欢把手弄脏。一个下雨的下午，秘书玛丽琳·伯克发现老板种完花回来，满身是泥却非常开心。她马上明白了，卡内基"与我之前的老板不同，他不是世故的纽约人，也不是博学的作家、演讲家或教育家，他只是一个普通居家男人"。[19]

室外活动也让卡内基的日常生活丰富多彩。他喜欢每周去几次森林公园，徒步远行。这里离他家很近，有一大块种满树木的公共用地。一次，有位《科利尔》的记者陪他一起去散步，说他总是"不断地感叹大自然的奇迹"。在当时留下的一张照片中，卡内基坐在公园长椅上，穿着暖和的羊毛外套，戴着粗花呢软帽，满意地注视着参天大树、飘落的树叶和冬季风景，享受着荒凉之美。20世纪40年代，他还有另一个新爱好：恐龙。他痴迷于古生物学，并花很长时间去沉思，这种灭绝的动物似乎让他心生敬畏。在洛杉矶时，他要求参观著名的拉布雷亚沥青坑。当他们沿着维尔雪大道向前走时，东道主听卡内基跟自己分享着有关恐龙、长毛猛犸象和剑齿猫的渊博知识。他甚至还联系了耶鲁大学，买了一套嵌在泥板岩和石层中的恐龙脚印，并将其放到他后院的花园中。卡内基总是将其介绍给访客，并骄傲地说："我接到皮博迪博物馆馆长寄来的一封信，上面说这些脚印形成于1.8亿年前。"[20]

然而，20世纪40年代，卡内基的家庭生活会更加稳定。在一次全国演讲及教学巡回活动中，他与俄克拉荷马塔尔萨的一位卡内基课程加盟商有个见面会。在那里，他见到了一位迷人又魅力十足且善于表达的年轻姑娘，二人产生了爱的火花，几个月后就陷入了热恋。在首次见面后一年多，黄金单身汉卡内基作出了一个让很多人吃惊的决定。

1943年秋，多萝西·范德普尔本不想去赴约。下班后，她很疲倦，并不是很想听伟大的卡内基在家乡塔尔萨发表的演讲，虽然她也学习过卡内基课程。但是她和母亲受到老朋友埃弗雷特·波普的邀请，后者是卡内基在塔尔萨的加盟商，而多萝西的母亲是个强势的女人，坚持要参加这次活动。因此她们出发了，多萝西发现自己为卡内基所着迷。她说，卡内基的演讲非常"神奇"，因为他浑身散发出一种平静的魅力，并让观众全神贯注地倾听。事后，多萝西被引荐给卡内基，后来，母女二人和波普与这位著名的客人喝了咖啡。这位年轻女子喜欢卡内基的陪伴，并发现他有趣又有魅力，但是却对这次邂逅没有太多想法，只是在第二天跟朋友谈起了自己与名人的短暂会面。

然而，卡内基对这次非正式会面却印象深刻。多萝西走后，他要求波普介绍一下这个女孩，并要了她的联系方式。回到家后，他开始给多萝西写信，用后者的话说："准确地说，不太浪漫，但比工作信函要稍显热情。"经过几周的通信后，他邀请女孩来纽约的公司，为自己做一些秘书和代笔的工作。她接受了，搬到了东部，并于1944年1月开始了自己的新工作。多萝西和戴尔开始约会，整个春季和夏季都在认真交往。在秋天，他们宣布即将举行婚礼。后来，卡内基开玩笑说："我用小狗战术赢得了她的芳心。你知道，一只小狗对你感兴趣，那么这会让你对它也产生兴趣。"[21]

多萝西·普莱斯·范德普尔来自中部，卡内基打心眼里喜欢她。实际上，他告诉过一位杂志作家，自己小时候，她的母亲碰巧与自己的父母在密苏里的农场中住过一段时间。多萝西出生于1912年11月3日，是亨利和维多利亚·普莱斯唯一的孩子。亨利在俄克拉荷马州东北部小镇斯帕维诺担任一名基层政府官员，很快全家就搬到了塔尔萨。亨利是个安静文雅的人，后来戴尔·卡内基将自己的一本著作献给他，以纪念这位"尝试遵循黄金原则生活的人"。另一方面，维多利亚是个坚强、意志坚定、善于沟通的女性，她严格地管理着普莱斯一家大小事宜。她的女儿继承了她的很多品质。[22]

在青少年时期，多萝西是个聪明又受人欢迎的女孩，她兴趣广泛，在高中时参加了很多社团。尤其值得一提的是，她投身于新闻业，希望有一天能成为作家。1930年时，她已经是塔尔萨中心高中的一名高年级学生了。据学校年鉴记载，多萝西参加了新闻社、学校生活俱乐部、"飞舞的羽毛笔"俱乐部、初级荣誉社团以及广告协会。年鉴上的评语是："富有想象力，同情流浪者，并喜爱书法。"她身材偏瘦，长相漂亮，拥有红褐色的头发，脸上经常带着坚定的表情，她还很高——有 1 米 7 左右——这经常让她承受典型的青春期焦虑，为自己"像个巨人"而感到尴尬。[23]

毕业后，多萝西开始进入当地大学学习，在那儿，她遇到了帅气的金发小伙子路易·范德普尔，后者是就读于诺曼的俄克拉荷马大学。二人迅速陷入了热恋。多萝西由于怀孕而辍学后，二人结婚了。1933 年 7 月 2 日，女儿罗斯玛丽在诺曼出生，同时这对年轻的夫妇在大学的联谊会会堂做夏季管理员。这段婚姻只持续了很短的时间。路易喜欢喝酒，并热衷于社交生活，而多萝西却有着很强的事业心，于是二人分居并离婚了。后来，她将这段经历成为"最不幸的青少年婚姻之一"。多萝西和尚在襁褓中的女儿毫无依靠，只能搬回家与父母住在塔尔萨。[24]

事实证明，尽母亲职责照顾女儿似乎是个相当棘手的活儿。多萝西对职场充满强烈的渴望，却对做单身母亲缺乏兴趣。她在美国海湾石油公司的塔尔萨办公室找到一份工作，开始为了升职而努力。她的付出最终为自己在行政办公室赢得了一个高级秘书的职位，这次升职无疑得益于她在埃弗雷特·波普那里学完了戴尔·卡内基课程。她在那里学会了沟通技巧，加上她个性外向强势，让她赢得了共和党青年俱乐部的管理工作。她之后回忆说，自己开始"给市民俱乐部的午餐会做幽默的演讲。这些演讲甚至还上了报纸"。同时，多萝西大部分时间将抚养女儿的责任交给了亨利和维多利亚，二人成了小女孩的代理父母。罗斯玛丽从来不管多萝西叫"母亲"、"妈妈"或"妈咪"。多萝西则持有矛盾的态度。后来她评论说，女儿的习惯是维多利亚惯出来的，这让自己很受伤。同时，多萝西还在一直说："她有名字，罗斯玛丽应该使用它。"在这样的情况下，母亲的角色都非常不容易。这位年轻的职业母亲试图摆脱生活的枷锁，迫切地想要离开自己的家乡，寻找更广阔的天地。[25]

卡内基为了此次改变自己命运的演讲和会面来到塔尔萨时，多萝西就处于这种境况之中。他当时深受震撼，于是说服多萝西搬到纽约。在那儿，单纯的迷恋变成了更为严肃认真的感情。整个 1944 年，他们慢慢陷入爱河，二人之间的相互吸引是显而易见的。对于卡内基来说，这位与之相差 24 岁的年轻女性的漂亮外表诱惑着他，她的身体高而轻盈，妩媚俊俏。然而事实证明，她的智商也同样出色——异常聪明，善于写诗，对生活充满极大的热情，并拥有坚定的成功信念。和卡内基一样，她来自中西部。与她相处时，卡内基会自然而然地感到惬意。她不像弗丽达·奥芬巴赫，不会把卡内基卷入复杂的婚姻关系中，她是一个可以深入发展感情的对象。对多萝西来说，她接受了这位求婚者，后者有名气、有魅力、成熟又富有，他善良慷慨，似乎准备在54岁时安定下来，组建家庭。他还给了她一个逃离过去的机会，将其带到美国最大的城市，带到文化、社会和经济中心，开始激动人心的生活。因此在20世纪40年代中期，除了二人之间外表的吸引，戴尔和多萝西也相互满足了对方更多的情感需要。

毫无疑问，他们的爱情中有两种强势的个性，有时候也会出现争执。大多数情况下，戴尔和蔼可亲、为他人着想并非常热情，而多萝西也将其聪明智慧发挥到极致。但就像其他夫妻一样，紧张的局面偶尔也会转变成矛盾，于是随后爆发争吵。有人说，在一次危机中，"多萝西在与卡内基争吵过后辞了职，她开始打包准备回家，卡内基最终依靠赢得友谊的方式说服她留了下来"。到了1944年秋，夫妻二人决定互相适应彼此，于是在10月正式发出婚礼声明，当时全国的报纸都刊登了这一消息。该消息还出现在《时代周刊》杂志上，附有卡内基的玩笑话，在《人性的弱点》出版八年后，"我又花了八年时间才影响了一个女人，并让她嫁给我"。[26]

1944年11月5日，戴尔·卡内基和多萝西·范德普尔在俄克拉荷马州的塔尔萨举行婚礼

1944年11月5日，戴尔和多萝西在塔尔萨的波士顿大街卫理公会教堂举行了婚礼，只有一小部分家人和朋友出席。婚礼开始前，引领员哈里·哈姆与戴尔一起坐在新郎的房间中，他们听到了教堂中演奏着音乐剧《俄克拉荷马》的片段。据哈姆回忆："戴尔·卡内基转向埃弗雷特和我，说道：'如果他们播放《人们会说我们相爱》，那么我就会掉眼泪。'当然，他们放了那首歌，但是戴尔却没有掉眼泪。他怎么办到的？能娶到多萝西，他太兴奋了，以至于压根儿没听见那首歌。"[27]

婚礼过后，多萝西搬到了戴尔位于森林山温道尔路的家，夫妻二人开始了家庭生活。戴尔继续在家工作，自己的新婚妻子很难适应这一改变。几年后，她写了一本女性指南，名为《世界上最伟大的妻子》，其中，多萝西写了名为《如果丈夫在家工作，妻子怎么做才能不疯掉》的一章。她写道："对每个要保持整个家有条不紊地运转的女人来说，当身边有位总添麻烦的男人的时候，她们都是值得特殊嘉奖的。试想一下，你不得不轻手轻脚地走过紧闭的房门，你家的主人正在里面工作，当你正干了一半活儿的时候，他让你关掉吸尘器，或永远不能在午餐会上取悦你的朋友,因为咯咯的说笑声打扰了主人。"虽然如此,多萝西建议妻子适应在家办公的丈夫的需要,让他们感觉舒适,忘了他们的存在,并完成自己的日常任务,呈现出一种愉悦的态度,并避免打扰到他们。她补充说:"结婚八年来,我的丈夫一直在家办公,所以我对此非常有发言权。"[28]

随着多萝西适应了新生活,她很快成为一个高效的家政经理,管理着两个秘书和一个管家。然而,有篇杂志文章指出,多萝西"很少有机会展示中欧厨艺,因为卡内基更喜欢中西部菜肴"。结婚后,戴尔和多萝西将他们的兴趣融合在一起,共同创造出一种幸福和谐的生活。他依然是热情的后院园丁,多萝西感受到他的激情,热心地在园子里忙碌着,成为种植郁金香和蝴蝶花的专家。夫妻二人都喜欢去剧院,经常观看纽约市的大小演出。他们喜欢旅游,并多次前往加拿大落基山、怀俄明的乡村牧场和欧洲,游览英国、法国和意大利。大体上说,戴尔和多萝西流露出对生活的热情,这促使他们的感情更加和睦。卡内基的一位秘书李·马伯曾与卡内基夫妇在纽约唐人街共进晚餐,她回忆了有次乘坐高架火车回家的难忘经历。马伯说道:"我们乘坐的车抛锚了,我们中有个人开始唱一首关于纽约的歌。突然,戴尔说道:'让我们跳一曲吧!'他带着多萝西在过道里跳起了华尔兹。乔治和我也跳了起来,我们一直继续大合唱,度过了一段轻松快乐的时光。"[29]

如今,多萝西生活在纽约富人区,兴趣广泛。她异常聪颖、有才华,并对生活充满激情。她喜欢读书,不太喜欢推理小说,对莎士比亚情有独钟。她细细品味莎翁的多部戏剧,最终成为纽约市莎士比亚协会的主席,之后一直与该组织保持着紧密的联系。戴尔骄傲地写道:"我的妻子沉迷于研究莎士比亚及其戏剧。她说年龄对自己毫无威胁,因为这将给她更多的时间进行研究。"多萝西喜欢下厨,虽然她的厨艺从来与其热情不符,她喜欢饶有兴致地弹钢琴,在圣诞季,她请亲朋好友都聚在琴边,弹唱颂歌。由于继承了家乡俄克拉荷马的传统,她能熟练地骑马,能用来复枪射击。她对击剑很感兴趣,还是森林山社区击剑队的成员。[30]

事实证明,多萝西能够很好地与丈夫相处,并在二人之间建立起一种平等的地位。她开始能理解卡内基偶尔发作的坏脾气。有人说,当他变得尖刻并不合作时,她会开玩笑地说自己"曾花了76美元学习(卡内基)课程,大笑着要求他把钱退回来,这一招通常都会奏效"。当然它也有失灵的时候。有个客人曾看到戴尔安静地绕着房子踱步,生着闷气,并提及多萝西顽皮的反应:"卡内基夫人耸着眉说道:'了不起的作家在那里。'"但自信而健谈的多萝西如果感到必要，她会毫不退缩地对抗名人丈夫。有位家人说："在与戴尔的争论中，她从不退步。艾比是戴尔的秘书，后来是多萝西的秘书，她告诉我，虽然有几次二人的争论升级为大喊大叫，但是最终总能找到解决的办法。他们就像普通的夫妻一样。"卡内基开始接受并赞赏妻子刚毅的性格，他会开玩笑说婚姻改变了自己的人际关系原则。一位同事采纳了卡内基的"躲过锋芒"策略，在一次晚餐聚会上，他的妻子强有力地表达了一个有争议的观点，他评论道："亲爱的，你可能是对的。"卡内基马上哈哈大笑，说："错，错，错！当说话人是你妻子的时候，你要说：'亲爱的，你百分百正确！'"[31]

当决定要在婚姻中营造一种平等地位时，多萝西还尽力适应丈夫的激情和活动。例如，虽然开始有些困惑，但是她很快接受了卡内基与霍默·克洛伊的亲密友情。二人每周日下午都要一起骑马，去便宜的餐馆吃饭，讲笑话，追忆往事。多萝西开始喜欢克洛伊吵闹的个性，同时也喜欢他的妻子梅，并感谢他帮助丈夫缓解了紧张，并产生了良好的影响。1945年，《纽约时代周刊》在一篇书评中嘲笑克洛伊是个"职业乡巴佬"。后来，多萝西开了个善意的玩笑，写了首关于戴尔这位好友的讽刺诗。她将此诗寄到《马里维尔论坛》发表，当时二人正一起在该镇参加活动：

霍默，亲爱的霍默
或
脚上穿着定制鞋的光脚男孩
多萝西·卡内基作

他只是个没被宠坏的乡村小伙儿，头发里挂着干草种子，
百老汇剧场让他迷惑，城市的空气使其哽咽。
他的心依然在马里维尔，他歌颂简单的生活。
他谱写小镇的英雄，他用餐刀食用豌豆。
但这位思乡的土包子非常苦恼，因为有个残忍又简单的问题，
他不能像在以前的纽约一样，在草地上收拾干草！
密苏里人夸张地说，你只能在演员俱乐部里才能遇到快乐的人们，
没有一条乡间的道路，像42街一样平坦。
因此克洛伊留在了大城市，陪伴着原罪、冲突和愤怒。
他只是写写乡村，谢天谢地，他不在那儿生活。[32]

卡内基在宴会上，右二为其终身好友霍默·克洛伊

但多萝西对丈夫的影响要远远超出个人生活范围，她还是卡内基工作上的好助手。1945年，他们刚结婚几个月，卡内基重组了企业，创建了戴尔·卡内基及合伙人公司，这是一家私有股份公司，由自己担任总裁，多萝西担任副总裁。由于兼具聪明、果断及商业性的头脑，她马上开始在公司中确定了自己的威信。在结婚初期的一次度假中，一个重要的新想法萌生了。她说："之前我们已经去过三四次加拿大落基山了，他喜欢沿着小道远足，坐在路边欣赏美景。我厌倦了这种户外生活。晚上，当我想要跳舞的时候，他却想要早早上床睡觉，以便能在黎明时起床，欣赏到更多美景。我则迷迷糊糊骑在马背上，陪着他。最终他想出一个能够讨我开心的想法：'你为什么不为女性创作一门课程呢？'他问道。我同意了，马上着手开始工作。"于是，多萝西·卡内基女性个人完善课程诞生了，在未来15年中一直是卡内基企业的重要组成部分。[33]

实际上，多萝西的商业才华显然超越了她的丈夫。他的内心是个教师兼作家，而多萝西却具备金融和组织技巧，同时具有强大的本能来评估利润的底线，事实证明，这对公司来说价值巨大。按照一位内部人员的说法，多萝西是个雄心勃勃的女商人，她拥有"杀手的本能，她才是真正让卡内基公司得以运转的舵手……她知道自己要往哪个方向航行，避过鱼雷，全速前进"。凭借在塔尔萨海湾石油公司的经历以及她在商业事务上精准的判断力，多萝西显然影响了1945年的公司合并，这一改变让卡内基有些随意的教学和写作出版工作变得更有条理了。[34]

始于1944年的婚姻还为卡内基的生活带来了新的成员：多萝西的女儿罗斯玛丽。新婚丈夫和11岁的继女迅速互生好感，并且在未来的几年中感情日益深厚。1948年，戴尔推荐女儿去旅行，安排女儿陪他们一起乘坐游轮前往西部和欧洲度假。他称她为女儿，从来不说继女，并且乐于成为他的父亲。同时，他尊重母亲教育女儿的方式。卡内基以这个女儿为骄傲，并喜欢夸耀她。他跟一家杂志说："我的女儿罗斯玛丽12岁了，我们在加拿大落基山度假的时候，有位朋友送给他一些化石，她马上对石头和矿物产生了兴趣。她开始关注石头，并研究它们。她自己存钱买了本教材，接着，她拥有了一些自己的标本。如今，她有很多矿物藏品，并梦想着长大后成为一名地质学家。"[35]

对于罗斯玛丽来说，她用这位新爸爸的方式"思考世界"。父亲去世多年后，她发起了一个活动，从很多卡内基的亲戚、朋友和同事那里收集回忆录，并将其出版。她追忆了卡内基对于新事物和新发明的热情，讲述了"圆珠笔问世后，他拿着第一只圆珠笔兴高采烈的样子"。她记得卡内基曾"向我展示他的首台电视机，那是他在30年代中期购买的，它的红木机箱看起来就像个怪物。翻开顶部，有一个镜子，因为图像是颠倒的，所以得用影子才能正常观看"。她讲述了卡内基如何认真地展示家人的老照片，它们记录了密苏里农村的童年时光。他还喜欢改写数不清的文章和书籍的草稿，因为他试图"让自己以读者的角度表达自己要说的话"。[36]

同时，罗斯玛丽与母亲不寻常的关系也在家庭中产生了某种程度的紧张感。多萝西既要承担母亲的责任，又具有强烈的事业心。当她前往纽约，准备到卡内基研究院开始新工作的时候，她把罗斯玛丽留给了父母。将近一年后，11岁的小女孩来到温道尔路，分开的时间不算太长。罗斯玛丽到这里不久，多萝西将她送到一家位于纽约富人区的高级寄宿学校，女孩每逢假日回到森林山，偶尔回来过周末。罗斯玛丽越来越叛逆，在16岁的时候，她断然拒绝参加纽约市任何上流社会的社交活动，这个决定让多萝西非常沮丧。因此当母女之间开始尊重时，某种距离感也在二人之间随之产生。[37]

即便如此，就像所有的父母与孩子一样，他们相互适应并达成了妥协。在这个年代末，卡内基一家代表美国登上了《世界图书百科》。《生活》杂志用整页篇幅刊登了彩色广告，在这张巨大的照片上，戴尔、多萝西和罗斯玛丽微笑地坐在矮沙发上，背后是他们家中整墙的书。标题夺人眼球，叫作《戴尔·卡内基问："你在帮你的孩子获得成功吗？"》正文说道，学校人满为患，好的教师供不应求，父母应该给孩子购买一本百科全书"来给予他们能够进步的精神食粮"，从而帮助他们成功。卡内基说，虽然教师和学生相处的时间占9%，但是"孩子有91%的时间与你在家度过，这通常是养成对知识的渴求与学习欲望的机会。因为我们意识到这一点，所以我们为女儿罗斯玛丽选择了《世界图书百科》。在这本书中，她找了永恒的乐趣和启发"。[38]

因此，卡内基在20世纪40年代拥有了舒适和睦的家庭生活。作为成功的作家及具有传奇色彩的教师，他如今拥有了稳定的家庭生活，因此他感到非常

1950年，在刊登于全国媒体上的《世界百科全书》广告中，戴尔、多萝西和罗斯玛丽的合影

满足。虽然他的工作让他收入颇丰，但是他却无意变得更富有。他会说："就算全世界的钱都是我的，我也就是穿这几件衣服，我会完全按照自己的方式生活。"然而，还有一个复杂的问题困扰着他。这是早些时候遗留下来的难题，继续吸引卡内基的注意，并牵动着他的心。[39]

1944年7月3日，卡内基写信给琳达·戴尔·奥芬巴赫，信中说："总之，我认为你是上帝送给纽黑文的最可爱的女孩了。我期盼能与你多见面。"这位作家又提及了二人暧昧的父女关系，继续补充说："你最大的财富就是拥有一个聪明又通情达理的父亲和一位甜美、有魅力又无私的母亲。"在女孩16岁生日前夜时，卡内基称赞她拥有"非凡的个人魅力"、"真诚的微笑"、"漂亮的外表"和"超乎常人的聪慧"。他继续说道："我一直为你使用词汇及阅读的能力感到惊讶不已。你是多么喜欢给我朗读啊。"这位作家马上提及自己为其购买了一些"汉伯石油公司股票"，说虽然通货膨胀可能会让自己给她存的大学教育基金贬值，但是股票的价格会相应上涨，一直保值。在信的结尾，他如此署名："永远爱你，琳达，我是你的叔叔，戴尔·卡内基。"[40]

写这封信时，卡内基正与多萝西·范德普尔交往，该信显示出困扰卡内基一生的难题。他相信琳达·戴尔·奥芬巴赫是自己的亲生女儿，是他与弗丽达·奥芬巴赫的爱情结晶。整个20世纪40年代期间，这种特殊的来往一直持续着。琳达经常到卡内基位于纽约温道尔路的家里做客，同时他也时常前往奥芬巴赫家位于纽黑文的住所。这种情况一如既往地暧昧而复杂。

20世纪40年代初期，卡内基和弗丽达保持着他们的浪漫恋情。他的心中饱含着对"最爱的人"的深情厚谊，并自言自语说，"你一定是来自天堂"，希望"能陪在你的身边，我的爱人"。他体贴地回信，心中充满对弗丽达的强烈感情，只要有机会就去见她。1943年夏，他在怀俄明度假时写信给琳达："我多希望你和你亲爱的妈妈能也在这里。没有你们在身旁，我感觉很孤单……琳达·戴尔，我将自己全部的爱与关怀给你——给你和你可爱的妈妈。"卡内基偶尔在纽黑文小住几日，在奥芬巴赫家过夜。这种私通的机会非常难得。有一次他写道："我非常理解今天过来会让你感觉不便。如果客人离开，你又觉得方便了，请告诉我，我会去看你。"他在加拿大写道，他"每天盼望着收到你的来信"，并以一种嘲讽伊萨多的语气补充道："你的主人还好吗？"[41]

卡内基甚至还将弗丽达作为自己日报专栏的标题之一，略带讽刺的将其命名为"自我控制"。他写道："本周，我最好的想法来自于伊萨多·奥芬巴赫夫人，她住在康涅狄格州哈姆登镇戈登街58号。我一直非常欣赏她优美的体态及其泰然自若的处事能力。"当卡内基问她如何能够冷静而优雅地面对重重压力时，她回答道："我从来没碰到过任何让自己产生紧张情绪的事情。"卡内基思考了这个答案，并认为："仔细想想，我也如此。事实是，你也如此。我们日复一日做的琐碎之事没有一件是足够重要的。"这就需要我们控制自己的情绪，掌控自己的想法，并因此朝着幸福去磨炼自我。然而，对于了解她的人来说，弗丽达的评论承载着更深的含义：它意味着自己生活中潜在的伤害，因为她对残疾的丈夫保持着忠诚，不能与卡内基开始真正的生活。[42]

戴尔和弗丽达之间的暧昧开始消退。1942年10月14日，她生下了第二个孩子拉塞尔，这次似乎不存在亲生父亲身份不明的问题——卡内基很少谈起这个男孩，也没有像对姐姐一样，送给他很多礼物和金钱。实际上，对姐姐的偏爱变得如此尴尬，以至于伊萨多最后要求卡内基多赠送给拉塞尔一些礼物，以消除儿子对琳达的妒忌。很难搞清楚戴尔与弗丽达关系冷却的原因。她坚决不离开伊萨多肯定是一部分原因，卡内基可能也厌倦了这段复杂的感情。后来，随着戴尔在1944年向多萝西求婚并娶了她，戴尔和弗丽达之间的纠葛彻底结束了。[43]

然而在整个20世纪40年代，甚至在婚后，卡内基对琳达父亲般的责任感依然强烈。就像其他骄傲的父亲一样，他追忆了二人共处的时光，珍视着她儿时的经历和成就。他去过纽黑文之后，会写信回忆小女孩半夜从床上摔下来，或是两人一起在地板上玩，当时她"爬上我的后背，像骑马一样骑着我"。1943年，他跟琳达回忆起最近的一次拜访，他们在纽黑文公园走了好长一段时间，"你花了好长时间采摘红色三叶草和野花，还跑到湿漉漉的草地里去……（你）坚持自己坐在秋千上，荡得很高"。卡内基多次拜访奥芬巴赫家，一直持续到1948年末才结束。[44]

在这十年中，卡内基一直将礼物和金钱源源不断地寄给奥芬巴赫家。他为小女孩设立了大学教育基金，并经常寄去支票。然而，也许最为引人注目的是一份标有卡内基私人标志的文件，显示出他对弗丽达和琳达经济情况的深切关心，上面注明的日期为 1942 年 7 月 24 日：

> 关于 100 美元及我在此声明的对价问题，我将自己持有的所有股票转让给弗丽达·奥芬巴赫夫人，以上提及的股票包括下述公司的 A 股和 B 股：戴尔·卡内基出版公司、戴尔·卡内基培训公司、戴尔·卡内基有效演讲与人际关系研究院。

该文件由戴尔·卡内基签署，由他最信任的助理阿比盖尔·康奈尔作为证明人签名。虽然该文件的法律效力和意义并未表明——卡内基死后，它没有生效，也没有得到验证——但是它显然表现出卡内基深深的责任感。[45]

至于琳达到卡内基位于温道尔路的家里例行做客的惯例，则持续到了 20 世纪 40 年代末。她乘火车到达纽约后，会与卡内基共度周末，卡内基带她去博物馆、剧院、马戏团，或是他认为琳达会喜欢的其他地方。他自豪地写道："你最近来森林山拜访了我。你和隔壁的小女孩帕特在我的花园里玩。帕特与你相仿，但是她能使用的词汇还不及你的十分之一。要么就是她不聪明，要么就是你继承了——你妈妈的能力。"到了 1944 年末，琳达已经 11 岁了，她依然来森林山过周末。7 月，卡内基听闻琳达因为感冒而生病了，于是寄给她一封充满遗憾的信。他写道："我还盼着周日能见到你。你病好后，趁周日赶紧过来，我们会非常开心地共度周末。"[46]

自 1944 年卡内基再婚开始，似乎每次琳达来家里时，多萝西都刚巧出门。多萝西在卡内基的公司已经承担着重要的角色，她时不时地出差教课，工作或回塔尔萨看望家人。当多萝西不在家时，戴尔似乎一定会带琳达来温道尔路做客。后来，小女孩回忆自己与戴尔相处的时光中，她只见过多萝西一次，那次经历不太愉快——琳达在餐桌上犯了一个无伤大雅的小错误，多萝西大笑起来，小女孩变得无比尴尬。虽然没有明确的证据显示戴尔告诉过妻子这位前来做客的"侄女"的故事，但是 1950 年左右，琳达到纽约的例行拜访就戛然而止了。弗丽达没有详细解释，只是告诉女儿卡内基夫人"禁止"奥芬巴赫家的人出现在卡内基家。有人怀疑多萝西可能发现了某些对于戴尔和弗丽达不利的证据，甚至也许是戴尔向多萝西坦白了一切。不管怎么样，卡内基与弗丽达和琳达的公开交往面对着强大的阻碍。[47]

但是，这并没有结束。1950 年 9 月，卡内基给弗丽达写了一封长信，说以前自己曾给琳达"某座建筑的一半产权，它位于小奈克北方大道 250－02

号"。但是现在他买了邻近的一大片地，并与美国政府签订合同，在上面修建一个邮局。琳达拥有产权的建筑物会受影响。因此卡内基让弗丽达归还房产契约，作为补偿，"我马上送给琳达一座位于小奈克的四层公寓房子。如今买这样一座房子需要3.5万美元"。显然，他依然想办法保障女孩日后的经济稳定。在这封信的最后，他补充说："我会在10月或11月见你。"后来在1950年的圣诞节，他将自己的书《传记综述：关注40位名人的生活》作为礼物送给琳达。里面写着："致世界上最可爱的小女孩，琳达·戴尔·奥芬巴赫，来自她最忠实的崇拜者之一戴尔·卡内基'叔叔'。"[48]

尽管如此复杂，卡内基的生活和事业在20世纪40年代都一帆风顺。实际上，他个人的满足、稳定及成功在很多方面都反映出美国的社会大背景。随着大萧条的远去和"二战"的胜利结束，美国进入了一个充满自信和经济发展的新时代。个人地位与社会需求合二为一，为卡内基提供了一个舞台，为美国文化作出了持久的贡献。20世纪40年代末，他写了另外一本畅销书，它反映了当前的潮流，即物质富足、对宗教的虔诚、团结以及战后美国人对城郊生活的认可。但是，它也揭示出社会中存在的许多焦虑。

16　消除忧虑可长寿

"二战"后，美国进入了富足的新时代。随着大萧条的消退和世界反法西斯运动的全面胜利，无论在军事还是经济上，美国都成为世界上最强大的国家。经济大萧条时，生活必需品短缺，人们在国家危机期间作出了诸多牺牲。1945年后，不断增长的战时经济刺激了消费生产，以满足美国人日益增长的需求。随着物质要求的增长，美国中产阶级开始热衷于郊区的住宅和草坪割草机、洗衣机和吸尘器、汽车和烧烤架，空气中弥漫着繁荣的味道。

有些美国杂志纸张光滑，图片多，字体大，它们首先宣传、探讨了新的社会思潮。例如，《生活》和《观察》等刊物拥有数百万的订阅量，成为公共意见的晴雨表，并开始反映出美国日益增长的消费经济。例如，1948年5月，《观察》杂志赞颂了"美国的奇迹"。该文章的创意来自"广告协会"，这是一个无党派组织，成员包括商业领袖、广告商、工会代表、媒体经理和公共人物，旨在促进商界、政府和工人组织之间更加紧密的合作。其中的名人有20世纪基金执行董事埃文斯·克拉克、哈佛大学校长詹姆斯·科南特、洛克菲勒基金会董事亚伦·格雷格、美国劳工联合会经济学家鲍里斯·希施金、《华盛顿邮报》董事会主席尤金·迈耶、通用食品公司主席克拉伦斯·弗朗西斯和著名神学家兼政治哲学家莱茵霍尔德·尼布尔。这篇《观察》上的文章传达了该团体的核心思想：战后美国已经形成一种生机勃勃的消费经济，它将富足带给所有人，并消除了阶级差异。[1]

文章开头的声明指出："我们的经济体系和民主生活方式不仅让人们以更低的成本生产出更多更好的商品，还让美国人的生活水平远远超出了世界上任何一个集权国家。"它详细介绍并赞颂了美国生活方式：个人自由、政治民主、自由竞争的经济氛围、机器技术、劳动生产力，"政府在必要的情况下进行宏观调控"，通过事业保险、职业培训、社会工作及家庭福利计划来保护"公共福利"。广告协会指出，该体系创造了现代的"美国奇迹"，它保证"所有人能享用经济体系提供给我们的福利"。[2]

同年，《生活》杂志讨论了一个意外又烦恼的问题，它是全社会物质富足的衍生品。尽管好生活让人们受益良多，但美国日益膨胀的消费乌托邦并没有提高人们的幸福指数。对大多数人来说，虽然大萧条结束意味着经济复苏，但是战后的繁荣没有带来个人的成功和情感的满足。实际上，对于多数人来说，这个目标看起来似乎从来没有这么遥远过。因此，1948年初夏，《生活》组织召开了一次特殊会议，参会者包括美国顶级思想家、商人、律师、政府官员和作家，共同讨论该文化议题。1948年7月12日，杂志将会议结论当作封面故事，标题为《有关追求幸福的生活圆桌会议》。[3]

与会者花了整个周末的时间进行研讨，该全明星阵容包括18名来自公共生活许多领域的著名人士。其中有《时代周刊》、《生活》及《财富》杂志的编辑亨利·卢斯；纽约大学著名政治哲学家西德尼·胡克；乔治城大学的埃德蒙·沃尔什神父，此人著有多部关于极权主义的著作；里弗兄弟公司总裁查尔斯·鲁克曼；克利夫兰艺术博物馆董事威廉·美利肯；美国文化遗产基金会主席托马斯·达西·布罗菲；《妇女家庭杂志》的编辑贝亚特丽丝·库德；美国钢铁工人联合会的领导人之一约瑟夫·斯坎隆；经济学家及社会批评家斯图亚特·蔡司和著名的精神分析理论家埃里克·弗洛姆。该会议历时三天，讨论了一个核心问题：现代美国人"以目前的方式追求幸福，是否促进了我们个人生活及民主的完善"。会议经过投票得出，多数人认为当代美国人相信他们是幸福的。同时，更多的证据表明了相反的观点——例如，离婚率飙升，青少年犯罪增长，几乎每十个美国人中就有一人患有严重的精神疾病。因此，该会议发现了一个悖论：虽然美国建立起了一个繁荣的社会，其中物质商品广泛普及，但是"我们不知道如何使用它们，不知道如何真正地生活……在美国不能获得真正的幸福"。[4]

经过激烈的思想碰撞，《生活》圆桌会议最后达成一致，他们的报告指出：幸福基本上只能在人们的"内心生活"中找到，而不是存在于外在的经济、政治和社会环境中。参会成员认为，这种观点反映了大萧条后"我们这个时代思维的变化"：

> 如果这个会议在10年前召开，那么毫无疑问下列观点无法达成一致：整个辩论……将围绕着"外部"改革进行，尤其是经济问题。如今，显而易见的是，经济本身并不能回答潜在的民主社会问题……人们在其自身和他们所在的社会中寻找着更深层的答案，外部世界无法单独作出解释。

最后，《生活》圆桌会议指出，美国人必须珍视他们的民主自由，并以自己的方式解释和追求幸福。但是他们应该避免"追求纯粹的快感和自我放纵",而是要培养坚定的道德基础、对劳动的尊重、对艺术的品位、对审查制度的抵制以及一种"实用的理想主义,这是美国人的崇高特质,它将个人与人类联系成为一个整体"。一名参会者总结道:"幸福主要是一种内心的境界,一种内在的成就……我愿意以下面这句话结尾,即天国就在我们心中。"[5]

戴尔·卡内基参与了这场重要的讨论。当战后美国生活富足并出现相应社会文化问题时,他再一次敏锐地把握了流行趋势。与《生活》和《观察》邀请的其他知识分子名人和意见领袖一样,他也被美国人生活的悖论深深吸引,人们在物质富足中寻找着幸福。因此卡内基出版了另一本震惊世界的著作,将这个关键问题向前推进了一步。在20世纪30年代,他推出《人性的弱点》,将其作为一本大萧条时代的成功学指南;如今他出版了另一本书,为人们提供了一种方法,解决战后经济繁荣引发的错综复杂的情感问题。它再一次获得了公众强烈的回应,位于1948年畅销排行榜第二位,仅次于艾森豪威尔将军的战争回忆录《欧洲十字军》,领先于阿尔弗雷德·金赛的争议性著作《男性性行为》。该书出版后卖出了600万册。它的广泛流行巩固了作者的地位,即值得数百万普通美国人信赖的社会文化导师。

1948年春,西蒙与舒斯特公司出版了戴尔·卡内基的《人性的优点》,该书是作者继20世纪30年代末期那本流行著作后,积蓄多年推出的续篇。作者指出,当听到成千上万学生在其课堂的演讲后,他说"我意识到这些成年人最大的困扰之一就是忧虑"。因此,他决定写这本书。他兴奋地跑到纽约市公共图书馆,只找到几本关于"忧虑"(与之相反,令人惊讶的是,与其相近检索话题"蠕虫"相关的书有189本)的书,但是没有一本适合于课堂教学。因此,他决定填补这个空白。他倾听学生谈论他们的问题、阅读传记、访谈成功人士,甚至沉浸到哲学中,卡内基开始计划这本关于如何消除忧虑的书。

该书带有典型的卡内基特色。它行文活泼,富含名人逸事,里面的案例来自真人真事,他们解决了威胁着生活的重大困扰,继而取得了成功。最为重要的是,它既务实又有用。他写道:"我尝试着写一本快节奏、简洁的纪实报告,讲述人们是如何战胜忧虑的,有一点是确定的:这本书很实用,你可以专心阅读。"[6]

在很多方面,这本新书采用了之前那本畅销书《人性的弱点》的结构和方式。他用典型的卡内基风格,为焦虑的读者提供了一系列实用的建议:"如何最大限度从此书中受益的九个建议","生活在日密仓","适应无法改变的事"，"如何消除你工作中一般的忧虑"。接着，他使用大量的励志故事（"能改变你生活的八个字"，"缓解忧虑的神奇方法"），活泼幽默地（"不要尝试锯碎木屑"，"记住没人会去踢死狗"）解释这些原则。最后，他在书中加入了一些传记的片段，说明人们如何战胜生活中的焦虑，这些人中既有普通人也有名人。此书收集了32篇短小又具启发性的文章，涉及 J. C. 佩尼、吉恩·奥特利、霍默·克洛伊、杰克·邓普希和科尼·麦克。

《时代周刊》杂志刊登了一篇《人性的优点》的长篇书评，书评中说："20世纪，人们紧张得像是绷直的湿晒衣绳，身上长着焦虑的毒瘤，溃烂得满目疮痍。跟连环画中一样，他们生活在严重的忧虑和高压中。从本月开始，这些人可以和生活签订一个新的契约，因为以上问题可以由本世纪最受人欢迎的成功学作家来解决。"它指出，卡内基旨在鼓励读者使用常识应对现代生活中普遍存在的问题。卡内基告诉《时代周刊》，本书的目的是将读者从自满中摇醒，"让你清醒过来"。[7]

很显然，卡内基并不仅仅想唤醒那些处于重压噩梦中的人。他和《生活》、《观察》的参会专家们一样，也面临着同样问题的困扰：在战后的富足年代，很多美国人的问题不再是经济方面的，而是无法抵挡的精神和情感问题。卡内基认为，"忧虑的麻烦"是一种席卷全美的流行病。他写道："但医疗科学还不能解决精神问题及其引起的身体不适，后者并非源于病菌，而是来自忧虑、恐惧、憎恨、挫折和绝望。这些情感疾病引发了大量伤亡，这种趋势正不断上升，并呈灾难性的趋势扩展着。"如同《人性的优点》很快表现出的一样，想要分析并解决日益蔓延的文化灾难，没有那么简单。[8]

卡内基对美国现代焦虑瘟疫进行了生动的描绘。他说："医院里多数的病人都有焦虑和情感问题。"相关统计数据显示，"如今有十分之一的美国人会因为焦虑而崩溃——多数不适是因为焦虑和心理问题造成的"。很多人正争分夺秒地在复杂的现代经济中寻找适当的突破口，怪不得"不安、忧虑和'神经焦虑'在白领阶层如此猖獗"。实际上，忧虑病症在现代社会中蔓延，产生了严重的后果。这位作家写道："不懂如何战胜忧虑的人不会长寿的，对于家庭主妇、兽医和砖瓦匠来说也是如此。"[9]

卡内基给出了一个大胆的诊断：这场危机源于20世纪40年代美国人的物质增长与社会进步。大萧条后，经济发展受到普遍的赞誉，但也带来了意料之外的副作用，即压力、忧虑和沮丧。随着经济问题得到缓解，情感问题却逐步攀升。而且经济水平越高，所承受的压力就越大。他提及梅奥诊所对176位

40多岁的公司主管进行的一项调查研究，研究认为三分之一的人"在45岁之前，由于高度紧张的生活而饱受疾病的困扰——心脏病、消化道溃疡和高血压"。他探讨了一位刚去世不久的工业巨富的死亡原因，卡内基写道："世界著名的香烟大亨最近因为心脏病突发去世，他当时正想要前往加拿大的森林进行短期的休养。他积攒了数百万的财富——却在61岁时去世了。也许，所谓的'商业成功'就是拿命换来的。"《人性的优点》清楚地指出，美国人不能再仅仅关注传统的物质成功，因为它以个人情感为代价，这些代价常常是始料未及的。具有讽刺意义的是，如今，20世纪最伟大的成功学代言人却宣布："成功是要付出代价的！"[10]

卡内基准确地指出了几个由于经济富足而产生忧虑的领域。现代公司的科层制生活产生了巨大的紧张感，因为它将个人束缚在复杂的规章制度和决策制定的网中。一位疲倦的商人说："我每天要花一半的工作时间开会，讨论问题。我们是该这样做还是该那样做呢？或是什么也不做？场面会非常紧张，人们会离开座位，在房里走来走去，相互争吵。到了晚上，我累得苦不堪言。"卡内基还指出经济因素也会引发焦虑，他引用了最近在《妇女生活杂志》上进行的一项调查，认为70%的现代忧虑都源于金钱。这不是像20世纪30年代的经济匮乏，而是一种现代人的境遇，即"不知道如何使用手里的钱"。预算、收入管理、财务计划、经不起诱惑使用唾手可得的信用卡，这些新事物让现代美国人为之头疼。[11]

就算是休闲时间也带来了意想不到的痛苦，它原本是现代消费社会给人们带来的最大福利之一。在工作日，人们脑子里装满了任务，没有时间烦躁。卡内基说："但下班后——这段时间就危险了。此时我们可以自由地享受各自的休闲时间，这应该是最幸福的时光，然而忧虑魔鬼却来打击我们。这个时候，我们开始质疑自己应该做些什么，要不要墨守成规，老板今天说的话是不是有'弦外之音'，或是我们是否变得无趣了。"他悲伤地引用了萧伯纳的一句格言："在休息时，你却为自己是否幸福而苦恼，此时你不会幸福。"[12]

卡内基是如何治愈这场严重且席卷美国的情感焦虑的呢？他再一次大胆地提出了一种新的文化行为准则：活在当下并寻求情感上的自我完善。在《人性的优点》开篇，他激动地指责了一种束缚情感的倾向，要么源于对以前所做的决定而感到后悔，对过去不幸的环境怨天尤人；要么源于想要拥有完美的未来。有时候这些症状会反过来发挥作用，人们或是沉浸在过去的黄金岁月中，或是为未来没有发生的灾难而杞人忧天。无论哪种情况，卡内基认为，不要寄希望于"逝去的昨天"和"还没有到来的明天",最好的办法是享受现在。他写道,太多的现代美国人"为过去后悔,为未来担忧,最终导致崩溃。你和我就处于这两者的交融之处:过去的岁月已经一去不复返,而未来则永远不会到来。我们不可能生活在以上两种条件下——不,一秒也不行。然而一旦尝试,我们就会毁掉自己的身体和精神。因此,让我们心满意足地生活在自己能够把握的时间里吧:从现在一直到上床睡觉前"。换句话说,幸福处在当下的生活中。[13]

卡内基认为,寻找自我完善不仅是找到具有生产性的工作,还包括情感上的满足。当然,仅在几年前,许多美国人为找到工作而开心,这种观念可以追溯到之前的19世纪经济匮乏时代。但如今,日益增长的消费经济让很多人都能享受到物质的富足,因此需要一种新的生活方法。卡内基将其作为《人性的优点》其中一章,名叫《如何找到你喜欢并让你成功的工作》。他认为,现代生活中有两大重要任务,其一就是找到一份工作,另一个是寻找生活伴侣,但关键是找到令你满意甚至开心的工作。有位著名的商人说,一份好工作的标准在于"工作时,你能感到愉快。如果你享受正在从事的工作,那么就算工作了很长时间,你也不会察觉到是在工作。它会看起来就像是游戏一样"。因此,在卡内基看来,求职者应该谨慎地选择——按照工作内容来认真思考自己的性格,寻求就业指导,考虑能否维持生活,对你感兴趣的职业做广泛的调查研究。但是他说,当你停下来思考"我们的忧虑、悔恨和挫折有多少是由不满意的工作造成的"的时候,以上的努力就是磨刀不误砍柴工了。[14]

卡内基花了很多时间介绍相关技巧,帮助人们在工作、家庭和生活中消除忧虑并找到幸福。在本书的序言中,他开诚布公地说,如果读者读了书中的实用建议,却没有"获得新的力量和激情,去战胜忧虑并享受人生","那么就把这本书扔到垃圾桶里,它对你没有任何帮助"。然而在繁荣年代,个人由于自我完善而引发了诸多问题,在与其斗争的过程中,卡内基转到了一个熟悉的方向。跟他之前的那本书一样,卡内基畅游在心理学的海洋中,寻求安全感和平静。他又在治愈文化中发现了一个舒适的避风港。[15]

在《人性的优点》一开始,他就准确地描述了对人类健康及幸福的忧虑。他引用了早期一位启蒙老师的话,即被卡内基称为"应用心理学之父"的威廉·詹姆斯。他说:"上帝也许会宽容我们的罪恶,但是神经系统却从来不会。"这句发人深省的话预示着卡内基再次转向心理学,寻求问题的答案。[16]

卡内基从心理适应的角度来定义现代生活,本书采用了自传式开头,讨论了他自己试图摆脱"失望、忧虑、痛苦和叛逆"的主题,这些负面情绪几乎将当年试图在纽约市寻求立足之处的年轻人击垮。但如今,此类情况剧烈增长,有些专家认为"每20个美国人中就有一个人在不同的工作阶段中患有心理疾病"。卡内基获得了很多精神病医生、治疗专家、医生的支持,其中有很多人是相关领域中赫赫有名的人物,他们强调现代负能量中的心理学维度。他曾列举了"著名英国精神病医生哈德菲尔德"、"精神病医生梅奥兄弟"、卡尔·门宁格和与之齐名的兄弟威廉、"著名心理学家阿尔弗雷德·阿德勒"、"最有名的精神病专家之一"卡尔·荣格、纽约心理学服务中心主任亨利·林克、著名精神分析专家布里尔,当然还有被提及多次的威廉·詹姆斯。在他们的影响下,卡内基认为,焦虑侵蚀着战后美国人的幸福,催生出大规模的心理危机。[17]

卡内基强调了一个心理学案例。他讲述了一个前美国士兵的故事,从战场上返回后,此人身心俱疲,不开心,无法集中注意力。他一直担心自己的未来,开始莫名其妙地哭泣,体重骤减,身体健康受到了严重的影响。最后,他躺在医院里,医生说他的"问题是心理方面的",并为其进行了咨询服务,他最终康复了。卡内基指向商业竞技场,那里的人们都下定决心去追求进步和物质财富,因此"不安、忧虑和'焦虑神经机能症'"不断蔓延也就不足为奇了。在美国的战后繁荣中,他发现了另一个危险地带,他引用《妇女生活杂志》中的调查,指出"我们70%的忧虑都跟金钱有关"。这种现代生活中的压力——尤其是它们促使人们忧虑将来的问题,梦想着未来的财富,或是为过去的事情后悔——引发了卡内基毫无掩饰的谴责。在他看来,"情感的忧虑病"无所不在,比"天花所引发的危害还要严重1万倍"。美国社会呈现出这样一种惊人的画面,即"我们用焦虑、挫折、憎恨、后悔、叛逆和恐惧摧毁了自己的身体和精神"。[18]

情感病症的严峻局面促使卡内基在心理学领域寻求解决之道。他之所以支持精神分析(以一种弱化的方式),是因为它"的词语具有治愈力量。自弗洛伊德开始,分析家就知道如果病人能倾诉,只要能说话,那么他就能从内心的焦虑中解脱出来……我们所有人都知道,只要'说出口'或'抒发胸臆',马上就会感到解脱。因此,如果下次我们有了心理问题,为什么不找个人谈谈呢"?然而,卡内基更习惯于借助常识策略,清晰地评估心理问题,并找出实际可行的解决方式。他提倡这样一种策略,即考虑某个问题可能产生的最坏后果,然后找出改善情况的方法。他引用威廉·詹姆斯的话:"愿意这么做……

（是因为）接受现状是应对任何不幸后果的第一步。"卡内基补充说："从心理学角度，它意味着释放新能量！当我们做了最坏的打算时，我们就没有什么可担忧的了。这也就意味着——我们获得了一切！"他提倡一种经受时间考验的技巧，即将自己沉浸在工作和活动中，从而缓解焦虑。他写道："'工作疗法'就是精神病医师将工作当作一种治疗方式。所有的精神病医师都会告诉你，工作，让自己忙起来，是迄今为止治疗精神疾病的最有效方式之一。"[19]

卡内基最欣赏的治疗忧虑的方法是积极思考，长期以来，这一传统都对他产生着影响。他强调只要保持积极的思考，就会美梦成真。在《人性的优点》的第四章中，他再次说明了积极思考的治愈力量。这一章叫作《培养能带来平静和幸福的心理态度的七种方法》，它讲述了"能够带来内心安全感和幸福感"。卡内基充满激情地说道："我年龄越大，越深信精神的巨大力量。我知道人们可以战胜忧虑、恐惧和各种疾病，人们能通过改变自己的思维去改变他们的生活。我知道！我知道！我就是知道！"[20]

对卡内基来说，这种信仰源于身心的和谐统一。为了支撑这一观点，他引用了多位伟大思想家的话，从柏拉图（"心灵和身体是一体的，不应该被分开对待"）到马可·奥勒留（"我们的生活是我们的思想塑造的"），再到威廉·詹姆斯（"行动似乎源于情感，但是行动和情感是不可分割的；通过控制行动，让意志更直接控制行动，我们能间接地控制情感，而情感是意志不能直接控制的"）。因此，卡内基认为，具有积极的想法，消除消极的态度，将会创建一种能达成自我实现的环境。他写道："是的，如果我们想着开心的事，那么我们就真地会开心起来；如果我们想着悲伤的事，那么我们真地会变得悲惨；如果我们想着恐怖的事，那么我们就真地会胆怯；如果我们担心会生病，那么我们可能真会生病；如果我们想着失败，那么我们就真会失败；如果我们沉浸在自怨自艾中，那么所有人都会想避开我们，躲着我们。诺曼·文森特·皮尔曾说过：'你并非如你所想，但是如果你一定要那么想，那么你就会真地变成那样。'"[21]

卡内基进一步指出，"思考的魔力"能够消除忧虑。他鼓励读者接受一种观点，即内心的平静和生活的幸福感"仅仅来自于我们的心理态度，与外在的条件没什么关系"。幸福是一种心理状态。卡内基劝告道："脸上带着坦诚又明显的微笑，挺直你的背，好好做次深呼吸，唱一会儿歌，如果你不会唱歌，那么就吹口哨；如果你不会抽口哨，可以轻哼几声。我会很快证明威廉·詹姆斯的话——当你看起来放松又开心时，你的内心绝不可能依然处于忧郁或沮丧中。"[22]

通过一种反讽式的转变，卡内基用亲身经历来证明积极思考的观点。当然，作为一名年轻人，他曾反对过小时候母亲所秉承的新教教义，长大后在私下或书中也很少谈及宗教。然而，如今在《人性的优点》中，他回归精神信仰。这并不是信仰宗教，而是发挥它的心理功效。他认为："我提出了一种新的宗教观。我对各教派的教义丝毫不感兴趣，但是我对宗教给我带来的好处非常感兴趣，就像电、好吃的食物及水给我带来的好处一样。它们帮我实现更富裕、更圆满、更幸福的生活。但是宗教的作用远远不止于此，它为我带来精神价值。如同威廉·詹姆斯所说的那样，他给我'一种新的生活激情……更多的生命活力，更广阔、更富有、更令人满意的生活'。它给予我信仰、希望和勇气，它消除了紧张、焦虑、恐惧和忧虑。"[23]

换句话说，卡内基现在由于宗教的治愈功效而接受了它。他从来没有涉及救赎、三位一体和福音书等内容。反之，他主张将神性和心理学、宗教与科学融合，得出一种实现幸福及成功的现代方法。例如，很多精神病医生赞同这样一种观念，即祈祷和宗教信仰有助于缓解生活中的多重焦虑及压力。他写道："最前沿的科学——精神病学就是宣扬耶稣所教的内容。当今，精神病医师正变为现代福音传教士……他们鼓励我们拥抱一种宗教式的生活，从而免于受到这个世界的地狱之火的折磨——即胃溃疡、心绞痛、神经衰弱和精神失常。"卡内基引用了著名心理学家的事例来证明自己的观点。卡尔·荣格曾写过，他的所有病人"最后的治疗方法都是找到一种宗教的生活观。可以肯定，他们每个人都感觉自己生病了，因为他们失去了生活的信仰。在重获自己的宗教观之前，没人能真正痊愈"。威廉·詹姆斯也认为："信仰是人类赖以生存的力量之一，而信仰的彻底消失则意味着崩溃。"[24]

卡内基牢记这些箴言，他承认，在自己的生活中，当每次赶到全国各地讲课或演讲时，他经常感到匆忙、压力大及焦虑。因此，他养成了去教堂的习惯，去离他最近的教堂，挑一个工作日的下午安静地沉思一会儿。他吐露说："我对自己说：'等一下，戴尔·卡内基，等一下。小子，为什么要火急火燎地赶场呢？你需要停下来，先想一想。'我发现这会舒缓紧张，放松身体，辨明想法，并帮我重估价值观。"[25]

最终，对治愈的关注促使卡内基解决了战后美国的另一个问题。在十年前的《人性的弱点》中，他提出了一种个性的新范式，恰如其分地回应了现代美国的科层制关系、消费者预期和休闲的愿望。如今在战后，他面对着新型个体所产生的问题,而正是卡内基在很大程度上推动了这类人的产生。他使美国人的行为和信仰发生了深刻的断裂,这种矛盾让卡内基置于辩论的中心,不容忽视。

1950年,大卫·利斯曼出版了《孤独的人群:美国人性格的变化》。迄今为止,该书是在现代美国影响最广泛的社会分析类书籍。利斯曼是芝加哥大学的社会学家,还接受过法律和文学的训练,他提出了一种新的现代社会类型,并醉心于相关研究。他认为,在稍早的19世纪社会中,人们致力于生产和企业化,一种"自我导向个性"主导着人们的生活,这种个性具有强烈的价值观、坚定的个性特征和坚韧的工作伦理。然而,到了20世纪初,消费主义、科层制工作和休闲的愿望催生了一种日益复杂的经济,它促进新的"他人导向个性"得以形成。在持续不断的人际交往过程中,人类新的现代理想类型以充满魅力的个性和卓越的人际交往技巧为基础,从而实现个人的生活目标和自我发展。[26]

利斯曼认真叙述了这一理想的现代类型的特点。自我导向的人习惯于将家庭、教堂和经济信条内化,并依靠这些原则独自打拼。与之不同的是,20世纪20年代,更具世界性和都市化的人在出现并造成了更广泛的影响。利斯曼认为:"他人导向是'新'中产阶级,即在科层制公司中领取工资的员工的典型性格。他人导向的人一般将他人看作自己的动力之源——要么是直接认识的人,要么是通过朋友和大众媒体而间接认识的人……虽然人们想要并需要在某时某刻被某人喜欢,但是只有他人导向类型的人将这一需求看作首要动力之源和主要考虑方面……社会地位的改变并不取决于一个人是什么及做什么,而是取决于其他人对自己的看法——及此人领导他人和被他人领导的能力……改变地位的动力也存在于这个人(他人导向的)的性格中。但现在需要的产品既不是订书钉,也不是机器,而是个性。"[27]

处理来自多方的信息、提高应对科层制的技巧、需要他人的欣赏、进行自我领导、塑造个性等这些特点创建了一种新的成功学,用利斯曼的话说,这种现代个人的"交往品质"是关键。"他想要被人喜欢,而不是受人尊敬;他不想欺骗别人,也不想留下什么深刻印象,更不用说压制别人了,用现代的话说,他想要与他人交往……(从而)能保证与别人在情感上和谐一致。"[28]

通过一个精彩的隐喻,利斯曼说明了个人主义从自我导向向他人导向的历史转变。在19世纪,个人依靠自己的原则追求目标,他们受到了"回转仪"式的心理引导,这是一种罗盘式机制,受到父母和其他权威的影响,不论外部环境如何，一直发挥着作用。但是他人导向的个人所受的影响更广泛，它受到与他人交往的影响。因此他"必须能够从远近各处接受大量改变的信号"。他者导向的人并非受到内置回转仪的引导，而是按照更为精密的心理学机制影响："它不像回转仪，而是像雷达。"现在，一个人的雷达不断地接受从他人那里反射回来的信号，促使他决定在生活中应该如何去做。[29]

利斯曼强调，在历史各阶段中，更广泛的文化孕育着性格类型，并试图控制它。当传统导向类型的人——这种过时的类型存在于农业社会中，它以小型密集社区为特点，已经差不多消亡了——违反社会认同的行为准则时，这样的人会遭受到羞辱的处罚。企业家式的自我导向类型依靠内在导航发挥作用，他会在改变观点时感到内疚。但是，现代他人导向的人争先恐后地想要解读无数个来自他人且快速多变的信号，在试图走向成功的路上，他们会遭受焦虑的折磨，不断地调整自己对他人的情感。"新人消费者、父母、工人和运动员们的焦虑众多，他们经常面临着困境，如果能找到融入群体的方法，生活似乎应该很容易，但是他们却总隐约感到生活一点儿也不轻松。"[30]

《孤独的人群》触动了战后美国一根强大的文化神经。它虽然把握住了时代焦虑，这些焦虑源于经济萧条和战争，但是却没有理解城郊居民经济社会地位的改善所引发的情感需求。该书卖出了100万到150万册，打破了学术书籍的销售记录，并促使作者登上了《时代周刊》杂志封面，这对于大学教授来说更是史无前例的荣誉。封面上有一张"社会科学家大卫·利斯曼"的照片，看起来认真而颇具探索精神。周围是位维多利亚时期企业家的速写，他背着一个回转仪，充满自信地向前走去，旁边还有一位现代商人，他拿着雷达盘，一边向前走，一边乞求着别人。《时代周刊》认为利斯曼的观点回应了这个快速变化的时代，其中"美国人的个人肖像已经模糊不清了"。《时代周刊》认为，虽然很多人都迫切地寻找理解现代生活的方式，但似乎只有他超越了更传统的阶级斗争观念或前言理论，"利斯曼似乎在引领着无数美国人寻找这一问题的答案"。他的解释已经成为"经典"。[31]

实际上，到了20世纪40年代后期，美国文化似乎被焦虑所淹没，而他人导向的个性是焦虑产生的源泉。在1948年召开的《生活》圆桌会议中，参会专家们认真剖析了战后美国追求幸福时遭遇的挫败。1949年，伦纳德·伯恩斯坦发表了他的第二交响曲，名为《忧虑的年代》；同年，亚瑟·米勒的普利策奖获奖戏剧《推销员之死》在百老汇首次公开上映，它讲述了一个令人心碎的故事，主人公威利·劳曼是个人际关系的忠实信徒，但却是个失败者。他迫切地想得到他人的欣赏，但却不能成功地推销自己，因此变得非常焦虑，最后自杀了。拉比约瑟夫·利布曼的畅销书《心灵的宁静》(1946) 提出，依靠一种关于精神价值观和心理的自尊的自助方式可以战胜不幸。同时存在主义心理学家罗洛·梅出版了《忧虑的意义》(1950)。在政治实践领域，小亚瑟·施莱辛格的流行书籍《重要的中心》(1949) 将第一章命名为《忧虑时代的政治》。[32]

然而毫无疑问，戴尔·卡内基是利斯曼式他人导向现代性的最伟大的典范。他出版于20世纪30年代的畅销书《人性的弱点》就是这种现代个性类型的先驱，书中详细描绘了雷达式的技巧——让他人感觉到重要，培养一种令人欣赏的个人魅力，让他人理解你的思考方式，敏锐察觉群体的变化——在现代美国人的生活中，该个性类型引导人们在科层制的消费迷宫中得以生存。1948年，卡内基出版了第二本畅销书，他描述了新的文化氛围引发的后果——利斯曼认为，它催生了他人导向个人的焦虑和痛苦，因为这类人费尽力气处理从雷达上获取的大量外部信号。实际上，利斯曼指出了自己与这位受欢迎的作家的联系。他在《孤独的人群》中说，卡内基的第一本书提倡"自我管理策略，不仅为了商业成功，而且为了实现受人欢迎这一模糊的非工作目标"。利斯曼认为，如今卡内基的第二本畅销书不仅揭示出"二战"后"从大萧条到全员就业的转变"，而且还表现出一种压力，即"只有依靠自我控制，人们才能接受自己当前的命运和社会地位"。[33]

利斯曼对这位知识分子盟友的评论是非常准确的。实际上，《人性的优点》传播了最为清晰和深远的文化信号，它关注战后美国受到忧虑困扰、以他人为导向的个人。过去，卡内基创作了个性类型的原始文本，如今，他主动关注如何根除当前存在的情感问题。他给出了两个药方。第一，他人导向类型需要调整自己的雷达，以鉴别真正能获得幸福的信号，区分出那些将会毁灭人们的危险数据。第二，他们需要更适应社会需求，这个策略将会带来情感认同，而不是使人们更疏远。

在书中，卡内基一直关注校准情感雷达的重要性。他详细说明了自己早期的人际关系原则，认为幸福通常存在于与人交往的情感起伏过程中。例如，成功人士需要创造性地处理同事、朋友和家人之间的消极行为，而不是要为之动怒。卡内基劝告道，忘恩负义、猜忌和嫉妒是理所当然的，应该在预料之中。就算是耶稣在医治好麻风病人后，也没有得到感谢，因此，难道我们应该"因为自己曾做过一些小事，就期待获得比耶稣基督还多的感谢吗"？道理显而易见:"人类本性永远如此,可能一辈子也不会改变。所以我们为什么不接受它呢?我们不要期待感激。之后,如果我们能偶尔获得感谢,那么它将会成为我们意外的惊喜。如果我们得不到感谢,那么我们也不会为此心烦。"这种态度对避免压力和心脏病尤为有效。不要憎恨你的敌人,也不要因为批评而产生困扰,试着宽恕并遗忘吧。培养一种宁静和自信,拥有一种富有活力的幽默感。卡内基写道,当耶稣说"爱你的敌人"时,他"不仅在传播充满智慧的教义,而且还给出了20世纪的良药。耶稣告诉了你我如何防止高血压、心脏病、胃溃疡和其他疾病"。[34]

实际上,卡内基认为,聪明人应该能积极地寻求批评。他提到了名为"我曾做过的蠢事"的私人文件夹,并鼓励读者接受阿尔伯特·哈伯德的格言:"每人每天至少做五分钟的傻事,智慧就在其中。"倾听反对意见或指责,辨明它正确与否。他指出:"我们都总是痛恨批评,喜欢表扬,却不管它们是否合理。"但是一个平静健康的人应该说:"可能别人批评得对,如果我真的错了,我应该感谢它,并试着从中受益。"卡内基提供了一个避免忧虑的可信原则:"让我们记录自己曾做过的所有傻事,进行自我批评吧……让我们寻求客观、有益又有建设性的批评吧。"[35]

心理健康的人还需要超越自身,并使他人得到幸福,从而提高自己的幸福指数。通过调整雷达,人们会发现他人对成功、满足和认可的需求,然后试着去满足这些需求,此人就会像用魔法一样摆脱自己的不幸。幸福的人从不自怨自艾,也从不要求成为注意的焦点。用乔治·萧伯纳的话说,他从不会成为一个"以自我为中心的病秧子,也不会成为一个牢骚满腹的人,整天抱怨这个世界没有给自己幸福"。反之,他培养了对他人的敏感性。卡内基教导说:"那杂货店的小伙计,报纸摊贩,街角帮你擦鞋的小伙子怎么样?这些人身上都背负着麻烦、梦想和自己的雄心壮志。他们也希望能与他人分享这些喜怒哀乐。但是你曾给过他们这样的机会吗?你曾表现出一种迫切又真诚的样子,真正地对他们或其生活感兴趣吗?你不需成为南丁格尔或是一位社会改革家,去帮忙拯救世界——你自己的私人世界;你可以从明早碰到的人们开始!你会获得什么?更多的幸福!你会得到更多的满足感和骄傲!"卡内基说,所有人都渴望被爱,但是获得爱的唯一方式就是"不要再渴望爱,开始不计回报地献出你的爱"。[36]

很显然,卡内基引用了很多著名心理学家的话来支撑这一观点。他的朋友亨利·林克经过多年的精神病临床实践后,说道:"在我看来,它比现代心理学的所有发现都重要,因为它科学地证明了自我牺牲的需要或自我实现及幸福的原则。"卡尔·荣格曾写道,大约三分之一的病人并非患有明确的临床精神病症,而是"对自己的生活感觉空虚或毫无感觉",依靠尽力"帮助他人",这种情况可以得到改善。"伟大的精神病医生"阿尔弗雷德·阿德勒曾在其著作《自卑与超越》中提出了一种解决忧郁症的方法:"每天试着想象自己怎么取悦另外一个人……对自己周围人不感兴趣的人才会拥有生活中最大的困难。"这些智者的建议促使卡内基提出了自己的观点:"关心他人不仅会让你不再对自己忧虑,还会帮你交到很多朋友,并享受很多快乐……让我们忘掉自己的忧伤吧——通过尝试给他人带去些许幸福。当你善待他人时,你就是在善待自己。"[37]

如果说建立一个更为敏感的个人雷达是卡内基给出的第一个药方,以此治疗他人导向人群的焦虑症,那么他的第二个药方是增强适应性。卡内基坚持认为,依靠理解和平静的接纳,而不是痛苦或怨恨,就能最好地压制社会需求和陌生情感的束缚。《人性的优点》最核心的章节名为《适应无法改变的事》,其中,他讲述了如何承受生活压力。他写道:"随着你我走过时间的长河,我们会遭遇到许多不愉快。这种情况不可避免。我们可以选择,要么接受它们,装作视而不见,并适应它们;要么就反抗它们,从而毁掉自己的一生,可能以精神崩溃而告终。"[38]

这是个人的选择。卡内基相信,是否能适应这个世界取决于我们每一个人,应对逆境的方法也会决定情感的发展。他警告说:"很显然,环境本身不能让我们幸福或不幸,我们如何应对环境却会影响我们的情感。耶稣说天国在你心中,地狱也同样在你心中。"一个人能责骂或担心生活中的苦难或不公,也可以试着充分利用自己现有的东西,或用卡内基使用的另一章节的名称来表述——《用柠檬榨出柠檬汁》。他认为,实际上,只要人们把握住机会,那么逆境常常会让人更快地接近成功。阿尔弗雷德·阿德勒曾提出,人类拥有的最为宝贵的才华之一就是"他们化险为夷的能力"。威廉·詹姆斯也认为:"我们的疾病会意外地让我们获益。"[39]

卡内基明白,有时候事情不会有所好转,有时候环境也不可改变。在这些时候,人们应该直接面对这样一个道理,它是"所有人早晚都会明白的道理,就是说,我们必须接受并适应无法改变的事情"。卡内基说,在这里,叔本华的话就非常具有指导性:"生命中头等重要的事情是要足够顺从。"但卡内基指出了其中的重要区别。他坚持说道:"难道我提倡只需向逆境低头吗?绝不！那只是宿命论。只要我们能找到解决的办法，那就让我们战斗吧。但是当常识告诉我们说自己应该为此挺身而出时——反之则不能——那么就让我们为了身心健康，不要'瞻前顾后，犹豫不决'。"[40]

当然，诀窍在于区分可改变的和棘手的情况。在这里，卡内基为读者提供了"我曾发现的解决忧虑的最好建议"。这就像是祈祷词——"你我应在浴室镜子上贴上27个英文单词，每当洗脸的时候，我们才能从心中洗去所有的忧虑。"著名神学家莱茵霍尔德·尼布尔曾说过："上帝赐予我安详，让我接受不能改变的事情；他赐予我勇气，去改变我能改变的事情；他还赐予我智慧，去了解二者的差别。"[41]

最终，卡内基提供了一条至关重要的治疗式格言，即滋养自尊。人们创设更敏感的个人雷达，并顺利地适应压力重重的社会需求，这些当然重要，但是征服焦虑的最后杀手锏是自我价值感。这一点让卡内基的思想最为励志。他督促说："不论发生什么情况，永远做你自己……我和你具有这样的能力，所以别浪费时间去担心，因为我们和其他人不同。在这个世界上，你是独一无二的。"他鼓励焦虑的人们尊重自己的才华和天赋："你只能歌颂自我，你只能描绘自我，你必须成为你的过去、环境和遗传基因塑造的你。不论好坏，你必须培育你的自我花园……我们不用模仿别人，让我们找到自己，并做自己吧。"[42]

在《人性的优点》中，卡内基将关于自尊的建议总结成一种治愈系体系，名为"就在今天"，旨在缓解他人导向人群的焦虑，逐步实现个人的平静和幸福：

1. 就在今天，我会幸福……幸福来自内心；它无关外部因素；

2. 就在今天，我会尝试按照真正的自我调整自己，不再根据我的欲望调整一切，我会心平气和地对待家人、工作和好运气，并适应他们；

3. 就在今天，我会爱惜自己的身体，我会进行锻炼，照料它、滋养它……

4. 就在今天，我会让自己的精神变得强大，我会学习一些有用的东西……

5. 就在今天，我会从以下三个方面训练我的心灵：我将帮助某人做些事……（并且）至少做两件自己不愿意做的事情，就像威廉·詹姆斯说的那样，将其当作是训练；

6. 就在今天，我会接受一切，我……不会批评别人，也不会挑任何人毛病，更不会试图控制或改变任何人。

7. 就在今天，我会尝试安然度过一天的时间，不会试图在一朝一夕解决生活中的所有问题……

8. 就在今天，我会制订一个计划……我可能不会完全按照这个计划做，但是我有了计划，它将消灭两种害虫：鲁莽和犹豫；

9. 就在今天，我会每天独自安静地待上半小时放松，在这半小时中，有时候我会感谢上帝，以此获得一些生活中的洞见；

10. 就在今天，我会勇敢，尤其是不会害怕变得幸福，不怕享受美丽的东西，不害怕去爱，也不害怕相信那些我爱的人和爱我的人们。

在美国文化中，它成为未来涌现的多个版本的 12 步规划提供了原型，每一步都旨在获得自尊。[43]

因此，卡内基的《人性的弱点》把握住了 20 世纪 30 年代的美国文化脉搏，当时人们迫切地寻找一种方法，能够在现代的科层制生活中取得成功。而《人性的优点》采用了同样的方式，讲述了当时人们的忧虑，战后的美国人虽然物质富裕但却存在心理问题。他的第一本书是值得信赖的成功学指南，帮人们应对时代的经济匮乏和过时的成功学。他的第二本书提出了一种令人慰藉的治愈方式，帮人们治愈了由经济富足带来的意外伤痛。

17 热情是最受人喜欢的品质

　　随着戴尔·卡内基步入20世纪50年代，他有充分的理由享受幸福生活。如今他年过六旬，这位受人爱戴的教师兼作家由于公众给予的深情厚爱而身负盛名。他前往全国各地做励志演讲，同时讲授著名的卡内基课程，后者为前者带来数不清的演讲邀约，而前者也为后者吸引了众多喜欢他的学生。他的名人地位给生活带来了改变。妻子多萝西说："因为他的照片出现在书报上，所以当他走在街上时，人们会认出他来。"卡内基清晰地描述了公众的关注和尊重。然而，他以一种自嘲的方式说明了自己受欢迎的程度。他经常开玩笑说："既然克拉克·盖博都成名了，那么我的大耳朵也能成为时尚。"[1]

　　此外，卡内基的个人生活也非常美满。自从在20世纪40年代中期娶了一位聪明、漂亮并强势的年轻女士，并在森林山建立了幸福的家庭，他享受着稳定、舒适的家庭生活。由于年事渐长，他开始减少教学、写作和公共演讲活动；同时，妻子多萝西开始在卡内基合伙公司扮演着日益重要的角色，尤其是商业方面。卡内基在工作上花的时间比之前要少一些，无论是在公司还是在家中，他都处于一种半退休状态。后来，一件大事打破了生活的平静。在63岁时，他有了自己的女儿，这让他的生活充满了意外的惊喜。

　　然而，虽然他在20世纪50年代初期处于名誉巅峰，但是卡内基开始出现健康问题。他有过几次古怪的行为之后，家人和朋友逐渐明显地意识到这位受人喜爱的公共人物得了某种疾病。这种令人费解的疾病引发了精神和身体的退化，到了50年代中期，卡内基的健康状况急转直下。但是在此之前，他的精神遗产已经深深融入美国文化之中。

　　随着卡内基谨慎地步入20世纪50年代，他的工作迎来了大片喝彩和赞扬之声。他被誉为这个时代最著名的美国人之一，请他做励志演讲的邀约如潮水般涌来。在一份报纸的长篇人物介绍中，卡内基是"到处争抢、邀约不断的演讲家"。他在全国各地参加活动，演讲时不用写稿，甚至不用任何提示，而是依赖自己标志性的"6×8"卡片。一次，卡内基在明尼阿波利斯州演讲结束后，有位观众上前想要跟他握手，他注意到讲台上放着五六张这样的卡片，每张卡片上都只印着一个单词。这位观众说，卡内基"说自己有许多这样的卡片，他只挑出几张自己需要的，用来做演讲的提示。因为他能娴熟地使用趣闻逸事，觉得不需要详细列出提纲，也能表达清楚自己的观点"。[2]

卡内基的演讲内容通常来自自己的畅销书，要么是与第一本书中的赢得朋友与寻求成功有关，要么与第二本书中的消除忧虑并寻求心灵的平静有关。但是，他的魅力与吸引力关键源于其演讲风格，而并非内容。经历过多年讲台的磨练后，他那低沉的对话方式吸引了听众持久的注意力。有人曾说："人们感到是一位活生生的人在对他们演讲，他显示出真我本色。他充满幽默、平易近人、举止优雅但一点也不古板，他是值得你信任的人。"卡内基的演讲活泼生动，带有一种对生活的热情。他一直充满激情地出现在台上，用中西部口音、自嘲式的幽默、独具特色的风格和对生命多种可能性的赞美赢得了大批观众。[3]

卡内基曾做过许多令人难忘的演讲。在《人性的优点》出版后的几个月，一个波士顿商人团体邀请他到当地神圣的"交响乐大厅"发表演讲。该团体的主席是卡内基课程在新英格兰东部的加盟商麦克金农，他策划了本次活动。卡内基的演讲持续了一小时，观众反响强烈，演讲结束后全体起立鼓掌，给卡内基留下了深刻的印象，他同意休息15分钟后再回来回答观众的问题。期间，没有一个人离场，这位演讲家又花了一个小时的时间答疑。麦克金农说道："我曾邀请过许多著名人士登上这个舞台。那晚，他与我们分享的东西——他的热情、对观众的兴趣和对人们的深刻了解——在我40年的会议组织生涯中，从未被人超越过。"[4]

几年后，在卡内基课程的年度大会上，电台名人保罗·哈维做了年终总结宴会的开场演讲。他的演讲充满活力，以至于很多人都担心卡内基无法与之媲美。但是卡内基一如既往，当面对观众时，他脸上带着微笑，并且赞扬道："他如此热情洋溢并喜爱自己所讲的东西，难道这样的人还不能算是演讲家的榜样吗？"他先充分赞美了哈维的演讲，然后又给出了自己的评论。有位听众指出："因为戴尔如此真诚地赞美保罗，所以我明白了卡内基是多么自信，他根本不用担心被那位充满活力的演讲人超越。"等卡内基的演讲结束时，这位听众已经将哈维忘得一干二净了，用他的话说："我能做的只是对戴尔·卡内基的演讲惊叹不已。他不仅赞美了哈维的演讲，而且还让我发自肺腑地赞赏他的伟大。他又成功又有名，但却如此谦虚。"[5]

但是，教学依然是卡内基最喜欢的工作，他继续在卡内基课程中扮演着重要的角色——到全国各地的课堂中听课，指导并启发学生，督导讲师，将自己的自信与成功的思想传递给每个人。多萝西说："他真正喜欢的工作还是教学，他宁愿拒绝一份酬劳很高的邀约，也不会错过教学工作。他出类拔萃，他与人相处的方式很神奇，我从未见过这样奇妙的事情。当人们演讲的时候，他们就会魅力四射，他帮助这些人充分挖掘自己的潜力，他颇具启发性……他有教学的天赋，他无与伦比。"[6]

学生也赞叹卡内基的教学技巧。理查德·斯多姆斯特德后来成为卡内基课程的一位讲师。在20世纪50年代初，他曾目睹卡内基在堪萨斯市贝勒里夫酒店为结业学员所做的关于人际关系的演讲。这位课程创始人的"真我"本色及其自然流露的幽默感令斯多姆斯特德印象深刻。还有一位名叫弗莱德·怀特的学生曾参加了1952年的课程，他发现卡内基"出类拔萃、为人亲切但非常坚定。他评论、指导并再次评论，一直教育并启发着学生。如果说卡内基先生的'轻声细语'中带有真诚和热情，那还是对他轻描淡写了"。1950年7月，在纽约召开的为期几周的教师培训课程上，卡内基也多次对他人表现出关怀。有些学员的家距离上课地点不远，周末可以回家，卡内基则每周末都会带着不能回家的人一起共用午餐，然后去百老汇看戏。[7]

在进行督导工作时，卡内基总是认真监督着课程，以确保教学质量能达到自己的标准。1952年，当听闻有些讲师在某些培训课程上耍花招时，他给课程经理写了一份语气严厉的内部通知。他说："我们的主要工作是要帮助教师，让他们教会学生树立起勇气和信心，并与人更好地交往。如果我们花更少的时间耍'花招'，用更多的时间启发鼓励我们的讲师，那么我们会对那些寻求勇气、自信和领导能力的普通人更有帮助。我强烈要求，学院要在讲师学校、进修课程、员工大会中一而再、再而三地强调这一点，而且要每天这样提醒自己。"[8]

卡内基与全国的多位课程加盟商都保持着密切的联系。他的好朋友比尔·斯多沃拥有卡内基课程在华盛顿特区的经销权，此人曾于1953年拜访过卡内基位于密苏里的农场。他回忆说，卡内基去那里"是为了逃离压力，并找回儿时的记忆"。那时，卡内基正准备出国旅行，当他"得知我正患有喉癌时，就反复鼓励我同他一起去旅行，以便可以得到更好的休养"。斯多沃被深深地感动了。当卡内基主动提出要支付旅行的费用时，斯多沃更是感动得无以复加。[9]

实际上，卡内基的事业如此成功，以至于公司需要增加办公设施。随着课程几乎遍及美国所有大城市，也随着地区加盟商的日益增多、公司业务剧增，公司已经无法满足仅在卡内基位于森林山的家中运营了。因此在1953年2月27日，戴尔·卡内基有效演讲及人际关系研究院在纽约西55大街22号设立了新的总部。卡内基连同多萝西和其他课程经理一起，出席了开业典礼。庆祝活动由马里兰州长·麦克凯尔丁主持，在1952年提名艾森豪威尔为总统的共和党大会上，他曾做了一次激动人心的演讲，并因此闻名全美。作为一名卡内基课程的毕业生，麦克凯尔丁经常表示，他在那里学到的东西促使自己在政界获得了成功。[10]

尽管拥有这些成就，年事渐长的卡内基还是在20世纪50年代早期减少了很多公共活动。他所接受的邀请越来越少，演讲的时候，也乐于使用少量之前的演讲稿。然而，卡内基却经常出现在某个教堂的讲台上，他的老朋友诺曼·文森特·皮尔担任这里的牧师。纽约的牧师同意非神职人员能偶尔在礼拜日仪式上演讲，因此皮尔邀请卡内基到自己所在的大理石教堂的集会上发表演说。皮尔坐在卡内基身旁，聆听老朋友感情充沛的讲话。卡内基谈起年轻时的贫困及母亲的信仰带来的力量。卡内基说："当家里没有食物时，她很镇定，一点儿也不担心。她平静地说：'上帝会赐给我们食物的。'在这种条件下，她只是在屋子里踱步，唱着有关信仰的古老赞美诗，如《耶稣，我们伟大的朋友》等。"皮尔回忆说："之后他停下来，试图控制住自己的情绪，此时眼泪已经淌下了脸颊，全场鸦雀无声。最后，他依然哽咽着说道：'我的父母既没有给过我金钱，也没有留下可以继承的大笔财富，但是他们给了我更为宝贵的东西，那就是信仰带来的祝福和坚定的性格。'"皮尔认为："那是我曾听到的最打动人心，感情最为充沛的演讲之一。"[11]

因此在工作后期，卡内基拥有诸多荣誉——公众给予的尊重、善意和感激——40年来，他孜孜不倦地教学，并成为世界闻名的成功学作家。他的课程每年都会吸引成千上万的人前来学习，响当当的作家头衔也吸引了众多关注。然而，他继续用各种版本的个人成功事例鼓舞着全美国的普通人。为他人设计的自我完善图景和物质富足的闪耀未来并不仅是幻象。它们是卡内基个人生活的真实写照，描绘了一种令人满足的生活。

当第二本畅销书《人性的优点》于1948年出版之后，卡内基拥有了富足而圆满的家庭生活。他与多萝西舒服地住在位于森林山温道尔路的家中，快乐地享受着多种兴趣爱好。夫妻二人继续到美国西部、加拿大落基山、欧洲等各地区旅游，并偶尔游览自己位于密苏里西部的农场。戴尔于1951年前往意大利，并于1953年前往日本。两人都喜欢到剧院看戏、在高级餐厅享用美食、在家里为朋友举办小型的晚餐聚会，还喜欢读书，家里因此摆满了书籍。在聚会时，别人唱歌的时候，多萝西经常用钢琴为他们伴奏——戴尔经常充满热情地唱上一曲，他尤其喜欢《收禾捆回家》等古老的赞美诗。两人的婚姻非常美满，给予对方爱与尊重。然而，他们也在某些方面存在着分歧。戴尔喜欢囤积东西，而多萝西习惯整洁高效。只要有机会，她就喜欢重新布置房子，而卡内基喜欢家里的东西摆放在固定的位置。他喜欢传统、厚重的木质家具，而多萝西喜欢时髦的现代风格。但是，戴尔与多萝西都坚持己见。一次，有位熟人送给戴尔一条很大的海鱼，戴尔将其带回家，并希望拿它当周末的食材。鱼的气味太大了，以至于多萝西让戴尔把它放在外面的木箱子里。然而，当他们上床后，卡内基一直等着，看着妻子似乎睡着了，马上偷偷地溜出去，将鱼放进了冰箱里。但是多萝西听到了动静，她也等到丈夫入睡后，又蹑手蹑脚地下床，将鱼放到了外面。二人如此持续了一个晚上。到了早晨，多萝西最后举旗投降，二人都因为认识到对方的固执而哈哈大笑起来。[12]

由于卡内基缩减了自己的工作，他便有了时间可以偶尔涉足公共事务。1953年，他与来自纽约的美国参议员赫伯特·莱曼经常通信。卡内基读了约翰·弗林的著作《前方的路：美国的缓慢革命》（1949），该书声称美国如同几十年前的英国一样，不知不觉地在向社会主义发展。卡内基认为此书是"西方历史上最为重要的著作之一"，并节选了一部分刊登在《读者文摘》上。一周后，他收到了来自莱曼的一封打印的套用信函，感谢卡内基所做的工作。卡内基大为恼火，并在回信中说自己能够理解莱曼没时间亲自回复所有的来信，但是这个问题却值得后者关注，因为美国正由于过度的政府赤字而处在破产的危险之中。他写道："在我看来，我们现在的财政计划就像吉尔伯特和沙利文一样。举个例子，拿农民来说，我自然是同情他们的，我的父母毕生都生活在密苏里的农场中，我本人也在密苏里拥有自己的农场，距离哈利·杜鲁门曾劳作过的农场仅四英里远。但是，政府支付农民每35.42升1.86美元的种植土豆补贴，然后再烧了它们，这种想法是让人无法理解的。"一周后，该参议员回了信，向卡内基保证自己反对政府财政浪费，并仅支持那些"他认为对国家的卫生、福利和安全来说必不可少的财政支出"。[13]

与此同时，多萝西的女儿罗斯玛丽也入读了怀俄明大学，为家庭增加了新成员。1952年，她与活泼迷人的同学奥利弗·克罗姆订婚了。那年圣诞节，罗斯玛丽将小伙子领回家，卡内基以其招牌式的亲切方式问候了他。克罗姆正通过学习想取得共同基金销售的资格，这位未来岳父马上对此产生了浓厚兴趣。克罗姆向他介绍了自己的公司及其良好的信用，并表示自己的事业拥有乐观的前景。但他没有将这个话题持续下去，因为他觉得卡内基只是礼貌性地跟他聊起这些。然而第二天，卡内基说："有没有我们需要填写的文件？"克罗姆略带迷茫地给出了答复，这位老者说道："如果我要进行投资，那么我们是不是要先写一些表格？"克罗莫依然摸不着头脑，于是回答说得等到 1 月才能拿到销售许可。卡内基笑着说道："好吧，那么我们就约好 1 月签署文件怎么样？"此时紧张的克罗姆说自己还拿不准填写表格的相关事项，这位老者耐心地微笑着说："好吧，也许我们两个一起合作就能敲定这件事！"因此，经过些许暗示后，戴尔·卡内基成为克罗姆的第一个共同基金的买主，帮助后者开始了自己的事业，并在多年后成为戴尔·卡内基合伙公司的总裁。[14]

卡内基享受着舒适的家庭生活，将其大部分精力投入到料理花园中。多年来他一直有这项爱好，但是如今，由于他已年过 60，工作相对轻松了许多，因此他对此产生了更大的热情。特别让他引以为傲的是那些石板路，上面嵌着来自怀俄明的恐龙脚印和化石碎片，如今在很多植物和灌木中颇引人注目。卡内基聘请了著名的园艺师帕特里克·麦肯纳，后者在住宅的后部设计了一个壮观的郁金香花丛。它有 9 英尺宽，50 英尺长，不同颜色的郁金香花束中点缀着如苏格兰圆叶风铃草、楼斗草和针芒菖蒲等常绿植物，旁边装饰着蔓性月季的雪松围栏。后来在 1952 年，他在离家不远处买了一块空地，并依然在麦肯纳的帮助下修建了一个更大的带围栏的花园。周围是一圈密密丛丛的灌木，格子上面攀爬着蔷薇花和葡萄，弯曲地分布着玫瑰花、一年生植物和四季开花的植物，中间的池塘中养着睡莲和金鱼。花园深处有个凸起的砖石阳台，上面摆着一张桌子和几把长椅，有人看见过"卡内基先生坐在那里沉思，欣赏他心爱的多姿多彩的花园美景"。[15]

1955 年，卡内基富有特色的花园甚至还吸引了《美国家庭》杂志来到温道尔路采访。文章中描写了花园的布局，解释了设计者的意图，刊登了几张照片，并用相当长的篇幅讲述了卡内基对园艺的爱好。卡内基说，当自己还是密苏里的农场男孩时，就爱上了花草。他回忆道："我母亲就是个园艺爱好者，我一定是继承了她的爱好……从母亲那里，我知道种子、球茎和灌木会长成美丽的鲜花——郁金香和水仙、剑兰、大丽花、鱼尾菊、玫瑰、丁香和蜀葵。我一直对蜀葵情有独钟，可能是因为它们带有农场的乡土特色，让我想起自己的童年。"他承认自己只要在花圃中发现种子，就会停下把种子收集起来。[16]

但很显然，园艺并非只带来儿时的记忆和提供一种美的享受。在卡内基的个人生活中，它还具有治疗作用。他的秘书玛丽琳·伯克透露说，当自己的老板感觉疲劳或紧张时，"他会从办公室消失，溜到花园里，坐在那，捡些种子，看着花丛，把手指伸到泥土中，这样待上几个小时。这似乎一直会让他放松，并让他恢复充沛的精力"。卡内基"亲身验证了他所讲授的哲学思想——这种平静的哲学中含有力量和决心，忽略或摆脱了无关紧要的东西和他力所不能及的事，让自己站在他人的立场上并发现对方的优点，对自己所做的事情充满信仰和信心，并满怀激情。虽然他没有意识到，但是我愿意这样想，他花园中的植物和花草正以一种微妙的方式，用这种哲学把他变得更强大"。[17]

然而，卡内基对园艺的热情逐渐减退了，这因为长久以来一种更为严肃的责任让其生活和精神都陷入了短暂的混乱之中。自1944年结婚，他与多萝西多年来一直想生育一个孩子，但却没有成功。因此他们试图领养一个婴儿，但是却由于二人年事已高而被拒绝，这对夫妻勉强接受了这一现状。在1947年给洛威尔·托马斯的一封信中，卡内基祝贺这位老朋友喜得贵子，但却悲哀地补充说："我常常想自己是否错过了生命中最重要的东西：孩子。"[18]

但是，让夫妻二人意外的是，多萝西于1951年怀孕了。戴尔对这意外的恩赐非常激动，有时甚至欣喜若狂。妻子担心由于年龄的关系很难保住胎儿，因此他们尽最大可能对外保密。但是刚确认怀孕的几天后，多萝西就惊讶地发现他们教堂的牧师出现在位于温道尔路27号的家中，手里捧着鲜花并祝贺这个好消息。她马上意识到戴尔没能保守秘密。实际上，这位准父亲几乎将怀孕的消息告诉了所有的朋友（甚至是泛泛之交）。多萝西原谅了戴尔，但是当他没有征得自己同意就将此消息对公众公布时，她惊愕不已。1951年9月，卡内基前往意大利完成计划已久的旅行，在罗马接受采访时，他公开宣布孩子即将出世的消息："作家兼演讲家戴尔·卡内基今天透露，他将要在63岁喜得贵子。《人性的弱点》作者卡内基说，自己的妻子的预产期是12月。"在他10月回家之前，这一消息很快传遍全球，并出现在成百上千家报纸上。[19]

到了秋天，虽然焦虑的卡内基忙着完成各种演讲邀约，但是他的心却不在这里。在自己生日11月28日那天，卡内基匆忙地赶往堪萨斯市发表一个关于人际关系的演讲。当地的卡内基课程加盟商说："我记得他非常兴奋。那天是他的生日，他焦急地赶回家，因为第二天是他第一个孩子的预产期。"预产期稍微推迟了一段时间。1951年12月11日，唐娜·戴尔·卡内基出生了。她的父亲高兴得有点不知所措。他马上打电话给罗斯玛丽，告诉她这一消息，但是却紧张地想不起女儿的身高或体重等细节了。[20]

戴尔成了世界上最得意的父亲。当收到来自洛威尔·托马斯的祝贺消息后，他开心地描述了"来到我们家的小天使"，并接着开玩笑说："你是对的，汤米。未来15年中，我想每年生一个。"与此同时，父亲的责任让他有些手足无措。63岁的他没有任何照顾婴儿的经验，面对孩子哭叫、换尿布、喂奶和打嗝，卡内基常常手忙脚乱。唐娜·戴尔出生几个月后，他会突然停下手中的日常工作说道："你能相信这所房子里有个小婴儿吗？"他的行为中夹杂着欣喜、惊奇和充满紧张的关爱，妻子顽皮地描述说："你认为在人类历史上只有你才有孩子吧。"[21]

1953年，戴尔和多萝西·卡内基与女儿唐娜的合影

随着唐娜·戴尔从婴儿长成一个蹒跚学步的孩子，卡内基也变成一位溺爱孩子的父亲。他宠爱着唐娜，自从他处于半退休状态以及多萝西进入公司领导层后，卡内基成为一位家庭主夫。他承担着照顾唐娜的主要责任，每天会花很多时间跟她在房子里和后院玩耍，或者用婴儿车推着她（或者稍后领着她走）到离家不远的美丽花园去。每次罗斯玛丽从大学回家时，都会看见他们父女二人，她说："他喜欢用小车推着唐娜到花园去，他喜欢每天下午在那里工作，就是为了能跟她相处。他发现唐娜非常讨人喜欢，每天早晨，他会抱着她下楼，指着关于牛和亚伯拉罕·林肯的图片。当唐娜说'流'的时候，他知道女儿会说话了。"然后，他会咯咯笑，并宣布自己的宝贝女儿知道了林肯先生与牛的区别。[22]

某个周日下午，两位年长的绅士带着他们的小狗前来拜访，他们是多萝西所在社团的成员。戴尔热情地欢迎他们，但之后却让他们把狗拴在后院，免得给唐娜带来任何危险。虽然多萝西感到受到了伤害，但是丈夫却丝毫没有让步的样子。然而，戴尔却一直用自己强烈的父爱过度保护着女儿：第一次将她放在小马背上；教她照料花园；送给她一只温顺的小猎犬，名叫"博迪"。夏天，他还高兴地带她去密苏里农场，用他的话说，他希望唐娜能"学着爱护小牛、小猪和小鸡，爱上画眉鸟和北美鹩的歌声"。几年后，唐娜回忆蹒跚的自己与父亲在一起的时光时说道："坐在他的膝上，吃光了盘子里的火腿，在花园里挖种子……跟他一起散步，一起去办公室，将锦龟带回密苏里农场，然后将它们放在院子里。"[23]

唐娜出生几周后发生的一件事也能证明卡内基对女儿的深厚感情。1952年1月，卡内基开始构思一本自传式回忆录，名为《给女儿的信》，接下来几年的时间，他会偶尔花时间在这上面。该书开篇就表达出自己初为人父后的精神状态。他写道："致我的宝贝女儿唐娜·戴尔·卡内基。在我写下这句话的时候，你才来到这个世界50天，我却已经生活了63年了。但是我却吃惊地发现，现在的我并不比23岁的我经历得多。但是，我确实知道一点：我爱你。因此，我给你我童年的经历。也许到了2000年，当你49岁时，你可能会对你老父亲年轻时做的事情感兴趣。"[24]

卡内基的体力和精神情况大不如前，于是能有更多的时间待在家中，陪伴宝贝女儿唐娜

很显然，戴尔·卡内基深爱着唐娜·戴尔，她的降生为卡内基的晚年生活带来了意外的心理满足。他几乎把女儿的出世看作是奇迹，并试图尽可能地给她最幸福的生活。与此同时，这种极度的幸福又因为琳达·戴尔·奥芬巴赫及其母亲弗丽达的存在而变得复杂，弗丽达现在徘徊在卡内基平静家庭生活的边缘，这种情况一直出现在他的情感世界中。她们依然秘密地接受着卡内基的关心、支持和爱。

卡内基享受着在森林山温道尔路的家庭生活，与此同时，他也小心地与纽黑文的奥芬巴赫一家保持着联系。1950年左右，虽然多萝西禁止琳达来卡内基家拜访，但是丈夫却在未来的岁月中避开了这一命令。他定期给琳达写信，只要有机会就安排她来纽约见面，并用电话或书信与弗丽达保持着联系，偶尔还会到她家去。面对这种危险局面，一方面，他巧妙地使用策略维持着与多萝西及唐娜的家庭幸福；另一方面，他同时也关爱着琳达和弗丽达。在20世纪50年代早期，他一直设法维持这种微妙的平衡。

卡内基对琳达在学校的巨大成就感到无比骄傲。作为一个异常聪明的女孩，她的学习出类拔萃，只要有机会，卡内基就会称赞琳达。1950年11月，他写道："我亲爱的琳达，听到你的平均分高达94分，我感到非常高兴。我记得自己不曾取得这样的好成绩，我为你感到无比自豪。"1954年，当听闻琳达从所在年级的700人中脱颖而出，被评为优秀学生时，他称赞说："我想要跑到大街上，拦住每个我碰到的陌生人，对他们说：'你听说了这个令人兴奋的好消息了吗?'"卡内基还为琳达的音乐才华而感到高兴,他写道:"你在练习拉赫玛尼诺夫C小调前奏曲吗?我是多么羡慕你啊,我多希望自己在大学时学习了音乐,但那时我似乎没有重视它……我没时间花在音乐上,我现在后悔了。"[25]

跟之前一样,卡内基继续送给这位"侄女"数不清的礼物。然而,现在琳达已经长大了,更难找到适合她的礼物。他承认:"我很难相信你已经16岁了……我真希望你还是个小女孩。"从某种程度上,他伤心地说:"请跟我说说你愿意分享的青涩恋爱故事。"卡内基最终得到了秘书玛丽琳·伯克的帮助,后者写信给琳达说自己的老板会"送给你几本路易莎·梅·奥尔科特的书,如《小妇人》、《小男人》、《她的名字叫"玫瑰"》、《玫瑰的故事》、《乔的男孩们》……这些是我十二三岁时最喜欢的书,我曾读过一遍又一遍,如今书架上还有这些书"。[26]

卡内基还一直向琳达发出邀请,让她来纽约和自己参加各种活动。她接受了一部分,偶尔还带着弟弟来参加。他于1950年写道:"你和拉塞尔能跟我一起观看竞技表演,我衷心地感到高兴。春天的时候,我们会去看马戏。"一次,当听闻琳达自圣诞节到新年会放假时,他说道:"我猜你愿意来纽约观看演出,还可以逛街买点东西。我非常乐意陪伴你一天。"琳达经常在一个值得卡内基纪念的特殊日子里来拜访他:她的生日。1954年,他由于公司大会而被迫取消琳达的纽约之行,他恳求道:"请告诉我你什么时候能过来,你干吗不来纽约庆祝自己7月8日的生日呢?"为了赶上电影《荣华富贵》的午场演出,他问道:"你能在10日周六那天或14日周三那天到纽约吗?无法在你的生日前后庆祝,我感到非常伤心,但是今年命运捉弄人。"[27]

如今,琳达长成一位少女,她更不愿意来拜访卡内基了。她逐渐意识到这位名人与母亲、父亲和自己之间奇怪、复杂、神秘的关系,并对卡内基给予自己的众多关注心生疑惑。这段时间,琳达尖锐地询问母亲卡内基如此关爱自己的原因,弗丽达没有给出直接答复。此外,女孩逐渐对纽约之行表现出厌倦和懊恼。作为一个对社交生活的细节异常敏感的少女来说,她察觉到虽然卡内基试图取悦自己,但是他却从未真正尝试将她当作一个真正的人来对待。虽然琳达喜欢这位不同凡响的老人,但用她自己的话说,他"有点像个骗子,像个表演大师,但却从来没有与我真诚、真正地沟通过"。[28]

卡内基没有察觉到琳达的感受——或是将其归结为青少年的叛逆——他依然挂念着这个女孩。在给琳达的信中,玛丽琳·伯克向她承诺:"你会在周末见到你的戴尔叔叔。"卡内基在一封信中提及,他收到了杜鲁门总统亲笔写的一张便条,并说:"等到见面时,我会拿给你看,我希望不用等太久……向你迷人的母亲和你聪明的父亲问好。"信中随口对琳达说的话也显示出卡内基与弗丽达保持着稳定的联系。例如,1954 年,他称赞了她出色的学习成绩,并提及"当收到你母亲寄来的信时",他得知了琳达的最新进展。他说她是个可爱又招人喜欢的女孩,并问道:"我怎么知道的呢?因为你母亲告诉我的。"每当他安排琳达的纽约之行时,他会对她还没确定的空闲时间发表看法,说道:"你母亲告诉我你可能会放假。"[29]

有好几次,卡内基在信中明确表示,多萝西并不知晓他与琳达及弗丽达保持着联系。在 1954 年的一封信中,他谨慎地叮嘱小女孩使用一个特殊的电话号码:"如果你给我打电话,请拨打位于 8-4000 大道的这个号码。"弗丽达也是如此,卡内基告诉琳达:"请告诉你母亲,如果下次她来纽约购物,让她拨打位于 8-4000 大道的号码。"他还特别叮嘱了寄信地址,告诉琳达:"请马上给我写信,寄至纽约市阿什坎街 155 号。"这个地址位于皇后区,距离卡内基家一英里远,他在那里的朋友家二楼设立了一个办公室。[30]

虽然卡内基的家人对此毫不知情,但是他的几个朋友知道他与琳达和弗丽达·奥芬巴赫还保持着联系。1950 年,秘书玛丽琳·伯克在给琳达的信中说:"你的戴尔叔叔说起很多关于你的事,以至于我感觉自己似乎已经认识你了。我希望有一天能幸运地见到你这个出色的小女孩。我相信你一向品性优秀,至少我从你的戴尔叔叔那里听到的是这样。"1955 年,霍默·克洛伊收到了一封来自伊萨多·奥芬巴赫的信,以一种熟悉并带有玩笑的口吻回复了来信。奥芬巴赫说琳达从高中毕业,开始上大学了。克洛伊回复说:"我不敢相信她(琳达)现在去瓦萨尔学院读书了。弗丽达·博科还好吧?我记不得她婚后的名字了,她被大家称为病人的美妻。"[31]

1955 年 6 月让人难以忘怀,此时琳达从高中毕业了。卡内基充满了自豪,表现得很激动。他说自己在《纽黑文文摘》的一份剪报上读到琳达的卓越成就,毫无疑问,消息来自弗丽达。该文章列出了她的诸多荣誉,有"希尔豪斯高中优秀毕业生、四年度的优秀学生、毕业典礼学生发言代表、学生会财政主管、《哨兵》的新闻编辑",她还参加了拉丁语社、辩论社和法语社等许多社团活动。这篇文章说琳达"会升入瓦萨尔学院"。卡内基写信给这个女孩,热情地向她保证,她已经"进驻了我的心房。坦白地讲,每当我读到关于你的任何成就时,我都需要屏住呼吸。你值得别人为你自豪,为如此出色的成绩而骄傲"。之后在6月15日毕业典礼那天，他给琳达家发了一封电报："我为你在学校取得的优异成绩感到骄傲，我希望自己能今天出席你的毕业典礼，我相信你会在今晚发表出色的演讲。祝福你并永远爱你，戴尔叔叔。"[32]

卡内基谨慎地掩饰着自己与琳达和弗丽达·奥芬巴赫的关系，这构成了卡内基生活中重要的一部分，即便是在他与多萝西结婚并有了女儿唐娜·戴尔后依然如此。但是到了20世纪50年代早期，困境缓慢地笼罩了一切——他与家人和朋友的交往，他的工作，甚至是他的个性和能力。这种疾病无声无息地削弱了他的才能和判断力，将这位著名的作家兼教师推到了不可改变的衰退之路上。

问题始于小事。在唐娜出生后不久，她的父亲开始出现记忆减退，混淆普通小事和日常事务。当挑剔的卡内基回到家，却发现自己将一件昂贵的新外套落在地铁上，这是他开始出现的症状之一。面对多萝西的询问时，他没有感到不安，而是开始显得对此事毫不知情，然后说这无关紧要。妻子发现他的行为非常奇怪，"因为戴尔通常会早在一个月前就开始去寻找那件外套了"。接着，她注意到丈夫打电话也开始困难了，即便前一刻刚看完电话号码，还是会搞混，而后变得受挫并心烦。同事注意到，卡内基偶尔在教学或管理事务上出现混乱，还记不住别人的名字和约会。每天照看心爱的女儿甚至更成问题，每当他带着蹒跚学步的女儿走向离家不远的花园时，他会忘了女儿的存在，然后独自回家。多萝西会委婉地责备他——"戴尔，你不能扔下唐娜一个人，她可能会淹死在鱼塘中的！"——他们会冲到街上找女儿。最终，他们只能填平池塘，在上面种上一些玫瑰花，从而避免意外发生。[33]

健忘也开始影响卡内基的公共演讲活动。一位助手描述了在堪萨斯威奇托的一幕，当时卡内基在给当地卡内基课程的毕业生们做演讲，有些人开车200英里来聆听这位著名的演讲家讲话。当地的加盟商说："他迟到了半个小时，等到了却找不到自己的提词卡片了。"过了很久，他终于在自己外套的兜里找到了卡片，但主持人却将这称为"一次难以忘怀的灾难"。还有一次，卡内基用惯常的自信方式在洛杉矶开始了演讲："我创办了自己的这门课程……"但是之后他却停下来，尴尬地沉默了一会儿后，继续说："我想那是在1912年。"多年来，他曾背诵过成百上千次创办课程的日期，如今却卡在这里，这显得很奇怪。随着此类情况逐渐增多，多萝西不得不开始帮助丈夫处理这些问题。她协助卡内基将演讲提炼为四种常备主题——"激情"、"公共演讲"、"避免忧虑"和"人际关系"——他能娴熟地处理这四个主题，因此避免了更多的口误,并依然还是"大家认识的那个戴尔·卡内基"。[34]

记者们也开始注意到这一变化。多年来,卡内基都是公共关系大师,能与媒体良好沟通,他依然在访谈中迸发出乡土气的智慧和自嘲式的魅力。但是如今这些都消失不见了。一位《堪萨斯城明星报》记者说,卡内基有时在采访中表现得稍微缺乏条理,"并用一种低沉而羞怯的语调为我们讲述他的故事"。在《美国家庭》杂志对卡内基的园艺活动进行访谈时,他精力充沛地带着记者参观各种花床及植物的布置,之后做了详细解释。他弯腰向记者展示一块有着复杂斑纹的灰白石头,并介绍说这是"脑珊瑚"。卡内基感慨这名字不同寻常,"有时候我觉得自己的大脑就会变成这样"。[35]

卡内基得了老年痴呆症。当时还无法解释他的健忘,按照多萝西的说法,该症状源于动脉硬化,但是之后随着医学的进步,这种疾病会被确诊。1954年,随着卡内基的健忘与混乱逐步加剧,医生最后告诉多萝西,在某种程度上,他需要有人看护。然而,出于个人及工作原因,家人小心翼翼地封锁着卡内基得病的消息,没有透露给公众。[36]

晚年的卡内基

由于丈夫的病情不断恶化,多萝西挺身而出,负责管理丈夫的公司,并成为他的私人看护。当然,自1944年二人结婚后,她就成为卡内基的左膀右臂了,设计了"多萝西·卡内基女性课程",并在公司及卡内基合伙公司中扮演者重要的角色。1945年,戴尔任命她为公司副总裁。如今,随着丈夫变得日益虚弱,她接过了指挥棒,并负责所有的工作。事实证明,她是个战无不胜的女性。她的女婿奥利弗·布鲁姆说:"多萝西相信任何一位有才华、有智慧、有能力的女性都不应该以身为女性为耻。她认为没有什么能够阻挡自己得到自己想要的东西。她认为自己跟任何一个男人一样,可能甚至比他们还要强。她能走进一间屋子,让硬汉发抖,她太强悍了!"他的外孙女认为多萝西性格泼辣:"在别人还不知道解放的含义之前,她就释放自我了。"[37]

多萝西的经商优势颇具讽刺性。1953年,她出版了一本名为《世界上最伟大的妻子》的书,该书(作者署名为"戴尔·卡内基夫人")赞美了女性作为母亲并完成家务的种种美德。这本书反映了20世纪50年代城郊家庭舒适及稳定的生活,并采用卡内基著名成功学著作的写作模式,它提供了一些诸如"推动丈夫成功的四个法则"、"协助他确定人生目标"、"营造温馨和睦的家庭氛围"和"帮他成为受欢迎的人"等建议。多萝西的核心观点是，一个女人必须帮助丈夫成功，成为其背后的女人，因为丈夫是她的幸福生活和整个家庭的基石。每个妻子或即将成为妻子的人都必须遵守这条法则："如果妻子的工作与丈夫的幸福和最大利益发生了冲突，那么她就要放弃自己的事业。"用她的话说，"女孩们，让我们接受这一现实吧。你家中那个优秀的男人——我家也有一位——维持着你的家庭，你的幸福和孩子们未来的所有机遇。因此，可能是时候你要开始更认真地思考这个问题，即你怎样才能成为他的贤内助。"[38]

20世纪50年代，戴尔和多萝西·卡内基的合影。此时，戴尔开始退居幕后，多萝西逐渐在公司中承担更多的责任

但是，这种自我牺牲式的感性外表下偶尔会流露出一种坚定，并揭示出多萝西·卡内基真实的一面。《美化家居》曾从多萝西的书中节选了一部分，其中她写道，妻子"不能做婚姻中的沉默者，她必须利用自己的头脑——如有必要，还有使用自己强健的身体"。在另一篇文章中，她坚持认为改变自己的丈夫并非难事。她声称："听说过女性的力量吗？你当然听过。女人能表现得足够强大，可以去建立新型学校，去改变一个小镇的政治行政机关，去扫清犯罪和腐败。"几年后，她用一句俏皮话显示出自己的细心和雄心壮志。这位从不说废话的俄克拉荷马州女性告诉一位记者说，虽然运营卡内基公司的呼声并不太高，但是她再也"没有闲工夫坐在那里，无所事事了"。[39]

因此，即便公司的创始人正与严重的疾病做着斗争，但是在其妻子平稳又坚定的领导下，戴尔·卡内基合伙公司没有出现任何动荡。然而到了1955年，卡内基的疾病明显地恶化了。思考能力的丧失逐渐引发了其他疾病。对于一个鲜少生病的人来说，生活变得日益艰难。

1955年6月，诸多演讲邀请信如潮水般涌入戴尔·卡内基的办公室，其中有一份邀约让他异常兴奋。他的母校，即位于密苏里州沃伦斯堡的中央密苏里州立学院决定授予卡内基荣誉文学博士学位，也是该校历史上首次颁发的荣誉学位。学校邀请卡内基参加1955年夏季的毕业典礼，此外，还请他做毕业致辞。他渴望回到曾度过自己青少年时期的那个小镇去，于是回复道："我非常荣幸学校能颁发给我这项荣誉，还邀请我回母校做这个演讲。我希望学生们会喜欢我的演讲，同时我的喜悦会比他们的喜悦要多一倍。"一位同事说，就算这荣誉来自哈佛或牛津，卡内基也不会比这更高兴。[40]

7月29日，卡内基到达中央密苏里州立学院发表演讲，并停留了一天。堪萨斯市的卡内基课程助理哈罗德·阿伯特开车把他从沃伦斯堡送到学校。他同意参加学院的毕业午餐聚会，高兴地同出席活动的校领导、老师和原来的同学们打招呼。《新闻周刊》报道了这次活动，认为该荣誉学位见证了卡内基卓越而富有影响力的职业生涯。文章说："今天，戴尔·卡内基成为具有全球影响力的大人物。继《圣经》被翻译成31种语言之后，《人性的弱点》成为最受欢迎的非虚构类书籍。仅英文版就卖出了500万本。此外，自卡内基课程于1912年创办以来，已经有45万人从有效演讲及人际关系研究院毕业。"[41]

显然，卡内基是冒着某种危险而继续工作的。他的外表明显与几年前大不相同了。如今他雪白的头发又少又稀，体重减轻很多，黑框眼镜让他看起来几乎骨瘦如柴。虽然他依然穿着讲究——在出席沃伦斯堡的活动时，他穿着漂亮的夏季浅色手工西装，戴着领结——但是衣服却松松垮垮地挂在他瘦骨嶙峋的身上。他平常专注的眼睛有时候会显得茫然，总之，他变得虚弱了。有位熟人评论说："噢，见到一个曾经出色又有效率的人如此衰弱，这是多么悲惨的事啊。"有位卡内基的朋友曾透露说，鉴于卡内基每况愈下的健康状况，"只有戴尔对母校的深厚情谊才会促使他再次出现在公众面前"。[42]

更令人震惊的是，卡内基在致辞时朗读了打印稿件。几十年来，他曾教育学生们自然并热情地演讲，用发自肺腑的声音展现他们的个性。早在《公共演讲：给商人的实用教程》（1926）一书中，他就曾建议说："不要读稿子，不要试图背诵你的演讲。如果这样，你的整个演讲会生硬、冰冷、毫无特色并不近人情。"但如今，即便卡内基已经为此演讲准备了几周的时间，但是他仍然记不住演讲提纲和自己评论的观点。因此，他只能照着稿子读了。[43]

首先，卡内基坐在亨德里克斯礼堂的主席台上，此时学院校务委员会主席宣读了一份热情洋溢的介绍：

> 他曾从附近的农场家庭赶来学校上学，他通过自己的努力和决心，从一个害羞又保守的乡下男孩成长为一位出色的演讲人，并赢得了一次又一次的比赛；他战胜困难和逆境，成为知名的公共演讲及应用心理学教师，还是那些领域中闻名世界的作家；他在世界多个地区广受欢迎，造福了成千上万人，曾帮助他们战胜恐惧，挖掘他们内心

的潜力和自信心；他为人类幸福和发展作出了贡献，现在几乎成为一个传奇，并因此被全世界人所熟知；现在，我向大家介绍文学博士戴尔·卡内基。

接着，学校校长乔治·迪莫授予卡内基学位，学院学术委员同时也是领奖人以前的同学霍华德·哈特夫人发表了感言。她说："在我看来，卡内基先生比其他的男毕业生更充分地践行了本校的校训，即'为实践而教'。他对全世界的男性女性一视同仁，让他们对自己充满信心，对未来充满希望，能快乐又自信地与他人交往。"[44]

之后，卡内基起身朗读演讲稿，题目是他最喜欢的话题《激情的价值》。他调动了自己多年来积聚的一些精神力量，宣称激情是通往成功的关键，并引用了弗雷德里克·威廉的话，此人后来成为纽约中央铁路公司总裁，他说："我活得越久，越确定激情是公认的成功秘密……具有二等能力的人如果有热情，那么他们通常会超越一个具有头等能力但却毫无激情的人。"卡内基讲述了一个自己最喜欢的故事，主人公是多年前自己的一个学生，此人演讲时说将木灰扔到院子里，第二天长出了青草，他充满了激情，以至于学生们信以为真。他说："既然激情能让一群表面上看起来聪明的商人相信，仅用木灰就能长出青草；那么，如果以前你说话时只借助了一点常识，那激情岂不是能让你的话产生更好的效果吗？"[45]

1955年7月，也是在戴尔去世前几个月，他骄傲地接受了母校中央密苏里州立学院授予的荣誉学位

然而，卡内基也在一篇轻松的文章中无意说道，激情的力量也有副作用。它可能会被骗子利用。他回忆自己年轻时做推销员的经历，一次他在南达科他州的一个小镇街角偶遇一群人，街头的一位揽客者正充满激情地推销一种产品。这个人声称穿厚底鞋的人会变成秃子，因为他们不能与地面产生良好的电流交换。他的产品是一小块铁板，可以钉在鞋跟上，它会弥补以上缺陷，并防止秃顶。卡内基描述了人们如何争先恐后地购买该产品，然后打趣道："我上了四年大学，所以明白这一观点简直滑稽之极，但是此人如此充满激情，以至于……呃，你能料到我接下来做了什么。看吧，确实如此！"他指了指自己头顶的头发。[46]

在赞美了工作所需要的这一美德之后——"是的,对于一个充满激情的人来说,他的部分工作永远是娱乐,不管这份工作多难多苛刻"——卡内基用治愈式的自我完善来结尾。他说,道格拉斯·麦克阿瑟通过自己的努力成为美国将军,在"二战"期间,他曾带领部队苦战数天,取得了太平洋战争的胜利。他的总部办公室墙上挂着一块匾,书写着其成功的秘诀:"你与自己的信仰一样年轻,与你的怀疑一样苍老;你与你的自信一样年轻,与你的恐惧一样苍老;你与自己的希望一样年轻,与你的绝望一样苍老。岁月也许会为你的皮肤增添皱纹,但是抛弃激情则会让你的心灵刻上皱纹。"[47]

卡内基坐下后,观众爆发出雷鸣般的掌声。《新闻周刊》的记者说:"他用一贯的坚定和激情发表演讲,说话时带有中西部口音。他那自然的肢体语言依然使用得当,演讲内容具有很强的说服力。毫无疑问,若不是出于当时的严肃氛围,观众中就会起哄喊出'好小子'来了。"正是由于珍视自己的故乡,卡内基才选择沃伦斯堡作为最后一次公共演讲的地点。[48]

几个月后,卡内基的身体状况急剧恶化。他出现了带状疱疹等严重症状,这种痛苦的疾病似乎要将卡内基吞噬掉。但是,他慢慢地恢复了一些,多萝西决定带他去百慕大休养,希望阳光和海边的空气能让他找回往日的活力。不久,唐娜·戴尔会回忆"百慕大的夜晚,那儿的沙滩,和父亲坐在前门廊上喝牛奶,在沙滩上野餐"。但事与愿违,卡内基却更加虚弱了,几天后不得不乘坐获得特别许可的飞机回到纽约,住进医院,尿毒症彻底摧垮了他的身体,这是一种由肾衰竭引发的急性疾病。[49]

经过一次不太成功的手术之后,卡内基高烧不退,并因此引发了感染。很显然,此时他生命垂危,多萝西将他带回位于温道尔路的家中。他最好的朋友霍默·克洛伊到病榻前看望了他,并在事后写道:"在最后的时光里,戴尔真的很悲伤。他去世的前九天我去看他时,他都认不出我了,这场高烧对他的打击如此强烈。如果他在手术后没有感染,那么他会战胜一切活下来。但是他日复一日地发着烧,却找不到特效药。太令人伤心了。"1955年11月1日早晨六点十分,卡内基离开了这个世界,此时距他的67岁生日还有三周。[50]

葬礼在位于森林山的花园式教堂中举行。世界各地都送来了慰问和鲜花,克洛伊指出,其中最为显眼的是"一个巨大的花环——来自一个他教过的南非的班级。他们通过电台得知了这一消息,于是全班人将钱寄给纽约的一个花店,由花店代为转送"。在致悼词时,牧师知道卡内基不仅崇拜亚伯拉罕·林肯,他本人还展现出许多"林肯式的品质,如智慧、耐心、宽容、幽默、谦逊和忠诚"。《新闻周刊》、《时代周刊》和《堪萨斯城明星报》及《纽约时代周刊》上都刊登了讣告,这些报纸杂志都指出,卡内基的影响已经由美国扩展到全世界。也许最富有洞察力的文章是来自华盛顿的一份报纸讣告。文章说:"在著作中和课堂上,他试图教会每个普通人如何克服自己的自卑感,教会他们如何演讲。虽然戴尔·卡内基没有解释任何宇宙的深刻奥秘,但是,也许同他那个时代的任何人相比,他为让人们学会如何与他人相处作出了更大的贡献——有时候这似乎是所有人最强烈的需要。"[51]

出于对其个人遗愿及其平实作风的尊重,卡内基的遗体在葬礼后被运往密苏里州本顿的一块小墓地,葬在父母旁边。小块的大理石板上简单地刻着"戴尔·卡内基,1888—1955"。这个朴实的葬礼见证了卡内基的伟大。实际上,他几十年来的教学和写作已经深刻地影响了现代美国文化的发展。在20世纪上半叶,他引领了一场价值观、思想意识、行为方式和道德观念的革命。在卡内基去世多年后,它将以势不可当的力量席卷整个现代生活。

后记　戴尔·卡内基留下的自助成功学遗产

2001年9月23日，那场灾难性的恐怖袭击过去将近两周，它摧毁了世贸中心的双子塔。纽约市民在扬基体育馆举行了悼念活动。成千上万悲痛的市民神色凝重地来到这里，参加此活动的还有数十位美国高官，包括前总统比尔·克林顿和参议员希拉里·克林顿、参议员爱德华·肯尼迪、州长乔治·帕塔基和市长鲁道夫·朱利亚尼等。人们手中挥舞着美国国旗，攥着受害者的照片，泪流满面地听着演讲、歌曲和祷告，悼念美国60年来在最惨绝人寰的袭击中死去的受害者。

集会中，有一点非常值得深思。活动组织者任命了一名美国非洲裔女性脱口秀主持人担任司仪，她就是自助精神导师奥普拉·温弗瑞，她曾用充满感染性和启发性的魅力鼓舞了数百万人，并成为美国最受欢迎的女性。在介绍完演讲者和表演者的名单后，她大声地朗读了题为《为美国祈祷》的文章。她宣称，虽然国家遭到袭击，但是"我们美国人绝不会被击垮，那些故意要分裂我们的人反而促使我们团结起来，我们不会有丝毫地动摇"。然而，从此次袭击中得到的教训也被提升至一个前所未有的新高度。她认为："当你失去心爱的人时，你身边就多了一个自己认识的天使。此时此刻，让我们更加珍爱自己的生命，创造更深刻的意义，了解真正重要的东西。"温弗瑞用一句标志性的话结束了自己的发言，这句话饱含悲怆以及催人奋进的动力："现在，我们所有人一定都明白了生命是多么脆弱、多么偶然，但却多么与众不同，让我们永远牢记这一点。"[1]

这是个难以忘怀的时刻。在这个举国悲痛的时刻，不是政治或宗教领袖站出来发表看法，而是美国现代自助文化的领军人物宽慰着美国人的创伤，并激发了全国人民最强烈的希望。如果此事发生在1941年末的"珍珠港事件"之后，抑或是20世纪60年代约翰·肯尼迪或马丁·路德·金遇刺后，那么似乎会相当滑稽。但在21世纪初，这看起来恰如其分。对于很多美国人来说，自助意识形态包含自尊、个人发展、心理健康和积极思考，它深深扎根在人们的世界观中，为人们提供了一种应对灾难的方法。温弗瑞出色地演绎了这种普遍的世界观。

这次袭击还显示出戴尔·卡内基留下的思想遗产。在20世纪三四十年代，他用《人性的弱点》、《人性的优点》及其广受欢迎的成人教育课程为现代自助文化创立了模板。他将成功、幸福与完善自我的能力联系起来——重视吸引他人的个性，积极思考，凝聚精神力量和人际交往技巧。卡内基宣传了一种观念，即快乐与满足源于个人心中的需要和欲望的实现，而不是压制它们。在他看来，个性取代了性格，对富裕生活的追求取代了道德评价，既包括物质层面，也包括精神层面。卡内基去世后，这场美国文化巨变的范围和意义正日益扩大、加深。

在20世纪中期的美国，卡内基的广泛影响随处可见，表现在众多方面。他的著名课程培养出如沃伦·巴菲特和李·艾柯卡这样的商人，他们都将自己的成功与影响力归结到20世纪50年代参加的卡内基培训。在另一个不同的领域，约翰逊总统和激进分子杰瑞·鲁宾虽然在20世纪60年代的政治巨变中彼此为敌，但却都采纳了卡内基的思想。在1930到1931年间，约翰逊曾在休斯敦做卡内基课程的讲师，这段经历让他刚毅强势的个性得到了进一步完善。而作为青年国际党的激进领袖，同时也是"芝加哥七雄"之一，鲁宾也利用卡内基的《人性的弱点》，帮助自己克服了政治演讲时的恐惧心理。在通俗文化中，卡内基的理论引发了集中滑稽的戏仿——这也是卡内基影响深远的标志之一——引来一片喝彩之声。谢博德·米德的著作《如何轻易取得商业成功》起初是一本畅销书，后来被改编成一部时髦的百老汇音乐剧，以取笑卡内基的成功学方法。同时，极具争议的喜剧演员兰尼·布鲁斯的作品《如何说脏话并影响他人》调侃了这位成功学作家的畅销书，尖刻地批判了中产阶级的社交习俗。[2]

卡内基还推动了现代认知心理学和神经心理学的发展，让更多人了解了相关理论。他强调明辨，还赞赏人类潜在的情感需要及心理过程，从而影响了世纪之交的一些具有影响力又受人欢迎的书籍，如丹尼尔·肯内曼的《思考，快与慢》、丹尼尔·戈尔曼的《情商：它为什么比智商更重要》、丹尼尔·吉尔伯特的《撞上快乐》、卡斯·桑斯坦和理查德·泰勒合著的《助推：事关健康、财富与快乐的最佳选择》和马尔科姆·格拉德维尔的《眨眼之间：不假思索的决断力》。这些书籍以富有变化但相互补充的方式指出，人类的认知过程（而不是合理行为）按照自己朦胧觉察到甚至根本感觉不到的愿望和需求，引领人们在社会之海中航行。与之类似，现代"积极心理学"的拥趸者们也受到卡内基的启发，相关书籍有马丁·塞利格曼的《真实的幸福》和爱德华·迪纳和罗伯特·比斯瓦斯－迪纳的《幸福，解锁心理财富之谜》。这些书籍倡导紧密的社交纽带、心理理解和人际交往的美德，其中包括善良、真诚、感激和爱的能力，它们塑造了通往人类幸福的心理学道路。[3]

然而，在更深远的层面，卡内基引领的治愈性自助文化成为其最伟大的遗产。在20世纪后半叶，一批追随者以各种方式将该文化传播至现代生活的每个角落，并将其融入美国价值观体系中。这场运动彻底摧毁了较为传统的维多利亚式文化残余，即主张自我控制、坚忍又自我依靠的道德观，滋养了一套以寻求个人发展、富足健康和魅力个性为基础的新型价值观。治愈型自助的倡导者采用了治疗心理学疾病的模式，提出生活的核心任务是消除个人伤害并培养自信。他们认为只有控制情感，才能获得幸福。当然，卡内基并不是唯一一个引发这场文化革命的人，其他主要的推动者包括"积极思考"倡导者兼作家诺曼·文森特·皮尔牧师，现代心理学家和社会学家埃尔顿·梅奥，广告人和传记作者布鲁斯·巴顿，婴幼儿护理专家本杰明·斯波克博士。但是，作为受欢迎的成功学作家兼教师，卡内基才是这场变革的领袖、设计师及最伟大的普及者。

在成功文学领域，有几位受人欢迎的作家在卡内基的启发下继续推进这一工作。在成功文学的井喷时期，作家们提倡多种多样的心理学策略，旨在树立自信心、完善个性、积极思考并集中精神力量，从而获得物质财富并提高社会地位。例如，在20世纪60年代，托马斯·哈里斯的《我好，你也好》（1967）横扫各大畅销书排行榜，成为冠军。它倡导一种"相互作用分析"策略，以帮助人们调整自己与他人的关系，并克服心理上的不适。几年后，在《威力无边》（1986）和《唤醒心中的巨人》（1991）等书以及成百上千的专题广告片和研讨会中，托尼·罗宾斯主张采用神经语言学训练或轻度昏迷催眠的方法来重现潜意识，从而消除恐惧，提升自信，获得更多的钱、更完美的生活和更高的人际关系。被誉为"自助女王"的心理学博士苏珊·杰弗斯将《面对恐惧，从容面对》（1987）作为跳板，来实现传播其积极思考和克服羞怯的思想。此类书籍还有乔伊斯·布拉泽斯博士的《如何得到你想要的一切》（1978）、韦恩·德莱尔博士的《你的误区：如何摆脱负面思想并掌握你的生活》（1976）和朗达·拜恩的《秘密》（2006）。他们只是自助导师大部队中的一小部分，善于从心理学角度探讨成功学，赢得了大众的称赞。[4]

还有一类文学也源自卡内基的文化遗产，它认为自尊是现代人幸福与成功的关键。梅洛迪·比帝的《不再依赖：如何停止控制他人并开始关爱自己》（1987）——这本及其畅销的著作开头说道："谨以此书献给我自己。"——鼓励读者克服对他人的"依赖",专注于改善自己的情感生活。约翰·布拉德肖在《回家:找回并捍卫你内心中的孩子》(1990)中主张,人们需要克服儿时的痛苦、冷漠、屈辱或伤痛,从而"复原"并找到自尊。1993 年,杰克·坎菲尔德的《心灵鸡汤》系列首次出版发行,如今已经获得了 200 多项荣誉,卖出 5 亿册,为读者讲述具有启发性的故事。坎菲尔德是"自尊基金会"的负责人,发起过难以计数的"自尊研讨会",并用《心灵鸡汤》系列丛书来培育人们的自尊。实际上,在 20 世纪 90 年代,这种自尊范式的影响如此广泛,以至于《周六夜现场》栏目设计了一段喜剧小品,主演是喜剧演员(如今是美国明尼苏达州参议员)阿尔·弗兰肯,他扮演斯图尔特·司马莱,一个沉迷于治疗型课程的倒霉年轻人。他的生活充满坎坷,但在很多互助团体的鼓励下,依靠对着镜子诵读自己的咒语来面对所有困难:"我非常棒,我非常聪明,而且去他的,人们喜欢我!"[5]

现代宗教逐渐将卡内基的精神特质作为一种治疗方法。1993 年,有篇刊登在《今日基督教》上令人费解的文章指出,一场强大的"治疗型革命"已改变了现代的新教主义:"几乎无人察觉到,基督教心理学已经成为福音派教义的核心。"诺曼·文森特·皮尔当然已经走在该潮流的前列,他先是在自己任职的纽约市教堂中设立了影响广泛的"宗教心理诊所",后来又写了一本名为《积极思考的力量》的畅销书,该书成为此运动的奠基之作。其他牧师紧随其后,包括罗伯特·舒尔,他在南加利福尼亚水晶大教堂中录制电视节目《自尊的神学》和《力量时间》。电视传道者乔尔·欧斯汀,同时也是休斯敦巨大的湖林教堂的牧师,他写了《现在你最好的生活》(2004)。治愈系宗教这座大楼的另一块基石 M. 斯科特·派克,写了广受欢迎的书《鲜少有人走的路》(1988),倡导一种超越教派之争及道德评判的心理学及神学。到了 21 世纪初,肯德拉·克雷塞·迪安在《近似基督徒》(2010)中指出,"道德说教的治愈式自然神论"已成为现代基督教的核心思想。这种含混的精神分析式无神论思想来自于卡内基,它包括一种"美的福音",其中,上帝会作为一种善的力量显现,从而提升信徒的自尊。在很多意义上,它还是一种"繁荣福音"的变体,主张信仰上帝将会带来财富。在这个基督教的现代模式中,评判的标准从原罪转移到了疾病上,因为精神追求被一种包含自助、物质富足和心理健康的治疗型运动所替代。[6]

到了 20 世纪中期,现代教育采纳了很多卡内基的治愈式自助思想。在 20 世纪 60 年代,专家将学生的自我形象与其教育目标联系起来,开始将自尊引入美国课程体系中。在教室里，惩罚、权威和苛刻的标准逐渐被贴上有害的标签，同时增强个性和人际交往被当作成功中不可缺少的部分。学校的管理者坚持认为，学生中"较低的自信"让他们"更易顺从和孤僻，但偶尔也会走向另一个极端，充满攻击性和控制欲"。学生的心理发展被抬高到课程和教学法之上，新的教学模式因此形成。学校逐渐强调课外活动，在活动中，孩子们可以展示自己的能力或优势，抑或是建立学生档案袋等新的评价方式，以鼓励自我表达，并感受到不同的"学习风格"。与此同时，学校鼓励教师强化正确的行为，而不是批评学生的错误，对学生的表现作出积极评价，从而鼓励学生增强自信。在这种进步的、以学生为中心的新型教育模式中，培养学生的自我价值观成为核心的目标。因此在20世纪90年代，某个特殊的加利福尼亚教育研究小组发表了一篇影响广泛的报告，名为《自尊的社会重要性》，该文章认为"缺乏自尊"是很多现代社会及个人问题的根源所在，而应对之法就是依靠以自我肯定为课程核心的教育改革。同年，纽约州学术委员会公布了"课程研究"，该报告认为传统的学校课程伤害了年轻一代的心灵，尤其是女性群体和少数群体，因此，学校需要一种新型文化模式，从而逐步给学生注入"更强的自尊"。[7]

卡内基的思想影响了现代抚养孩子的模式。本杰明·斯波克博士认为其畅销书籍《婴幼儿护理实践指南》将"声音儿科与声音心理学"结合起来，指导父母如何培养孩子的人际交往、社交技能和自然的个性，并为其提供了相应标准。之后几年中，育婴文学抛弃了更传统的观念，即强调学会明辨是非、培养性格并认可承担集体责任的道德观，形成了一种强调情感完善、个性发展和心理健康的治愈系新模式。到了1970年，多萝西·布里格斯在《你家孩子的自尊：他生活的钥匙》中为父母提供了一种方法，可以逐步培养"孩子稳固的自我价值感"，并坚持认为如果他"具有强烈的自尊，那么他一定会成功"。阿黛尔·法伯和伊莱恩·马兹利什在合著的畅销书《如何说孩子才会听，怎么听孩子才肯说》（1980）中强调"承认孩子感觉的重要性"。同时，路易丝·哈特在自己受人欢迎的著作《冠军家庭：增强你和孩子的自尊》（1987）中告诉父母，"心理咨询是你能给孩子的最好礼物……它是心理健康、学习和幸福的基石"。[8]

美国各领域都逐步接受了卡内基的思想，强调精神感受和心理健康。早在20世纪20年代，埃尔顿·梅奥在芝加哥通用电器工厂进行了一项著名的研究，他提出了"人际关系"管理模式，强调群体之间关系以及归属感。到了

20世纪60年代，皮特·德鲁克提出一种影响广泛的管理模式，它以劳动力的分散和控制为基础，管理者帮助现代"知识型工人"解放出来，并引导他们朝着共同的方向努力。后来包括爱德华兹·德明在内的"全面质量管理"改革者提倡一种治愈型环境，强调"控制工人"，团队协作以及"双赢"思想。汤姆·查珀尔在《逆向管理》（1999）中提出强调人性化管理的最新版本，其中，人们在工作中达到自我完善，找到人与人之间的联系，并承诺兼顾他人的感受。然而，史蒂芬·科维最终理所当然地傲视群雄，成为现代商业专家中的霸主。在《高效能人士的七个习惯》（1990）中，他提倡一种心理学式的管理方法，该方法基于自我意识、情感共鸣和个人转变。他强调人们需要再次审视自己与外界的交往（一种"范式转变"），还要有创造性地工作并与他人协作（"合作导致高效"）。科维将第七个也是最后一个"习惯"称作"磨光你的宝刀"，强调卡内基自助成功学的重要价值：使用你在亲身经历中学到的东西，从而促进自我不断更新。[9]

实际上在20世纪后半叶，卡内基的治疗型自助成功学繁荣发展，遍及美国现代文化景观中的各个角落。它孕育出狄巴克·乔布拉等一批新世纪的思想家，乔布拉的著作《成功的七个精神法则》（1994）曾位列畅销榜冠军；它还催生出费尔·麦克劳等电视治疗师，并使他们成为童叟皆知的名人；它启发了保守主义改革运动，如信守承诺组织，该团体旨在通过将圣经学习、情感控制和互助小组相结合，从而培养"正直的人"；它影响了女性主义者的思想，该领域的理论家有《一种不同的声音：心理学理论和女性的发展》（1982）的作者卡罗尔·吉里干，还有《内在革命》（1993）的作者格洛里亚·斯坦能，二人都强调认同及情感复原的治愈系思想，并将其看作女性发展的关键；它还塑造了种族思想，代表人物有科内尔·韦斯特，此人认为非裔美国人不仅需要一种民主社会主义和革命的基督教激进思想，还需要爱自己，来对抗"心理沮丧、个人价值感丧失和对社会绝望的深层感受"，正是这些问题摧毁了他们的社区；它还引发了1995年10月的"百万黑人男子大游行"，该活动提倡非裔美国男性接受身份政治、男性友情和复原小组赎罪的治疗法。政治话语也不断吸收治愈系方法和个人发展的思想。例如，比尔·克林顿入主白宫时曾宣称"我能体会到你的痛苦"，之后在处理总统任职期间的一系列危机时，他召见了自助专家和包括托尼·罗宾斯、玛丽安·威廉姆森和史蒂芬·科维等新世纪的顾问，与他们在戴维营见面，接受自我振奋方面的辅导。[10]

以下的数据揭示出卡内基治疗型自我完善思想在主导现代价值观和人们的

心理方面的作用。在20世纪40年代末，美国大约有2500名临床心理学家，3万名社会工作者以及不到500名婚姻家庭治疗师。60年后，到了2010年，美国有7.7万名临床心理学专家，19.2万名临床社会工作者，10.5万名心理健康咨询师，5万名婚姻家庭治疗师，1.7万名护理精神治疗师，3万名生活教练。最近，人们对治愈式自助不加选择地接受，这促使各种治愈系企业开发出"精神疗法手机应用"来治疗各种焦虑和心理问题。病人得到承诺，只要每周使用两次手机应用程序，持续四到六周，他们的心理问题就能得到明显有效的解决。[11]

随着治愈系文化的胜利，美国文化中的自助价值观已不容忽视，也许最明显的例子就是那位在"9·11"恐怖袭击后主持纽约悼念仪式的女性。毫无疑问，现在是奥普拉的时代。从20世纪80年代开始，奥普拉·温弗瑞就成了现代美国无与伦比的文化力量。温弗瑞主持着美国顶尖的电视脱口秀，获得了巨大的影响和收益（截至2002年，她也许是世界最富有的女性），她拓展了事业板块，建立了自己的制作公司，并参与制作了许多电影、电视迷你剧、励志研讨会、广播节目、书籍和杂志。作为一位高尚的慈善家，她也获得了人们的称赞。她登上了很多杂志的封面，如《新闻周刊》、《时尚》、《周六晚间邮报》、《新共和杂志》、《妇女家庭杂志》和《人物》。1998年《时代周刊》的封面故事将她誉为"全媒体女王"。

但是，温弗瑞之所以拥有卓越的事业和巨大的影响力，是因为她以独特的方式，将治愈型自我实现的信条与新时代的精神融合在一起。她将自己的电视节目塑造成大众治疗课程，在处理节目嘉宾各种各样的私人问题的同时，也透露了她自己遇到过的问题，包括儿时遭受虐待、吸食毒品以及增肥强迫症。她为庞大的观众群引入了励志概念——"活出你的精彩"，"做个更非凡出众的人"，"逐渐变成你想要做的那种完人"——并成为现代自助传统独一无二的代言人。凭借宣扬自我控制的思想，奥普拉·温弗瑞成为美国的治疗师。从历史的角度看，她完成了戴尔·卡内基在20世纪前半叶所开创的任务。[12]

因此，我们对卡内基影响深远的文化遗产该作出什么样的最终评价呢？到了21世纪初，一位谦逊的密苏里人提出了治愈系的自助世界观，它在现代美国获得了非凡的成就。由于卡内基的著作和教学——连同其信徒和其他赞同类似思想的人——心理健康取代了道德观，个性替代了性格，人际关系取代了权威，感情取代了美德，自尊替代了群体期待，一并成为行动的指南。心理学式的价值观同时渗透到统治机构和解放运动中，这种文化变革意义重大。

一方面，卡内基的治愈系自助思想产生了显著的积极作用。第一，它帮助人们缓解心理问题和痛苦，从而促使人们更关注人类的情感需求。在以前的时代，上述问题往往会由于无人问津而恶化。卡内基及其追随者采用新的方式，试图帮助普通人消除私人生活中的痛苦。第二，这种思想在现代生活中树立了一种"心理学意义的人"，与之前的观念相比，它能从更广阔的角度理解人类的行为和冲动；而之前"宗教的人"或"经济的人"抑或是"意识形态的人"都狭隘地强调精神、物质或政治上的忠诚和努力。第三，在更为实用的层面，卡内基的一般原则倡导了一种社会标准，它强调友好的行为、敏锐的感受性、良好的幽默感及耐心对待他人的小缺点，这是伟大的成就，现代社会通常充满了追求名利、自负、贪婪、漠视他人的行为，或被社交中的愚蠢和无知所困扰，在这种情况下，人们就会重视具有良好适应性的个性，热情的行为方式和心理健康的个人。最后，卡内基的幸福生活观同时强调心理和物质两个层面的富足，它深深地扎根在美国人的生活中。自从17世纪殖民地和18世纪共和国建立后，美国就成为一片充满了机遇的土地，人们可以通过奋斗而实现繁荣和满足，这种观念吸引了来自世界各地的数千万移民。也许是美国文化中的个人主义和卡内基一起，共同成为其最具影响力的倡导者。

然而另一方面，卡内基治愈系自助模式的胜利也付出了沉重的代价。它促使人们不假思索地一直保持"自我感觉良好"的态度，就像吸毒者为了过瘾而不断加大毒品剂量一样，太多的现代美国人接受了各种稀奇古怪的心理期待，需要越来越多的自我完善来获得满足。这种不切实际的想法促使人们徘徊在两种极端之中，一边是巨大的"控制"端，人们相信他们能够战无不胜，另外一边是可悲的"受害"端，外部力量不断地密谋摧毁个人拥有幸福的权利。此外，卡内基的学说也侵蚀了人们超越个人感情去思考世界的能力，它强调人际关系和敏感性，漠视道德评价，当它将情感受伤的个人推崇到极致的时候，它抛弃了道德结构、社会正义甚至是经济层面的幸福。

在卡内基的世界中，发展与成功通常依靠使用心理学策略，因此对伪善和情感花招的担忧已经交织在我们的现代文化结构中。个性取代性格，这种改变清晰地区分出——确实，这种差别似乎通常无法被人察觉——赞赏与奉承、人际关系和人际操控等。也许在更广的范围中，治愈系自助文化将个人与广义的社区隔离开来。由于现代美国人如此强烈地关注自我个人情感的需求，因此他们很难理解自己与公共事物的关系，而这是可以做到的。在强调自我实现的现代文化中，法律权威、公民义务或社会标准的观念已经快要变得自相矛盾了。

卡内基对现代美国文化的理解同时也促进了情感的民主化，即每个人都有追求幸福的平等权利。同时，它还促进了民主的病态化，其中私人问题被大规模地输送到公共领域。随着越来越多的人际交往及管理被迫进入心理治疗课程、互助小组或是治疗状态的模型中，个人的欲望、恐惧和问题通常压倒了公共利益。

在面对受治愈式自助思想主导的现代图景时，我们需要进行某些矫正措施，更加客观细致地审视人类行为。在这种视角下，理性与感情、健康本能与机能失调状态、需要矫正的危险冲动与值得提升的自尊都要并重。它强调将道德和正义作为在这个世界中行动的基石，并同样强调情感的需求。它看到了公共与私人领域间复杂多样的联系，并将私人生活看作这样一个舞台，即价值观和形成的前提是我们共有的社会生活，而不仅仅是滋养个人心理疾病和身份问题的苗圃，并将这些问题强加给他人。它兼顾责任与机能障碍、成就与焦虑，不仅强调生命的价值，也重视情感创伤的治愈，还共同关注需求的有限性和自我实现的无限性。[13]

但不管对卡内基的影响进行何种批判，毫无疑问，他对现代美国人的生活依然发挥了巨大作用。虽然他出生在维多利亚时代末期，成长在自我控制文化中，但是他却开启并引领了现代自我实现文化。作为现代自助运动的弥赛亚，他为我们构建了我们的时代责任，即依靠治愈文化获得提升和生活富足。他的著作和教学活动同时揭示出其思想中明显的优点（注重人类的情感需求）和永恒的缺点（一种对自我自恋式的关注）。不管你从这种治愈式自尊文化中得到什么，你必须承认这一点，即一位来自密苏里农村的男孩曾为此作出了卓越的贡献，并让此类文化获得了强有力的地位。很久以前，托马斯·杰弗逊说过一句很具美国特色的话："追求幸福。"而戴尔·卡内基赋予了这句话现代的意义。

注 释

本书注释中使用了以下缩写：

DC：戴尔·卡内基

DCA：戴尔·卡内基档案，来自位于纽约长岛霍伯格的戴尔·卡内基合作人公司

LPA：琳达·波尔斯比档案（她保存着戴尔·卡内基与弗丽达·奥芬巴赫、伊萨多·奥芬巴赫和琳达·奥芬巴赫的通信）

除非特殊标记，否则所有有关戴尔·卡内基的未出版素材——信件、访谈、自传式笔记和片段、论文手稿、小说手稿、公司宣传册、日记、剪贴簿——都来自戴尔·卡内基档案。

序：现代美国的自我成功学

1. 洛威尔戴·托马斯在为《人性的弱点》撰写的序言中详细描述了该事件，见《人性的弱点》（纽约，1936），第1-2页。
2. "戴尔·卡内基致罗伊·利普曼夫人"（以下戴尔·卡内基均简称为DC）（1937年3月12日，CA），其中包括一封标注"刚收到"字样的信，来自利昂·希姆金。
3. DC：《人性的弱点》（1936），见本书题为《本书能帮你实现的12个目标》一文，该文位于"致谢"及书名页的前一页。
4. 见《改变一生的诸种著作》一文，出自《纽约时报》，1991年11月20日；《20世纪最具影响的美国人》一文，出自《生活杂志》，1990年9月1日；以及乔纳森·亚德里的《塑造美国人性格的10本书》一文，出自《美国传统》，1985年4、5月版，第24-31页。

1 贫穷与虔诚

1. DC：《人性的弱点》（纽约，1936年），第34，67页。
2. DC：《人性的优点》（纽约，1948年），第154，157-158页。
3. 见《我的和谐生活》和《戴尔心在诺德韦》，选自他发表在20世纪30年代的报纸文章，《戴尔·卡内基的每日专栏》，日期不明，选自《戴尔·卡内基自传》；DC：《人性的优点》（纽约，1948年），第150-151页；DC：《给女儿的信》，第11，12，32页。
4. DC：《给女儿的信》，第7页。
5. 同上书，第5-6，8，38页；威廉·亚当斯·雷特威斯纳：《戴尔·卡内基的祖先》，见http://wargs.com/other/carnegie.html。雷特威斯纳依据美国户口普查资料编写。
6. 见西伦·L.史密斯：《戴尔·卡内基的哈比森祖先》，http://archiver.rootsweb.ancestry.com，以及雷特威斯纳编写的《戴尔·卡内基的祖先》。同雷特威斯纳一样，史密斯也基于美国户口普查资料。关于亚伯拉罕·哈宾森的论述，见《诺德韦乡村的过去与现在》（印第安纳波利斯，1910年），第2卷，第1024页。
7. DC：《给女儿的信》，第8-10页。

8. 同上书，第4页。
9. 同上书，第23，26 - 27，28，30页，一位儿时的朋友梅·埃文斯引自《别人眼中的戴尔·卡内基》，第18页。
10. 戴尔·卡内基给詹姆斯和阿曼达·卡耐基的信，1913年2月24日，选自《戴尔·卡内基自传》，以及DC：《给女儿的信》，第12，19，21，22，63页。
11. 同上书，第21页；戴尔引自哈罗德·B.克莱蒙克：《他出售成功》，《观察》，1948年5月25日，第68页。
12. DC：《在诺德韦县的儿时岁月》，《晨星》（密苏里州康塞普西翁），1938年2月21日；DC：《给女儿的信》，第2 - 3，23，48 - 55页。
13. 同上书，第27，29，30页；DC：《人性的优点》，第226页。
14. DC：《给女儿的信》，第31 - 32页。
15. DC：《人性的优点》，第149页；DC："大型会议演讲"，1937年9月29日，选自《戴尔·卡内基课程的一次公开报告》，第2 - 3页，选自《戴尔·卡内基自传》。
16. DC：《给女儿的信》，第57 - 58，39 - 40页。对此次受伤经历的简短描写也出现在DC：《人性的优点》，第67页。
17. DC：《给女儿的信》，第42 - 43页。
18. 同上书，第37页；DC：《人性的优点》，第149页；霍默·克洛伊：《成功工厂》，《时尚先生》，1937年6月，第240页。
19. DC：《人性的优点》，第226，149页；DC：《给女儿的信》，第35，37，41，47页。
20. DC：《给女儿的信》，第43 - 44页；DC：《在诺德韦的儿时岁月》。
21. 同上书，第44页，以及《贝迪逊的生活比巴黎要刺激的多》，剪报，手写标注时间为1924年10月18日，未经印证，CA。关于平民主义者起义的描写，参见劳伦斯·古德温：《平民主义运动：美国农村起义简史》（1978年）；罗伯特·C.麦克格拉斯：《美国平民主义：一段社会史，1877 - 1898》（1993年）；查尔斯·波斯特：《平民主义的幻象》（2007年）。
22. DC：《人性的优点》，第150页；DC：《给女儿的信》，第43 - 44页。
23. DC：《人性的优点》，第151页；DC：《给女儿的信》，第12，18，19，63页。
24. DC：《给女儿的信》，第6，21，64页；克洛伊：《成功工厂》，第240页。
25. DC：《人性的优点》，第112页，诺曼·文森特·皮尔引自《别人眼中的戴尔·卡内基》，第24页。
26. 戴尔·卡内基引自威廉·伯尼：《流行，兼并》，《纽约世界电报周末》，1937年2月27日；DC：《人性的优点》，第151页；DC：《人性的弱点》，第15页。
27. DC：《给女儿的信》，第11，64页。
28. 同上书，第12，26页。
29. 同上书，第24，13 - 14页；DC：《人性的优点》，第61页。
30. 同上书，第18，34页。
31. 报纸访谈，戴尔引自《你所了解的戴尔·卡内基》，第11页；DC：《原来的居民说：丹尼尔·艾佛索尔比库诺更优秀》，《诺德韦民主党论坛》，1933年9月25日；《两位知名作家追忆在密苏里度过的童年时光》，《堪萨斯城明星报》，1936年1月1日；DC：《给女儿的信》，第26页。
32. DC：《给女儿的信》，第64页；戴尔·卡内基引自玛格丽特·凯斯·哈里曼：《他出售希望》，《周六晚间邮报》，1937年8月14日，第13页。
33. DC：《我的和谐生活》，该片段选自20世纪30年代他发表在报纸上的文章，《戴尔·卡内基的每日专栏》，日期不明，选自《戴尔·卡内基自传》；DC：《给女儿的信》，第45 - 47页。
34. DC：《人性的弱点》，第30页。
35. DC：《给女儿的信》，第14 - 15页。

2 反叛与复原

1. DC:《人性的弱点》,第52-54,110-112页。
2. 同上书,第36,81,93,103页。
3. 见《密苏里州约翰逊县历史》(堪萨斯市,1881年),第388-448页;厄尔翁·考克莱尔:《密苏里州约翰逊县历史》(托皮卡,1918年),第102-105页。
4. 《大浪淘沙:中央密苏里大学校史》,第5-8页;《密苏里州约翰逊县历史》(堪萨斯市,1881年),第290-314页;厄尔翁·考克莱尔:《密苏里州约翰逊县历史》(托皮卡,1918年),第143-150页;《1907年到1908年州立师范学校年鉴及通告》,第21-22页,麦尔卢尔文档,中央密苏里大学柯克帕特里克图书馆。
5. 莫尼亚·C. 莫里斯给理查德·M. 休博的信,1955年12月7日,麦尔卢尔文档,中央密苏里大学柯克帕特里克图书馆;《1907年到1908年州立师范学校年鉴及通告》,第22-23,43-50页。
6. DC:《给女儿的信》,第15页。
7. DC:"戴尔·卡内基课程的一次公开报告",1937年9月29日,《戴尔·卡内基自传》,第2-3页;约瑟夫·凯亚:《一个羞怯的年轻人后来闻名世界》,《堪萨斯城明星报》,1955年7月24日;DC:《给女儿的信》,第16页。
8. DC:《给女儿的信》,第16-17页;DC:《戴尔·卡内基课程的一次公开报告》,第3页。
9. DC:《戴尔·卡内基课程的一次公开报告》,第3页;DC:《人性的优点》,第61页。
10. DC:《人性的优点》,第151-152页。
11. 戴尔·卡内基给阿曼达·卡耐基的信,1910年10月17日,《戴尔·卡内基自传》;戴尔·卡内基给詹姆斯和阿曼达·卡耐基的信,1913年5月16日;戴尔·卡内基给詹姆斯和阿曼达·卡耐基的信,1913年,《戴尔·卡内基自传》。
12. DC:《给女儿的信》,第65页;DC:《戴尔·卡内基课程的一次公开报告》,第4页。
13. DC:《给女儿的信》,第65-66页;玛格丽特·凯斯·哈里曼:《他出售希望》,《周六晚间邮报》,1937年8月14日,第13,30页。
14. DC:《给女儿的信》,第65页;DC:《戴尔·卡内基课程的一次公开报告》,第4页。
15. 莫里斯给哈伯的信,1955年12月7日;《1907年到1908年州立师范学校年鉴及通告》。
16. 《修辞学教师》,1908年,第8页,麦尔卢尔文档,中央密苏里大学柯克帕特里克图书馆;DC:《给女儿的信》,第65页;DC:《戴尔·卡内基课程的一次公开报告》,《戴尔·卡内基自传》,第4页。
17. 霍默·克洛伊:《成功工厂》,《时尚先生》,1937年6月,第240页;《历史遗迹,著名演讲集:乔治·格雷厄姆·维斯特》,www.historyplace.com/speeches/vest.htm;DC:《在再版的悼狗词中,卡耐基回忆重要的岁月》,选自20世纪30年代末标明日期的报纸文章,《戴尔·卡内基自传》。
18. DC:《给女儿的信》,第66-67页;哈里曼:《他出售希望》,第30页;洛威尔·托马斯:"序言",选自DC:《公共演讲及在工作中影响他人》)[纽约,1948年(1926年)],第VI页;DC:《公共演讲及在工作中影响他人》,第358-360页。
19. 克洛伊:《成功工厂》,第240页;DC:《戴尔·卡内基课程的一次公开报告》,《戴尔·卡内基自传》,第5页。DC:《给女儿的信》,第66-67页。
20. 《修辞学教师》,1907年,第58,157页,麦尔卢尔文档,中央密苏里大学柯克帕特里克图书馆。
21. 《修辞学教师》,1908年,第161,163,164,165,170页;科里·斯莫尔:《DC:传播成功信息的人》,《科雷尔》,1949年1月15日。
22. 丹尼尔·布尔斯廷:《美国人:民主的体验》(纽约,1973年),第463-467页。
23. 同上书,第464-467页。
24. 参见两篇论文,克劳德·沙福尔:《斯蒂尔·麦凯和德尔萨特传统》,第202-218页;艾迪斯·兰肖：《5所私立演讲学校》，第301-325页。
25. 如果想详细了解美国进步时代的文化转向，可参见莫顿·怀特：《美国社会思潮：对形式主义的反叛》［纽约，1970年（1947年）］，以及路易斯·蒙那德：《形而上学俱乐部：美国思想故事》（纽约，2001年）。兰肖：《5所私立演讲学校》，第322-323页，讨论了一些德尔萨特体系的现代发展，同时约瑟夫·费伊：《静悄悄的胜利：美国女性通过德尔萨特主义争取到的职业认同》，《麦姆期刊2004-2005》（克莱尔蒙特，CA，2005）讨论了在电影中的女性从维多利亚式束缚中解放出来，并获得成功，德尔萨特主义所发挥的作用。
26. 教师传记中阿伯特的部分，见《修辞学教师》，1908年，第21页；莱斯利·安德斯：《为了服务而教育：中央密苏里州立学院百年纪念》（沃伦斯堡，1971年），第36, 44页。
27. 阿伯特对索斯维克著作的褒奖，见《沃纳阅读及背诵第8期》（纽约，1892年），第212页；F. 汤森德·索斯维克：《演讲与行动》（纽约，1897年），第6, 15, 130-131页。
28. DC：《公共演讲及在工作中影响他人》，第197-198, 204, 212, 241页；戴尔引用约瑟夫·凯尔：《一个羞怯的年轻人后来闻名世界》，《堪萨斯城明星报》，1955年7月24日。
29. 戴尔·卡内基给詹姆斯和阿曼达·卡耐基的信，1913年2月；戴尔·卡内基给詹姆斯和阿曼达·卡耐基的信，1913年2月24日，均选自《戴尔·卡内基自传》。
30. DC：《给女儿的信》，第15页；DC：《人性的优点》，第xii页；DC："商人如何获得自信并成功演讲"，大纲B-15增补——公共演讲课程，基督教青年会，1919年10月15日，《戴尔·卡内基自传》。

3　销售产品，销售你自己

1. DC：《人性的弱点》，第47, 16, 40页，转引自哈利·O. 奥维斯特里特。
2. 同上书，第57-103, 135-136, 201-203页。
3. DC：《给女儿的信》，第67页。
4. 同上书，第68, 22页。
5. 同上书，第67-68页。
6. 见詹姆斯·D. 沃特金斯："追求成功的教育"：宾夕法尼亚州斯克兰顿国际函授学校》，《宾夕法尼亚历史传记杂志》（1996年10月），第343-369页。
7. 同上。
8. DC：《给女儿的信》，第68-69页；约瑟夫·凯尔：《一个羞怯的年轻人后来闻名世界》，《堪萨斯城明星报》，1955年7月24日。
9. 同上。
10. 戴尔·卡内基给阿曼达·卡耐基的信，1909年1月11日；戴尔·卡内基给阿曼达·卡耐基的信，1910年7月2日；戴尔·卡内基给阿曼达·卡耐基的信，1910年2月2日；本杰明·L. 西维尔给J. W. 卡耐基的信，1911年2月5日；DC：《给女儿的信》，第80页；根据记录，1897—1909年，本杰明·L. 西维尔在华伦斯堡的密苏里州立师范学校教生物，见《中央密苏里州立师范学院50周年记事，1987-1921》，麦卢尔文档，中央密苏里大学柯克帕特里克图书馆。
11. DC：《给女儿的信》，第69-70页。
12. 沃特金斯：《为了成功的教育》，第350, 358页。
13. 凯尔：《一个羞怯的年轻人后来闻名世界》；DC：《给女儿的信》，第7-710页。
14. 见鲁道夫·克莱门：《美国畜牧业余肉加工产业》，第149-156, 387-390, 456-457页。
15. DC：《给女儿的信》，第71页。
16. 有很多书籍和文章涉及了世纪之交消费资本主义的增长，见杰克逊·李尔斯：《从救赎到自我实现：消费文化中的广告和治疗法根源，1880-1930》，杰克逊·李尔斯与理查德·W. 福克斯合编：《消费文化：美国历史批评文集，1880－1980》（纽约，1983 年），第 3－38 页；威廉·里奇：《欲望之地：商人、权利和美国新型文化的崛起》（纽约，1993 年）；丹尼尔·霍洛维茨：《消费的道德观：对美国消费文化的态度，1875－1950》（巴尔的摩，1985 年）；西蒙·J. 博纳编：《消费的幻象：美国商品的积累与展示，880－1920》（纽约，1989 年）；奥利维尔·祖尼：《组建美国公司，1870－1920》（芝加哥，1995 年）；史蒂芬·瓦特：《人民的企业巨头：亨利·福特和美国人的世纪》（纽约，2005 年）。

17. 关于现代广告发展的推荐书目有《从救赎到自我实现》；杰克逊·李尔斯：《富足寓言：美国广告文化史》（纽约，1994 年）；罗兰·马钱德：《为美国梦做广告：为现代性开路，1920－1940》（纽约，1985 年）；帕梅拉·W. 莱尔德：《为进步做广告：美国商业与消费市场的崛起》（巴尔的摩，1998 年）。

18. 沃尔特·A. 弗莱德曼：《推销员的产生：美国销售的转型》（剑桥，硕士毕业论文，2004），第 4－6，12－13 页。

19. 戴尔·卡内基给 J.W. 卡耐基夫人的信，1910 年 2 月 21 日；戴尔·卡内基给阿曼达·卡耐基的信，1910 年 2 月 2 日；戴尔·卡内基给 J.W. 卡耐基夫人的信，1909 年 1 月 4 日；DC：《给女儿的信》，第 84，71 页。

20. 戴尔·卡内基给阿曼达·卡耐基的信，1909 年 8 月 24 日；DC：《给女儿的信》，第 73 页。

21. DC：《给女儿的信》，第 71－72 页；凯尔：《一个羞怯的年轻人后来闻名世界》。

22. DC：《给女儿的信》，第 73，81 页；戴尔·卡内基给阿曼达·卡耐基的信，1910 年 7 月 2 日。

23. 戴尔·卡内基给阿曼达·卡耐基的信，1910 年 2 月 2 日；戴尔·卡内基给詹姆斯和阿曼达·卡耐基的信，1910 年 2 月 21 日；戴尔·卡内基给阿曼达·卡耐基的信，1910 年 4 月 11 日。

24. 戴尔·卡内基给阿曼达·卡耐基的信，1909 年 8 月 24 日；戴尔·卡内基给阿曼达·卡耐基的信，1910 年 2 月 2 日；戴尔·卡内基给詹姆斯和阿曼达·卡耐基的信，1910 年 2 月 21 日；戴尔·卡内基给阿曼达·卡耐基的信，1910 年 7 月 2 日。

25. 见与沃尔特·A. 弗莱德曼的访谈，名为《美国推销员的产生：与沃尔特·弗莱德曼的问答》，《哈佛大学商学院工作知识》，2004 年 4 月 19 日，http：//hbswk.hbs.edu/cgi－bin/print/4068.html。

26. 戴尔·卡内基给阿曼达·卡耐基的信，1909 年 4 月 24 日。

27. 戴尔·卡内基给 J.W. 卡耐基夫人的信，1909 年 1 月 4 日，《戴尔·卡内基自传》；戴尔·卡内基给詹姆斯和阿曼达·卡耐基的信，1910 年 2 月 21 日。

28. 戴尔·卡内基给阿曼达·卡耐基的信，1909 年 1 月 11 日；戴尔·卡内基给阿曼达·卡耐基的信，1910 年 7 月 2 日；戴尔·卡内基给詹姆斯和阿曼达·卡耐基的信，1910 年 2 月 21 日；戴尔·卡内基给阿曼达·卡耐基的信，1910 年 10 月 17 日。

29. DC：《给女儿的信》，第 86－88 页。

30. 凯尔：《一个羞怯的年轻人后来闻名世界》；DC：《给女儿的信》，第 71，73，89 页。

31. DC：《给女儿的信》，第 73－74 页。

32. 戴尔·卡内基给阿曼达·卡耐基的信，1910 年 10 月 17 日；DC：《给女儿的信》，第 90 页。

33. DC：《给女儿的信》，第 89－90 页。

34. 见本杰明·富兰克林：《富兰克林自传》（纽约，1961 年），第 38－39 页；霍拉肖·阿尔杰：《穿破衣服的迪克与卖火柴的小男孩》（纽约，1973 年），第 102－104 页；霍拉肖·阿尔杰：《穿破衣服的迪克和勇气与运气》（纽约，1985 年）。如果想深入挖掘该文化动机，见凯伦·哈尔图宁：《自信的男人与化妆的女人：美国中产阶级文化研究，1830－1870》（纽黑文，1982 年），尤其是第 11－13 页。

35. DC：《给女儿的信》，第 90－91 页。

4　往东走，年轻人

1. DC：《人性的弱点》，第70，166页。
2. 同上书，第59 – 60，86，165 – 166，171页。也可参见威廉·莎士比亚：《皆大欢喜》，第7幕第2场；让 – 克里斯托弗·阿格纽：《分离的世界：英籍美国人思想中的市场与剧院，1550 – 1750》（剑桥，1988年），该书精彩地分析了市场与剧院如何同时产生于现代早期，以及二者是如何互相纠缠在一起的。
3. 见约翰·卡森：《娱乐大众：世纪之交的科尼岛》（纽约，1978年）；拉里·梅：《解蔽历史：大众文化的诞生与电影产业》（芝加哥，1980年）；刘易斯·A. 艾伦伯格：《公开露面：纽约的夜生活和美国文化的转型》（芝加哥，1981年）。以上书籍都对美国20世纪早期的文化变革有独到的见解。
4. DC：《给女儿的信》，第91 – 92页。
5. 同上。
6. DC：《给女儿的信》，第90，92页；玛格丽特·凯斯·哈里曼：《他出售希望》，《周六晚间邮报》，1937年8月14日，第30页。
7. 关于学院的历史，见杰拉德·雷蒙德：《125周年及口述：美国戏剧艺术学院周年特别庆典》，《幕后》（2009年11月26日至12月2日），第6 – 7页；《美国戏剧艺术学院》，选自詹姆斯·H. 麦提格：《斯坦尼拉夫斯基之前：美国职业表演学校及表演理论，1875 – 1925》（新泽西州梅塔钦，1993年），第45 – 93页。
8. 富兰克林·H. 萨金特：《舞台新人的准备工作》，《纽约戏剧镜报》（1911年7月10日），第5页；麦提格：《斯坦尼拉夫斯基之前》，第73页。
9. 麦提格：《斯坦尼拉夫斯基之前》，第67，80 – 84页。
10. 麦提格：《斯坦尼拉夫斯基之前》，第58，67页；萨金特：《舞台新人的准备工作》，第5页。
11. 加尔夫·B. 威尔森：《美国表演史》（印度布卢明顿，1966年），第100 – 101页。
12. 同上书，第103页；麦提格：《斯坦尼拉夫斯基之前》，第48，55，65页；萨金特：《舞台新人的准备工作》，第5页；阿尔杰农·塔森：《美国戏剧学校》，《文人》（1904年4月），第161页。
13. 哈里曼：《他出售希望》，第30页；戴尔·卡内基给阿曼达和詹姆斯·卡耐基的信，1911年4月1日。
14. 戴尔·卡内基给阿曼达和詹姆斯·卡耐基的信，1911年4月1日。
15. DC：《人性的优点》，第124页。
16. 萨金特引自麦提格：《斯坦尼拉夫斯基之前》，第72，91，93页。
17. 戴尔·卡内基给阿曼达·卡耐基的信，1911年8月17日；玛格丽特·梅奥：《马戏团的波利：一部三幕喜剧》（1933年）；《马戏团的波利》（1907年），选自《牛津指南：美国戏剧》（纽约，2004年），第504页。
18. DC：《给女儿的信》，第74页；戴尔·卡内基给阿曼达·卡耐基的信，1911年8月17日。
19. DC：《给女儿的信》，第74 – 75页；霍华德·林赛给作者的信，引自理查德·M. 哈伯：《美国人的成功理念》（纽约，1971年），第233页。
20. 戴尔·卡内基给阿曼达·卡耐基的信，1912年1月5日。
21. 戴尔·卡内基给阿曼达·卡耐基的信，1911年8月17日；霍华德·林赛给作者的信，引自理查德·M. 哈伯：《美国人的成功理念》，第233页；戴尔·卡内基给阿曼达·卡耐基的信，1912年3月8日。
22. DC：《给女儿的信》，第75 – 76页；戴尔·卡内基引自《流行，兼并》，《纽约世界电报周末》，1937年2月27日，第9页；哈里曼：《他出售希望》，第30页。
23. 戴尔·卡内基给阿曼达·卡耐基的信，1912年3月8日。

24. 有关进步时代主要思潮的两篇文章，参见史蒂芬·戴纳：《一个全新的时代：进步时代的美国》（纽约，1998），以及罗伯特·H. 韦伯：《寻找秩序》（纽约，1967年）。
25. 见詹姆斯·J. 弗林克：《汽车文化》（马萨诸塞州剑桥，1975），史蒂芬·瓦特：《人民的企业巨头：亨利·福特和美国人的世纪》（纽约，2005年），这两本书都对汽车对美国人生活的影响进行了广泛讨论。
26. DC：《给女儿的信》，第88－89页。
27. 戴尔·卡内基给阿曼达·卡耐基的信，1912年5月5日。
28. DC：《给女儿的信》，第76，，89页；戴尔·卡内基给阿曼达·卡耐基的信，1912年12月12日；戴尔·卡内基给家人的信，1913年2月。
29. 戴尔·卡内基给阿曼达·卡耐基的信，1913年2月1日。
30. 戴尔·卡内基给阿曼达·卡耐基的信，1913年2月1日；戴尔·卡内基给家人的信，1913年2月17日；戴尔·卡内基给家人的信，1913年2月24日；戴尔·卡内基给家人的信，1913年3月4日；戴尔·卡内基给阿曼达·卡耐基的信，1913年3月18日。
31. 戴尔·卡内基给阿曼达·卡耐基的信，1913年3月18日。
32. 戴尔·卡内基给皮尔漫礼会教堂的漫礼会青年社团的信，1911年4月1日；戴尔·卡内基给阿曼达·卡耐基的信，1912年1月5日；戴尔·卡内基给阿曼达·卡耐基的信，1912年12月12日；戴尔·卡内基给家人的信，1913年1月14日；戴尔·卡内基给家人的信，1913年3月；戴尔·卡内基给家人的信，1913年6月16日。
33. 戴尔·卡内基给家人的信，1913年。
34. 戴尔·卡内基给家人的信，1913年3月25日；戴尔·卡内基给家人的信，1913年2月17日；戴尔·卡内基给家人的信，1913年5月16日。
35. 戴尔·卡内基给家人的信，1912年3月8日；戴尔·卡内基给家人的信，1913年1月14日；戴尔·卡内基给阿曼达·卡耐基的信，1913年3月18日；戴尔·卡内基给家人的信，1913年3月25日；戴尔·卡内基给家人的信，1913年2月17日。
36. 戴尔·卡内基给阿曼达·卡耐基的信，1911年8月17日；戴尔·卡内基给阿曼达·卡耐基的信，1912年3月8日。
37. 戴尔·卡内基给阿曼达·卡耐基的信，1912年12月12日；戴尔·卡内基给阿曼达·卡耐基的信，1913年2月1日。
38. DC：《给女儿的信》，第76页；DC：《人性的优点》，第xi页。
39. 戴尔·卡内基给家人的信，1913年；戴尔·卡内基给家人的信，1913年5月16日；戴尔·卡内基引自詹姆斯·凯尔：《一个羞怯的年轻人后来闻名世界》，《堪萨斯城明星报》，1955年7月24日；DC：《给女儿的信》，第76页。
40. 戴尔·卡内基给家人的信，1913年10月19日；DC：《人性的优点》，第xi页。
41. 戴尔·卡内基给阿曼达·卡耐基的信，1913年2月1日；戴尔·卡内基给家人的信，1913年6月16日。
42. 戴尔·卡内基给家人的信，1913年2月24日；戴尔·卡内基给家人的信，1913年3月25日；戴尔·卡内基给家人的信，1913年3月4日；戴尔·卡内基给家人的信，1913年10月19日。
43. 戴尔·卡内基给家人的信，1913年6月16日；DC：《人性的优点》，第xii页。
44. 戴尔·卡内基给家人的信，1913年6月16日；戴尔·卡内基给家人的信，1913年6月3日；戴尔·卡内基给家人的信，1913年7月8日；戴尔·卡内基给阿曼达·卡耐基的信，1913年3月18日；戴尔·卡内基给家人的信，1913年10月19日。
45. 戴尔·卡内基给家人的信，1913年3月4日；戴尔·卡内基给家人的信，1913年；戴尔·卡内基给家人的信，1913年6月16日；戴尔·卡内基给家人的信，1913年；戴尔·卡内基给家人的信，

1913 年 7 月 8 日。
46. 戴尔·卡内基给家人的信，1913 年 2 月 17 日。
47. 戴尔·卡内基给家人的信，1913 年 10 月 19 日；戴尔·卡内基给家人的信，1913 年。

5　教学与写作

1. DC：《人性的弱点》，第 12 – 15，56 页。
2. 同上书，12 – 17 页。
3. DC：《人性的优点》，第 xi – xii 页；DC：《戴尔·卡内基课程的一次公开报告》，第 6 页。
4. DC：《给女儿的信》，第 93 – 94 页；玛格丽特·凯斯·哈里曼：《他出售希望》，《周六晚间邮报》，1937 年 8 月 14 日，第 30 页；詹姆斯·凯尔：《一个羞怯的年轻人后来闻名世界》，《堪萨斯城明星报》，1955 年 7 月 24 日；理查德·哈伯：《美国人的成功理念》（纽约，1971 年），第 233 – 234 页。
5. 同上；DC：《给女儿的信》，第 76 – 77 页。
6. 詹姆斯·凯尔：《一个羞怯的年轻人后来闻名世界》，《堪萨斯城明星报》，1955 年 7 月 24 日；DC：《人性的优点》，第 xii 页；《戴尔·卡内基课程的一次公开报告》，第 7 页。
7. 想详细了解此机构，见妮娜·马佳琪及玛格丽特·斯普拉特合编：《漂泊的男女：城中的基督教青年会和基督教女青年会》（纽约，1997 年），引言出自第 3 页。
8. DC：《给女儿的信》，第 77 页；约翰·詹尼：《当你站起来演讲时，你的反应快吗？》，《美国人杂志》（1932 年 1 月），第 94 页；《一个羞怯的年轻人后来闻名世界》。
9. 戴尔·卡内基曾在不同场合提出，1912 年 10 月 22 日是他首次上课的时间，包括《关于对你的员工、上级和局外人讲话的建议》，《工厂管理与维护》，第 84 – 90 页；DC：《给女儿的信》，第 96，77 页。
10. 玛格丽特·凯斯·哈里曼：《他出售希望》，《周六晚间邮报》，1937 年 8 月 14 日，第 30 页；DC：《给女儿的信》，第 94 – 98 页。
11. 詹尼：《当你站起来演讲时，你的反应快吗？》，第 94 页；DC：《给女儿的信》，第 77，98 页。
12. 戴尔·卡内基给阿曼达·卡耐基的信，1913 年 2 月 1 日；戴尔·卡内基给家人的信，1913 年 2 月；戴尔·卡内基给家人的信，1913 年 5 月 16 日。
13. 戴尔·卡内基给家人的信，1913 年 10 月 19 日；戴尔·卡内基给家人的信，1913 年 3 月 4 日；戴尔·卡内基给阿曼达·卡耐基的信，1913 年 12 月 12 日；在戴尔·卡耐基及 J. 贝尔格·艾森维恩合著的《演讲的艺术》一书中，列出了卡耐基授课的城市；哈里曼：《他出售希望》，第 30 页；戴尔·卡内基给家人的信，1913 年 2 月 24 日。
14. 戴尔·卡内基给家人的信，1913 年 10 月 19 日；DC：《战争》，《莱斯利周刊》（1913 年 10 月 16 日），第 365 页。戴尔·卡内基还将该文章视为自己的作品，并收入到戴尔·卡耐基及 J. 贝尔格·艾森维恩合著的《演讲的艺术》一书中，第 84 – 86 页。
15. 戴尔·卡内基给家人的信，1913 年 10 月 19 日。
16. 对新杂志简明有力的讨论，参见理查德·欧曼：《销售文化：世纪之交的杂志、市场和阶级》（纽约，1996 年）；马修·施耐德：《新社会秩序之梦：美国的通俗杂志，1893 – 1914》（纽约，1994 年）；克里斯托弗·P. 威尔森：《消费修辞学：大众市场杂志和绅士读者的消失，1880 – 1920》，见杰克逊·李尔斯与理查德·W. 福克斯合编：《消费文化》（纽约，1983 年），第 39 – 64 页。
17. DC：《战斗在南极冰雪中》，《世界画报》（1915 年 9 月），第 22 – 26 页；DC：《世界知名流浪汉》，《美国人杂志》（1914 年 10 月），未标页码；DC：《工人们的大姐》，《世界画报》（1916 年 2 月），第 808 – 809 页；DC：《美国集资冠军》，《新视线》，第 3 – 4 期，第 26 页。
18. DC：《狙击未来》，《世界画报》（1915 年 12 月），第 507 – 509 页。
19. DC：《靠写电影剧本赚钱》，《美国人杂志》（1916 年 6 月），第 32 页；DC：《给剧作家的丰厚奖品》，《美国人杂志》（1916 年 4 月），第 65 – 66 页；DC：《我怎么做才能赚取高薪》，《美国人杂志》（1916年8月），第16页。
20. 《给剧作家的丰厚奖品》，第34页；《靠写电影剧本赚钱》，第32页；《我怎么做才能赚取高薪》，第16页。
21. 《美国集资冠军》，第26页；《工人们的大姐》，第808页；《给剧作家的丰厚奖品》，第68页；《我怎么做才能赚取高薪》，第16－17页。
22. 《美国集资冠军》，第3－4页；DC：《推销商品的橱窗》，《美国人杂志》（1917年10月），第126－130页。
23. 《给剧作家的丰厚奖品》，第70页；《工人们的大姐》，第808页；《同样的演讲内容讲过5000次"》，第55页；《战斗在南极冰雪中》，第26页；《我怎么做才能赚取高薪》，第17页。
24. DC：《一年花掉10000美元，我战胜了恐惧》，《美国人杂志》（1918年12月），第50－51，137－139页。
25. 同上书，第50－51，137－139页。
26. 戴尔·卡内基转载的这篇文章受到J. M. 奥尼尔的赏识，后者还撰文分析了这篇文章，见《关于恐惧的10000个真实故事》，《演讲教育季刊》（1919年3月），第128－137页。
27. 戴尔·卡内基给家人的信，1913年5月16日。
28. 戴尔·卡耐基及J. 贝尔格·艾森维恩合著：《演讲的艺术》（马萨诸塞州斯普林菲尔德：家庭函授教育学校，1915年）。
29. 《在大学教授指导下的家庭学习》，《基础教育》（1910年10月），第535页；《五花八门的学校课程》，《美国大学与私立学校指南》，第6期（纽约，1913年），第177页；弗兰克·H. 帕默：《函授学校》，《教育》（1910年9月），第49－51页。
30. 《约瑟夫·贝尔格·艾森维恩》，见托马斯·威廉·赫灵肖：《赫灵肖的美国传记国家图书馆》（1909年），第2卷，第395页；《约瑟夫·贝尔格·艾森维恩》，见《美国名人录，1906－1907》（芝加哥，1906年），第561页；《约瑟夫·贝尔格·艾森维恩》，维基百科，引自《新版国际百科全书》（1914到1916年）；《你也能因为写作而获得奖励吗？》，《大西洋月刊》（1922年6月），第47页。
31. 同上书，第5，8，80，272，358页。
32. 同上书，第356，357－358，359页。
33. 同上书，第109，3，94，106－107，95页。
34. 同上书，第88，83，91页。
35. 同上书，第4，107，301－302，374－376页。
36. 同上书，第102－103，101，262，263－267，270，275－276，273页。
37. 同上书，第355，357，358页。
38. 同上书，第356，358，361，360页。

6　精神力量与积极思考

1. DC：《人性的弱点》，第10，14，17页。《这本书对你有12种功用》就在本书第一页，未标页码。
2. 同上书，第29，58，70，135，48，71页。
3. DC：《给女儿的信》，第48页。
4. 《基督教青年会标准教程》，第2册，第17－20页。
5. 《基督教青年会标准教程》，第3册，第127－128页。
6. 同上书，第3册，第127－128，129－130，131页；霍默·克洛伊：《成功工厂》，《时尚先生》，1937年6月，第241页。关于肖托夸课程的简单介绍可以参见《社会革命百科》（纽约，1909年）第162页；更详细的介绍可见约翰·C. 司考特：《肖托夸运动：大众高等教育革命》，《高等教育期

293

刊》（1999年7/8月），第389-412页。

7. 关于新思维运动，见唐纳德·梅尔，《积极思考的人：美国人追求健康、财务和个人能力的研究，从玛丽·贝克尔曼·文森特·皮尔》（纽约花园城，1966年（1965年））；理查德·M. 哈伯：《美国人的成功理念》（纽约，1971年），第124-176页；理查德·维斯：《美国人成功的神话：从霍拉肖·阿尔杰到诺曼·文森特·皮尔》（纽约，1969年），第195-240页；贝利尔·萨特尔：《每个心灵都是一个王国：美国女性、性的纯洁和新思维运动，1875-1920》（伯克利，1999年）。

8. 梅尔：《积极思考的人》，第51页；哈伯：《美国人的成功理念》，第235页；维斯：《美国人成功的神话》，第131-210页；沃伦·萨斯曼：《个性及20世纪文化的形成》，见《作为历史的文化》（纽约，1984年），特别是第277-279页；史蒂芬·瓦特：《人民的企业巨头：亨利·福特和美国人的世纪》（纽约，2005年），第323-324页。

9. DC：《公共演讲的艺术》，第189，80，197-198，359页。

10. 哈里曼：《他出售希望》，《周六晚间邮报》，1937年8月14日，第30，33页；吉尔斯·坎普和爱德华·克拉弗林：《DC：影响数百万人的人》（纽约，1989年），第121页。在戴尔·卡内基于1916年4月8日给爱德华·弗兰克·艾伦的一封信中，信纸的抬头显示他的地址是卡内基大楼第824号工作室。

11. 弗兰克·贝特格尔：《我是如何从销售的失败走向成功的》[纽约，1992年（1947）]，第5-6，15-16页。

12. 1917年"卡耐基公共演讲课程"（CA）宣传册；《基督教青年会标准教程》。

13. 《基督教青年会标准教程》，第3册，第119，122，133页；第1册，第1-2，21页。

14. 罗素·H. 康维尔：《钻石之地》，收录在《基督教青年会标准教程》，第3册，第3-28页。见哈伯：《美国人的成功理念》，第55-61页；朱迪·希尔基：《性格就是资本：美国镀金时代的成功指南及男性气质》（北卡罗来纳州教堂山，1997年），第58，92，102-103页，其中有对康维尔的精彩传记描写。

15. 罗素·H. 康维尔：《你能用自己的意志力做什么？》，《美国人杂志》（1916年4月），第16，96-100页；罗素·H. 康维尔：《你能用自己的意志力做什么？》，（纽约，1917年），第42-43页；DC：《演讲的艺术》，第82-83页；DC：《公共演讲：基督教青年会教程》（1920年），第3册，第26，84，87-88页；"特别演讲"，第2-28页。

16. 阿尔伯特·哈伯德：《致加西亚的信》，被戴尔·卡内基收入《公共演讲：给商人的实用教程》（纽约，1926），第553-557页。关于哈伯德的生平，参见哈伯：《美国人的成功理念》，第79-85页。

17. 阿尔伯特·哈伯德：《商业》（纽约州东奥罗拉，1913年），第89，158页；DC：《演讲的艺术》，第3-4页；阿尔伯特·哈伯德：《爱情、生活和工作》（纽约州东奥罗拉，1906年），第43-44页；戴尔·卡内基用更长的篇幅将其收入到《人性的弱点》中，第71-72页；维斯：《美国人成功的神话》，第189，191页，强调哈伯德是20世纪早期新思维运动的倡导者。

18. 见《詹姆斯·艾伦：被低估的天才，1864-1912》，见詹姆斯·艾伦的主页 jamesallen. wwwhubs. com；米奇·霍洛维茨：《詹姆斯·艾伦：生平简介》，见詹姆斯·艾伦：《人生的思考》（纽约，1909年）。

19. 关于詹姆斯·艾伦的文章《人生的思考》，见DC：《公共演讲：基督教青年会教程》（1920年），第4册，第2部，第2-23页。

20. 《商业哲学家杂志》的编辑亚瑟·J. 福布斯给戴尔·卡内基的信，1921年11月8日，戴尔·卡内基将其收入到《公共演讲：基督教青年会教程》，第3册，第2部，第122页。

21. 哈伯：《美国人的成功理念》，第145-164页；"奥里森·斯威特·马登（1850-1924）：成功杂志创始人"，见orisonswettmarden. wwwhubs. com，上面介绍了马登的生活和工作；萨斯曼：《作为历史的文化》，第279页，涉及马登在其著作中讨论了从个性到性格的转向。

22. 见下列马登著作：《直面美国成功人士》（1903），第Ⅱ页；《信念力》（1909），第ⅷ，x页；《正确思考的奇迹》（1910），第ⅸ-x页。
23. DC：《公共演讲：基督教青年会教程》，第1册，第7页；第3册，第129-130，1，3，22页。该书有不同的版本，都标明马登的"特别演讲"出现在目录中，但是没有在收入正文。但是最有可能的是，这个演讲被命名为"公共演讲"，收入《奋力向前》（1911年版），第411-423页。引文来自第411页。
24. 关于美国20世纪早期的精神疗法，见维斯：《美国人成功的神话》，第195-214页；纳桑·G.海尔：《弗洛伊德和美国人：美国精神分析的兴起，1876-1917》（纽约，1995年），尤其是第4-7章；梅尔：《积极思考的人》，第65-75页；萨特尔：《每个心灵都是一个王国》，第7章"新思维运动和大众心理学"，第217-247页，也分析了20世纪早期新思维运动用与心理学的相互影响。
25. DC：《公共演讲的艺术》，第8，80，308，360页。
26. DC：《公共演讲：基督教青年会教程》，第3册，第37页；第4册，第6，67-68，78，24-35页。
27. 同上书，第2册，第16页；第3册，第44页；第4册，第24页。
28. 威廉·詹姆斯：《宗教经验种种》（纽约，1905年），第94-95，115，108页；威廉·詹姆斯：《人类的力量》，《美国人杂志》（1907年11月），第57-65页。詹姆斯在多处引用了这篇文章，将其更名为《人的能量》。
29. DC：《公共演讲：基督教青年会教程》，第3册，第136页；第4册，第18-19页。
30. H.爱丁顿·布鲁斯：《心理大师》，《美国人杂志》（1910年11月），第71-81页；还可见布鲁斯：《基于科学的新精神治疗》，《美国人杂志》（1910年10月），第773-778页，以及布鲁斯的其他著作：《个性之谜》（纽约，1908年）、《科学的心理治疗》（波士顿，1911年）、《如何有效地控制紧张》（纽约，1919年）以及之后的《自我完善：成功指南》（纽约，1921年）；关于布鲁斯的传记信息，见萨特尔：《每个心灵都是一个王国》，第244页。
31. DC：《公共演讲：基督教青年会教程》，第1册，第26页。
32. 同上书，第2册，第28-29；第4册，第19，69页。
33. 廉·欧内斯特·亨里的诗歌《战无不胜》，被戴尔·卡内基收入《公共演讲：基督教青年会教程》，第3册，第125-126页。
34. 戴尔·卡内基，第44号征兵委员，第10区，征兵登记卡第59号，入伍记录号码为31-9-44-A，日期为1917年6月5日，《一战征兵注册卡，1917-1918》（华盛顿特区，国家档案馆）；"亚普汉克迎接新兵入伍"，《纽约时报》，1917年9月20日；"阿普顿基地"，《布鲁克黑文历史》，http：//www.bnl.gov/bnlweb/history/camp_upton1.asp。
35. DC：《给女儿的信》，第119-20页。
36. DC：《公共演讲：给商人的实用教程》（纽约，1926年），第353，355-356页。
37. 都市调查委员会第23辖区查尔斯·维安上尉给M.麦凯姆副将军的信，1918年7月12日，CA；戴尔·卡内基给阿曼达·卡耐基的信，1918年12月3日；戴尔·卡内基给J.W.卡耐基夫人的信，1919年1月29日。
38. 戴尔·卡内基给J.W.卡耐基夫人的信，1919年1月29日；戴尔·卡内基给J.W.卡耐基夫人的信，1919年5月11日。
39. DC："B-15教学大纲增补：商人如何获得自信并成功演讲"，1919年10月15日，CA。
40. DC：《一年花掉10000美元，我战胜了恐惧》，《美国人杂志》（1918年11月），第50-51，137-139页；J.M.奥尼尔：《关于恐惧的10000个真实故事》，《演讲教育季刊》（1919年3月），第128-137页。
41. 《关于恐惧的10000个真实故事》，第132，135-136页。
42. 同上书，第136，137页。

43. DC：《公共演讲：基督教青年会教程》，第 3 册，第 117 - 134 页。

7　自我放逐与"迷惘的一代"

1. DC：《人性的弱点》，第 12，111，17 页。
2. 同上书，第 16，15，26 页。
3. DC：《人性的优点》，第 134，121 - 122，123 - 124 页。
4. 哈里：《他出售希望》，《周六晚间邮报》，1937 年 8 月 31 日，第 33 页；洛威尔·托马斯：《各位听众，晚上好》（纽约，1976 年），第 109 页。
5. 洛威尔·托马斯给 H. W. 特纳先生的信，1917 年 3 月 8 日，刊登在 1917 年巴尔的摩卡耐基课程广告上，CA。
6. 乔尔·C. 霍奇森：《阿拉伯的劳伦斯和美国文化：制造大洋彼岸的传奇》（康奈提格州韦斯特波特，1995 年），第 11 - 26 页。
7. 同上书，第 11，28 - 30 页。
8. 《他出售希望》，第 33 页；《各位听众，晚上好》，第 200 页；DC：《自传笔记》，未说明标题和日期，CA。
9. 戴尔·卡内基给阿曼达·卡耐基的信，1919 年 8 月；《各位听众，晚上好》，第 200 页；戴尔·卡内基给阿曼达·卡耐基的信，1919 年 7 月 31 日。
10. 《各位听众，晚上好》，第 200 - 201 页；DC：《公共演讲及在工作中影响他人》[纽约，1937（1927）]，第 194 页。
11. 《各位听众，晚上好》，第 201 - 202 页；戴尔·卡内基给阿曼达·卡耐基的信，1919 年 8 月 18 日；DC：《自传式碎片》；《阿拉伯的劳伦斯和美国文化：制造大洋彼岸的传奇》，第 30 - 31 页；《劳埃德周刊》和《泰晤士报》在为《与艾伦比在巴勒斯坦》的表演宣传册上引用了该文，CA。对该演出的完整描述可参见《阿拉伯的劳伦斯和美国文化：制造大洋彼岸的传奇》，第 33 - 35 页。
12. 《与艾伦比在巴勒斯坦》宣传册；戴尔·卡内基给阿曼达·卡耐基的信，1919 年 8 月；戴尔·卡内基给 A. B. 威廉姆森教授的信中大致介绍了这份工作，1925 年 2 月 2 日，CA。
13. 戴尔·卡内基给阿曼达·卡耐基的信，1919 年 8 月；戴尔·卡内基给卡耐基家人的信，1919 年秋，未标明日期；戴尔·卡内基给阿曼达·卡耐基的信，1920 年 1 月 27 日；戴尔·卡内基给阿曼达和詹姆斯·卡耐基的信，1920 年 3 月 12 日。
14. 戴尔·卡内基给阿曼达和詹姆斯·卡耐基的信，1920 年 12 月；戴尔·卡内基给阿曼达·卡耐基的信，1919 年 8 月；戴尔·卡内基给阿曼达和詹姆斯·卡耐基的信，1920 年 3 月 12 日。
15. 《阿拉伯的劳伦斯和美国文化》，第 41 页；DC：《自传式碎片》；戴尔·卡内基给阿曼达和詹姆斯·卡耐基的信，1920 年 5 月 14 日。
16. 戴尔·卡内基给阿曼达和詹姆斯·卡耐基的信，1920 年 5 月 26 日；《他出售希望》，第 33 页。
17. 《各位听众，晚上好》，第 219 页。
18. 戴尔·卡内基给阿曼达和詹姆斯·卡耐基的信，1920 年 12 月。
19. 同上；戴尔·卡内基给 A. B. 威廉姆森教授的信，1925 年 2 月 2 日；宣传册《罗斯·史密斯的飞越：从英国到澳大利亚》，CA。
20. 《戴尔·卡耐基结婚了》，《本顿先驱报》，1921 年 8 月 4 日；"1921 年 7、8、9 月婚姻登记"，《英国和威尔士，婚姻索引：1916 - 2005》（网络数据，Ancestry.com）。
21. 洛丽塔·卡耐基，1922 年 5 月 10 日在罗马申请护照，《美国护照申请，1975 - 1925》（数据来自 Ancestry.com；国家档案记录管理局）；查尔斯·C. 哈里斯：《1900 年美国联邦人口普查》（数据来自 Ancestry.com）；《1910 年美国联邦人口普查》（数据来自 Ancestry.com）。
22. 《戴尔·卡耐基结婚了》；查尔斯·C. 哈里斯：《1920 年美国联邦人口普查》（数据来自

Ancestry. com）；洛丽塔·卡耐基：《1922 年护照申请表》；多萝西·卡内基，视频访谈，1996 年，CA，她在谈话中涉及了丈夫的第一段婚姻。

23. 参见一些戴尔·卡内基在 20 世纪 20 年代于加州给父母的明信片，照片及信件。

24.《来自戴尔·卡内基先生的趣闻》，《本顿先驱报》，1922 年 2 月 10 日；洛丽塔·卡耐基：《1922 年护照申请表》；《戴尔·卡耐基在欧洲过夏天，在那儿书写生活》，《马里维尔论坛》，1922 年 10 月 22 日。

25. 戴尔·卡内基：《丹尼尔·艾佛索尔比库诺更优秀》，《马里维尔民主党论坛》，1923 年 9 月 25 日；DC：《公共演讲：给商人的实用教程》（纽约，1926 年），第 174 - 175 页；一张未标明日期的明信片，加州。

26. 几张未标明日期的明信片，加州；戴尔·卡内基：《戴尔·卡内基说诺德韦县的女孩儿对硬汉倾心不已》，《马里维尔民主党论坛》，1924 年 11 月 13 日；戴尔·卡内基：《给女儿的信》，第 20 - 21 页。

27. 戴尔·卡内基：《戴尔·卡内基说诺德韦县的女孩儿对硬汉倾心不已》，《马里维尔民主党论坛》，1924 年 11 月 13 日。

28.《贝迪逊的生活比巴黎要刺激得多》，剪报，手写标注时间为 1924 年 10 月 18 日，未经引证；《卡耐基说诺德韦的女孩儿很迷人》；卡内基给自己的信，未注明日期，但可能写于 20 世纪 20 年代末期，加州。

29.《戴尔·卡内基在欧洲过夏天，在那儿书写生活》；戴尔·卡内基给阿曼达和詹姆斯·卡内基的信，1920 年 12 月；托马斯·H. 尼尔森给巴黎的珀西·佩肯托先生的信，未注明日期，加州；《你想在公共场合演讲吗？学着站着思考》，《纽约先驱报》（欧洲版，巴黎），1924 年 11 月 25 日；戴尔·卡内基给 A. B. 威廉姆森教授的信，1925 年 2 月 2 日，CA。

30. "卡耐基牧羊犬饲养繁殖农场"，该宣传册未标明日期，加州；詹姆斯·卡内基的"结业促销"声明没有标明日期，但有可能是 1926 年 1 月他过 74 岁生日前后，显然执笔人为戴尔·卡内基，加州；CA 还有十几张德国牧羊犬照片，背后留有洛丽塔的笔迹。

31. 戴尔·卡耐基引自查尔斯·坎普吉尔斯·坎普和爱德华·克拉弗林：《DC：影响数百万人的人》（纽约，1989 年），第 128 页；"我做过的蠢事"文档，1927 年 12 月 31 日；"我做过的蠢事"文档，未标明日期。

32. "我做过的蠢事"文档，1927 年 12 月 9 日；《戴尔·卡内基在欧洲过夏天，在那儿书写生活》；未注明日期的明信片，CA。

33. 哈里曼：《他出售希望》，第 33 - 34 页；《你所不知道的林肯》（纽约，1959（1932）），第 51, 55 - 56, 71 - 72 页。

34.《你所不知道的林肯》（纽约，1959（1932）），第 55 - 56, 77, 84, 86 页。

35. 洛丽塔·卡耐基给戴尔·卡内基的信，1932 年 3 月 16 日。卡内基于 1928 年 1 月 5 日申请了护照，不久后与洛丽塔一起前往德国、瑞士、挪威和法国。记录显示，10 月 5 日，他离开法国的瑟堡，独自返回纽约市。

36.《戴尔·卡耐基跻身著名作家之列》，《马里维尔民主论坛》，1914 年 12 月 6 日。

37.《人性的弱点》，第 62 页；《人性的优点》，第 77 页。

38.《戴尔·卡耐基跻身著名作家之列》；戴尔·卡内基：《丹尼尔·艾佛索尔比库诺更优秀》，《马里维尔民主党论坛》，1923 年 9 月 25 日；《戴尔·卡耐基说诺德韦县的女孩儿对硬汉倾心不已》。

39. 马尔科姆·考利：《从流亡中回归：一位文学的奥德赛》（纽约，1975（1934）），第 9 页。深度阅读"迷惘的一代"的作家，参见克雷格·蒙克：《书写迷惘的一代：侨民自传及美国的现代主义》（爱阿华市，2008 年），较早的相关讨论参见阿尔弗雷德·卡赞：《透视三十年代：所有迷失的人》，第 12 章，见《关于本土：对现代美国散文作品的阐释》（纽约，1942）。

40. 卡尔·凡·多伦：《当代美国小说家，1900－1920》（纽约，1922 年），第 146 页；"新现实主义：舍伍德·安德森和辛克莱·刘易斯"，第八章，参见卡赞：《关于本土：对现代美国散文作品的阐释》。
41. 《我所拥有的一切》（小说手稿），CA。
42. 同上书，第 3，4，31－32 页。
43. 同上书，第 101－102 页。
44. 同上书，第 183－184 页。
45. 同上书，第 20－21，100 页。
46. 同上书，第 10－12 页。
47. 同上书，第 38，88 页。
48. 《前诺德韦居民声称仍然对家乡念念不忘》；"停战协议小说"草稿，CA；戴尔·卡内基的写作剪报，CA。
49. 戴尔·卡内基：《人性的优点》，第 77－78 页。
50. 同上；戴尔·卡耐基：《给女儿的信》，第 21 页。
51. 戴尔·卡耐基给阿曼达和詹姆斯·卡耐基的信，1920 年 5 月 14 日；戴尔·卡耐基给阿曼达和詹姆斯·卡耐基的信，1920 年 5 月 26 日；《戴尔·卡耐基说诺德韦县的女孩儿对硬汉倾心不已》。

8　商业与自我管理

1. 《人性的弱点》，第 2－3，12 页。
2. 同上书，第 54，68－69，42－43，34，126，160，179，98，160，190 页。
3. 《戴尔·卡耐基说诺德韦县的女孩儿对硬汉倾心不已》；《前诺德韦居民声称自己仍然对家乡念念不忘》，1925 年 9 月或 10 月，《马里维尔民主党论坛》；DC：《公共演讲：给商人的实用教程》（纽约，1926 年）。
4. 哈里曼：《他出售希望》，第 36 页；阿道夫·E. 梅尔：《戴尔·卡耐基如何交朋友》，《美国的精神》，1943 年 7 月，第 44 页。
5. 哈里曼：《他出售希望》，第 36 页。
6. 戴尔·卡耐基给 A. B. 威廉姆森教授的信，1925 年 2 月 2 日；基督教青年会学校协会执行秘书威廉·F. 赫什给戴尔·卡内基的信，1920 年 12 月 2 日；戴尔·卡耐基给威廉·F. 赫什的信，1921 年 1 月 8 日。
7. 《戴尔·卡耐基在欧洲过夏天，在那儿书写生活》，《马里维尔论坛》，1922 年 10 月 22 日。
8. DC：《公共演讲：给商人的实用教程》（纽约，1926 年），第 201，37，38－40，153－154，175 页。
9. 同上书，第 7－9 页。
10. 库利奇引用自威廉·艾伦·怀特《巴比伦的清教徒》（纽约，1938 年），第 253 页；詹姆斯·普洛斯罗：《美元时代》（纽约，1954 年），第 224 页。
11. 福特引自史蒂芬·瓦特：《人民的企业巨头：亨利·福特和美国人的世纪》（纽约，2005 年），第 120－122 页；见保罗·博伊尔编：《不朽的幻象：美国人的历史》（马萨诸塞州莱克星顿，1996 年），第 772－773 页，对 20 世纪 20 年代的繁荣景象有简明的描述。
12. 威廉·里奇：《欲望之地：商人、权利和美国新型文化的崛起》（纽约，1988 年），第 xiii－xvi 页。关于新的消费主义的作品，参见沃伦·萨斯曼：《作为历史的文化》（纽约，1984 年）；丹尼尔·霍洛维茨：《消费的道德观：对美国消费文化的态度，1875－1950》（巴尔的摩，1985 年）；关于家政学，参见贝提娜·伯奇：《家庭的科学管理：女王的新装》，《美国文化期刊》（1980 年秋），第 440－445 页；格伦·马修：《只是家庭妇女：美国家政的兴衰》（纽约，1987 年），第六章，《家庭妇女和家庭经济学家》，第 145－171 页。

13. 埃利斯·霍利：《伟大的战争和寻找现代秩序》（纽约，1979年），第 v，80，99 页；金·麦凯德：《美国商业团体中的公司自由主义，1920—1940》，《商业历史评论》（1978年秋），第 342—368 页；里奇：《欲望之地》。

14. DC：《公共演讲：美国基督教青年会学校标准课程》，第 3 册，第 16，19 页；第 4 册，第 69—71，72 页；题为《公共演讲与自信》（1917 年）的广告册，CA。

15. 戴尔·卡内基给 A. B. 威廉姆森教授的信，1925 年 2 月 2 日。

16. DC：《公共演讲：给商人的实用教程》（纽约，1926 年），第 3—5，2 页。

17. 同上书，第 31，228 页。

18. 同上书，第 31，172—173 页。

19. 同上书，第 47，82，332，395—396 页。

20. 同上书，第 134，166，192 页。

21. 同上书，第 401—402 页。

22. 同上书，第 48—49 页。

23. 同上书，第 247，37 页。

24. 沃伦·萨斯曼：《个性及 20 世纪文化的形成》，见《作为历史的文化》（纽约，1984 年），特别是第 280 页。

25. 奥利维尔·祖尼：《组建美国公司，1870—1920》（芝加哥，1995 年），第 201—202 页。也可见关于《组织化的合并》的长篇文学，阿尔弗雷德·D. 钱德勒：《有形的手：美国商业管理革命》；理查德·R. 约翰："精细化、修改、分歧：20 年后论小阿尔弗雷德·D. 钱德勒的《有形的手》"（1997 年夏），第 151—200 页；路易斯·加朗波斯：《技术、政治经济和专业化：组织化合并的核心主题》，《商业历史评论》（1983 年冬），第 471—493 页。

26. "B—15 教学大纲增补：《商人如何获得自信并成功演讲》"；DC：《公共演讲：美国基督教青年会学校标准课程》，第 4 册，第 66—67，85—87 页。

27. 《公共演讲：给商人的实用教程》（纽约，1926 年），第 143—144 页。

28. 同上书，第 203 页。

29. 同上书，第 225，226 页。

30. 同上书，第 228，229，230，238，239，242 页。

31. 同上书，第 423—424 页。

32. 同上书，第 298—299，425，391 页。

33. 理查德·维斯：《美国人成功的神话：从霍拉肖·阿尔杰到诺曼·文森特·皮尔》（伊利诺伊州厄巴纳，1988 年），第 196 页；《公共演讲：给商人的实用教程》（纽约，1926 年），第 389 页。

34. 《公共演讲：给商人的实用教程》（纽约，1926 年），第 240，175，389 页。

35. 同上书，第 386，474—475 页。

36. 同上书，第 387—388 页。

37. 库利奇引用弗兰克·普莱斯波利：《广告的历史与发展》（纽约，1929 年），第 620，622，625 页。

38. 《公共演讲：给商人的实用教程》（纽约，1926 年），第 470，387 页。

39. 布鲁斯·巴顿：《一个无人知晓的人》（纽约，2000（1925）），第 5，18，50，66，33—35，13—18，19—25，42 页。对于巴顿和新的个性文化的深入分析，见杰克逊·李尔斯：《从救赎到自我实现：消费文化中的广告和治疗法根源，1880—1930》，第 29—38 页，选自杰克逊·李尔斯与理查德·W. 福克斯合编：《消费文化：美国历史批评文集，1880—1980》（纽约，1983 年），第 3—38 页。

40. 同上书，第 3—38 页。

41. 相关书目推荐：约翰·G. 卡威尔第：《12 为白手起家的成功人士》；朱迪·希尔基：《性格就是资

299

本：美国镀金时代的成功指南及男性气质》（教堂山，1997 年）。
42. "我做过的蠢事"文档，CA，未标日期的介绍。
43. 同上。
44. 同上。
45. 同上。
46. 同上。
47. 《公共演讲：给商人的实用教程》（纽约，1926 年），第 33，65，140，68，135，231 页。
48. 《公共演讲课能让我收获什么》，宣传册，1930 年，CA。
49. 《费城工程师俱乐部：这是纽约和费城工程师如何从戴尔·卡内基课程中受益的》，宣传册，1930 年，CA。
50. DC：《为什么一位银行家应该学习公共演讲》，《美国银行协会公告》（1927 年 1 月），第 23 - 30 页。
51. 见《他们如何做到了》片段，《美国人杂志》：1929 年 9 月，第 88，174 页；1929 年 10 月，第 78，192 页；1929 年 12 月，第 73 页；1930 年 1 月，第 144 页；1930 年 4 月，第 208 页；1930 年 5 月，第 204 页；1930 年 7 月，第 82，94，124 页；1931 年 1 月，第 80 页。关于阿尔伯特·T. 雷德的简介，见堪萨斯历史协会网站，堪萨斯百科：kshs. org/kansapedia/albert – t – reid/12182。
52. 《美国人杂志》：1929 年 11 月，第 80 页。

9　做你不敢做的事

1. 见罗伯特·L. 海尔波罗那：《美国的经济转型》（纽约，1977 年），第 179，185 页，有关于大萧条产生的影响的相关数据。
2. 戴尔·卡内基的回忆录，见罗斯玛丽·克罗姆编：《别人眼中的戴尔·卡内基》，第 12 页；戴尔·卡内基给霍默·克洛伊的信，1931 年 9 月 15 日（霍默·克洛伊文档，密苏里州立历史学会）；霍默·克洛伊讲述的关于戴尔·卡内基的故事，见《人性的优点》，第 266 - 268 页。
3. 见阿比·康奈尔回忆科伦的文章，《别人眼中的戴尔·卡内基》，第 25 页；戴尔·卡内基给詹姆斯·卡内基的信，1930 年 12 月 31 日，CA。
4. 沃伦·萨斯曼：《文化与责任》（第 196 - 198 页），和《30 年代的文化》（第 154，164 页），选自《作为历史的文化》（纽约，1984 年）。
5. 见大卫·M. 肯尼迪：《自由来自恐惧：大萧条和战争时期的美国人，1929 - 1945》，第 133 - 134 页，简述了罗斯福总统第一次就职演说。
6. 《凝聚你的力量》，《科利尔》（1938 年 3 月 5 日），第 14 - 15 页。
7. 同上，第 14，15，37 页。
8. 见戴尔·卡内基会议中国之行，见《别人眼中的戴尔·卡内基》，第 25 页。在《凝聚你的力量》中，他反复强调自己对中国和美国大萧条的看法。
9. 《卡耐基有效演讲与在工作中影响他人课程》（纽约，1934 年），第 12 页。
10. 戴尔·卡内基给洛威尔·托马斯的信，1934 年 5 月 21 日，洛威尔·托马斯档案；"如何让你加薪升职"，这是为卡内基课程做的报纸整版广告，1932 - 1935 年，CA；《演讲话题和课程计划：戴尔·卡内基课程》（纽约，1934 年），第 27 页。
11. 《演讲话题和课程计划：戴尔·卡内基课程》（纽约，1934 年），第 12 页。
12. 《演讲话题和课程计划：戴尔·卡内基课程》（纽约，1934 年），第 41 - 47 页。
13. 约翰·詹尼：《当你站起来演讲时，你的反应快吗？》，《美国人杂志》（1932 年 1 月），第 94，41 页。
14. "如何让你加薪升职"，这是为卡内基课程做的报纸整版广告，1932 - 1935 年，CA；"恐惧纠缠着你么?",为公共演讲及影响职场中的人所做的整版广告,《新闻周刊》,1935年8月17日;哈里曼:《他出售希望》,第34页。

15.《我能从有效演讲课程中获得什么?戴尔·卡内基回答你的11个疑问》,宣传册,20世纪30年代早期,CA;"如何让你加薪升职",这是为卡内基课程做的报纸整版广告,1932-1935年,CA;戴尔·卡内基:《公共演讲课能让我收获什么》,宣传册,1930年,CA;戴尔·卡内基:《今天我们拥有的》,《读者文摘》(1936年11月),第56页;戴尔·卡内基引自约翰·詹尼:《当你站起来演讲时,你的反应快吗?》,《美国人杂志》(1932年1月),第92页。

16. "如何让你加薪升职";"我能从有效演讲课程中获得什么?";《公共演讲课能让我收获什么》;《卡耐基有效演讲与在工作中影响他人课程》,第15,16页;一封来自纽约广告俱乐部副总裁 H. B. 乐夸特给纽约市商人的信,1933,CA。

17. 哈里曼:《他出售希望》,第12页;约翰·詹尼:《当你站起来演讲时,你的反应快吗?》,第94页;洛威尔·托马斯:"序言",选自DC:《公共演讲及在工作中影响他人》[纽约,1948年(1926年)],第6页。

18. DC:《你所不知道的林肯》[纽约,1959(1932)],第vii页。

19. 霍默·克洛伊给戴尔·卡内基的信,1931年4月7日(霍默·克洛伊文档,密苏里州立历史学会);《你所不知道的林肯》[纽约,1959(1932)],第viii页。

20. 同上,第43,48-49,78,99页。

21. 同上,第133,186-188页。

22. 同上,第44,145,90页。

23. 同上,第32,27-28,42页。

24. 同上,第29,35,96,192页。

25. 同上,第155-56,170页。

26. 萨斯曼:《文化与责任》,第192,199页。

27. 关于"感性的平民主义",见我的《魔法王国:华特·迪斯尼和美国生活方式》(波士顿,1997年),第63-100页;《人民的企业巨头:亨利·福特和美国人的世纪》(纽约,2005年),第401-426页.其他关于20世纪30年代平民主义的书籍有:阿兰·布林克利:《抗议之声:休伊·朗、考夫林神父和大萧条》(纽约,1982年),艾丽卡·多斯:《本顿、普洛克及现代主义政治:从地方主义到抽象表现主义》(芝加哥,1991年)。引文来自萨斯曼:《文化与责任》,第205页。

28. 格特鲁德·艾默里克:《DC:另辟蹊径追寻林肯》,《布鲁克林之鹰》,1936年1月9日;《你所不知道的林肯》,第ix页。关于新萨勒姆重建见本杰明·托马斯:《林肯的新萨勒姆》(伊利诺伊州斯普林菲尔德,1934年),第3章。

29.《你所不知道的林肯》,第21,31,22,36,55页。

30. 同上书,第104,189页。

31.《通过广播听戴尔·卡内基》,新闻简报,1933年8月,CA;卢瑟·F.西斯:《美国广播百科全书,1920-1960》(北卡罗来纳州杰斐逊,2000年),第335页。

32. 戴尔·卡内基给洛威尔·托马斯的信,1934年8月26日,洛威尔·托马斯档案;克鲁特广告公司给洛威尔·托马斯的信,1933年7月7日,洛威尔·托马斯档案;DC:《你所不知道的名人故事》(纽约,1934),第115页。

33. 戴尔·卡内基给洛威尔·托马斯的信,1934年8月28日,洛威尔·托马斯档案;纽约广告俱乐部经理 J. R. 伯顿给戴尔·卡内基的信,1933年8月23日,CA。

34. DC:《给女儿的信》,第82页;"美国国家广播公司的个性——戴尔·卡内基"。

35. "卡内基诉说广播的艰辛",(马萨诸塞州)(劳伦斯电报),1937年3月10日;乔·兰桑:《戴尔·卡内基在福利斯特希尔谈论某些新闻评论员的优点》,《布鲁克林之鹰日报》,1937年3月

28 日。

36. 该节目的广播脚本已经失传了，因此所举的例子来自书中，该书内容经过简单修改后出版。见《你所不知道的名人故事》，第 213，189，57，77，81 页。

37. DC：《公共演讲：给商人的实用教程》（纽约，1926 年），第 428 页；戴尔·卡内基引用了《戴尔·卡内基在福利斯特希尔谈论某些新闻评论员的优点》。

38. 同上书，第 199，228，65，105－107 页；丹尼尔·布尔斯丁：《幻象，或美国梦怎么了》（纽约，1962 年），第 57 页。

39. 戴尔·卡内基给霍默·克洛伊的信，1933 年 12 月 19 日；12 月 14 日；1934 年 5 月 31 日，都选自霍默·克洛伊档案，密苏里州立历史学会。

40. 莫里·克莱因：《破涕为笑：好莱坞对大萧条的答案》，见史蒂文·名茨和兰迪·罗伯特合编的：《好莱坞中的美国：透过电影看美国历史》（纽约，2008 年），第 87 页；安德鲁·伯格曼：《我们在财富之中：大萧条时期的美国及其电影》（纽约，1972 年），P. xvi，167－168 页。还可见凯伦·斯特恩海默：《名人文化和美国梦：群星版及社会流动性》（纽约，2011），特别是第 4 章，题为《摆脱困境：个人失败与大萧条》，第 72－94 页；C. 大卫·海曼：《可怜的富家小女孩》（纽约，1983 年）。

41. 卢瑟·F. 西斯：《美国广播百科全书，1920－1960》（北卡罗来纳州杰斐逊，2000 年），第 335 页；《你所不知道的名人故事》，《纽约期刊》，未注明日期，CA；《你所不知道的名人故事》，加州雷丁，《通讯员自由谈》，未注明日期，CA；"广播传记"，《纽约先驱者论坛》，1934 年 11 月 24 日。

42. 美国国家广播公司艺术家服务推广，收入《卡耐基有效演讲与在工作中影响他人课程》（纽约，1934 年），第 36 页；《美国国家广播公司的个性——戴尔·卡内基》，1934 年 9 月 16 日。

10　诸位，等不及要自我提升了吧？

1. 洛丽塔·鲍嘉和给戴尔·卡内基的信，1932 年 3 月 16 日；洛丽塔·鲍嘉和给戴尔·卡内基的信，时间为 1939 年詹姆斯·卡耐基去世时，CA；多萝西·卡内基访谈，1996 年，CA。

2. 阿曼达·卡耐基给戴尔·卡内基的信，1931 年 8 月 10 日；DC：《给女儿的信》，第 9－10 页。

3. 《利昂·希姆金，西蒙与舒斯特公司的舵手，享年 81 岁》，《纽约时报》，1988 年 5 月 26 日；作者与利昂·希姆金于 1967 年 5 月 26 日访问罗斯玛丽·F. 卡罗尔，《大萧条对美国人看待成功的态度的影响：有关诺曼·文森特·皮尔、戴尔·卡内基和约翰逊·奥康纳的研究》（罗格斯大学博士学位论文，1968 年），第 102－103 页。

4. 利昂·希姆金回忆录，见罗斯玛丽·克洛姆：《别人眼中的卡内基》（纽约花园城，1987 年），第 25 页；希姆金采访卡罗尔，《大萧条对美国人看待成功的态度的影响》，第 103 页。

5. 戴尔引自哈罗德·B. 克莱蒙克：《他出售成功》，《观察》，1948 年 5 月 25 日，第 62 页；霍默·克洛伊：《成功工厂》，《时尚先生》，1937 年 6 月，第 239 页；DC：《演讲题目及课程安排：卡耐基有效演讲与在工作中影响他人课程》，1934 年，第 17 页。

6. DC：《自传式碎片》，20 世纪 50 年代初，CA。

7. 广告和优惠券刊见西蒙与舒斯特公司为该书在《出版人周报》做的宣传插页，1937 年 1 月 23 日，还可见朱莉安·L. 瓦特金斯对施瓦布的广告的讨论，《100 条最优秀的广告》（纽约，1959 年），第 92－93 页，及《如何赢得朋友及影响他人运动》，见 www.dalecarnegie.com。

8. 西蒙与舒斯特公司的宣传插页，《出版人周报》，第 2 页；玛格丽特·凯斯·哈里曼：《他出售希望》，《周六晚间邮报》，1937 年 8 月 14 日，第 33 页；销售记录根据 1949 年版《人性的弱点》卖出书籍的护封计算，共 452 万册；《DC：靠讲授成功学获得成功的人》，《观察》，1937 年 12 月 21 日，第 41 页。维克多·O. 施瓦布在《一则广告卖出百万册图书》一文中讲述了该书成功的广告宣传，《出版人周报》，1939 年 11 月，第 50－52 页。

9. DC：《自传式碎片》；希姆金回忆克罗姆，未整理，《别人眼中的戴尔·卡内基》，第25页；戴尔·卡内基转引自《他出售成功》，《观察》，第62页。

10. DC：《人性的弱点》［纽约，1949年（1936年）］，第56页；《他出售成功》，《观察》，第12，33页。

11. 《人性的弱点》，第3，12，13，15页。

12. 同上书，第19－103页。

13. 同上书，第104－200页。

14. 同上书，第201－235页。

15. 同上书，第201－202页。

16. 同上书，第19，123，88，74，170页。

17. 同上书，第154，94，110－111页。

18. 同上书，第77－78页。

19. 同上书，第55，12－13，28，79页。

20. 同上书，第29，31，93，154页。

21. 同上书，第93，39，40－41，51页。

22. 特克尔的访谈引自沃伦·萨斯曼：《作为历史的文化》（纽约，1997年），第194－195页。

23. 史蒂芬·瓦特：《魔法王国：华特·迪斯尼和美国生活方式》（纽约，1997年），第69－82页。

24. 萨斯曼：《作为历史的文化》，第154－160页；罗斯福总统引自安德鲁·伯格曼：《我们在财富之中：大萧条时期的美国及其电影》（纽约，1972年），第167页。

25. 《人性的弱点》，第16，52，54，17，102页。

26. 《流行，兼并》，《纽约世界电报周末》，1937年2月27日；《他出售成功》，第12页。

27. 对20世纪40年代其他成功学作家的研究，见卡罗尔访谈，"大萧条对美国人看待成功的态度的影响"。

28. DC：《他们如何做到了》，《美国人杂志》：1929年9月，第80页；有关这位工业巨头的生活，参见肯尼斯·沃伦：《工业天才：查尔斯·迈克尔·施瓦布的工作生活》（匹兹堡，2007年）。

29. 《人性的弱点》，第67，168－169，177页。

30. 同上书，第34－35页。还可见第50，67，81，129页。

31. 杰克逊·李尔斯：《从救赎到自我实现：消费文化中的广告和治疗法根源，1880－1930》，杰克逊·李尔斯与理查德·W. 福克斯合编：《消费文化：美国历史批评文集，1880－1980》（纽约，1983年），第8页；DC：《公共演讲：给商人的实用教程》（纽约，1926年），第225页。

32. 《人性的弱点》，第68页。

33. 同上书，第57－103页。

34. 《公共演讲：给商人的实用教程》（纽约，1926年），第228－229页。

35. 《人性的弱点》，第12－13页，和《人性的弱点》刊登在《出版人周报》上的广告，1937年1月23日。

36. 《人性的弱点》，第30，51页。

37. 同上书，第196－199页。

38. 同上书，第25－26，71，42－43，60－61，216，157－158，101页。

11　我们在和感情生物打交道

1. 《人性的弱点》（纽约，1936年），第10，14页；《如何与他人相处》，《文学文摘》，1936年11月21日；霍默·克洛伊：《成功工厂》，《时尚先生》，1937年6月，第112页。

2. 《人性的弱点》，在致辞和目录页前，题为《这本书对你有12种功用》，第27页。

3. 菲利普·雷夫:《弗洛伊德:道德家的思想》[芝加哥,1979 年(1959 年)],第 356 – 357 页。
4. 《我能从有效演讲课程中获得什么?戴尔·卡内基回答你的 11 个疑问》,宣传册,20 世纪 30 年代早期,第 5,12 页;"承认这两点:戴尔·卡内基课程的第一堂课",宣传单,1933 年,CA;"如何让你加薪升职",这是为卡内基课程做的报纸整版广告,1932 – 1935 年,CA。
5. 参见戴尔·卡内基列出的心理学家合伙人名单,见《流行,兼并》,《纽约世界电报周末》,1937 年 2 月 27 日;霍默·克洛伊:《成功工厂》,《时尚先生》,1937 年 6 月,第 239 页。
6. 哈里·A. 奥维斯特:《影响人类行为》(纽约,1925),vii,43 页,以及埃杜阿德·C. 林德曼的书评《工作中使用的心理学》,《新共和杂志》(1926 年 5 月 26 日),第 40 – 41 页。
7. 《影响人类行为》,第 2,3,4,17 – 18,45 – 46 页。
8. 同上书,第 44,49,69 页。
9. DC:"我做过的蠢事"文档,1928 年,还收录了哈利·奥维斯特发表在《麦卡尔月刊》的一篇文章,名为《重塑你的婚姻伴侣》,1928 年 8 月;奥维斯特担任卡内基课程讲师的经历,见《成功工厂》,第 239 页,他对卡内基的影响被理查德·哈伯证实,此人写道:"也许最重要的影响是 H. A. 奥维斯特的《影响人类行为》(1925 年),它囊括了卡内基在其书中提及的大部分应用心理学思想。"引自理查德·M. 哈伯:《美国人的成功理念》(纽约,1971 年),第 235 页。
10. 关于林克的生活和工作,见理查德·S. 泰佐洛:《工业心理学家亨利·C. 林克研究论文集》,《美国人传记辞典》(纽约,1977 年),第 433 – 434 页;唐纳德·梅尔:《积极思考的人:美国人追求健康、财务和个人能力的研究,从玛丽·贝克到诺曼·文森特·皮尔》(纽约花园城,1966 年),第 224 – 230 页;弗兰克·高伯:《第三种力量:亚伯拉罕·马斯洛的心理学》(纽约,1970 年),第 149 – 151 页。关于林克的地位,还可见保罗·S. 阿基里斯:《应用心理学中心理合作的地位》,1937 年 11 月,第 229 – 247 页。
11. 亨利·C. 林克:《回归宗教》(纽约,1936 年),第 89,11,13,69,70 页;还可见《积极思考的人》,第 226 页。
12. 《回归宗教》(纽约,1936 年),第 39 – 40,49,33 – 34 页。
13. 林克在卡内基培训机构做特邀讲师的论述,见克洛伊:《成功工厂》,第 239 页,此处引自《人性的弱点》,第 66 页。
14. 瓦什·杨:《分享财富》(印第安纳波利斯,1931),第 20 – 21,35,49,77,85,46 – 47 页。
15. 瓦什·杨:《积极的付出者:一种更好的生活方式》(纽约,1934),第 15 – 16,39 – 40,18 页。
16. 同上书,第 18,244 页。
17. 《人性的弱点》,第 47 – 48 页和《积极的付出者:一种更好的生活方式》,第 241 页。
18. 阿瑟·弗兰克·佩恩:《工业学科教学方法》(纽约,1926 年)和佩恩:《人类的科学选择》,《科学月刊》(1920 年 7 月 – 12 月),第 544 – 547 页。
19. 阿瑟·弗兰克·佩恩:《我的父母:朋友还是敌人》(纽约,1932 年)。关于佩恩的广播工作,见彼得·J. 贝伦斯:《开始腾空的心理学:世界大战之间的美国广播心理学,1926 – 1939》,《美国心理学家》(2009 年),第 214 – 227 页,他参加卡内基课程的经历,参见《流行,兼并》。
20. 有关比什早期的工作经历,见 dossiers.net/louis – e – bisch/;路易斯·E. 比什:《科学与罪犯》,《大众科学月刊》(1916 年 4 月),第 555 – 558 页;伯恩斯·曼特尔:《1924 – 1925 年度优秀戏剧》(纽约,1926)。
21. 见路易斯·E. 比什的著作,《辩护障碍是软弱的表现》,《曼斯菲尔德日报》,1928 年 9 月 17 日;《富二代,常失败》,《科科莫论坛》,1928 年 4 月 23 日;《自卑情结与畸齿矫正的关系》,《牙医世界》,(1928 年 7 月),第 697 – 698 页。其他比什的文章,见《对好莱坞离婚潮作出的精神分析》,《银幕之书》(1933 年 10 月);《精神病学与广告:为何复制品应该迎合人类的情感》,《出版人之墨》(1938 年 1 月 6 日);《将你的弱势转变为优点》《读者文摘》(1937 年 11 月);《所有演员都有自卑情结吗?》,《故事影片》(1927年8月);《为什么好莱坞的丑闻如此吸引我们?》,《故事影片》(1930年1月)。

22. 路易斯·E. 比什:《为你是个神经质而高兴》(纽约,1936年),第5-13页。
23. 同上,第55,60,223,230页。比什在卡内基课程的教学工作,见《成功工厂》,第239页。
24. 《人性的弱点》,第151,159页。
25. 同上书,第216,229,230页。
26. 同上书,第29,30,230,58-59页。
27. 同上书,第48,112,27页。
28. 同上书,第63,75,172,204-205页。
29. 同上书,第17,189,71,70,190页。
30. 有关皮尔的研究,见卡罗·V. R. 乔治:《上帝的推销员:诺曼·文森特·皮尔和积极思考的力量》(纽约,1993),第88-93页;理查德·M. 哈伯:《美国人的成功理念》[纽约,1987年(1971年)],第315-325页;唐纳德·梅尔:《积极思考的人》,第239-275页。
31. 拿破仑·希尔:《思考致富》[纽约,1963年(1937年)],第27,85,36,68,248页。对于希尔生活和工作的介绍,见约翰·G. 卡威尔第:《12位白手起家的成功人士》[芝加哥,1988年(1965年)],第209-218页;J. M. 艾默特:《拿破仑·希尔的故事》,《成功杂志》(2009年1月6日)。
32. 有两篇关于阿德勒的好文章讨论了他的生活和思想,见瑟夫·拉特纳:《阿尔弗雷德·阿德勒》(纽约,1983年)和马内斯·斯珀波:《孤独的面具:透视阿尔弗雷德·阿德勒》(纽约,1974年)。对阿德勒更具批判性的评价,见拉塞尔·雅各比:《社会健忘症:对墨守成规的心理学之批判》(波士顿,1975年),第21-40页。
33. 见苏珊·奎因:《她自己的想法:凯伦·霍恩的生平》(纽约,1987年)。
34. 小纳桑·G. 海尔:《弗洛伊德和美国人:美国精神分析的兴起和危机,1876-1917》(纽约,1995年),第139页;萨斯曼:《作为历史的文化》,第166,203页;理查德·H. 佩尔斯:《激进视角与美国梦:大萧条时期的文化和社会思潮》(纽约,1973年),第114页。伊莱·扎瑞斯基曾主张对霍恩进行更为激进的解读,将其看作女权主义者及大众左翼战线的倡导者,见《心灵的秘密:精神分析的社会文化史》(纽约,2004年),第208-211页。
35. 《兴起和危机,1876-1917》,第173,139页。对沙利文生平的详细描述,见海伦·斯维克·佩瑞:《美国精神病医师:哈利·斯塔克·沙利文的生平》(马萨诸塞州剑桥,1982年)。
36. 见克里斯托弗·拉什:《无情世界中的港湾:陪你左右的家人》(纽约,1977年),第75页;《兴起和危机,1876-1917》,第175-176页。批评沙利文将"人际关系心理学"作为关键标准,认为美国"精神分析转变成一种对个人健康及成功的崇拜",见克里斯托弗·拉什:《最低限度的自我:混乱时代的精神幸存者》(纽约,1984年),第209-210页;关于沙利文对自尊的论述,见拉尔夫·M. 克劳利:《作为社会批评家的哈利·斯塔克·沙利文》,《美国精神分析学会杂志》(1981年),第211-226页。
37. 《激进视角与美国梦:大萧条时期的文化和社会思潮》,第113-114页;《心灵的秘密:精神分析的社会文化史》,第278-278页;理查德·吉莱斯派:《被生产的知识:霍桑实验的历史》(剑桥,1991年)。
38. 萨斯曼:《作为历史的文化》,第166页。
39. 《人性的弱点》,第58,66页。
40. 同上书,第40,159,36页。
41. 同上书,第92,145,221,127,145,150,58页。
42. 同上书,第135-136页。
43. 《作为历史的文化》,第2页。

44. 《戴尔·卡内基课程：演讲话题和课程计划》（纽约，1934 年），第 39 页；《卡耐基有效演讲与在工作中影响他人的课程》（纽约，1934 年），第 9 页。
45. 《流行，兼并》和洛威尔·托马斯的序言，《人性的弱点》，第 4 页。
46. 杰克·亚历山大：《绿铅笔》，《纽约客》（1937 年 12 月 11 日），第 56 页；来自美国工程师协会的戴尔·卡内基课程宣传册，1930 年，CA；弗兰克·贝特格尔：《我是如何从销售的失败走向成功的》[纽约，1992 年（1947）]，第 6 页；奥蒙德·德拉克的回忆录手稿，题为《与卡内基先生的会面》，第 2 页，CA；《人性的弱点》宣传插页上的表扬信，《出版人周报》，1937 年 1 月 23 日，第 6 页。
47. 杰克逊·李尔斯：《从救赎到自我实现》，杰克逊·李尔斯与理查德·W. 福克斯合编：《消费文化》（纽约，1983 年），第 4 页。
48. 克里斯托弗·拉什：《自恋的文化》（纽约，1978 年），第 250，13 页；李尔斯：《从救赎到自我实现》，第 29 页；理查德·维斯：《美国人成功的神话：从霍拉肖·阿尔杰到诺曼·文森特·皮尔》[伊利诺伊州厄巴纳，1988 年（1969 年）]，第 201 – 202 页。
49. 《人性的弱点》，第 28，29，52 页。
50. 同上书，第 15，69，16，37 页。
51. 菲利普·雷夫：《治疗的胜利》（纽约，1968 年），第 3，5，13，252 页；《弗洛伊德：道德家的思想》，第 356 – 357 页。

12　你做的每件事都源于内心的渴望

1. 多丽丝·布莱克：《赞赏起的作用》，《纽约日报》（1937 年 3 月 14 日）；玛格丽特·马歇尔：《专栏作家纵览：戴尔·卡内基》，《国家》（1938 年 3 月 19 日），第 328 页；《温和的回答》，《纽约时报》，1937 年 2 月 27 日。
2. 戴尔·卡内基与卡内基课程实习生的问答，题为《如何教授有效演讲和人际关系》，1938 年 5 月 21 日，第 3，5 页，CA。
3. DC：《人性的弱点》（纽约，1936 年），第 154，102，40 页。
4. 《滑稽人物》，《时代周刊》，1937 年 9 月 20 日。
5. 欧文·特莱斯勒：《如何失去朋友并疏远他人》（纽约，1937 年），第 14，19，23 – 24 页。
6. 《特莱斯勒，欧文·达特》：《美国名人录》（芝加哥，1943 年），第 2199 页；T. J. 戴维斯采访安妮·肯达尔·特莱斯勒（视频），见 teedysay.blogspot.com，2011 年 8 月 15 日。
7. 《人性的优点》，第 36 – 37，42，45 页。
8. 同上书，第 38，96，41，47 页。
9. 同上书，第 80，101，108，111，160 页。
10. 同上书，第 93，155 – 156 页。
11. 《牧师抨击畅销书》，《布鲁克林书籍透视》，1938 年 3 月 18 日。
12. 《温和的回答》，《赞赏起到作用》；詹姆斯·艾斯维尔：《我的纽约》，《呼喊》（新泽西州帕特森），1937 年 3 月 12 日。
13. 詹姆斯·瑟伯：《面带微笑声音》，《周六文学评论》，1937 年 1 月 30 日，第 6 页；《人性的弱点》，第 92 页。
14. W. W. 伍德拉夫给戴尔·卡内基的信，1942 年 2 月 26 日，波尔斯比档案。
15. 海伍德·布龙：《在我看来》，《亚特兰大报》，1937 年 3 月 2 日；《流行，兼并》，《纽约世界电报周末》，1937 年 2 月 27 日。
16. 《人性的弱点》，第 221 页。
17. 同上书，第 228 页。

18. 同上书,第13,70页。
19. 同上书,第54-55页。
20. 同上书,第36-37,208页。
21. 同上书,第37,92-93页。
22. DC:《如何教授有效演讲和人际关系》,第3,4页,CA。
23. 凯伦·哈尔图宁:《自信的男人与化妆的女人:美国中产阶级文化研究,1830-1870》(纽黑文,1982年),此书对美国生活中自信男人的兴起进行了深刻的分析,她对戴尔·卡内基的论述曾对我产生了影响,见第208-210页。
24. 辛克莱·刘易斯:《汽车界的好好先生》,《新闻周刊》,1937年11月15日,第31页。
25. 戴尔·卡内基与J. 贝尔格·艾森维恩:《演讲的艺术》(马萨诸塞州斯普林菲尔德,1915年),第103-104,263页;戴尔·卡内基引自《流行,兼并》。
26. 《人性的优点》,第43,246-247页。
27. 同上书,第189,180,186页。1922年,门肯曾使用"愚民大众"一词来诽谤美国中产阶级及其宗教性的、消费至上的和道德说教的倾向。《美国的精神》月刊上有一个门肯的专栏,主要发表一些关于愚民大众的文章。见特里·提乔特:《怀疑论者:H. L. 门肯的生活》(纽约,2003年)。
28. 辛克莱·刘易斯:《汽车界的好好先生》,《新闻周刊》,1937年11月15日,第31页。
29. 辛克莱·刘易斯:《一个人的革命》,《新闻周刊》,1937年2月15日,第33页。马克·肖勒在自己的传记式著作中讨论了刘易斯,以及后者在20世纪40年代末的很多演讲中将卡内基贬低为"市侩主义的诗人",参见《辛克莱·刘易斯:一种美国式的生活》(纽约,1961年),第634页。
30. 《人性的弱点》,第13,16,52,69页;《戴尔心在诺德韦》,选自他发表在20世纪30年代的报纸文章,《戴尔·卡内基的每日专栏》,日期不明,CA。
31. 《牧师抨击畅销书》。
32. 菲尔莫尔·海德:《你的信号》,《信号》,1939年6月3日,第11页。
33. 《人性的弱点》,第127-128页。
34. 有关本次工人冲突的讨论,参见罗恩·切诺:《提坦:约翰·D·洛克菲勒的一生》(纽约,1998年),第29章;托马斯·G. 富兰克林:《煤炭谋杀:美国最致命的工人战争》(马萨诸塞州剑桥,2008年)。
35. 《人性的弱点》,第13,75页。
36. 同上书,第184,198页。
37. 同上书,第60,73-74,197页。
38. 《牧师抨击畅销书》和《专栏作家纵览》。
39. 《汽车界的好好先生》,第31页;《专栏作家纵览》,第328页。

13　让你赢得不负众望的好口碑

1. 关于怀廷对此事的回忆,参见威廉·朗固德:《谈谈你的成功之路:戴尔·卡内基培训的故事》(纽约,1962年),第227-228页。
2. 《作家戴尔·卡内基体验过贫穷》,《阿克隆时代快讯》,1937年4月13日;DC:《自传式碎片》,20世纪50年代早期,CA。
3. 《商界弥赛亚》,《威奇托灯塔报》称赞他为1940年10月12日;《作家戴尔·卡内基……体验过贫穷》,《阿克隆时代快讯》,1937年4月13日;《交友大师来了》和《戴尔·卡内基介绍影响他人的艺术》,均参见《孟菲斯商业焦点》,1941年1月13日。
4. 《阿什维尔市民报》,1939年3月23日。
5. 玛格丽特·凯斯·哈里曼:《他出售希望》,《周六晚间邮报》,1937年4月4日,第12-13,30,

33－34页；霍默·克洛伊：《成功工厂》，《时尚先生》，1937年6月，第112, 239－241页；《一分钟传记》，《观察》，1937年6月8日，第12页；《如何赢得朋友并影响他人》，《观察》，1937年4月，第34－35页；《DC：靠讲授成功学获得成功的人》，《观察》，1937年12月21日，第31－32页。

6. 哈罗德·B. 克莱蒙克：《他出售成功》，《观察》，1948年5月25日，第68页。
7. 哈里曼：《他出售希望》，第34页；卡尔·安德森：《亨利：美国最有意思的年轻人》，《纽约每日镜报》，1939年11月13日。
8. 塔楼香烟广告，CA。
9. DC：《自传式碎片》，20世纪50年代初期，CA；艾比·康奈尔回忆录，见罗斯玛丽·克罗姆：《别人眼中的卡内基》（纽约花园城，1987年），第12页。
10. 卢瑟·F. 西斯：《美国广播百科全书，1920－1960》（北卡罗来纳州杰斐逊，2000年），第148页；吉尔斯·坎普和爱德华·克拉夫林：《DC：影响了数百万人的人》（纽约，1989年），第142－143页。
11. 洛威尔·托马斯和泰德·舍恩：《垒球！那又怎么？》（纽约，1940年），第98－106页。
12. 同上书，第106－111, 125页。
13. 同上书，第101, 116－117, 225－226页。
14. 同上书，第71, 104, 6, 118页。
15. 霍默·克洛伊给戴尔·卡内基的信，1940年3月30日，CA；《垒球！那又怎么？》，第12, 13, 137页。
16. 《垒球！那又怎么？》，第10－11页。
17. DC：《公共演讲：给商人的实用教程》（纽约，1926年），第428页；DC：《人性的弱点》（纽约，1936年），第14页。
18. 戴尔·卡内基的日记，1939年4月24日，CA。
19. DC：《自传式碎片》，20世纪50年代初，CA。
20. 同上。
21. 戴尔·卡内基引用自吉尔斯·坎普和爱德华·克拉夫林：《DC：影响了数百万人的人》，第160页。
22. 戴尔·卡内基给霍默·克洛伊的信，1938年10月31日，密苏里国立历史学会；阿比吉尔·康奈尔回忆录，见罗斯玛丽·克罗姆：《别人眼中的卡内基》（纽约花园城，1987年），本书内有几张卡内基家的照片；2011年6月6－8日，作者访谈琳达·奥芬巴赫·波尔斯比，她讲述了在童年时多次拜访卡内基家的回忆。
23. 2011年3月23日，访问戴尔·卡内基的外孙女布兰达·雷·约翰逊；戴尔·卡内基给洛威尔·托马斯的信，1936年2月20日，洛威尔·托马斯档案，玛利亚教会学员档案馆及特别藏馆。
24. 戴尔·卡内基给阿曼达·卡耐基的信，1938年2月18日，CA。
25. 见克利夫顿·卡耐基给戴尔·卡内基的信，1939年12月20日，CA；戴尔·卡内基给克利夫顿·卡耐基的信，1939年12月23日，CA。
26. 见戴尔·卡内基剪贴本上的报纸剪报和马里维尔报纸上的讣告，诺德韦县历史学会；戴尔·卡内基给伊萨多和弗丽达·奥芬巴赫的信，1939年12月8日，LPA。
27. 1938年报纸简报和有关戴尔·卡内基1939年日本之行的剪贴簿，都在CA。
28. 戴尔·卡内基的日记，1939年5月11日，12日，CA。
29. 作者对琳达·波尔斯比的访谈，2011年6月6－8日。
30. 同上，她讲述了一位年长的亲戚有关古巴游轮的回忆。她保管着《鲜为人知的名人故事》的题字版。
31. 有关伯科威茨·伯克一家的情况，见ancestry.com；作者对琳达·波尔斯比的访谈。

32. 作者对琳达·波尔斯比的访谈。

33. 同上；弗丽达·伯克的文件，见 ancestry.com。

34. 作者对琳达·波尔斯比的访谈，伊萨多·埃德蒙·奥芬巴赫的文件，见 ancestry.com；"沙洛姆（所罗门）奥芬巴赫"的相关信息，参见 familytreemaker.genealogy.com，该网站包括大量伊萨多·奥芬巴赫的回忆录，录制于20世纪80年代，讲述了20世纪初父亲的生活和自己的童年。

35. 作者对琳达·波尔斯比的访谈。

36. 同上，和卡罗尔·库尔访谈。

37. 弗丽达·奥芬巴赫给戴尔·卡内基的信，1942年夏，CA。

38. 戴尔·卡内基的日记，1939年春，CA；弗丽达·奥芬巴赫：《养殖周期早期阶段与毒性的关系》，《实验生物医药学会动态》，1936年11月，第35卷，第385—386页；戴尔·卡内基给琳达·戴尔·奥芬巴赫的信，1938年7月12日，LPA。

39. 弗丽达·奥芬巴赫给戴尔·卡内基的信，1942年夏，CA；作者对琳达·波尔斯比的访谈；戴尔·卡内基给弗丽达·奥芬巴赫的电报，1940年8月26日，LPA；戴尔·卡内基给弗丽达·奥芬巴赫的信，1940年8月22日，LPA。

40. 弗丽达·奥芬巴赫给戴尔·卡内基的信，1942年夏，CA；弗丽达·奥芬巴赫给戴尔·卡内基的信，1942年秋，CA；弗丽达·奥芬巴赫给戴尔·卡内基的信，1941年初夏，CA。

41. 弗丽达·奥芬巴赫给戴尔·卡内基的信，1942年夏，CA；戴尔·卡内基给弗丽达·奥芬巴赫的信，1939年12月22日，LPA；戴尔·卡内基给弗丽达·奥芬巴赫的信，1940年11月24日，LPA。

42. 戴尔·卡内基和弗丽达·奥芬巴赫的照片，LPA。

43. 作者对琳达·波尔斯比的访谈。

44. 戴尔·卡内基给伊萨多·奥芬巴赫的信，1939年12月20日，LPA。

45. 戴尔·卡内基给奥芬巴赫小姐和伊萨多·奥芬巴赫夫人的电报，西部联合电报公司，1938年6月8日，LPA；戴尔·卡内基给琳达·戴尔·奥芬巴赫的信，1938年7月12日，LPA。

46. 戴尔·卡内基给琳达·戴尔·奥芬巴赫的信，1939年7月8日；戴尔·卡内基给琳达·戴尔·奥芬巴赫的信，1939年12月3日；戴尔·卡内基给琳达·戴尔·奥芬巴赫的信，1940年4月1日；戴尔·卡内基给琳达·戴尔·奥芬巴赫的信，1940年7月6日，LPA；戴尔·卡内基给琳达·戴尔·奥芬巴赫的信，1940年9月9日，LPA。

47. 戴尔·卡内基给琳达·戴尔·奥芬巴赫的信，1939年7月8日，LPA；戴尔·卡内基给琳达·戴尔·奥芬巴赫的信，1955年6月，LPA。

48. 作者对琳达·波尔斯比的访谈。

49. 戴尔·卡内基给伊萨多和弗丽达·奥芬巴赫的信，1939年12月8日；戴尔·卡内基给弗丽达·奥芬巴赫的信，1940年9月8日；戴尔·卡内基给琳达·戴尔·奥芬巴赫的信，1940年4月1日；戴尔·卡内基给琳达·戴尔·奥芬巴赫的信，1940年6月6日，都在LAP。

14 找到你喜欢的工作

1. 阿道夫·E.梅尔：《戴尔·卡内基如何交朋友》，《美国的精神》，1943年7月，第40，44—45页；科里·斯莫尔：《DC：传播成功信息的人》，《科利尔》，1949年1月15日，第36页；哈罗德·B.克莱蒙克：《他出售成功》，《观察》，1948年5月25日，第67—68页。

2. 《卡内基促使长达四个月的诽谤得以暂停》，《查塔努加每日时报》，1940年3月11日；《戴尔·卡内基学校开学》，《威奇托灯塔报》，1940年10月14日；"初级商会邀请戴尔·卡内基到堪萨斯市"广告，《堪萨斯市新闻》，1940年4月3日。

3. 戴尔·卡内基给富兰克林·D.罗斯福的信，1940年5月20日，CA；哈利·哈姆给罗斯玛丽·克罗姆写的信，1985年2月27日，CA。

4. 《上流社会中的吉格斯和玛姬》，见 movies. amctv. com。
5. 《伟大的笨蛋》，见 tcm. com。
6. 大卫·L. 科恩：《过去的美好时光》（纽约，1940 年），第 469 页。
7. 杰克·亚历山大：《绿铅笔》，《纽约客》（1937 年 12 月 11 日），第 42 页。
8. 同上书，第 42，43 页。
9. 同上书，第 58，60 页。
10. 同上书，第 50，55，58，50 – 52，62 页。
11. 同上书，第 42 页；霍默·克洛伊：《成功工厂》，《时尚先生》，1937 年 6 月，第 241 页。
12. 《戴尔·卡内基培训史》（戴尔·卡内基合伙公司宣传册，1997 年），第 8 页；《成功工厂》，第 112 页。
13. 《成功工厂》，《时尚先生》，1937 年 6 月，第 112，236 页；《流行，兼并》，《纽约世界电报周末》，1937 年 2 月 27 日。
14. 《戴尔·卡内基培训史》（戴尔·卡内基合伙公司宣传册，1997 年），第 8 页；DC：《自传式碎片》，20 世纪 50 年代早期，CA。
15. 《自传式碎片》，20 世纪 50 年代早期，CA。
16. 亚瑟·西科德给罗斯玛丽·克罗姆的信，1985 年 10 月 11 日，CA；《人性的优点》，第 83 页；作者采访奥利·克罗姆，2012 年 3 月 2 日，此人确认了卡内基买大楼的错误。
17. 《自传式碎片》，20 世纪 50 年代早期，CA。
18. 威廉·朗固德：《谈谈你的成功之路：戴尔·卡内基培训的故事》（纽约，1962 年），第 51 – 52，9 页。
19. 《绿铅笔》，第 43，60，62 页；J. P. 麦艾维：《他利用别人的恐惧赚钱》，《贵宾》，1948 年 11 月，第 25 页；珀西·H. 怀廷：《推销的五大黄金原则》（纽约，1947 年）；《戴尔·卡内基培训史》，第 910 页；DC：《自传式碎片》，20 世纪 50 年代早期，CA；阿曼德·德雷克：《认识戴尔·卡内基》回忆录，第 4 页，CA。
20. 《他出售成功》，第 62，65 页。
21. 《他利用别人的恐惧赚钱》，第 23 – 24 页。
22. 参见以下回忆录部分，罗斯玛丽·克罗姆：《别人眼中的卡内基》（纽约花园城，1987 年），雷德·斯多瑞见第 25 页；帕特·琼斯见第 21 页。还可见第 8 页的约翰·博格斯回忆录。
23. 肯·鲍顿给罗斯玛丽·克罗姆的信，1986 年 11 月 29 日，CA。
24. 布里克·布里克尔：《回忆录》，20 世纪 80 年代，CA。
25. 肯·鲍顿给罗斯玛丽·克罗姆的信，1986 年 11 月 29 日，CA；布里克·布里克尔：《回忆录》，20 世纪 80 年代，CA。
26. 肯·鲍顿给罗斯玛丽·克罗姆的信，1986 年 11 月 29 日，CA；R. G. 桑德森给罗斯玛丽·克罗姆的信，1985 年 2 月 5 日，CA。
27. 在《别人眼中的卡内基》中，罗杰·杰克逊回忆的部分，第 20 – 21 页；亚瑟·西科德回忆的部分，见第 25 页。
28. 同上书，哈里·O. 哈姆的回忆部分，见第 19 页，雷德·斯多瑞的回忆部分，见第 27 页。
29. 约翰·博格斯给罗斯玛丽·克罗姆的信，1985 年 3 月 28 日，CA。
30. 威廉·A. D. 米利森：《对戴尔·卡内基的教学方法作出的评价》，《演讲教育季刊》，第 27 卷，第一期（1947 年），第 67 – 73 页，引自第 73 页。还可见阿兰·尼古拉斯：《雷·吉斯勒·伊莫尔》，《演讲教育季刊》，第 32 卷，第一期（1946 年），第 31 – 33 页。
31. 《推销员的观点》，《阿什维尔（北卡罗来纳）市民》，1939 年 3 月 26 日；《战争纳粹》，《日内瓦（纽约）时报》，1939 年 4 月 12 日。

32. 《戴尔·卡内基说他的书在德国销售良好,但可能不会改善当前局势》,《诺克斯维尔新闻——哨兵》,1941年11月20日。
33. 《戴尔·卡内基期待美国能给予更多战争援助》,《温哥华太阳报》,1940年11月18日;《戴尔·卡内基说他的书在德国销售良好》。
34. 《戴尔·卡内基担心他无法让希特勒的个性作出多大改变——"他不正常"》,《查塔努加新闻——自由评论》,1941年3月10日;《只有枪炮才能解决希特勒的爪牙》,《俄克拉荷马日报》,1941年1月26日。
35. 《成功生活的哲学》,《洛杉矶哈罗德快讯》,1939年9月21日。
36. 《卡内基说:日本撤下了纳粹旗》及其漫画配图,见《纽约每日镜报》,1939年10月6日。
37. 《成功生活的哲学》和《讲述世界灾难的起因》,《俄勒冈人波特兰》,1940年9月。
38. 《交友大师作家不害怕大灰狼——即使它是希特勒》,《棕榈滩邮报》,1941年2月18日。
39. 战争债券广告,《华盛顿邮报》,1943年5月3日。
40. 《戴尔·卡内基说他的书在德国销售良好,但可能不会改善当前局势》;《朋友和影响》,《纽约客》,1943年5月20日;阿道夫·E. 梅尔:《戴尔·卡内基如何交朋友》,《美国的精神》,1943年7月,第48页;1947年广告单页,剪贴簿内容,CA。
41. 《戴尔·卡内基教给女大学生如何找到丈夫并与之幸福生活》,《学生》(密苏里中央州立师范学院),1940年4月9日;《卡内基指责美国学校教育不实用》,《奥兰多岗哨——明星报》,1941年3月2日。
42. 《卡内基倡导的青年指南》,《博蒙特(德克萨斯)日报》,1939年3月15日。
43. 《你是否正因为没有上过大学而自卑?》,文章手稿写于20世纪40年代,CA,第1-2页;DC:《我从未有过上大学的机会》,文章手稿写于20世纪40年代,CA,第3页。
44. 《你是否正因为没有上过大学而自卑?》,文章手稿写于20世纪40年代,CA,第12-13,15-16页。
45. 《赞扬依然来自卡内基》,《博蒙特(得克萨斯)日报》,1939年4月2日;《我从未有过上大学的机会》,第10页;《卡内基指责美国学校教育不实用》。

15　他拥有全世界

1. 埃里克·埃里克森:《身份与生命周期》[纽约,1980年(1959年)],第103-104页。
2. 布里克·布里克尔,回忆录,20世纪80年代,CA。
3. 哈罗德·B. 克莱蒙克:《他出售成功》,《观察》,1948年5月25日,第60页。
4. 同上书,第68页;阿道夫·E. 梅尔:《戴尔·卡内基如何交朋友》,《美国的精神》,1943年7月,第46-47页。
5. 哈罗德·B. 克莱蒙克:《他出售成功》,《观察》,1948年5月25日,第65页;科里·斯莫尔:《DC:传播成功信息的人》,《科利尔》,1949年1月15日,第70页。
6. 《戴尔·卡内基如何交朋友》,《美国的精神》,1943年7月,第46-47页;《DC:传播成功信息的人》,第70页。
7. 布里克·布里克尔,回忆录,20世纪80年代,CA。
8. 《DC:传播成功信息的人》,第70页;布里克·布里克尔,回忆录,20世纪80年代,CA。
9. 罗斯玛丽·克罗姆,《别人眼中的戴尔·卡内基》,第12-13页;布里克·布里克尔,回忆录,20世纪80年代,CA。
10. 约翰·斯普林德的回忆录,见《别人眼中的戴尔·卡内基》,第26页;布里克·布里克尔,回忆录,20世纪80年代,CA。
11. 玛丽琳·伯克给罗斯玛丽·克罗姆的信,1985年5月13日,CA。

12. 戴尔·卡内基夫人:《世界上最伟大的妻子》(纽约,1953年),第171-172页;阿曼德·德雷克:《认识戴尔·卡内基》回忆录,第5页,CA;《扶轮国际社成立20周年》,《马里维尔每日论坛》,1948年6月4日。
13. 参见洛威尔·托马斯的文件中的下列信件,玛利亚教会学员档案馆:戴尔·卡内基给洛威尔·托马斯的信,1940年6月1日;戴尔·卡内基给洛威尔·托马斯的信,1942年1月1日;戴尔·卡内基给洛威尔·托马斯的信,1944年4月11日;戴尔·卡内基给洛威尔·托马斯的信,1947年12月17日;还可见作者对奥利弗·克罗姆的访谈,2012年3月2日。
14. 《超人戴尔》,《纽约客》,1949年3月26日,第18-19页。
15. 《休闲设施和西部的好客吸引卡内基到此》,《拉勒米的回声》,1943年6月18日。
16. 《DC:传播成功信息的人》,第70页;亚瑟·西科德给罗斯玛丽·克罗姆的信,1985年10月11日。
17. 《你是否正因为没有上过大学而具有自卑情结?》,文章手稿写于20世纪40年代,CA,第7-8页;约翰·斯普林德的回忆录,见《别人眼中的戴尔·卡内基》,第26页;哈利·哈姆给罗斯玛丽·克罗姆写的信,1985年2月27日,CA。
18. 哈利·哈姆给罗斯玛丽·克罗姆写的信,1985年2月27日,CA;约翰·斯普林德的回忆录,见《别人眼中的戴尔·卡内基》,第26页;《他出售成功》,第65-66页。
19. 《马里维尔每日论坛》,1940年3月25日;《戴尔·卡内基在母亲的启发下完成了新书》,《马里维尔每日论坛》,1948年6月4日。关于戴尔·卡内基的密苏里之行,见《戴尔·卡内基来此休养几日》,《马里维尔每日论坛》,1941年5月29日;《戴尔·卡内基教给女大学生如何找到丈夫并与之幸福生活》,《学生》(密苏里中央州立师范学院),1940年4月9日;《戴尔·卡内基来访》,《马里维尔每日论坛》,1945年10月15日;《扶轮国际社成立20周年》,《马里维尔每日论坛》,1948年6月4日;吉斯·坎普和爱德华·克拉夫林:《DC:影响了数百万人的人》(纽约,1989年),第166页;《他出售成功》,第66页;玛丽琳·伯克给罗斯玛丽·克罗姆的信,1985年5月13日,CA。
20. 《传播成功信息的人》,第36,70页;约翰·斯普林德的回忆录,见《别人眼中的戴尔·卡内基》,第26页;《人性的优点》,第83页。
21. 布兰达·雷·约翰逊给作者的信,2012年2月7日;作者对奥利弗·克罗姆的访谈,2012年3月2日;威廉·朗固德:《谈谈你的成功之路:戴尔·卡内基培训的故事》(纽约,1962年),第52-53页;《他出售成功》,第68页。
22. 《DC:传播成功信息的人》,第70页;布兰达·雷·约翰逊给作者的信,2012年2月7日;《人性的优点》,第154页;作者对奥利弗·克罗姆的访谈,2012年3月2日。
23. 布兰达·雷·约翰逊给作者的信,2012年2月7日;《中央高中年鉴》(塔尔萨),1930年。
24. 布兰达·雷·约翰逊给作者的信,2012年2月7日;1931年《俄克拉荷马大学年鉴》,第139页;《多萝西·卡内基必然会成功》,《棕榈滩邮报》(转载自《纽约时报》),1973年5月29日;作者对奥利弗·克罗姆的访谈,2012年3月2日。
25. 布兰达·雷·约翰逊给作者的信,2012年2月7日;《多萝西·卡内基必然会成功》;《前戴尔·卡内基总裁多萝西·卡内基·里夫金去世,享年85岁》,《纽约时报》,1998年8月8日;作者对奥利弗·克罗姆的访谈,2012年3月2日;作者对唐娜·卡内基的访谈,2012年8月1日。
26. 《谈谈你的成功之路:戴尔·卡内基培训的故事》,第53页;《马里维尔每日论坛》,1944年10月23日;《DC:影响数百万人的人》,第162页;婚礼声明,《时代周刊》,1944年11月13日,第42页。
27. 哈里·O.哈姆的回忆部分,见《别人眼中的戴尔·卡内基》,第19页。
28. 戴尔·卡内基夫人:《世界上最伟大的妻子》(纽约,1953年),第107-110页。

29. 《他出售成功》，第68页；布兰达·雷·约翰逊给作者的信，2012年2月7日；李·马伯的回忆部分，见《别人眼中的戴尔·卡内基》，第22页。
30. 布兰达·雷·约翰逊给作者的信，2012年2月7日；《我从未有过上大学的机会》，第11页。
31. 《DC：传播成功信息的人》，第70页；布兰达·雷·约翰逊给作者的信，2012年2月7日；作者对奥利弗·克罗姆的访谈，2012年3月2日。
32. 《戴尔·卡内基来访》，《马里维尔每日论坛》，1945年10月15日。
33. 《谈谈你的成功之路：戴尔·卡内基培训的故事》，第51-54页；《戴尔·卡内基培训史》（戴尔·卡内基合伙公司宣传册，1997年），第9页。
34. 作者对奥利弗·克罗姆的访谈，2012年3月2日。
35. 布兰达·雷·约翰逊给作者的信，2012年2月8日；作者对奥利弗·克罗姆的访谈，2012年3月2日；《我从未有过上大学的机会》，第11页。
36. 罗斯玛丽·克罗姆：《别人眼中的戴尔·卡内基》，第13-14页。
37. 布兰达·雷·约翰逊给作者的信，2012年2月8日；作者对奥利弗·克罗姆的访谈，2012年3月2日。
38. 《生活》，1950年5月1日，第9页。
39. 罗斯玛丽·克罗姆：《别人眼中的戴尔·卡内基》，第14页。
40. 戴尔·卡内基给琳达·戴尔·奥芬巴赫的信，1944年7月3日，LPA。
41. 弗丽达·奥芬巴赫给戴尔·卡内基的信，1941年初夏，1942年夏，CA；戴尔·卡内基给琳达·戴尔·奥芬巴赫的信，1944年7月3日，LPA；戴尔·卡内基给琳达·戴尔·奥芬巴赫的信，1942年7月7日，LPA；戴尔·卡内基给琳达·戴尔·奥芬巴赫的信，1943年7月7日，LPA；戴尔·卡内基给琳达·戴尔·奥芬巴赫的信，1943年7月7日，LPA；戴尔·卡内基给琳达·戴尔·奥芬巴赫的信，1941年7月7日，LPA；戴尔·卡内基给琳达·戴尔·奥芬巴赫的信，1942年7月8日，LPA；戴尔·卡内基给琳达·戴尔·奥芬巴赫的信，1942年8月18日，LPA。
42. 《DC：自我控制》，《斯波坎每日记事》，1939年7月5日。
43. 作者对琳达·波尔斯比的访谈，2011年6月6-8日。
44. 戴尔·卡内基给琳达·奥芬巴赫的信，1941年7月7日，LPA；戴尔·卡内基给琳达·戴尔·奥芬巴赫的信，1942年7月7日，LPA；戴尔·卡内基给琳达·戴尔·奥芬巴赫的信，1943年7月7日，LPA；戴尔·卡内基给琳达·戴尔·奥芬巴赫的信，1948年12月6日，LPA。
45. 戴尔·卡内基给琳达·奥芬巴赫的信，1941年7月7日，LPA；戴尔·卡内基给琳达·戴尔·奥芬巴赫的信，1942年7月7日，LPA；戴尔·卡内基给琳达·戴尔·奥芬巴赫的信，1943年7月7日，LPA；无标题、无签名的文档，1942年7月24日，LPA。
46. 戴尔·卡内基给琳达·戴尔·奥芬巴赫的信，1942年7月7日，LPA；戴尔·卡内基给琳达·戴尔·奥芬巴赫的信，1949年2月17日，LPA。
47. 作者对琳达·波尔斯比的访谈，2011年6月6-8日。
48. 戴尔·卡内基给弗丽达·奥芬巴赫的信，1950年9月1日，LPA；琳达·波尔斯比的签名书籍《传记综述》（森林山，1944年），戴尔·卡内基的签名时间为1950年圣诞节。

16　消除忧虑可长寿

1. 《美国的奇迹》，《观察》，1948年5月25日，第56-57页。还可见罗伯特·格里斯：《美国销售：广告协会和美国政治，1942-1960》，《商业历史评论》（1983年秋），第388-412页。
2. 《美国的奇迹》，第56、57页。
3. "关于追求幸福的一次生活圆桌会议"，《生活》，1948年7月12日，第95-113页。
4. 同上书，第95、97页。

5. 同上书，第 112 – 113 页。
6. DC：《人性的优点》（纽约，1948 年），第 xiii – xiv 页。
7. 《临门一脚》，《时代周刊》1948 年 6 月 14 日，第 101 页。
8. 《人性的优点》（纽约，1948 年），第 20 – 21 页。
9. 同上书，第 xiii, 219, 18 页。
10. 同上书，第 19 – 20 页。
11. 同上书，第 38, 225 – 230 页。
12. 同上书，第 49, 53 页。
13. 同上书，第 2 – 3, 6 页。
14. 同上书，第 8 章，第 214 – 221 页，特别是第 214 – 215, 217 页。
15. 同上书，第 xv 页。
16. 同上书，第 13, 25 页。
17. 同上书，第 xi – xiii, 21 页。哈德菲尔德，见第 91 页；门宁格，见第 21, 217 页；阿德勒，见第 128, 138, 139 页，荣格，见第 142, 156 页；林克，见第 143 – 144, 153 页；布里尔，见第 153 页；詹姆斯，见第 13, 67 – 68, 97, 99, 152, 154, 157 页。
18. 同上书，第 4 – 6, 219, 225, 18, 21 页。
19. 同上书，第 190 – 191, 13, 48 – 49 页。
20. 同上书，第 4 章，第 89 – 148 页，特别是第 93 页。
21. 同上书，第 20, 89, 97, 90 页。
22. 同上书，第 91, 89, 95, 97 页。
23. 同上书，第 152 – 153 页。
24. 同上书，第 153, 157 页。
25. 同上书，第 157 – 158 页。
26. 大卫·利斯曼：《孤独的人群：美国人性格的变化》［康涅狄格州纽黑文，1973 年（1950 年）］。
27. 同上书，第 20, 21, 22, 25, 45 – 46 页。
28. 同上书，第 xxxii 页。
29. 同上书，第 16, 15 页；还可参见第 45, 47 页。
30. 同上书，第 24 – 25, 160 页；还可参见第 47 – 48, 51, 261 页。
31. 1954 年 9 月 27 日，《时代周刊》的封面故事为《社会科学家大卫·利斯曼：何为美国性格？》，正文标题为《自由——新风格》，第 22 – 25 页。引文选自第 22 页。对《孤独的人群》一书的历史文化作用所进行的更为深刻的分析，见陶德·吉特林：《我们有多孤独》，《纽约时报》，2000 年 1 月 9 日。
32. 见威廉·S. 格莱伯纳：《怀疑的时代：20 世纪 40 年代的美国思想和文化》（波士顿，1991 年），第 101 – 103 页。
33. 《孤独的人群》，第 149 – 150 页。
34. 同上书，第 110 – 111, 172 – 173, 101 – 102 页。
35. 同上书，第 175 – 178 页。
36. 同上书，第 137, 143, 111 页。
37. 同上书，第 143 – 144, 142, 138, 148 页。
38. 同上书，第 9 章，题为《适应无法改变的事》，第 66 – 75 页，尤其是第 67 页。
39. 同上书，第 69, 128, 133 页；第 7 章，题为《用柠檬榨出柠檬汁》，第 128 – 134 页。
40. 同上书，第 69, 71 页。
41. 同上书，第 75 页。

42. 同上书, 第 122—124, 126—127 页。
43. 同上书, 第 100 页。

17 热情是最受人欢迎的品质

1. 多萝西·卡内基, 录音访谈, 1996 年, CA。
2. 《一个羞怯的年轻人后来闻名世界》,《堪萨斯城明星报》, 1955 年 7 月 24 日; 约翰·博格斯给罗斯玛丽·克罗姆的信, 1985 年 3 月 28 日, CA。
3. 多萝西·卡内基, 录音访谈, 1996 年, CA; 作者对奥利弗·克罗姆的访谈, 2012 年 3 月 2 日。
4. J. 戈登·麦克金农回忆录, 见罗斯玛丽·克罗姆编:《别人眼中的戴尔·卡内基》, 第 22 页。
5. 同上书, 第 8 页。
6. 多萝西·卡内基, 录音访谈, 1996 年, CA。
7. 理查德·斯多姆斯特德、弗莱德·怀特、肯尼斯·L. 鲍顿回忆录, 见罗斯玛丽·克罗姆:《别人眼中的戴尔·卡内基》, 第 22, 29, 6 页。
8. 戴尔·卡内基备忘录, 1952 年 4 月 30 日,《如何让演讲鼓舞人心》, CA。
9. 比尔·斯多沃:《DC: 传奇背后的一面》,《成功无限》(1976 年 4 月), 第 38—39 页。
10. 寄给洛威尔·托马斯的请柬, 见托马斯档案, 玛利亚教会学员档案馆。
11. 《一个羞怯的年轻人后来闻名世界》,《堪萨斯城明星报》, 1955 年 7 月 24 日; 诺曼·文森特·皮尔回忆录, 见罗斯玛丽·克罗姆编:《别人眼中的戴尔·卡内基》, 第 24 页。
12. 多萝西·卡内基, 录音访谈, 1996 年, CA; 作者对奥利弗·克罗姆的访谈, 2012 年 3 月 2 日; 作者对唐娜·卡内基的访谈, 2012 年 8 月 1 日。
13. 见戴尔·卡内基与参议员赫伯特·莱曼的通信, 1950 年 5 月 17 日, 5 月 25 日, 6 月 1 日, 见"赫伯特·莱曼的特别档案", 莱曼档案, 哥伦比亚大学, 数字资料。弗林从一个支持新政的左翼人士转变为批评"缓慢的社会主义", 相关内容见约翰·莫塞:《向右转: 约翰·T. 弗林和美国自由主义的转变》(纽约, 2005 年)。
14. 作者对奥利弗·克罗姆的访谈, 2012 年 3 月 2 日。
15. R. I. D. 西摩尔:《如何赢得朋友并种植郁金香》,《美国家庭》(1995 年 10 月), 第 156, 64, 69 页。还可见《一个羞怯的年轻人后来闻名世界》,《堪萨斯城明星报》, 1955 年 7 月 24 日。
16. 《如何赢得朋友并种植郁金香》, 第 64, 156 页。
17. 同上书, 第 156 页。
18. 戴尔·卡内基给洛威尔·托马斯的信, 1947 年 11 月 11 日, 见托马斯档案, 玛利亚教会学员档案馆; 多萝西·卡内基, 录音访谈, 1996 年, CA。
19. 多萝西·卡内基, 录音访谈, 1996 年, CA; 布兰达·雷·约翰逊给作者的信, 2012 年 2 月 16 日。罗马媒体发布的消息于 1951 年 9 月 26 日在美国各大报纸出现, 如《坎伯兰晚间时报》和《费尔班克斯矿工日报》。戴尔·卡内基于 1951 年 10 月 15 日回到纽约, 他乘坐了"宪章号"从意大利的那不勒斯出发, 相关记录见"纽约乘客名单, 1820—1957", Ancestry.com。
20. 雷德·斯多瑞、罗斯玛丽·克罗姆回忆录, 见罗斯玛丽·克罗姆编:《别人眼中的戴尔·卡内基》, 第 27, 13 页。
21. 戴尔·卡内基给洛威尔·托马斯的信, 1952 年 1 月 7 日, 见托马斯档案, 玛利亚教会学员档案馆; 罗斯玛丽·克罗姆回忆录, 见罗斯玛丽·克罗姆编:《别人眼中的戴尔·卡内基》, 第 13 页; 多萝西·卡内基, 录音访谈, 1996 年, CA。
22. 布兰达·雷·约翰逊给作者的信, 2012 年 2 月 16 日; 作者对奥利弗·克罗姆的访谈, 2012 年 3 月 2 日; 罗斯玛丽·克罗姆回忆录, 见罗斯玛丽·克罗姆编:《别人眼中的戴尔·卡内基》, 第 13 页。
23. 多萝西·卡内基, 录音访谈, 1996 年, CA;《如何赢得朋友并种植郁金香》, 第 64 页; DC:《给女儿的信》,第 33 页,CA;唐娜·戴尔·卡内基回忆录,见罗斯玛丽·克罗姆编:《别人眼中的戴尔·卡内基》,第 4 页。

24. DC:《给女儿的信》,第 1 页,CA。
25. 戴尔·卡内基给琳达·戴尔·奥芬巴赫的信,1950 年 11 月 18 日,LPA;戴尔·卡内基给琳达·戴尔·奥芬巴赫的信,1954 年 6 月 8 日,LPA;戴尔·卡内基给琳达·戴尔·奥芬巴赫的信,1950 年 11 月 18 日,LPA。
26. 戴尔·卡内基给琳达·戴尔·奥芬巴赫的信,1954 年 6 月,LPA;戴尔·卡内基给琳达·戴尔·奥芬巴赫的信,1950 年 11 月 18 日,LPA;玛丽琳·伯克给琳达·戴尔·奥芬巴赫的信,1950 年 12 月 13 日,LPA。
27. 戴尔·卡内基给琳达·戴尔·奥芬巴赫的信,1950 年 11 月 9 日,LPA;戴尔·卡内基给琳达·戴尔·奥芬巴赫的信,1954 年 12 月 7 日,LPA;戴尔·卡内基给琳达·戴尔·奥芬巴赫的信,1954 年 6 月 25 日,LPA。
28. 作者对琳达·波尔斯比的访谈,2011 年 6 月 6-8 日。
29. 玛丽琳·伯克给琳达·戴尔·奥芬巴赫的信,1950 年 12 月 13 日,LPA;戴尔·卡内基给琳达·戴尔·奥芬巴赫的信,1950 年 11 月 9 日,LPA;戴尔·卡内基给琳达·戴尔·奥芬巴赫的信,1954 年 6 月 8 日,LPA;戴尔·卡内基给琳达·戴尔·奥芬巴赫的信,1954 年 12 月 7 日,LPA。
30. 戴尔·卡内基给琳达·戴尔·奥芬巴赫的信,1954 年 6 月 8 日,LPA;戴尔·卡内基给琳达·戴尔·奥芬巴赫的信,1954 年 6 月 25 日,LPA;戴尔·卡内基给琳达·戴尔·奥芬巴赫的信,1954 年 6 月 16 日,LPA;作者对唐娜·卡内基的访谈,2012 年 8 月 1 日。
31. 玛丽琳·伯克给琳达·戴尔·奥芬巴赫的信,1950 年 12 月 13 日,LPA;霍默·克洛伊给伊萨多·奥芬巴赫的信,1955 年秋末,霍默·克洛伊档案,密苏里历史学会。
32. 戴尔·卡内基给琳达·戴尔·奥芬巴赫的信,1955 年 6 月初,LPA;戴尔·卡内基给琳达·戴尔·奥芬巴赫的电报,1955 年 6 月 15 日,LPA。
33. 多萝西·卡内基,录音访谈,1996 年,CA;布兰达·雷·约翰逊给作者的信,2012 年 2 月 16 日;作者对奥利弗·克罗姆的访谈,2012 年 3 月 2 日。
34. R.G. 桑德森给罗斯玛丽·克罗姆的信,1985 年 2 月 5 日,CA;作者对奥利弗·克罗姆的访谈,2012 年 3 月 2 日;布兰达·雷·约翰逊给作者的信,2012 年 2 月 16 日。
35. 《一个羞怯的年轻人后来闻名世界》;《如何赢得朋友并种植郁金香》,第 156 页。
36. 多萝西·卡内基,录音访谈,1996 年,CA;作者对奥利弗·克罗姆的访谈,2012 年 3 月 2 日。
37. 布兰达·雷·约翰逊给作者的信,2012 年 2 月 16 日;作者对奥利弗·克罗姆的访谈,2012 年 3 月 2 日;布兰达·雷·约翰逊给作者的信,2012 年 2 月 16 日。
38. 戴尔·卡内基夫人:《世界上最伟大的妻子》(纽约,1953 年),第 114 页,引言来自戴尔·卡内基夫人:《如何帮助你的丈夫成功》,《美化家居》(1955 年 4 月),第 24 页。另外引文出自戴尔·卡内基夫人:《世界上最伟大的妻子》(1953 年 1 月),第 65-74 页。
39. 《如何帮助你的丈夫成功》,第 24 页;《多萝西·卡内基必然会成功》,《棕榈滩邮报》(转载自《纽约时报》),1973 年 5 月 29 日。
40. 戴尔·卡内基给中央密苏里州立学院院长 G.W. 迪莫尔博士的信,1955 年 6 月 21 日,亚瑟·F. 麦克卢第二档案馆,密苏里中央大学;威廉·朗固德:《谈谈你的成功之路:戴尔·卡内基培训的故事》(纽约,1962 年),第 55 页。邀请信的日期为 1955 年 6 月 17 日,其他相关安排的日期为 1955 年 6 月 29 日,6 月 30 日,7 月 21 日,均可参考密苏里中央大学的档案。
41. 戴尔·卡内基给中央密苏里州立学院院长 G.W. 迪莫尔博士的信,1955 年 7 月 25 日,亚瑟·F. 麦克卢第二档案馆,密苏里中央大学;《学校为知名校友颁发荣誉学位》,《中央密苏里州立学院公告板》(1955 年 10 月),第 2 页;《影响广泛的朋友》,《新闻周刊》,1955 年 8 月 8 日,第 71 页。

42. 里斯·韦德给G·W·迪莫尔博士的信,1955年8月2日,亚瑟·F·麦克卢尔第二档案馆,密苏里中央大学。
43. 《谈谈你的成功之路》,第55页;DC:《公共演讲:给商人的实用教程》(纽约,1926年),第82页。
44. 《学校为知名校友颁发荣誉学位》,《沃伦斯堡明星日报》,1955年7月29日;《中央密苏里州立学院于1955年7月29日表彰戴尔·卡内基》,亚瑟·F·麦克卢尔第二档案馆,密苏里中央大学。
45. 《激情的价值》,戴尔·卡内基在中央密苏里州立学院的致辞,沃伦斯堡,密苏里,1955年7月29日,CA。
46. 同上。
47. 同上。
48. 《卡内基的世界》,《新闻周刊》,1955年8月8日,第70页。
49. 多萝西·卡内基,录音访谈,1996年,CA;作者对奥利弗·克罗姆的访谈,2012年3月2日;唐娜·戴尔·卡内基回忆录,见罗斯玛丽·克罗姆编:《别人眼中的戴尔·卡内基》,第4页。
50. 多萝西·卡内基,录音访谈,1996年,CA;作者对奥利弗·克罗姆的访谈,2012年3月2日;霍默·克洛伊给伊萨多·奥芬巴赫的信,1955年秋末。
51. 霍默·克洛伊给伊萨多·奥芬巴赫的信,1955年秋末。见一下材料:《时代周刊》,1955年11月14日,第114页;《友好的人》,《新闻周刊》,1955年11月14日,第41—42页;《戴尔·卡内基去世了》,《堪萨斯城明星报》,1955年11月1日;《作家戴尔·卡内基去世了》,《纽约时报》,1955年11月2日。华盛顿报纸的讣告被引用在《DC:传奇背后的一面》,第40页。

后记:戴尔·卡内基留下的自助成功学遗产

1. 仪式的相关内容,见《面对挑战的国家》,《纽约时报》,2011年9月24日;"数千人前往扬基体育馆祈祷",《芝加哥论坛》,2011年9月24日。奥普拉·温弗瑞的致辞全文,见奥普拉·温弗瑞脱口秀,"奥普拉·温弗瑞在典礼主持发言",oprah.com。
2. 《BBC访谈:沃伦·巴菲特谈戴尔·卡内基》,You Tube,2009年12月4日;《李·艾阿科克谈戴尔·卡内基》,dalecarnegie.com;罗伯特·卡罗:《林顿·约翰逊的岁月:通往权利之路》(纽约,1990年),第212页;杰瑞·鲁宾:《成长始于37岁》(纽约,1976年),第89页;谢博德·米德:《如何轻易取得商业成功》(纽约,1952年);兰尼·布鲁斯:《如何说脏话并影响他人》(纽约,1965年)。
3. 丹尼尔·肯内曼:《思考,快与慢》(纽约,2011年);丹尼尔·戈尔曼:《情商:它为什么比智商更重要》(纽约,1995年);丹尼尔·吉尔伯特:《撞上快乐》(纽约,2007年);卡斯·桑斯坦和理查德·H.泰勒:《助推:事关健康、财富与快乐的最佳选择》(纽约,2009年);马尔科姆·格拉德维尔:《眨眼之间:不假思索的决断力》(纽约,2005年);马丁·塞利格曼:《真实的幸福》(纽约,2003年);爱德华·纳纳和罗伯特·比斯瓦斯-迪纳:《幸福,解锁心理财富之谜》(纽约,2008年)。
4. 托马斯·哈里斯:《我好,你也好》(纽约,1967年);托尼·罗宾斯:《威力无边》(纽约,1986年);《唤醒心中的巨人》(纽约,1992年);苏珊·杰弗斯:《面对恐惧,从容面对》(纽约,1987年);乔伊斯·布拉泽斯博士:《如何得到你想要的一切》(纽约,1978年);韦恩·德莱尔博士:《你的误区:如何摆脱负面思想并掌握你的生活》(纽约,1976年);朗达·拜恩:《秘密》(纽约,2006年)。
5. 梅洛迪·比帝:《不再依赖:如何停止控制他人并开始关爱自己》(纽约花园城,1986年);约翰·布拉德肖:《回家:找回并捍卫你内心中的孩子》(纽约,1990年);杰克·坎菲尔德:《心灵鸡汤》(佛罗里达州迪尔费尔德滩,1993年);史蒂夫·邓宁:《为心灵烹制的鸡汤如何建立起它的品牌》,

见 forbes.com，2011 年 4 月 28 日。《周六夜现场》的斯图尔特·司马莱短剧可以在 You Tube 上找到，相关文本可见《我非常棒，我非常聪明，而且去他妈的，人们喜欢我：斯图尔特·司马莱日常励志话语》（纽约，1992 年）。

6. 蒂姆·斯坦福：《治愈系革命：基督教心理辅导如何改变着教堂》，《今日基督教》，1993 年 5 月 17 日，第 24－32 页；卡罗·V. R. 乔治：《上帝的推销员：诺曼·文森特·皮尔和积极思考的力量》（纽约，1993 年）；丹尼斯·沃斯库尔：《通往金矿的大山：罗伯特·舒勒和成功的福音》（纽约，1983 年）；乔尔·欧斯汀：《现在你最好的生活》（纽约，2004 年）；M. 斯科特·派克：《鲜少有人走的路》（纽约，1988 年）；肯德拉·克雷塞·迪安：《近似基督徒》（纽约，2010 年）。

7. 斯坦利·库伯史密斯：《自尊的由来》（旧金山，1967 年），第 45 页；加利福尼亚教育部：《课程研究》，1990 年。对这股潮流的批评见查尔斯·J. 希克斯：《向我们的孩子屈服：为何美国儿童自我感觉良好却不会读写算？》（纽约，1995 年）；莫林·斯多特：《自我感觉良好的课程：以自尊的借口向美国孩子屈服》（纽约，2001 年）。

8. 本杰明·斯波克博士：《婴幼儿护理实践指南》（纽约，1946 年）；多萝西·C. 布里格斯：《你家孩子的自尊：他生活的钥匙》（纽约，1970 年），第 2－3 页；阿黛尔·法伯：《如何说孩子才会听，怎么听孩子才肯说》（1980）；路易丝·哈特在自己受人欢迎的著作《冠军家庭：增强你和孩子的自尊》（纽约，1987 年），第 5 页。关于现代育婴书籍，见皮特斯特恩：《焦虑的父母：美国现代育婴史》（纽约，2004 年）。

9. 理查德·吉莱斯派：《被生产的知识：霍桑实验的历史》（剑桥，1991 年）；皮特·德鲁克：《管理实践》（纽约，1954 年）；玛丽·沃尔顿：《戴明管理方法》（纽约，1988 年）；汤姆·查珀尔：《逆向管理》（纽约，1999 年）；史蒂芬·科维：《高效能人士的七个习惯》（纽约，1990 年）。更详细的相关研究见约翰·米克勒维特和阿德里安·乌尔里奇：《巫医：理解管理大师》（纽约，1998 年）。

10. 狄巴克·乔布拉：《成功的 7 大成功法则：实现梦想的使用指南》（纽约，1994 年）；费尔·麦克劳博士：《自我的重要性：由内往外创建你的生活》（纽约，2001 年）；达因·S. 克劳森：《信守承诺的人：男性气质与基督教论文集》（北卡罗来纳州杰弗逊，2000 年）；汉娜·罗森：《承诺的哀悼者》，《新共和杂志》，1997 年 10 月 27 日，第 11－12 页；卡罗尔·吉里干：《一种不同的声音：心理学理论和女性的发展》（马萨诸塞州剑桥，1982 年）；格洛里亚·斯坦能：《内在革命》（纽约，1993 年）；科内尔·韦斯特：《种族的重要性》（波士顿，1993 年），第 12－13，17 页；克莱伦斯·培基：《信守承诺的人和百万人大游行》，《芝加哥论坛》，1991 年 9 月 7 日；《我们正找回自尊》，《波士顿世界新闻》，1995 年 10 月 20 日；比尔·克林顿：《大事记》，《时代周刊》，1995 年 1 月 23 日，第 9 页；鲍勃·伍德沃德：《艰难时刻，第一夫人伸出双手，审视内心》，《华盛顿邮报》，1996 年 6 月 23 日。

11. 罗纳德·W. 德沃金：《护理产业的兴起》，《政策评论》，2010 年 6 月 1 日；本尼科特·凯瑞：《治疗师可以随时随地为你提供服务》，《纽约时报》，2012 年 2 月 14 日。

12. 更多奥普拉的资料，见凯蒂·凯莉：《奥普拉传记》（纽约，2010 年）；对奥普拉在美国人生活中的政治角色的论述，见詹尼斯·派克：《奥普拉时代：新自由时代的文化偶像》（纽约，2008 年）。我对这位重要文化人物的大部分观点出自我长期从事的研究，题为《内在原因：奥普拉·温弗瑞和美国人对幸福的追求》。

13. 我对治愈系文化的评论受到了很多人的影响。相关书籍有克里斯托弗·拉什：《自恋的文化》（纽约，1978 年）；温迪·卡米纳：《你我都有功能失调症：治疗运动和他者自助时尚》（马萨诸塞州雷丁，1992 年）；艾娃·S. 莫斯科维茨：《我们信任治疗：美国对自我完善的沉迷》（巴尔的摩，2001 年）。